全国农村合作金融机构业务培训教材

会计核算

主　编　刘东辉
副主编　孙　烨　崔　澜

中国金融出版社

责任编辑：古炳鸿　单翠霞
责任校对：张志文
责任印制：陈晓川

图书在版编目（CIP）数据

会计核算（Kuaiji Hesuan）/刘东辉主编. —北京：中国金融出版社，2011.12
（全国农村合作金融机构业务培训教材）
ISBN 978－7－5049－5998－0

Ⅰ.①会…　Ⅱ.①刘…　Ⅲ.①会计学—教材　Ⅳ.①F230

中国版本图书馆CIP数据核字（2011）第131619号

出版发行　中国金融出版社
社址　北京市丰台区益泽路2号
市场开发部　（010）63266347，63805472，63439533（传真）
网 上 书 店　http：//www.chinafph.com
（010）63286832，63365686（传真）
读者服务部　（010）66070833，62568380
邮编　100071
经销　新华书店
印刷　保利达印务有限公司
尺寸　185毫米×260毫米
印张　22.25
字数　488千
版次　2011年12月第1版
印次　2015年1月第5次印刷
定价　42.00元
ISBN 978－7－5049－5998－0/F.5558
如出现印装错误本社负责调换　联系电话（010）63263947

《全国农村合作金融机构业务培训教材》
丛书编委会

总　　序

农村信用社自1951年成立以来，历经60年艰辛发展历程，走过了一条不平凡的发展之路。在党中央、国务院正确领导下，农村信用社以服务“三农”为宗旨，自身实力迅速壮大，已成为我国金融系统的重要力量，是名副其实的农村金融主力军。特别是以2003年6月国务院颁布《深化农村信用社改革试点方案》为标志，新一轮农村信用社改革全面展开，农村信用社深化改革和经营发展进入了快车道。几年来，以产权制度为核心的改革成绩斐然，农村信用社、农村合作银行、农村商业银行（以下简称农村合作金融机构）并存，声名鹊起，共襄盛举，共同发展，共同繁荣。

截至2011年6月末，全国农村合作金融机构营业网点近8万家，从业人员78万人，资产12.04万亿元，负债11.37万亿元，存款9.58万亿元，贷款6.43万亿元。存款、贷款规模攀居全国银行业金融机构第4位和第2位，成为我国城乡金融机构网点最多、分布最广、“三农”贷款投放最多、农村普惠金融服务贡献度最大的金融机构。

银行业的竞争和发展，归根结底是人才的问题，才兴业兴，才尽业衰，已昭示了银行发展的永恒真理。伴随农村合作金融机构发展的突飞猛进，面对经营管理、创新的多重压力，员工素质、能力不适应的矛盾日益突出，已成为农村合作金融机构走向现代银行之路的瓶颈，“短板效应”为业界所共识。但是，囿于现有管理体制的现状，员工培训合力不够，层次不高，且缺乏系统性和全面性，培训效果不佳，难以达到规范化、标准化。针对这种现状，我们以服务股东及成员单位为宗旨，充分利用自身优势，组织全国部分高等院校专家、教授，编写《全国农村合作金融机构业务培训教材》丛书（以下简称《丛书》）一套18种。该《丛书》具有以下几个特点：一是覆盖面广。《丛书》内容涉及会计、信贷、财务、管理、审计、营销、法律、科技、新兴业务、人力资源、服务礼仪、应用写作等各专业、各个方面，可谓包罗万象，几近百科。二是实用性强。《丛书》体例新颖，线条清晰，通俗易懂，适合农村合作金融机构员工自学和培训，特别是每种教材附有若干套试题，存放于农信银远程学习系统，供员工自学与培训时自考自检。三是方便自学。《丛书》课件在农信银远程学习系统上将陆续推出，员工登录系统后即可学习，不受时间和场地限制，解决了员工自学培训中的工学矛盾。

汇通城乡，服务股东，普惠“三农”，成就梦想，是农信银资金清算中心永恒不变的价值理念。组织编写《丛书》是我们所尽的菲薄之力，相信它是撬动支点之力，必将推动全国农村合作金融机构的诺亚方舟。让员工培训、人才培养的大戏高潮迭起，演绎辉煌！

《全国农村合作金融机构业务培训教材》丛书编委会
2011年11月25日

前　　言

本书作为农信银资金清算中心组织编写的《全国农村合作金融机构业务培训教材》丛书之一，主要介绍农村合作金融机构（含全国农村信用社、农村合作银行、农村商业银行）及农信银资金清算中心具体业务的会计核算和会计报表编制。

由于农村合作金融机构会计核算与国有商业银行、股份制商业银行等金融企业既有共性又有区别，因此既要遵循各行业普遍适用的《中华人民共和国会计法》、《企业会计准则》、《会计基础工作规范》等法律法规，又要遵循适用于金融行业的《中华人民共和国中国人民银行法》、《中华人民共和国商业银行法》、《金融企业会计制度》、《支付结算办法》、《支付结算会计核算手续》等法律法规，还要遵循《农村信用社县（市）联社管理规定》、《农村信用社管理规定》、《农信银支付清算系统入网机构电子汇兑资金清算业务管理暂行办法》等规章制度中关于会计工作的有关规定。

本书针对农村合作金融机构的业务特点，以上述法规制度为依据，结合财政部颁布实施的《企业会计准则》，根据资产负债表、利润表项目顺序进行结构设计，以存、贷款业务核算为主，兼顾其他资产、负债等业务，对农村合作金融机构会计核算工作进行比较全面、系统的介绍，还专门对会计报表的编制和支付清算系统业务核算进行介绍。本书共分十一章，包括贷款业务核算、其他资产业务核算、存款业务核算、其他负债业务核算、所有者权益核算、损益核算、中间业务核算、金融机构往来业务核算、会计报表编制、支付清算系统业务核算等内容。

本书由哈尔滨金融学院会计系主任刘东辉教授担任主编，孙烨教授和崔澜副教授担任副主编。其中，刘东辉编写第三章、第五章和第六章，孙烨编写第八章和第十章，崔澜编写第一章、第九章和第十一章中的第一、二、四、五节，农信银资金清算中心顾贝贝编写第十一章的第三节，林丽副教授编写第二章、第四章和第七章，最后由刘东辉总纂定稿。

本书既可作为全国农信系统员工掌握业务、提高水平的学习培训资料，也可作为农村合作金融机构培训、招聘员工的参考资料，还可作为高校财会类、金融类专业学生的参考教材使用。

由于编者水平有限，书中难免存在不足，敬请读者批评指正。

编　者

2011 年 10 月

目　　录

全书架构图

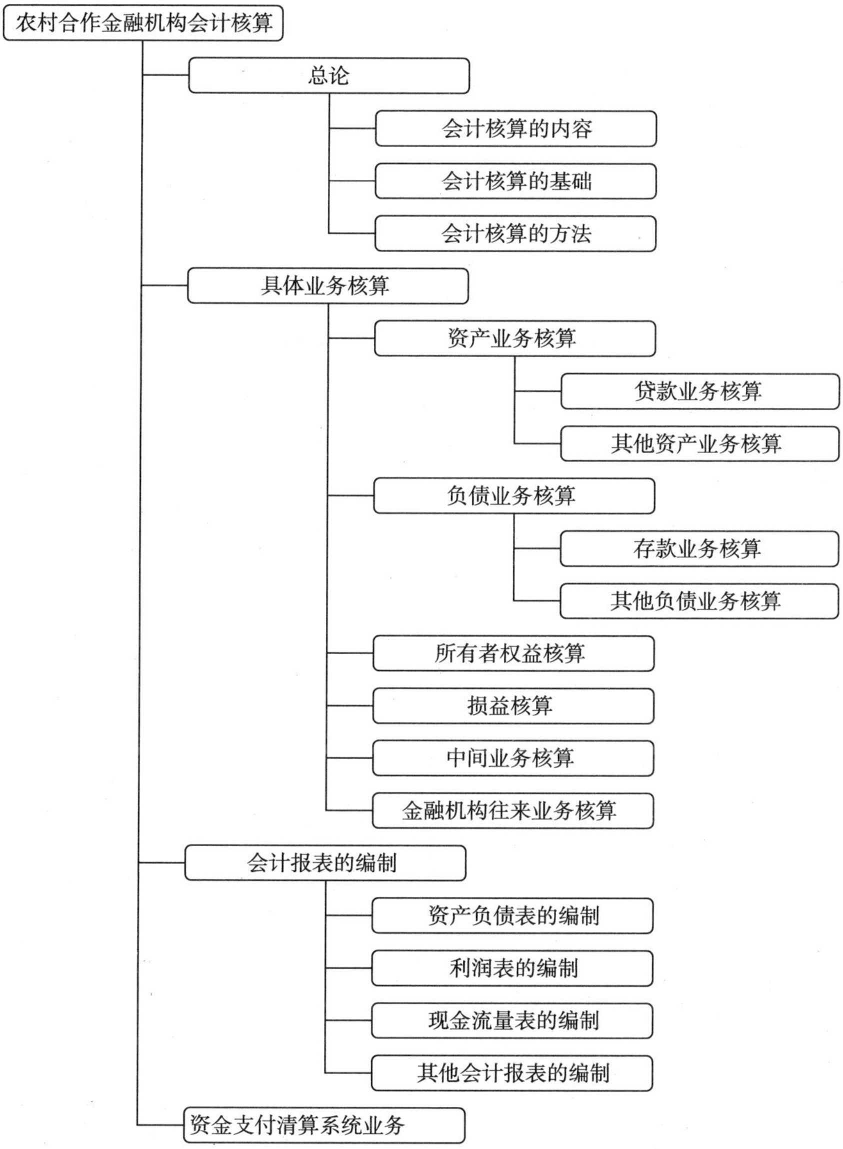
农村合作金融机构会计核算
总论
会计核算的内容
会计核算的基础
会计核算的方法
具体业务核算
资产业务核算
贷款业务核算
其他资产业务核算
负债业务核算
存款业务核算
其他负债业务核算
所有者权益核算
损益核算
中间业务核算
金融机构往来业务核算
会计报表的编制
资产负债表的编制
利润表的编制
现金流量表的编制
其他会计报表的编制
资金支付清算系统业务

第一章　总　　论

本章概要

本章从会计概述入手，介绍了会计的定义、会计基本假设和会计基础、会计信息质量要求、会计要素及其确认与计量原则等内容。从而引入会计核算的基本方法即本章的重点内容，需要着重掌握会计科目的分类及核算内容，记账方法的运用，会计凭证的种类、特点以及账务组织体系的构成及其核对关系等内容。

要点提示

农村合作金融机构会计要素包括资产、负债、所有者权益、收入、费用和利润六类，会计核算必须遵循企业会计准则。会计基本假设包括会计主体假设、持续经营假设、会计期间假设、货币计量假设。会计主体会计的确认、计量和报告应当以权责发生制为基础。计量属性反映的是会计要素金额的确定基础，主要包括历史成本、重置成本、可变现净值、现值和公允价值等。农村合作金融机构会计的基本核算方法包括设置会计科目、填制会计凭证、记账方法、账簿及账务组织、利息计算、成本计算、会计报表、财产清查等。

本章架构图

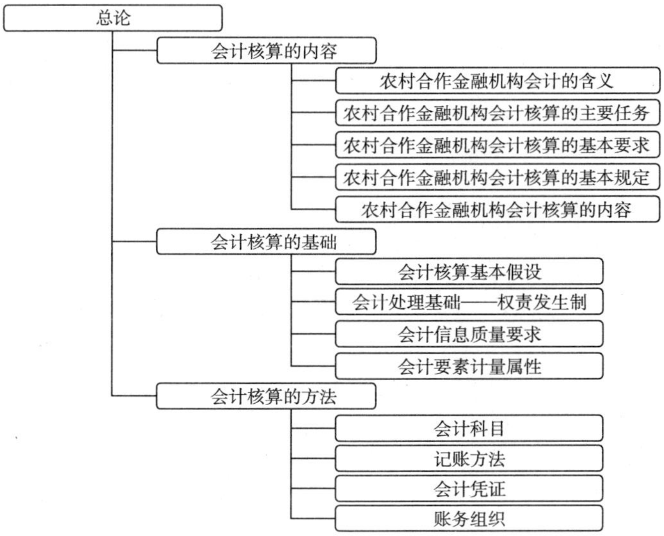

第一节 会计核算的内容

一、农村合作金融机构会计的含义

农村合作金融机构会计是以货币为主要计量单位，采用一定的专门的方法和程序，对农村合作金融机构的经营活动进行连续、全面、完整、系统的核算和监督，为农村合作金融机构的经营管理者及有关方面提供有关农村合作金融机构的财务状况、经营成果和现金流量等一系列信息的专业会计。

要正确理解这一概念，必须了解以下几个方面的内容：

（一）以货币为主要计量单位

现代会计的一个重要特征，就是借助于计算货币的形式，通过全面综合的反映来确定和控制会计主体的经济活动。在多种货币并存的情况下，我国以人民币作为记账本位币。人民币业务的会计核算以“元”为记账单位，元以下计至分，分以下四舍五入，元以上计数逗点采用三分位制。

（二）有一系列独特的专门方法

农村合作金融机构会计在长期实践中形成的一系列独特的专门方法是：采用单式传票，传票的传递制度，特定凭证的填制，联行往来的印、押、证三分管制度，财务组织的双线核算和核对，按日提供会计报表等。这些独特的专门方法从制度上保证了会计核算的准确性、及时性和安全性。

（三）业务范围是农村合作金融机构的经济活动

农村合作金融机构会计的业务范围就是农村合作金融机构的各项经济业务。例如，吸收存款、发放贷款、办理结算以及在业务过程中发生的收入、成本和费用的计算等。这些经济业务的发生都必须通过会计进行核算和监督。通过会计核算，既实现了农村合作金融机构的业务活动，同时也记录和反映了农村合作金融机构的业务和财务活动情况。

（四）应遵循会计核算的一般原则

会计核算的原则是会计核算的行为规范，是会计核算的基本要求，是做好会计工作必须遵循的标准。根据国际通用的会计准则和金融企业会计制度的规定，农村合作金融机构会计核算必须遵循企业会计准则。

二、农村合作金融机构会计核算的主要任务

1. 按照国家的政策、法令和有关规定，真实、准确、完整、及时地记录、计算和反映农村合作金融机构业务活动情况，为贯彻政策、研究国民经济发展和金融决策提供依据。

2. 认真办理资金收、付与清算，监督和控制农村合作金融机构的经营活动，管好用好资金，提高资金的使用效益，为促进农村合作金融机构向商业银行转化，发展社会主义市场经济服务。

3. 贯彻执行农村合作金融机构会计制度，认真做好记账、算账、结账、对账和报账工作，不断提高会计核算质量，保证会计核算有组织、有秩序、高质量、高效率地进行。

4. 管好、用好各种会计报表、账簿、凭证和会计档案资料。

三、农村合作金融机构会计核算的基本要求

农村合作金融机构会计核算要求做到“五无”和“六相符”。

“五无”是指账务无积压、结算无事故、计息无差错、记账无串户、存款无透支。

“六相符”是指账账相符、账款相符、账据相符、账实相符、账表相符和内外账全部核对相符。

四、农村合作金融机构会计核算的基本规定

农村合作金融机构会计核算必须坚持十六项基本规定：坚持双人临柜，钱账分管；凭证合法，传递及时；科目账户，使用正确；当时记账，账折见面；现金收入，先收款后记账；现金付出，先记账后付款；转账业务，先借后贷；他行（社）票据，收妥抵用；有账有据，账据相符；账表凭证，换人复核；当日结账，总分核对；内外账务，定期核对；印、押、证，分管分用；重要单证，严格管理；会计档案，完整无损；人员变动，交接清楚。

五、农村合作金融机构会计核算的内容

（一）会计对象

农村合作金融机构会计的对象，是指农村合作金融机构会计核算和监督的内容，即农村合作金融机构的各项经济业务活动。

（二）会计要素

会计要素是会计对象内容的构成部分，是会计核算对象的概括分类，是会计用以反映财务状况，确定财务成果的因素，也是构成财务报表最基本的项目。

会计要素包括资产、负债、所有者权益、收入、费用和利润六类。其中前三项反映会计主体在某一时点上的财务状况，后三项反映会计主体在某一期间的财务成果。

1. 资产。资产是指过去交易或事项形成的、由企业拥有或控制的、预期会给企业带来经济利益的资源。农村合作金融机构资产的主要组成有：

（1）放贷资金，指农村合作金融机构按照有关规定发放的各类贷款等。

（2）投资资金，指农村合作金融机构投放在各种有价证券等方面的资金。

（3）各项占款，指农村合作金融机构的房屋、器具、设备和运输工具等固定资产、无形资产等占用的资金。

（4）备付金，指农村合作金融机构的库存现金以及存放在中央银行的准备金。

（5）其他，包括各种暂付款项、应收款项等。

2. 负债。负债是指过去的交易或事项形成的现时义务，履行该义务预期会导致经济利益流出企业。

（1）吸收资金，指农村合作金融机构吸收的各项存款，包括企事业单位存款、个人储蓄存款、发行金融债券等。

（2）借入资金，指农村合作金融机构向中央银行借入、向同业借入以及向国外借入

的资金。

（3）结算资金，指农村合作金融机构结算中暂时占用的款项，包括联行存放款项、同业存放款项等。

（4）其他，包括农村合作金融机构暂收款项和各种应付款项等。

3. 所有者权益。所有者权益是指农村合作金融机构所有者在农村合作金融机构资产中享有的经济利益，其金额为资产减去负债后的余额。所有者权益的来源包括所有者投入的资本、直接计入所有者权益的利得和损失、留存收益等。

（1）实收资本，指投资者实际投入农村合作金融机构形成的资本金或股本金。设立农村合作金融机构必须按国家规定筹集资本金，它是农村合作金融机构成立和存在的前提。

（2）资本公积，收到投资者出资额超出其注册资本或股本中所占份额的部分。

（3）盈余公积，指农村合作金融机构从净利润中提取的公积金、公益金等。

（4）一般准备，指农村合作金融机构按一定比例从税后净利润中提取的一般风险准备。

（5）利润分配，指农村合作金融机构按规定分配的利润或应弥补的亏损和历年分配或弥补后的未分配的利润。

（6）库存股，指农村合作金融机构收购、转让或注销的本社股份金额。

4. 收入。我国《企业会计准则——基本准则》定义的收入是指企业在日常活动中形成的、会导致所有者权益增加的、与所有者投入资本无关的经济利益的总流入。

农村合作金融机构的收入是指农村合作金融机构在一定经营期间提供金融产品服务而实现的各种收入以及对外投资实现的投资收益和获取的与业务经营无直接关系的营业外收入等。

（1）利息收入，指农村合作金融机构各类贷款、贸易融资、贴现、协议透支、信用卡透支、转贷款、垫款等业务的利息收入情况。

（2）金融机构往来收入，指农村合作金融机构与金融机构往来而发生的利息收入，包括存放同业、拆出资金、买入返售金融资产、转贴现、垫款等实现的利息收入。

（3）手续费及佣金收入，指农村合作金融机构确认的手续费及佣金收入，包括办理结算业务、咨询业务、担保业务、代保管等代理业务以及办理受托贷款及投资业务等取得的手续费及佣金。

（4）其他业务收入，指农村合作金融机构确认的除以上业务收入以外的其他经营活动实现的收入。

（5）汇兑损益，指农村合作金融机构发生的外币交易因汇率变动而产生的汇兑损益。

（6）公允价值变动损益，指农村合作金融机构交易性金融资产、指定为以公允价值计量且其变动计入当期损益的金融资产或金融负债因公允价值变动形成的应计入当期损益的利得或损失。

（7）投资收益，指农村合作金融机构确认的投资收益或投资损失。

（8）营业外收入，指农村合作金融机构发生的各项营业外收入，主要包括非流动性资产处置利得、非货币性资产交换利得、债务重组利得、政府补助、盘盈利得、捐赠利得等。

5. 费用。我国《企业会计准则——基本准则》定义的费用是指企业在日常活动中发生的、会导致所有者权益减少的、与向所有者分配利润无关的经济利益的总流出。

农村合作金融机构的费用是指在一定经营期间所发生的各种成本和费用支出。

（1）利息支出，指农村合作金融机构发生的利息支出，包括吸收的各种存款（单位存款、个人存款、银行卡存款等）产生的利息支出。

（2）金融机构往来支出，指农村合作金融机构与其他金融机构往来发生的利息支出，包括借款、同业存放、拆入资金、卖出回购金融资产、转贴现等产生的利息支出。

（3）手续费及佣金支出，指农村合作金融机构发生的与其经营活动相关的各项手续费、佣金等支出。

（4）业务及管理费，指农村合作金融机构在业务经营和管理过程中所发生的各项费用。

（5）其他业务支出，指农村合作金融机构除以上业务支出以外的其他经营活动发生的支出。

（6）营业税金及附加，指农村合作金融机构经营活动发生的营业税、消费税、城市维护建设税、资源税和教育费附加等相关税费。

（7）资产减值损失，指农村合作金融机构计提各项资产减值准备所形成的损失。

（8）营业外支出，指农村合作金融机构发生的各项营业外支出，包括非流动性资产处置损失、非货币性资产交换损失、债务重组损失、公益性捐赠支出、非常损失、盘亏损失等。

（9）所得税费用，指农村合作金融机构确认的应从当期利润总额中扣除的所得税费用。

6. 利润。利润是指农村合作金融机构在一定会计期间的经营成果，包括营业利润、利润总额和净利润。

（1）营业利润，是指营业收入减去营业成本、营业税金及附加、营业费用、资产减值损失，加上投资收益后的净额。

（2）利润总额，是指营业利润加上营业外收入，减去营业外支出后的净额。

（3）净利润，是指利润总额减去所得税后的金额。

（三）会计要素之间的恒等式

会计要素之间存在着数据的钩稽关系：抛开利润分配和资本增减业务，在一定期间内，利润额必然与净资产的增加额，及所有者权益的期末增加数相等。亏损必然与净资产的减少数，即所有者权益的期末减少数相等。

资产负债之间的恒等关系式为：资产 = 负债 + 所有者权益。

损益类之间的恒等关系式为：利润 = 收入 − 费用。

第二节 会计核算的基础

一、会计核算基本假设

会计赖以生存与活动的基本前提或制约条件称为会计的基本假设，这些前提或制约条件，有些是客观存在的，有些则是假定存在的。

根据我国《企业会计准则——基本准则》的规定，会计核算基本假设可以概括为以下四项内容：会计主体假设、持续经营假设、会计期间假设、货币计量假设。

（一）会计主体假设

会计核算应当以企业发生的各项交易或事项为依据，记录和反映企业本身的各项经营活动，如实反映其财务状况、经营成果和现金流量。

会计主体假设是指会计工作的特定的空间范围，它为确定企业所掌握的经济资源和进行的经济业务提供了基础，从而也为规定有关记录和报表所涉及的范围提供了基础。农村合作金融机构以省社或分支机构为会计主体，对其经济活动进行记录、反映和控制，确认和计量农村合作金融机构的资产、负债、收入和费用，并向有关各方提供其本身的财务状况、经营成果和现金流量。

（二）持续经营假设

持续经营是指在正常的情况下，会计主体的经营活动将按现在的形式和既定的目标持续不断经营下去，在可以预见的将来，不会面临破产，进行清算。农村合作金融机构以持续经营为基础，按既定的用途和目标使用现有的经济资源，并按承诺的条件清偿各种债务。

持续经营只是假设，仅仅表示企业可以存续到足以使某经济事件实现，如按计划归还借款直至清偿完毕等，当有证据表明会计主体将不能继续存在下去时，会计人员应放弃持续经营假设而改用清算价格对资产和负债进行计量。

（三）会计期间假设

会计期间是指在会计主体持续经营的基础上，人为地规定会计信息的提供期限，是对持续经营的必要补充。

农村合作金融机构为了定期反映其财务状况和经营成果，不能等经营活动结束才编制财务报告，而应划分会计期间，分期结算账目和编制财务会计报告，及时提供会计信息。会计期间分为年度、半年度、季度和月度。年度、半年度、季度和月度均按公历起讫日期确定。半年度、季度和月度均称为会计中期。如会计年度是指公历 1 月 1 日起至 12 月 31 日止。年度终了，办理决算。如遇 12 月 31 日为假日，仍以该日为决算日。

（四）货币计量假设

货币计量是指会计提供的信息主要是以货币为计量尺度。货币是计量一切有价物的共同尺度，因此成为会计核算的计量标准。本假设是建立在假定货币的币值稳定不变的基础上，若出现了恶性的通货膨胀，货币计量这个假设就失去了理论基础。

农村合作金融机构利用货币作为计量标准对其资产、负债和所有者权益以及由于经济业务引起的收入、费用和利润加以定量反映，准确揭示其财务状况和经营成果且会计核算以人民币为记账本位币。业务收支以人民币以外的货币为主的农村合作金融机构，可以选定其中一种货币作为记账本位币，但是编报的财务会计报告应当折算为人民币。

二、会计处理基础——权责发生制

会计主体会计的确认、计量和报告应当以权责发生制为基础。权责发生制要求，凡是当期已经实现的收入和已经发生或应当负担的费用，无论款项是否收付，都应当作为当期的收入和费用，计入利润表；凡是不属于当期的收入和费用，即使款项已在当期收付，也不应当作为当期的收入和费用。

在实务中，会计主体交易或者事项的发生时间与相关货币收支时间有时并不完全一致。为了更加真实、公允地反映特定会计期间的财务状况和经营成果，在会计确认、计量和报告中应当以权责发生制为基础。农村合作金融机构的会计核算以权责发生制为基础。例如，在存款利息、贷款利息的核算业务中即以权责发生制为基础。

三、会计信息质量要求

会计信息质量要求是对农村合作金融机构财务报告中所提供会计信息质量的基本要求，是使财务报告中所提供会计信息对投资者等使用者决策有用应具备的基本特征，2006 年公布的《企业会计准则——基本准则》主要包括：

（一）可靠性原则

可靠性原则指以实际发生的交易或者事项为依据进行会计确认、计量和报告，如实反映符合确认和计量要求的各项会计要素及其他相关信息，保证会计信息真实可靠、内容完整。

会计信息的客观性主要包括真实性和可靠性两方面含义。真实性是指会计反映的结果应当同实际的财务状况和经营结果相一致。可靠性是指对于经济业务的记录和报告，应当做到不偏不倚、以客观事实为依据，而不应受主观意志的左右，力求使会计信息可靠。

可靠性要求对于农村合作金融机构会计核算尤为重要，因其从事的存款、贷款业务与国民经济活动息息相关。因此，农村合作金融机构的会计核算要求是：做到内容真实、数据准确、项目完整、手续完备、资料可靠。

（二）相关性原则

相关性原则指提供的会计信息应当与财务会计报告使用者的经济决策需要相关，有助于财务会计报告使用者对农村合作金融机构过去、现在或者未来的情况作出评价或者预测。

强调会计信息的相关性就是要求会计主体的会计信息要满足投资者、债权人等利益相关者进行经济决策的需要。会计的目标就是提供相关的信息，如果会计信息不能满足有关各方的需要，会计工作就丧失了意义。

农村合作金融机构要充分发挥会计信息的有用性，按会计准则对体统信息的要求和有关各方对信息的需求加以协调，使之更好地为其会计信息使用者服务。

（三）明晰性原则

明晰性原则指提供的会计信息应当清晰明了，便于财务会计报告使用者理解和使用。

农村合作金融机构要按规定的报告项目提供会计信息，既防止烦琐复杂，更要防止过分简略，对不易表述的问题，应在财务情况说明书中作出详细而明确的解释。

（四）可比性原则

可比性原则指提供的会计信息应当具有可比性。

农村合作金融机构不同时期发生的相同或者相似的交易或者事项，应当采用一致的会计政策，不得随意变更。确需变更的，应当在附注中说明。这样有利于会计信息的比较、分析和汇总。

（五）实质重于形式原则

实质重于形式原则指应当按照交易或者事项的经济实质进行会计确认、计量和报告，不应仅以交易或者事项的法律形式为依据。有时交易或事项的法律形式并不能真实反映其实质内容。因此为了真实反映农村合作金融机构的财务状况和经营成果，就不能仅仅根据交易或事项的外在表现形式来进行会计确认、计量和报告，而应反映其经济实质。

（六）重要性原则

重要性原则指提供的会计信息应当反映与其财务状况、经营成果和现金流量等有关的所有重要交易或者事项。

农村合作金融机构的会计核算应当遵循重要性要求，对资产、负债、损益等有较大影响，进而影响财务会计报告使用者据以作出合理判断的重要会计事项，必须按照规定的会计方法和程序处理，并在财务会计报告中予以充分地披露；对于次要的会计事项，在不影响会计信息真实性和不至于误导会计信息使用者作出正确判断的前提下，可适当简化处理。强调会计信息的重要性质量要求，在很大程度上是出于对会计信息的效用与加工会计信息的成本这两方面考虑的，在评价某些项目的重要性时，很大程度上取决于会计人员的职业判断。

（七）谨慎性原则

谨慎性原则指对交易或者事项进行会计确认、计量和报告应当保持应有的谨慎，不应高估资产或者收益、低估负债或者费用。

在对某一会计事项有多种不同的处理方法可供选择时，应尽可能选择一种不导致高估资产或收入的做法，以免损害其财务实力，防止信息使用者对其财务状况与经营成果持盲目乐观的态度。

（八）及时性原则

及时性原则指对于已经发生的交易或者事项，应当及时进行会计确认、计量和报告，不得提前或者延后。

及时性包括业务发生时及时记录、会计信息及时报告两个方面，由于农村合作金融机构业务的特殊性，及时性要求对于其会计核算显得更为重要。

四、会计要素计量属性

（一）会计要素的计量属性

会计计量是为了将符合确认条件的会计要素登记入账并列报于财务报表而确定其金额的过程。会计主体应当按照规定的会计计量属性进行计量，确定相关金额。计量属性反映的是会计要素金额的确定基础，主要包括历史成本、重置成本、可变现净值、现值和公允价值等。

1. 历史成本。历史成本又称为实际成本，就是取得或制造某项财产物资时所实际支付的现金或其他等价物。在历史成本计量下，资产按照其购置时支付的现金或者现金等价物的金额，或者按照购置资产时所付出的对价的公允价值计量。负债按照其因承担现时义务而实际收到的款项或者资产的金额，或者承担现时义务的合同金额，或者按照日常活动中为偿还负债预期需要支付的现金或者现金等价物的金额计量。

2. 重置成本。重置成本又称现行成本，是指按照当前市场条件，重新取得同样一项资产所需支付的现金或现金等价物金额。在重置成本计量下，资产按照现在购买相同或者相似资产所需支付的现金或者现金等价物的金额计量，负债按照现在偿付该项债务所需支付的现金或者现金等价物的金额计量。

3. 可变现净值。可变现净值，是指在正常生产经营过程中，以资产预计售价减去进一步加工成本和预计销售费用以及相关税费后的净值。在可变现净值计量下，资产按照其正常对外销售所能收到的现金或者现金等价物的金额扣减该资产至完工时估计将要发生的成本、估计的销售费用以及相关税费后的金额计量。

4. 现值。现值是指对未来现金流量以恰当的折现率进行折现后的价值，是考虑货币时间价值的一种计量属性。在现值计量下，资产按照预计从其持续使用和最终处置中所取得的未来净现金流入量的折现金额计量，负债按照预计期限内需要偿还的未来净现金流出量的折现金额计量。

5. 公允价值。公允价值，是指在公平交易中，熟悉情况的交易双方自愿进行资产交换或者债务清偿的金额。在公允价值计量下，资产和负债按照在公平交易中熟悉情况的交易双方自愿进行资产交换或者债务清偿的金额计量。

（二）各种计量属性之间的关系

在各种会计要素计量属性中，历史成本通常反映的是资产或者负债过去的价值，而重置成本、可变现净值、现值以及公允价值通常反映的是资产或者负债的现时成本或者现时价值，是与历史成本相对应的计量属性。公允价值相对于历史成本而言，具有很强的时间概念，也就是说，当前环境下某项资产或负债的历史成本可能是过去环境下该项资产或负债的公允价值，而当前环境下某项资产或负债的公允价值也许就是未来环境下该项资产或负债的历史成本。一项交易在交易时点通常是按公允价值交易的，随后就变成了历史成本，资产或者负债的历史成本许多就是根据交易时有关资产或者负债的公允价值确定的。

在应用公允价值时，当相关资产或者负债不存在活跃市场的报价或者不存在同类或者类似资产的活跃市场报价时，需要采用估值技术来确定相关资产或者负债的公允价值，而在采用估值技术估计相关资产或者负债的公允价值时，现值往往是比较普遍的一种估值方法，在这种情况下，公允价值就是以现值为基础确定的。

（三）计量属性的应用原则

会计主体在对会计要素进行计量时，一般应当采用历史成本，采用重置成本、可变现净值、现值、公允价值计量的，应当保证所确定的会计要素金额能够取得并可靠计量。

第三节 会计核算的方法

会计方法是用来反映和监督会计对象，执行和完成会计任务的手段。完整而科学的会计方法体系，包括会计核算方法、会计分析方法和会计检查方法。

农村合作金融机构会计的核算方法，包括基本核算方法和各项业务核算手续两部分。基本核算方法是各项业务核算的基础，各项业务核算手续是基本核算方法的具体运用。基本核算方法包括设置会计科目、记账方法、填制会计凭证、账簿及账务组织、利息计算、成本计算、会计报表、财产清查等。本章主要讲述基本核算方法中的会计科目、记账方法、会计凭证及账务组织等内容，其他内容将在有关章节讲述。

一、会计科目

会计科目就是对会计对象的具体内容，按其核算和管理要求，进行分类并规定适当的名称，据以总括反映和监督各项业务活动和财务收支的一种专门办法。

（一）会计科目的设置原则

为了充分发挥会计核算的作用，完成会计工作的任务，会计科目的设置，既要适应我国社会主义市场经济体制改革目标的要求，适应业务管理的需要，又要适应组织会计核算的需要，还必须与国际惯例接轨。农村合作金融机构会计科目的管理，要贯彻“统一领导，分级管理”的原则，具体应遵循下列原则：

1. 会计科目由人民银行总行统一规定，人民银行分行针对农村合作金融机构特殊业务需要，可增设辖内科目，但在向总行及对外编报会计报表时，须归并到统一规定的相应科目内。人民银行分行以下各级行及农村合作金融机构不得增设、删除或更改会计科目及其核算内容。

2. 会计科目代号由人民银行总行统一规定，人民银行分行增设的辖内专用会计科目，应以统一会计科目代号为基础进行编列。

3. 会计科目的调整。在年度中间，一律填制凭证通过分录结转；年度终了，应采用结转对照表方式办理新旧科目结转。

（二）会计科目的作用

作为我国金融体系重要组成部分的农村合作金融机构，它与农村各经济部门和广大农户有着密切的联系，业务范围广、数量大、种类多。如果仅将这些业务不加分类地逐笔罗列登记，既不便于核算工作顺利地进行，也不便于系统地了解经营活动的全貌。设置会计科目就是为了对这些业务情况和由此而引起的资金运动进行准确的分门别类的反映和监督，全面系统地了解经营活动的状况。具体来说，会计科目在农村合作金融机构会计核算中起着以下作用：

1. 会计科目是会计核算的基础。农村合作金融机构的各项业务的财务活动，必须通过会计科目进行分类并总括反映在整个会计核算中，如填制凭证、设置账簿编制报表等，都离不开会计科目，实现会计电算化后在设计程序时，也要以会计科目作为分类的基础。会计科目就像一条纽带，把从填制凭证、登记账簿到编制会计报表等各个核算环节有机地联结成一个整体，保证会计核算工作有条不紊地顺利进行。

2. 会计科目是取得系统信息资料并据以考核经济指标的工具。会计科目是各种经济业务的分类标志，它可以把大量的纷繁复杂的经济业务加以整理归类，从而提供分类经济指标。如存款的完成、贷款的规模及投向、负债的数量、所有者权益的多少等，以作为考核计划、指导业务和监督财务的依据。

3. 会计科目是统计报表编制的基础。通过对会计科目有关数据的归类、整理、计算，就成为编制统计报表的有关依据。因此，正确运用会计科目，真实反映业务情况，不仅保证了会计核算工作质量，而且也是做好统计工作的重要保证。

（三）会计科目的分类和核算内容

农村合作金融机构会计科目分为表内科目和表外科目，其具体分类如下（年度之间都有调整）：

1. 表内科目。农村合作金融机构的表内科目分为资产类、负债类、资产负债共同类、所有者权益类、损益类共五大类。

（1）资产类科目，指用于核算农村合作金融机构过去的交易、事项形成并由其拥有或控制的，能以货币计量并预期能带来经济利益的资源。它包括现金、存放款项、拆放资金各项贷款、应收款、信托及代理、投资、固定资产、无形资产、递延资产等科目。其中贷款损失准备、累计折旧两个科目作为资产的抵减项目。

（2）负债类科目，该类科目用于核算农村合作金融机构过去的交易、事项形成的，所承担的能以货币计量，需要以资产或劳动偿还，预期会导致经济利益流出的现实义务。它包括各项存款、各项借入资金、金融机构存放资金、各种应付款项、预收款项以及其他长期负债等。

（3）资产负债共同类科目，该类科目是指资金性质不确定，可依一定条件变化，用于核算银行发生的资金往来和债权债务轧差的科目。它包括联行往来、分行辖内往来、县辖往来、社内往来、清算资金往来、外汇买卖等。

（4）所有者权益类科目，该类科目用于核算所有者在农村合作金融机构资产中享有的经济利益，其金额为资产减去负债后的余额。它包括实收资本、股本金、资本公积、盈余公积、本年利润、利润分配等。

（5）损益类科目，该类科目用于核算农村合作金融机构的收入、成本和费用。它包括营业收入，投资收益，营业支出，其他营业支出，税金以及营业外收、支等。

2. 表外科目，即重要空白凭证、有价单证、未发行有价证券、已兑付有价证券、代保管有价值品、抵押及质押品有价值品、逾期贷款应收利息、已核销呆账、低值易耗品。

农村合作金融机构的会计科目如表 1－1 所示。

表 1－1　全国农村合作金融机构示范会计科目表（一级科目）

顺序号	代号	一级科目名称	顺序号	代号	一级科目名称
一、资产类			7	1013	拆放同业款项
1	1001	现金	8	1014	拆放系统内款项
2	1002	存放中央银行款项	9	1031	存出保证金
3	1003	专项央行票据	10	1032	存出保证金减值准备
4	1004	央行专项扶持资金	11	1101	交易性金融资产
5	1011	存放同业款项	12	1111	买入返售金融资产
6	1012	存放系统内款项	13	1112	买入返售金融资产减值准备

续表

顺序号	代号	一级科目名称	顺序号	代号	一级科目名称
14	1131	应收股利	49	1606	固定资产清理
15	1132	应收利息	50	1701	无形资产
16	1221	其他应收款	51	1702	无形资产累计摊销
17	1231	坏账准备	52	1703	无形资产减值准备
18	1301	农户贷款	53	1801	长期待摊费用
19	1302	农村经济组织贷款	54	1811	递延所得税资产
20	1303	农村企业贷款	55	1901	待处理财产损溢
21	1304	非农贷款			二、负债类
22	1305	信用卡透支	56	2001	单位活期存款
23	1306	贴现资产	57	2002	单位定期存款
24	1307	贸易融资	58	2003	个人活期存款
25	1308	垫款	59	2004	个人定期存款
26	1309	贷款损失准备	60	2005	银行卡存款
27	1311	代理兑付证券	61	2006	财政性存款
28	1321	代理业务资产	62	2007	待结算财政款项
29	1431	贵金属	63	2011	应解汇款
30	1432	贵金属跌价准备	64	2012	汇出汇款
31	1441	抵债资产	65	2013	开出本票
32	1442	抵债资产减值准备	66	2014	保证金存款
33	1501	持有至到期投资	67	2015	向中央银行借款
34	1502	持有至到期投资减值准备	68	2016	央行拨付专项票据资金
35	1503	可供出售金融资产	69	2017	同业存放款项
36	1504	可供出售金融资产减值准备	70	2018	系统内存放款项
37	1511	长期股权投资	71	2019	同业拆入资金
38	1512	长期股权投资减值准备	72	2020	系统内拆入资金
39	1521	投资性房地产	73	2021	转贴现负债
40	1522	投资性房地产累计折旧（摊销）	74	2022	再贴现负债
41	1523	投资性房地产减值准备	75	2101	交易性金融负债
42	1531	应收款项类投资	76	2111	卖出回购金融资产款
43	1532	未实现融资收益	77	2211	应付职工薪酬
44	1601	固定资产	78	2221	应交税费
45	1602	累计折旧	79	2231	应付利息
46	1603	固定资产减值准备	80	2232	应付股利
47	1604	在建工程	81	2241	其他应付款
48	1605	在建工程减值准备	82	2312	代理承销证券款

续表

顺序号	代号	一级科目名称	顺序号	代号	一级科目名称
83	2313	代理兑付证券款	117	3301	外汇买卖
84	2314	代理业务负债			四、所有者权益类
85	2401	递延收益	118	4001	实收资本（股本）
86	2501	长期借款	119	4002	资本公积
87	2502	应付债券	120	4101	盈余公积
88	2701	长期应付款	121	4102	一般风险准备
89	2702	未确认融资费用	122	4103	本年利润
90	2711	管理部门统筹资金	123	4104	利润分配
91	2801	预计负债	124	4201	库存股
92	2901	递延所得税负债			五、损益类
		三、资产负债共同类	125	6011	利息收入
93	3001	全国联行系统往账	126	6012	金融机构往来收入
94	3002	全国联行系统来账	127	6021	手续费及佣金收入
95	3003	全国联行汇兑汇差	128	6051	其他业务收入
96	3004	上年全国联行系统往账	129	6061	汇兑损益
97	3005	上年全国联行系统来账	130	6101	公允价值变动损益
98	3006	上年全国联行汇兑汇差	131	6111	投资收益
99	3011	省辖联行系统往账	132	6301	营业外收入
100	3012	省辖联行系统来账	133	6411	利息支出
101	3013	省辖联行汇兑汇差	134	6412	金融机构往来支出
102	3014	上年省辖联行系统往账	135	6421	手续费及佣金支出
103	3015	上年省辖联行系统来账	136	6601	业务及管理费
104	3016	上年省辖联行汇兑汇差	137	6602	其他业务支出
105	3021	农信银系统往账	138	6403	营业税金及附加
106	3022	农信银系统来账	139	6701	资产减值损失
107	3023	农信银系统汇兑汇差	140	6711	营业外支出
108	3024	上年农信银系统往账	141	6801	所得税费用
109	3025	上年农信银系统来账	142	6901	以前年度损益调整
110	3026	上年农信银系统汇兑汇差			六、表外类
111	3031	清算资金往来	143	101	银团贷款
112	3041	社（行）内部往来	144	102	社团贷款
113	3051	外汇营运资金	145	103	承兑汇票
114	3101	衍生工具	146	104	贷款承诺
115	3201	套期工具	147	105	开出信用证
116	3202	被套期项目	148	106	开出保函款项

续表

顺序号	代号	一级科目名称	顺序号	代号	一级科目名称
149	110	待转国库存款利息	159	123	已兑付有价证券
150	111	应收信用证出口款项	160	124	代保管有价值品
151	112	应收外汇托收款项	161	125	抵押物品价值
152	113	代收外汇托收款项	162	126	质押物品价值
153	114	国外开来信用证凭信	163	130	表外应收利息
154	115	代售有价单证	164	131	已核销资产
155	116	代客理财	165	132	已置换资产
156	120	重要空白凭证	166	133	待处理已置换资产损失
157	121	有价单证	167	140	低值易耗品
158	122	未发行有价证券			

二、记账方法

记账方法是指在农村合作金融机构会计的核算中，按单式或复式记账原理和记账规则，使用一定的记账符号，将经济业务进行整理、分类和登记会计账簿的一种专门方法。

农村合作金融机构的记账方法包括表内科目记账法和表外科目记账法。表内科目记账法为复式记账法（借贷记账法），表外科目记账法为单式记账法。

（一）表内科目记账法——复式记账法

复式记账法，对发生的每项经济业务都要按照相等的金额在两个或两个以上相互关联的会计科目中进行登记。复式记账法使有关科目之间的对应关系清楚、明了，对每一项经济业务的来龙去脉以及全部的经济业务都相互联系地登记入账，完整、系统地反映了经济活动的过程和结果。同时，由于对每项经济业务都以相等的金额进行分类登记，因而对记录的结果，可以进行试算平衡，以检查会计记录的正确与否，保证会计工作质量。

复式记账法包括增减记账法、收付记账法和借贷记账法。农村合作金融机构目前采用借贷记账法。借贷记账法是根据复式记账原理，以资金平衡公式为依据，以“借”、“贷”作为记账符号，按照“有借必有贷，借贷必相等”的记账规则，对农村合作金融机构资产负债的增减变化过程及其结果进行记载的一种记账方法。其基本内容包括记账主体、记账符号、记账规则和平衡公式。

1. 记账主体。以会计科目或账户为借贷记账法的记账主体。总体上讲会计科目是账户的名称，账户是根据会计科目开设的。也可以按照不同的方法将账户作不同分类：

（1）按期末有无实存数分为实账户和虚账户。农村合作金融机构会计科目的前四类为实账户。因这四类账户的共同点是：无论在平时或会计年度结账后，通常都有余额，表示资产、负债、所有者权益的实存数，因此统称为实账户。它们是编制资产负债表的依据，也称资产负债表账户。它们在会计年度终了期末余额要结转下年，以保持永久连续记录，实账户亦称为永久账户。在实账户中，记载资产项目变化的账户称为“资产账户”，记载负债项目变化的账户称为“负债账户”，既可记载资产项目变化又可记载负债项目变化的账户称为“资产负债共同类账户”（对于资产负债共同类账户，视其余额所在方向，确定该类账户的具体性质，即期末余额在借方时视为资产账户，期末余额在贷方时视为负债账户），记载所有者权益的账户称为“所有者权益账户”或“业主权益账户”或“资本账户”。损益类科目是集中反映企业经营成果的，是虚账户。这类账户的共同特点是：在每个会计期终了时都要结转利润，一般无余额，因此称为虚账户。它把本期发生额作为当期经营成果的动态资料，是计算损益编制损益表的直接依据，故也称“损益表账户”。由于虚账户会计期末无余额，下期开始时另行记录，只是暂时性记录一个年度的经营成果，也称“暂记账户”。

（2）按照核算对象的不同分为人名账户和物名账户。以单位或个人名称设置的账户为人名账户，它以自然人和法人为核算对象。以物品名称或事项（物）名称设置的账户为物名账户，它以物品的种类或名称为核算对象。

2. 记账符号。借贷记账法以“借”、“贷”作为记账符号。账户的左方为借方，账户的右方为贷方，用来记录资产、负债、所有者权益和费用的增减变化。其中一方用以记录经济业务数额的增加，另一方用以记录经济业务数额的减少；何种情况下记入“借方”和“贷方”，要根据账户的基本性质来确定：对资产类和费用账户，“借”表示资产和费用的增加，“贷”表示资产和费用的减少；对于负债类、所有者权益类和收入账户，“借”表示负债、所有者权益、收入的减少，“贷”表示负债、所有者权益、收入的增加；任何账户的正常余额都是反映在增加额的那一方，即资产和费用账户余额在借方，负债、所有者权益、收入账户余额在贷方。归纳起来，上述账户的增减变动在账户记录中的规则为：借方是用来记录资产的增加、费用的增加、负债的减少、所有者权益的减少、收入的减少，贷方是用来记录资产的减少和费用的减少、负债的增加、所有者权益的增加、收入的增加。

3. 记账规则。借贷记账法以“有借必有贷，借贷必相等”作为记账规则，即对每一笔经济业务，不论是资产类项目之间的此增彼减，还是负债类项目之间的此增彼减；不论是资产类项目和负债类项目之间的同时增加，还是资产类项目和负债类项目之间的同时减少，都一律采用“有借必有贷，借贷必相等”的记账规则，以相等的金额，借贷相反的方向，在两个或两个以上相互联系的账户中进行连续、分类的登记。即在一个账户中记借方，必须同时在另一个或几个账户中记贷方；或在一个账户中记贷方，同时在另一个或几个账户中记借方。账户记录一般是一借多贷，或一贷多借，以便分清经济业务的来龙去脉。但不论经济业务有多复杂，运动变化速度有多快，归纳起来不外乎以下四种情况：

（1）一方面资产类项目的增加，另一方面资产类项目的减少。

（2）一方面负债类或所有者权益类的增加，另一方面负债或所有者权益类的减少。

（3）一方面资产类的增加，另一方面负债或所有者权益类的增加。

（4）一方面资产类的减少，另一方面负债或所有者权益类的减少。

4. 平衡公式。

（1）平衡原理。会计基本等式：资产 = 负债 + 所有者权益。该等式是借贷记账法账务平衡的理论依据。一方面企业的一切经济活动归根到底是资产、负债、所有者权益之间的运动，在运动过程中企业赚得收入，使所有者权益增加，企业会发生费用，使所有者权益减少。因此，会计基本等式可扩张为：资产 = 负债 + 所有者权益 + （收入 - 费用），即资产 + 费用 = 负债 + 所有者权益 + 收入。会计等式表明，一个会计主体动用在各项资产和费用上的资金，都是从一定渠道如负债、所有者权益、收入中获得的，它们是同一资金的两个不同方面。

（2）平衡关系。由于借贷记账法在处理每一笔业务时，都遵循了“有借必有贷，借贷必相等”的记账规则，因此，每天或一定时期内，各科目所属账户的借贷累计发生额及其余额都必须体现不同方向的数量平衡。

①发生额平衡。发生额平衡是用来检查本期每一项或全部经济业务的借贷金额是否相等的，其平衡公式是

所有科目借方发生额合计 = 所有科目贷方发生额合计

②余额平衡。余额平衡是用来检查本期所有账户的期末借方余额合计与贷方余额合计是否相等，其平衡公式是

所有科目借方余额合计 = 所有科目贷方余额合计

期末余额平衡是建立在上期余额平衡和本期发生额平衡基础上的。本期末各方余额的计算公式是

本期末借方余额 = 上期借方余额 + 本期借方发生额 - 本期贷方发生额

本期末贷方余额 = 上期贷方余额 + 本期贷方发生额 - 本期借方发生额

在实际试算平衡工作中，每笔业务的试算平衡是通过编制凭证及会计分录进行的，全部发生额、余额试算平衡在农村合作金融机构是通过编制业务状况表进行的。

（二）表外科目的记账方法——单式记账法

表外科目是指业务已发生但不涉及资金实际收付的重要事项，如重要空白凭证、未发行有价证券，代保管及抵押有价物品、逾期贷款应收未收利息、已核销贷款呆账、低值易耗品等，对这些事项均要采取单式收付记账法记账，就是每一笔业务发生只用一个会计科目进行单方面登记的方法，各个科目之间记录没有直接联系，也不存在资产负债表的平衡关系，不能全面、系统地反映经济业务，不便于检查账户记录的正确性和完整性。当业务发生，增加时记入收方，减少时记入付方，余额在收方，表示期末结存数额，表外科目应设立登记簿记载。

三、会计凭证

会计凭证是办理农村合作金融机构各项业务和财务活动的原始记录或书面证明，也是明确经济责任、登记账簿以及核对账务和事后查考的重要依据。农村合作金融机构的会计凭证作为记账凭证时，需要在银行内部组织传递，因此，记账凭证又称为传票。

（一）会计凭证的特点

1. 采用单式凭证。单式凭证是只填写一个会计科目的记账凭证，它与复式凭证（把一笔经济业务的内容组合在一张会计凭证上，并根据凭证分别登记有关账簿）相比，其优点是传递方便，便于柜组人员分工协作，节省处理时间，营业终了，便于综合整理，记账、汇总和装订保管。农村合作金融机构的经济业务，除现金收付外，每笔业务都有两张或两张以上的会计凭证。

2. 原始凭证代替记账凭证。农村合作金融机构利用客户办理业务时所提交的原始凭证，代替记账凭证，不仅简化了手续，节省人力物力，而且有利于防止内部作案。对一些专用特定凭证，根据核算需要，设置必要的联数，充分利用多联套写凭证，提高了工作效率，也为保证有关方面的核算一致创造了条件。

3. 凭证传递环节多。农村合作金融机构的每笔业务，从收到凭证到业务处理完毕，要经过内部有关柜组和人员几道手续，同城票据交换要传递到其他行、社，异地结算要通过邮电部门。传递环节多，时间就会拉长，为避免凭证错、乱、慢、压、丢等现象发生，必须严格按凭证传递程序和结算纪律及时传递和入账。

（二）会计凭证的种类

农村合作金融机构的会计凭证，包括原始凭证和记账凭证。

1. 原始凭证。原始凭证是各项业务活动和财务收支的原始记录，是办理各项业务和明确经济责任的书面证明，原始凭证有的可作为记账凭证，如现金和转账支票，有的则需要在原始凭证基础上另制记账凭证，如财务收支款项。

2. 记账凭证。记账凭证又称传票，由农村合作金融机构根据有关原始凭证自行编制，如现金传票、特种转账传票，但大量的是外部提供的经过加工后的原始凭证代替，它是办理收付款项和记载账簿的依据。农村合作金融机构的记账凭证，按其格式和用途，可分为通用的基本凭证和专用的特定凭证两类；按农村合作金融机构核算系统又可分为记账凭证和汇总记账凭证。

（1）基本凭证。农村合作金融机构基本凭证是农村合作金融机构根据原始单证或业务事项自行填制凭以记账的凭证。

农村合作金融机构的基本凭证有以下十类：

①现金付出传票（见表1－2）。

②现金收入传票（见表1－3）。

③转账借方传票（见表1－4）。

④转账贷方传票（见表1－5）。

⑤特种转账借方传票（见表1－6）。

⑥特种转账贷方传票（见表1－7）。

⑦表外科目收入传票（见表1－8）。

⑧表外科目付出传票（见表1－9）。

⑨外汇买卖借方凭证（见表1－10－1、表1－10－2）。

⑩外汇买卖贷方凭证（见表1－11－1、表1－11－2）。

表1－2 **现金付出传票**

××农村信用社 现金付出传票

（借） 年 月 日

（贷）现金

总字第 号
字第 号

户名或账号	摘要	金额									
		千	百	十	万	千	百	十	元	角	分

附单据 张

会计 出纳 复核 记账

表1－3 **现金收入传票**

××农村信用社 现金收入传票

（贷） 年 月 日

（借）现金

总字第 号
字第 号

户名或账号	摘要	金额									
		千	百	十	万	千	百	十	元	角	分

附单据 张

会计 出纳 复核 记账

表1－4 **转账借方传票**

××农村信用社 转账借方传票

年 月 日

总字第 号
字第 号

科目 （借）		对方科目：									
户名或账号	摘要	金额									
		千	百	十	万	千	百	十	元	角	分

附单据 张

会计 出纳 复核 记账

表 1 –5 **转账贷方传票**

××农村信用社 转账贷方传票

年 月 日

总字第	号
字第	号

科目	（贷）	对方科目：									
户名或账号	摘要	金额									
		千	百	十	万	千	百	十	元	角	分

附单据 张

会计 出纳 复核 记账

表 1 –6 **特种转账借方传票**

××农村信用社 特种转账借方传票

年 月 日

总字第	号
字第	号

收款单位	全称				付款单位	全称			
	账号或地址					账号或地址			
	开户银行		行号			开户银行		行号	

金额	人民币（大写）	千	百	十	万	千	百	十	元	角	分

原凭证金额		赔偿金		科目（借）-----------
原凭证名称		号码		
转账原因			银行盖章	对方科目（贷）----------- 会计 复核 记账

附件 张

表 1 –7 **特种转账贷方传票**

××农村信用社 特种转账贷方传票

年 月 日

总字第	号
字第	号

收款单位	全称				付款单位	全称			
	账号或地址					账号或地址			
	开户银行		行号			开户银行		行号	

金额	人民币（大写）	千	百	十	万	千	百	十	元	角	分

原凭证金额		赔偿金		科目（借）-----------
原凭证名称		号码		
转账原因			银行盖章	对方科目（贷）----------- 会计 复核 记账

附件 张

表 1－8　　表外科目收入传票

××农村信用社　表外科目收入传票

年　月　日

总字第　号	
字第　号	

表外科目（收入）

户名	摘要	金额									
		千	百	十	万	千	百	十	元	角	分
合计											

附件　张

会计　出纳　复核　记账

表 1－9　　表外科目付出传票

××农村信用社　表外科目付出传票

年　月　日

总字第　号	
字第　号	

表外科目（付出）

户名	摘要	金额									
		千	百	十	万	千	百	十	元	角	分
合计											

附件　张

会计　出纳　复核　记账

表 1－10－1　　外汇买卖借方凭证（人民币）

外汇买卖借方凭证（人民币）

年　月　日

凭证	
编号	

结汇单位	全称		（借）外汇买卖 （对方科目）
	账号或地址		
外汇金额	牌价	人民币金额	
		¥	
摘要			会计 复核 记账 制票

附件　张

表 1－10－2　　外汇买卖借方凭证（外币）

<u>外汇买卖借方凭证（外币）</u>

年　　月　　日

凭证
编号

<table>
<tr><td rowspan="2">结汇单位</td><td>全称</td><td colspan="2"></td><td rowspan="2">（贷）外汇买卖
（对方科目）</td></tr>
<tr><td>账号或地址</td><td colspan="2"></td></tr>
<tr><td colspan="2">外汇金额</td><td>牌价</td><td colspan="2">人民币金额</td></tr>
<tr><td colspan="2"></td><td></td><td colspan="2">¥</td></tr>
<tr><td>摘要</td><td colspan="3"></td><td>会计
复核
记账
制票</td></tr>
</table>

附件　张

表 1－11－1　　外汇买卖贷方凭证（人民币）

<u>外汇买卖贷方凭证（人民币）</u>

年　　月　　日

凭证
编号

<table>
<tr><td rowspan="2">结汇单位</td><td>全称</td><td colspan="2"></td><td rowspan="2">（贷）外汇买卖
（对方科目）</td></tr>
<tr><td>账号或地址</td><td colspan="2"></td></tr>
<tr><td colspan="2">外汇金额</td><td>牌价</td><td colspan="2">人民币金额</td></tr>
<tr><td colspan="2"></td><td></td><td colspan="2">¥</td></tr>
<tr><td>摘要</td><td colspan="3"></td><td>会计
复核
记账
制票</td></tr>
</table>

附件　张

表 1－11－2　　外汇买卖贷方凭证（外币）

<u>外汇买卖贷方凭证（外币）</u>

年　　月　　日

凭证
编号

<table>
<tr><td rowspan="2">结汇单位</td><td>全称</td><td colspan="2"></td><td rowspan="2">（贷）外汇买卖
（对方科目）</td></tr>
<tr><td>账号或地址</td><td colspan="2"></td></tr>
<tr><td colspan="2">外汇金额</td><td>牌价</td><td colspan="2">人民币金额</td></tr>
<tr><td colspan="2"></td><td></td><td colspan="2">¥</td></tr>
<tr><td>摘要</td><td colspan="3"></td><td>会计
复核
记账
制票</td></tr>
</table>

附件　张

（2）特定凭证。特定凭证是根据农村合作金融机构业务的需要而制定的专用格式凭证。一般由农村合作金融机构印制后，由单位购买，提交农村合作金融机构凭以办理业务，如现金支票、转账支票、现金交款单、汇票委托书、委托收款凭证等。也有由农村合作金融机构自行填制，凭以办理业务的，如定期储蓄存单、联社往来报单等。

（3）汇总记账凭证。汇总记账凭证即科目日结单，是每一会计科目当日或结账期借、贷发生额和传票张数的汇总记录，并凭以登记总账的凭证。由于它对传票起着汇总作用，所以也叫总传票。它是监督明细核算和轧平当日或结账期账务的工具。

科目日结单的编制方法是：每日或结账期营业终了，先按同一科目清分传票，再分别按现金和转账清分传票，结计各科目现金、转账合计数分别填入科目日结单有关栏的借方和贷方，并凭以控制同科目的传票和作为登记科目总账的依据。“现金”科目日结单的编制，一般是利用现金收入登记簿的全部现金收入合计数，填入科目日结单现金的借方金额栏，把现金付出登记簿的全部现金付出合计数，填入科目日结单现金的贷方金额栏，由于现金收、付传票，已经作有关科目的贷方、借方传票，又是现金科目的借方、贷方传票，因此，现金科目日结单不填传票张数。

（三）会计凭证的基本要素

尽管会计凭证的格式和内容因业务性质不同而有所差异，但农村合作金融机构各种凭证一般均应具备下列基本要素。

1. 凭证名称及编制日期；
2. 收付款单位的名称及账号；
3. 收、付款单位开户行、社的名称和农村合作金融机构开户行的名称和行号；
4. 人民币符号和大小写金额；
5. 款项来源、用途或摘要及附件的张数；
6. 会计分录和凭证编号；
7. 符合有关规定的单位印章；
8. 农村合作金融机构及有关人员的印章。

（四）会计凭证的处理流程

会计凭证的处理是指从受理和编制凭证开始，经过账务处理的各个环节，直到装订保管为止的整个过程。它关系到国家宏观政策的贯彻执行，直接影响到会计核算的质量。因此，会计凭证的填制必须做到要素齐全，内容完整，反映真实，数字准确，字迹清楚。

1. 会计凭证的编制。编制会计凭证是进行会计核算的起点。必须做到标准化、规范化，要素齐全、内容完整、反映真实、数字正确、字迹清晰、不错漏、不潦草，书写规范、防止涂改。具体要求如下：

（1）现金支票应用碳素墨水或墨汁书写，单联式凭证应用蓝黑墨水钢笔书写；多联式套写凭证可用圆珠笔、双面复写纸套写，不准分张单写。

（2）填写凭证记账用的各种代号简写为：第号为“#”；每个为“@”；人民币符号为“￥”；年、月、日简写顺序应自左而右“年/月/日”；年利率为“年%”；月利率为

“月‰”；日利率为“日‱”。

（3）金额的书写。阿拉伯数字应一个一个地写，不得连笔。凡阿拉伯数字前写有人民币符号“￥”的，数字后面不再写“元”字。所有以元为单位的阿拉伯数字，一律填写到角分；无角分的应以“0”补足，不得用“—”代替。

汉字大写金额数字，应用零、壹、贰、叁、肆、伍、陆、柒、捌、玖、拾、佰、仟、万、亿，不易涂改的正楷字或行书字书写。不得用另（或0）一、二（两）、三、四、五、六、七、八、九、十等字样代替。不得用“毛”代替“角”，不得任意生造简化字。

大写金额数字到元或角为止的，在“元”或“角”字之后应写“整”或“正”字；大写金额数字有分的，分字后面不写“整”字；大写数字金额前应有“人民币”字样，“人民币”与金额数字之间以及数字与数字之间，不得留有空隙。

大写金额个位以上（不含个位），数与数间遇有“0”时，应写“零”补足；如连续有两个“0”以上的，可只写一个“零”；如元位是“0”或元位以上连续几个“0”时，可不写“零”补足；元以下的角位是“0”时，同样应写“零”补足；金额不足20元的，应在10元前加“壹”字。

（4）特殊要求。

①凡发生现金收入或现金付出业务时，由会计人员编制现金收入或现金付出传票，由记账员凭以登记有关科目贷方（现金收入）或借方（现金付出）分户账，由出纳员凭以办理现金的收入或付出。

②凡发生转账业务时，应以同等金额编制转账借方传票和转账贷方传票，凭以登记借方科目和贷方科目的明细账户。

③凡在转账业务中，涉及农村合作金融机构主动代客户进账或扣款，而原有特定凭证无法代替时（如对单位存款利息的进账、贷款利息的扣收），由农村合作金融机构用特种转账传票套写后，分别作为记账传票和回单，特种转账传票联数的多少根据需要而定。

④凡表外科目的核算对象增加或减少时，编制表外科目收方或表外科目付方传票，凭以登记表外科目的“收方”栏和“付方”栏。

2. 会计凭证的审查。农村合作金融机构在受理会计凭证时，必须根据有关业务的具体要求认真审查。只有经过审查完全符合要求的凭证，才能作为记账凭证。审核应注意以下几点：

（1）是否为本社受理的凭证。

（2）使用的凭证种类是否正确，凭证基本内容、联数是否完整齐全，凭证是否超过规定的有效期限。

（3）账号与户名是否相符。

（4）大小写金额是否一致，字迹是否清晰，有无涂改。

（5）密押、印鉴是否真实齐全。

（6）款项来源、用途是否填写清楚并符合有关规定以及信贷、结算的管理原则。

（7）支付的款项是否超过存款余额或批准的贷款额度或拨款限额。

（8）计息、收费、赔偿金等的计算方法与数字是否正确。

（9）内部科目和账户名称使用是否正确。

会计人员对不真实、不合法的凭证，应拒绝办理；对填制、计算不准确、不完整的凭证，应予退回，要求更正、补充或重制；对伪造凭证等违法乱纪行为，应认真追究，并及时报告领导或有关部门，严肃处理。

经过审查无误的凭证，要迅速办理资金收付。已办理的凭证，必须加盖有关人员名章，并分别现金收入、现金付出和转账业务加盖带有“年、月、日”的现金收讫、现金付讫或转讫章，签发有关结算凭证，加盖结算专用章。对外签发的重要单证，如存单、收据等，加盖社名业务公章。联行（社）往来加盖联行（社）专用章。传票附件要加盖“作附件”戳记。

3. 会计凭证的传递。会计凭证的传递是指从填制或取得会计凭证起，通过审查凭证、登记账簿、处理业务完毕，到凭证装订保管为止。会计凭证传递的过程，就是业务处理和会计核算的过程。

凭证的传递要做到准确及时、手续严密、先外后内、先急后缓，既方便客户，又要严格遵守记账规定，便于核算工作的进行。各类凭证除有关业务核算手续有特殊规定外，一律由农村合作金融机构内部传递。现金收入凭证，要“先收款，后记账”，现金付出凭证，要“先记账，后付款”。以防止因客户交存现金多少而造成差错和未经收款而记入账户造成财产损失；防止存款透支、贷款和拨款超过限额以及错付事故发生。

转账凭证应“先记借方账，后记贷方账”，“他行票据收妥进账”，防止农村合作金融机构垫款，造成资金损失。

会计凭证传递流程如图 1－1 所示。

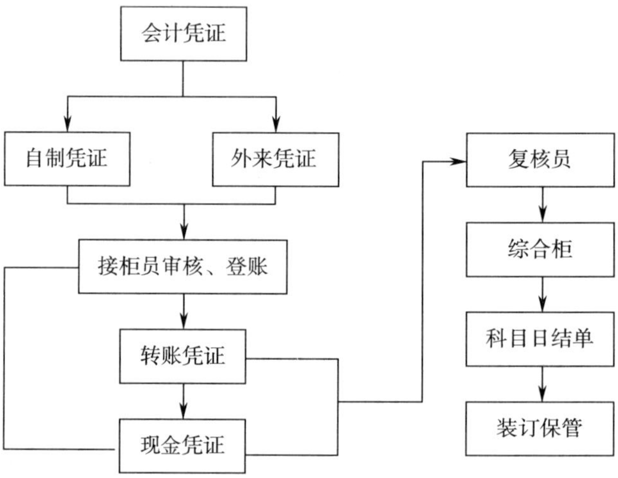

图 1－1　会计凭证的一般程序

4. 会计凭证的整理、装订和保管。会计凭证必须按结账日整理、装订和入库（柜）保管（非每日结账的会计凭证，也应整理后入库保管）。在整理凭证时，先表内科目，后表外科目，科目日结单排在记账凭证之前。表内科目以科目排列顺序为准，现收、现付、转借、转贷顺序排列；表外科目按收入、付出顺序排列；科目日结单装订在各科目凭证的前面，销号单附凭证最后。装订凭证前，应先检查科目日结单张数、传票张数、传票附件张数及有关印章是否齐全，发现不符或手续不全的须由有关人员更正补齐；装订时要将传票、附件整理整齐。另加传票封面和传票封底，然后用线绳装牢固，并在绳结处用纸条加封，由装订人员和会计主管在加封处盖章，以明确责任。传票过多的可分若干册装，传票过少的可将若干日或结账期的传票合并装订，但要按日或按结账期顺序排列。已装订的凭证，封面要注明单位名称、起讫日期、起讫号码；一日多册的，只编一个顺序号，分别注明共几册第几册；合并装订的，应在每日凭证封面上分别编顺序号，加盖装订人名章和会计主管名章，并在登记会计档案登记簿后入库保管。

计算机打印输出的有关凭证、科目日结单等，必须打印操作人员的姓名、代号及打印日期，加盖有关人员名章后，按规定进行装订和保管。

四、账务组织

账务组织是指账簿的设置结构、记账程序安排和核算方法之间的相互关系，也是账务核算与操作管理的方法体系。

农村合作金融机构的账务组织由明细核算和综合核算两个系统构成。这两个系统反映业务和财务活动相互配合、相互补充、相互制约的依存关系。

（一）明细核算的账务处理程序

明细核算由分户账、登记簿（卡）、余额表组成，按账户进行核算，反映每一科目下各账户资金增减变化的详细情况。

明细核算的账务处理程序是：根据经济业务的传票记载分户账或登记簿（卡）；对于现金收、付业务，还应分别登记现金收入登记簿和现金付出登记簿；营业终了，再根据分户账的最后余额填制余额表，并同总账进行核对。其核算程序如图 1－2 所示。

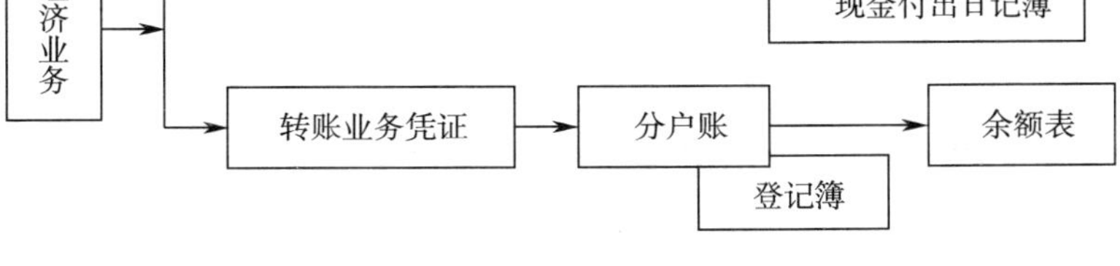

图 1－2 明细核算程序

1. 分户账。分户账是明细核算的主要形式，是各科目的明细记录，也是农村合作金融机构同单位对账的依据，应按单位（人）或核算的具体对象立户建账。分户账根据传票逐笔连续记载，并在摘要栏注明简明事由。除有特殊规定者外，不得以凭证代替分户账。

（1）分户账的种类。分户账一般用活页式，也有采用卡片式的。分户账除根据业务需要所规定的专用格式外，一般分为下列四种：

①甲种账（见表1－12），设有借、贷方发生额和余额三栏。适用于不计息科目的账户，或用余额表计息科目的账户，以及农村合作金融机构内部科目的账户。

表1－12　　　　　甲种账

××农村合作金融机构（　　）________账

本账总页数
本户页数

户名：　　　账号：　　　领用凭证记录：　　　利率：

<table>
<tr><th colspan="2">年</th><th rowspan="2">摘要</th><th rowspan="2">凭证号码</th><th rowspan="2">对方科目代号</th><th>借方</th><th>贷方</th><th rowspan="2">借或贷</th><th>余额</th><th rowspan="2">复核盖章</th></tr>
<tr><th>月</th><th>日</th><th>（位数）</th><th>（位数）</th><th>（位数）</th></tr>
<tr><td></td><td></td><td></td><td></td><td></td><td></td><td></td><td></td><td></td><td></td></tr>
</table>

会计　　　　记账　　　　复核

②乙种账（见表1－13），设有借、贷方发生额和余额、积数四栏。适用于在账页上计算利息积数的存、贷款账户。

表1－13　　　　　乙种账

××农村合作金融机构（　　）________账

本账总页数
本户页数

户名：　　　账号：　　　领用凭证记录：　　　利率：

<table>
<tr><th colspan="2">年</th><th rowspan="2">摘要</th><th rowspan="2">凭证号码</th><th rowspan="2">对方科目代号</th><th>借方</th><th>贷方</th><th rowspan="2">借或贷</th><th>余额</th><th rowspan="2">日数</th><th>积数</th><th rowspan="2">复核盖章</th></tr>
<tr><th>月</th><th>日</th><th>（位数）</th><th>（位数）</th><th>（位数）</th><th>（位数）</th></tr>
<tr><td></td><td></td><td></td><td></td><td></td><td></td><td></td><td></td><td></td><td></td><td></td><td></td></tr>
</table>

会计　　　　记账　　　　复核

③丙种账（见表1－14），设有借、贷方发生额和借、贷方余额四栏。适用于允许反方反映余额的账户。

表 1－14 **丙种账**

××农村合作金融机构（　　）________账

本账总页数	
本户页数	

户名：　　　账号：　　　领用凭证记录：　　　利率：

年		摘要	凭证号码	对方科目代号	发生额		余额		复核盖章
月	日				借方	贷方	借方	贷方	
					（位数）	（位数）	（位数）	（位数）	

会计　　　记账　　　复核

④丁种账（见表 1－15），设有借、贷方发生额和余额、销账四栏，适用于逐笔记账、逐笔销账的一次性账务，并兼有分户核算的作用。如应付、暂收款，应收、暂付款以及应解汇款等账户。

表 1－15 **丁种账**

××农村合作金融机构（　　）________账

本账总页数	
本户页数	

户名：　　　账号：　　　领用凭证记录：　　　利率：

年		账号	户名	摘要	凭证号码	对方科目代号	借方	销账			贷方	借或贷	余额	复核盖章
月	日						（位数）	年	月	日	（位数）		（位数）	

会计　　　记账　　　复核

（2）分户账的登记。

①账页上首先规定填记的主要事项如账号、户名、利率、领用重要空白凭证起讫号码、页数等，均应逐项填写。存折户，应在户名右边注明存折号码，以便鉴别存折的真伪。

②记账前，必须切实核对户名、账号、印鉴、凭证号码（存折户核对存折号码）、余额，防止存款透支，以及记账串户、盗窃冒领、伪造诈骗等事故发生。

③记账时要记明记账日期、对方科目，摘要栏必须根据凭证简要填写款项来源或用途；存、贷款账户一般应分别情况注明“现收”、“现付”、“转出”、“转入”、“汇出”、“汇入”等简明事由；对利息收、付和延付赔偿金等，应分别注明具体事实。有号码的凭证（如支票、汇票等），应加注凭证号码的末四位数；损益类各账户应具体记载业务收付的事由，收付利息采用汇总传票记账的，要填明户数和计息期；采用逐笔填制传票

的，要写明科目、账号、起止息日期、利率、积数和本金。对同一收款或同一付款单位账户的多笔收款或付款凭证，在征得单位同意后，可以编制一式两联汇总传票（使用特种转账传票），原始凭证作汇总传票附件，一联作收（付）款通知送单位，一联凭以记账。不允许农村合作金融机构单方面汇总记账，以免影响双方对账。

④分户账更换新账页时，应将前页的最后余额，计息累计天数和积数，过入新账页第一格“余额”、“日数”和“积数”栏，并在摘要栏注明“承前页”字样。采用甲、乙、丙种复写账页的分户账，在平时记满一页后，应即将对账联撕下，及时交单位对账；每月终了，不论账页是否记满，都要将对账单撕下交单位对账，并更换新账页，采用丁种账页记载的分户账，大多属于一次性账务，如果一次不能清账，而需要分次销账时，应另设户记载。

2. 登记簿。登记簿是适应某些业务需要而专设的账簿（见表1－16），凡属分户账上未能记载而需要考察的业务事实，都在登记簿上进行记录。它是用来控制有价单证、重要空白凭证以及统驭卡片账或借据的辅助性账簿，必须建立严密手续，及时记载。采用数量与金额同时核算的，一般采用借、贷、余三栏的通用格式；现金收入登记簿和现金付出登记簿（未实现现金收付分柜时，用现金收付登记簿）是控制现金收入和付出数字的账簿，也是现金收入和付出的明细记录。登记簿一般设会计档案保管登记簿、会计档案调（查）阅登记簿、会计人员短期代理交接登记簿、印押保管使用登记簿、守库登记簿、查库登记簿、有价证券登记簿、出纳交接登记簿、会计出纳业务差错登记簿、柜台监督登记簿、开销户登记簿、重要空白凭证登记簿、固定资产低值易耗品登记簿、挂失登记簿等。

表1－16　　登记簿（卡）

××农村合作金融机构（　　）

登记簿（卡）

户名：　　　　　　　　　　单位：

年		摘要	收入		付出		余额		复核盖章
			数量	金额	数量	金额	数量	金额	
月	日			（位数）		（位数）		（位数）	

会计　　　　　　　　　　记账

3. 余额表。余额表是指用于抄列分户账余额的表格，是核对总账与分户账余额和计算利息的重要工具。余额表分为计息余额表和一般余额表。

（1）计息余额表。计息余额表（见表1－17），其最主要的功能就是计息，适用于计息科目。每日营业终了时，根据同一科目分户账的最后余额逐户填列。当天如果余额不变动或遇节假日，仍应将上日余额填入。每日填记后，还应按科目加记余额合计数，并与总账同一科目余额核对相符。

表 1－17 **计息余额表**

××农村信用社（　　）

计息余额表

科目名称：　　　　　　年　　月　　　　　　共　　页

科目代号：　　　货币：　　　利率：　　　　　第　　页

账号 / 户名 / 余额 / 日期					复核盖章
	（位数）	（位数）	（位数）	（位数）	
上月底止累计应计息积数					
日期 ⋮ 10 天小计 11 ⋮ 20 天小计 21 ⋮					
本月合计（本月计息积数）					
应加积数					
应减积数					
本期累计应计息积数					
结息时计算利息数					
备注					

会计　　　　　复核　　　　　记账

（2）一般余额表。一般余额表（见表 1－18），适用于不计息的科目，按各分户账当日最后余额填制。

表 1－18 **一般余额表**

××农村信用社（　　）

一般余额表

科目名称：　　　　　　年　　月　　日　　　　　　共　　页

科目代号：　　　货币：　　　利率：　　　　　第　　页

科目代号	户名	摘要	余额（位数）	科目代号	户名	摘要	余额（位数）

会计　　　　　复核　　　　　制表

4. 现金收入、付出日记簿。现金收入日记簿（见表1－19）和现金付出日记簿（格式与现金收入日记簿相同）是记载和控制现金收入、现金付出笔数和金额的序时账簿，是现金收入和现金付出的明细记录。现金收入、付出日记簿应由出纳根据已办理业务并编列顺序号的现金收入传票和现金付出传票逐笔记载，结出当日库存数，并与实际现金库存数核对相等。

表1－19　　现金收入日记簿

××农村信用社（　　）

现金收入日记簿

柜组名称：　　　年　月　日　　　共　页　第　页

凭证号数	科目代号	户名或账号	计划项目代号	金额（位数）	凭证号数	科目代号	户名或账号	计划项目代号	金额（位数）

复核　　　　出纳

（二）综合核算的账务处理程序

综合核算由科目日结单、总账、日计表组成，按科目进行核算，反映每一会计科目资金增减变化的总体情况。

综合核算的账务处理程序是：每日营业终了，根据传票编制科目日结单，根据科目日结单登记该科目总账；根据总账填制日计表，并进行总、分核对，轧平当天全部账务。其核算程序如图1－3所示。

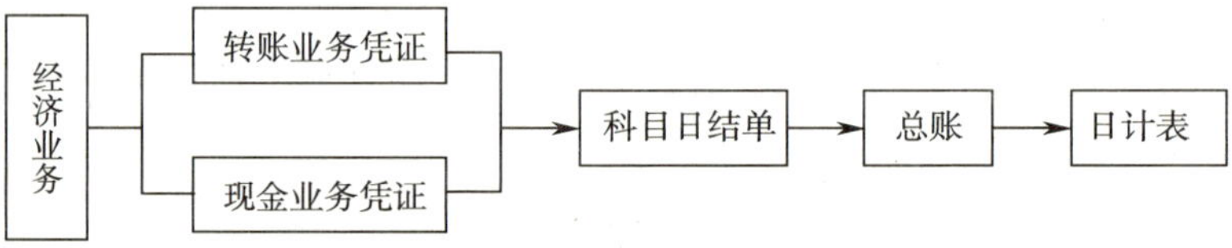

图1－3　综合核算程序

1. 科目日结单。科目日结单，也称总传票，是每一会计科目当日借、贷方发生额和传票张数的汇总记录，是轧平当日账务的重要工具，也是登记总账的依据。

每天营业结束，将当天处理的全部传票按科目进行整理，同一科目的传票再分别现金付出、现金收入、转账借方、转账贷方各自加计合计数和传票张数，填入科目日结单有关栏内。其中，因为现金科目本身没有会计凭证，所以现金科目的科目日结单最后编制，待其他科目的科目日结单编制好后，将其他所有科目日结单的现金借方合计填入现金科目日结单的贷方，将其他所有科目日结单的现金贷方合计填入现金科目日结单的借方，其格式如表 1－20 所示。

表 1－20　　科目日结单

××农村信用社（　　）

______科目日结单

年　　月　　日

凭证种类	借方		贷方		
	传票张数	金额（位数）	传票张数	金额（位数）	附件　张
现金					
转账					
合计					

事后监督　　复核　　记账　　制单

2. 总账。总账按科目设立账户，是各种科目的总括记录，是综合核算同明细核算相互核对并统驭分户账的主要工具，也是编制日计表、月计表、资产负债表的依据。总账格式分甲、乙两种，甲式总账适用于每日结账的农村合作金融机构，账页每月更换装订一次。为了保证会计核算资料的完整性，便于编制报表，对当月虽无变动但有上期余额的会计科目，也要每月更换账页。甲式总账设有借、贷发生额和借、贷方余额四栏，其记载方法是：根据各科目日结单的借、贷方发生额合计数填记后，再根据上日余额加减本日借、贷发生额，结出本日余额，记入总账余额栏的借方或贷方。计息科目总账，如遇节假日未开门营业或当日未发生业务，也要把上日余额照数填记本日余额栏，便于同科目余额表和分户账核对积数。总账每 10 天要结计发生额小计，月终结出月计和年初累计。计息科目总账的余额栏，也要作同样结计工作，以便于余额表和分户账核对计息积数，保证计息正确。乙式总账，适用于业务量较少、经批准采取定期结账的农村合作金融机构、分社、储蓄所。其账页栏次和记账方法与甲式总账相同。不同的是可以连续记载，按结账日有业务就登记无业务就不记，不能空格，账页记满后更换新账页，不必一月一换。

总账要按月结出本月合计和连前累计数。本月合计填写本月借、贷方发生额的合计，凭以编制月计表，用月计表的平衡关系来检验合计数的正确性。累计填写自年初至各月结账日止的借、贷方发生额的累计数，用半年报和年终决算业务状况表的平衡关系来检验累计数的准确性。

由于总账是每个会计科目的总括记录，每个会计科目各分户账的发生额和余额总数，必须和相应科目总账的发生额、余额相等，所以总账可以检查明细核算的正确性，成为核对账务的工具。总账的月结工作，既有当月发生额的合计，也能结出自年初累计的发生额，所以它是编制会计报表的依据。计息科目总账的余额累计可以和计息余额表的计息积数进行核对，所以总账又可以核对监督会计工作的正确性，如表

1－21所示。

表1－21　　总账

××农村信用社（　　）

总　　账

科目代号：____________

科目名称：____________　　　　第　　号

年　　月	借方	贷方
	（位数）	（位数）
上年底余额		
本年累计发生额		
上月底余额		
上月底累计未计息积数		

日期	发生额		余额		核对盖章
	借方	贷方	借方	贷方	复核员
	（位数）	（位数）	（位数）	（位数）	
1					
⋮					
10天小计					
⋮					
16					
17					
⋮					
20天小计					
21					
⋮					
30					
31					
月计					
自年初累计					
本期累计计息积数					
本月累计未计息积数					

会计　　　　复核　　　　记账

3. 日计表。日计表（见表1－22）是综合反映当日农村合作金融机构全部业务活动的会计报表，也是轧平当日农村合作金融机构全部账务的主要工具。它根据当天各总账账户的发生额和余额填制。借、贷方发生额和余额的合计数必须各自平衡。

表1-22 日计表

××农村信用社（ ）

日计表

年 月 日 共 页 第 页

科目代号	科目名称	发生额		余额		科目代号
		借方	贷方	借方	贷方	
		（位数）	（位数）	（位数）	（位数）	
合计						

行长（主任） 会计 复核 制表

（三）账务处理和账务核对

账务处理是从受理或编制凭证开始，经过账务记载与核对，编制日计表，直至轧平账务为止的全部过程。包括账务处理程序、账务核对程序以及错账更正等。

1. 账务处理程序。账务处理程序也称会计核算形式，各种不同的核算形式都是根据登记总账的依据不同而命名的。农村合作金融机构的会计核算形式既不同于工商企业中的汇总记账凭证核算形式，也不完全同于科目汇总表核算形式，而是科目日结单核算形式。运用科目日结单汇总每一科目的当日借、贷方发生额，再据以登记总账，是农村合作金融机构会计核算形式的显著特点。具体程序如下：

（1）根据经济业务编制现金收入、付出传票和转账借方、贷方传票；

（2）根据现金传票和转账传票登记现金收（付）日记簿和各种分户账及登记簿，并根据分户账编制余额表；

（3）根据现金传票和转账传票编制科目日结单；

（4）根据科目日结单登记总账；

（5）进行总分账核对和账实核对；

（6）根据总账编制日计表。

农村合作金融机构采用的账务处理程序与核对关系的具体步骤如图1-4所示。

2. 账务核对。账务核对是防止账务差错，保证账务记载正确和资金安全的一项必要措施。通过核对可以确保账务正确，做到账账、账款、账据、账实、账表和内外账务六相符。具体包括每日核对、定期核对与不定期核对形式。

（1）每日核对。

①总账各科目的发生额、余额与该科目各分户账合计数及日计表各科目发生额、余额核对相符。

②余额表上各账户余额加计总数应与该科目总账余额核对相符。

③现金收入、付出日记簿的合计数，应与现金科目日结单、现金科目总账借、贷方

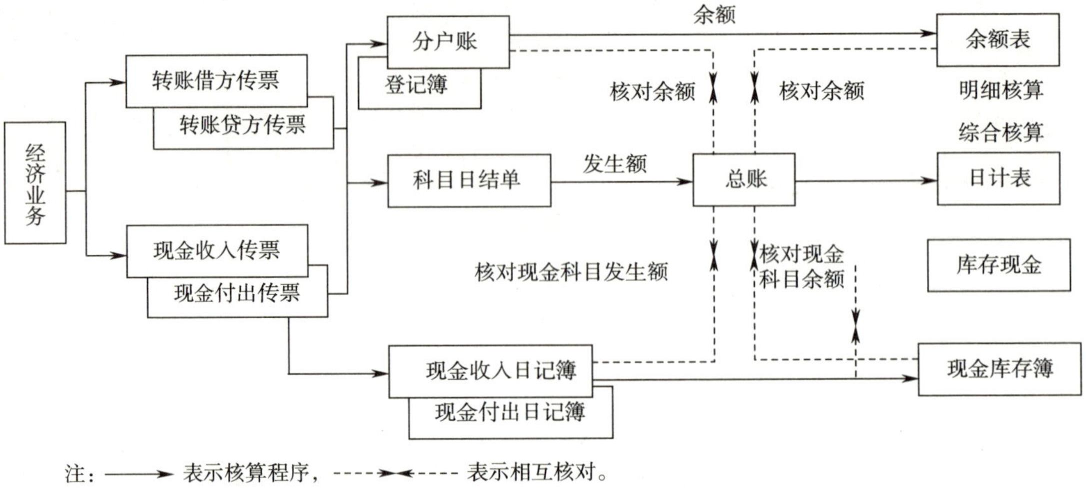

图 1－4　账务处理程序与核对关系图

发生额核对相符；现金库存登记簿的库存数，应与实际库存现金和现金科目总账余额核对相符。

④表外科目余额应与有关登记簿核对相符，其中重要空白凭证、有价单证经管人员必须核对当天领入、使用、出售及库存实物数。

⑤使用计算机处理业务的，除按上述要求核对外，还应按科目加计凭证借、贷方发生额与计算机打印的科目日结单总额核对相符。

（2）定期核对。

①使用丁种账页记载的账户，应按旬加计未销账的各笔金额总数，与该科目总账的余额核对相符。

②储蓄科目必须按月通打一次全部分户账（卡）余额，与各该科目总账的余额核对相符。

③贷款借据必须按月与该科目分户账核对相符。

④余额表上的计息积数，应按旬、按月、按结息期与该科目总账累计积数核对相符。

⑤各种卡片账每月与各该科目总账或有关登记簿核对相符。

⑥各种有价单证、重要空白凭证等，每月要账实核对相符。

（3）不定期核对。

①中国人民银行和其他金融机构送来的对账单，应即时换人核对相符。

②对外账务核对。存折户应坚持在办理业务的当时账折核对相符。各单位的存款账户（使用复写账页的）应按月或季、贷款账户应按季或年填发“余额对账单”与单位对账，限期收回。各单位退回的对账回单，会计人员勾对未达账项无误后，应按科目、账号顺序排列、登记，入库保管。

对于金额大的账户应主动上门对账。

③联行往来的账务核对，按照联行制度规定办理。

④联社、社内、同业往来均应使用复写账页，记满一页后，即将对账联撕下，及时交对方对账；每月终了，不论账页是否记满，都要将对账联撕下，交对方对账，发现不符，应及时查明更正。

（四）记账规则和错账冲正

记账是会计核算的主要内容，为了正确、完整、及时地记载各项经济业务，必须遵循一定的记账规则。如果记账中发生差错，也应按照规定的冲正方法进行更正。

1. 记账规则。

（1）账簿的各项内容，必须根据传票的有关事项逐笔记载，做到内容完整、数字准确、摘要简明、字迹清晰、严禁弄虚作假。如传票内容错误或遗漏不全，应更正或补充后再记账。

（2）记账应用蓝黑墨水钢笔书写，复写账页可用圆珠笔及双面复写纸套写。红色墨水只能用于划线和冲账以及按规定用红字书写的有关文字说明。

（3）账簿上所记载的文字及数字，一般只占全格的二分之一，摘要栏文字如一格写不完时可以在下一格连续填写，但其金额应填在末一行的金额栏内。账簿余额结算时，应在元位以“—0—”表示结平。

（4）账簿上的一切记载，不准涂改、刀刮皮擦、挖补和用药水销蚀。

（5）因漏记使账页发生空格时，应在空格的摘要栏用红字注明“空格”字样。

（6）一切账簿记载均以人民币“元”为单位，元以下计至角、分位，分位以下四舍五入。

2. 错账更正。在会计核算中，由于种种原因，可能会产生各种各样的差错，会计人员发现账簿记录错误时，应采用正确的方法进行更正。

（1）划线更正。凡在当日发现账簿记错日期或金额时，应以一道红线把全行数字划销，再将正确的数字填在划销数字的上边，并由记账员在红线左端盖章。如果划错红线，可在红线两端用红色墨水划“×”销去，并由记账员在右端盖章。如果文字写错，只需将错字用一道红线划销，将正确的文字写入划线文字的上方。

（2）红蓝字同方冲正。凡隔日发现记账串户，应填制同一方向的红蓝字冲正传票办理冲正。在红字传票摘要栏注明“冲销×月×日错账”字样，记入错账串入户。在蓝字传票摘要栏注明“补充×月×日账”字样，记入正确账户。原传票和原记错账页的摘要栏用红字注明“已于×月×日冲正”字样。

（3）蓝字反方更正。如果发现上年度错账，应填制蓝字反方向传票更正，即先用蓝字填制一张与错账方向相反的传票，用以冲销错账；再用蓝字填制一张正确传票补记入账。在摘要栏注明“冲销×月×日错账”字样。

无论采用哪种更正错账，其冲正传票都必须经会计主管人员审查盖章后才能办理冲账，并对错账的日期、内容、金额及冲正的日期等进行登记，以便考核、分析研究、改进工作。另外，凡因冲正错账影响到利息计算的，都应计算应加、应减积数，并在余额表或乙种账页中注明。

（五）账簿结转及档案装订

1. 账簿结转。

（1）明细账结转。账页记满，结转下页。年度终了，各科目分户账除贷款、股本金、储蓄账页可继续使用外，均应更换新账页。乙种账还应将未计息的天数和积数过入新账页。丁种账应将未销各笔过入新账页发生额栏内，在余额栏填记结转余额总数，并按旧账页的摘要过入新账页摘要栏内。卡片账未销账卡次年可继续沿用。

如采用计算机记账，待满页时打印结转。

（2）总账结转。使用每月更换新账页的，应将旧账“上年底余额”、“自年初累计发生额”、“月末余额”分别过入新账的有关栏内。使用连续记载的总账，每年应更换新账页，每月底应结计“当月发生额”、“自年初累计发生额”。年初建立新账时，只过上年底余额。

如采用计算机记账，按月打印总账并结转。

2. 账簿装订。各种账簿在更换新账页后，其旧账页应按下列规定分别装订：

（1）总账。使用每月更换新账页的，每月装订一次；使用连续记载的，每年装订一次。

（2）各种活页分户账、登记簿应分科目按年装订，账页过多的可分若干本装订。各种销讫卡片账，按销账日期排列，按月或按季装订。

（3）在年度中间更换的旧账页或结清户账页，应按科目、账号顺序排列，妥善保管，待年度终了全部账页更换完毕，再按年度整理装订。

（4）装订好的账页应另加封面、封底，在绳结处加封，由装订人员和会计主管在加封处盖章，并登记会计档案登记簿入库保管。

复习思考题

1. 农村合作金融机构会计的含义是什么？
2. 农村合作金融机构会计核算的内容有哪些？
3. 会计的基本假设有哪些？含义是什么？
4. 会计信息质量的要求有哪些？
5. 会计计量属性有哪些？
6. 会计的核算方法有哪些？
7. 农村合作金融机构账务组织体系如何构成？

第二章　贷款业务核算

本章概要

贷款与贴现是农村合作金融机构的主要资产业务。贷款利息收入是农村合作金融机构的主营业务收入，其与存款利息支出轧抵形成农村合作金融机构利润的主要部分。本章主要介绍了各种贷款发放、收回的核算以及利息计算，阐述了商业汇票贴现及到期收回的核算和贷款损失准备的核算手续。

要点提示

通过本章学习应全面理解贷款与票据贴现的区别，明确贷款的种类，熟练掌握贷款与票据贴现业务的核算手续和利息的计算方法，掌握贷款损失准备的计提及其核算。短期贷款本金按实际贷出的贷款金额入账，期末按照贷款本金和适用的利率计算应收利息；中长期贷款的核算，应当本息分别核算，商业性贷款与政策性贷款分别核算，自营贷款与委托贷款分别核算，应计贷款和非应计贷款分别核算。

本章架构图

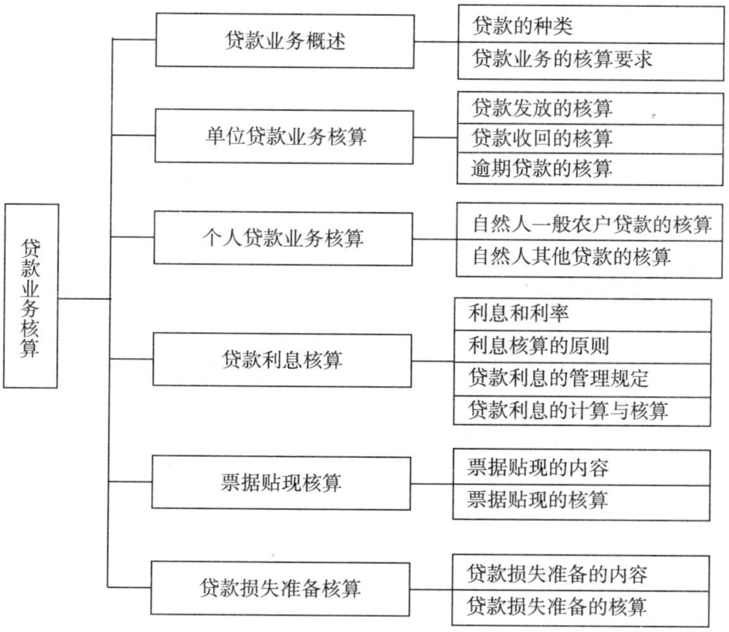

第一节　贷款业务概述

贷款又称放款，是农村合作金融机构作为贷款人，按照一定的贷款原则和政策，以还本付息为条件，将一定数量的货币资金提供给借款人使用的一种信用活动。贷款业务在农村合作金融机构资产业务中所占的比重最大，是我国农村合作金融机构的传统业务之一。在我国，贷款利息收入是农村合作金融机构的主营业务收入，其与存款利息支出轧抵形成农村合作金融机构利润的主要部分。农村合作金融机构贷款业务不仅有利于解决农民贷款难问题，促进农民增加收入，而且有利于扩大农村市场，支持“三农”建设，促进国民经济健康发展。

一、贷款的种类

（一）按贷款的期限分类

根据《贷款通则》的规定，贷款按照贷款的期限划分为短期贷款、中期贷款和长期贷款。

1. 短期贷款是指贷款期限在一年以内（含一年）的贷款。
2. 中期贷款是指贷款期限在一年以上、五年以下（含五年）的贷款。
3. 长期贷款是指贷款期限在五年以上的贷款。

（二）按贷款的方式分类

根据《贷款通则》的规定，贷款按照贷款的方式划分为信用贷款、担保贷款和票据贴现。

1. 信用贷款是指以借款人信誉发放的贷款。其特征是借款人无须提供抵押品或第三方担保，而以其与农村合作金融机构长期交往中的信誉来取得贷款。信用贷款多采用逐笔核贷方式发放，即农村合作金融机构根据借款人提出的申请，逐笔申请立据，逐笔审核，确定期限，到期归还。除农户小额信用贷款外，要从严控制信用贷款。

2. 担保贷款是指贷款人为确保贷款的按时收回，要求借款人或第三人提供一定的财产或资信而发放的贷款。按照担保方式的不同，担保贷款可分为保证贷款、抵押贷款和质押贷款。

（1）保证贷款是指按《担保法》规定的保证方式，以第三人承诺在借款人不能偿还贷款时，按约定承担一般保证责任或者连带责任而发放的贷款。办理保证贷款，应当对保证人的保证资格、资信状况、偿债能力等进行审查，并签订保证合同。只有具备保证资金实力又有保证意愿的保证人，才能承担保证责任。《担保法》规定，保证人必须是具有代为清偿债务能力的法人、其他经济组织或公民。不能作为保证人的有：国家机关；学校、幼儿园、医院等以公益为目的的事业单位、社会团体；企业法人的分支机构、职能部门。

（2）抵押贷款是指按《担保法》规定的抵押方式，以借款人或第三人的财产作为抵押物发放的贷款。抵押贷款的特征是不涉及抵押物的转让，抵押物无论在名义上还是实际上都属于抵押人所有。当借款人在借款合同到期时不能履行债务，农村合作金融机构有权依照《担保法》的规定，以该抵押物折价或者以拍卖、变卖该抵押物的价款优先受偿，因此，抵押贷款相对信用贷款安全得多。农村合作金融机构在发放抵押贷款时应对抵押物的权属、有效性和变现能力以及所设定抵押的合法性进行严格审查，签订抵押合同并办理抵押的有关登记手续，并且通过对借款人资产状况、信誉及抵押物的种类及价格变化趋势的分析，合理确定贷款抵押比例。抵押物评估变现值不得低于贷款额的1.5倍。

（3）质押贷款是指按《担保法》规定的质押方式，以借款人或第三人的动产或权利作为质押物发放的贷款。质押又可分为动产质押和权利质押。动产包括车辆、船舶、航空器、商品、货物、机器设备等。权利包括汇票、支票、本票、债券、存单、仓单、提单、依法可以转让的股份、股票、依法可以转让的商标专用权、专利权、著作权中的财产权。质押贷款与抵押贷款区别在于质押贷款涉及质物的转让，农村合作金融机构必须占有质物，而出质人（借款人）保留财产所有权。办理质押贷款的不论是单位还是个人，农村合作金融机构均应严格按照贷款操作程序办理。对质押贷款的质物应进行调查，严防虚假或已办理挂失的存单质押，同时应妥善保管质物。

3. 票据贴现是贷款的一种特殊方式。票据贴现，即商业汇票贴现，是指持票人将未到期的商业汇票，转让给农村合作金融机构的票据行为，是农村合作金融机构向持票人融通资金的一种方式。票据贴现期限自贴现之日起到票据到期日止，最长不超过6个月。

（三）按贷款的质量（或风险程度）分类

按照贷款的质量或风险程度划分，贷款一般分为正常贷款、关注贷款、次级贷款、可疑贷款和损失贷款五类，称为五级分类法。其中，前两类属于正常贷款，后三类属于不良贷款。

我国以往是采用“一逾两呆”的贷款分类方法，即将贷款分为正常贷款和不良贷款。其中，不良贷款包括逾期贷款、呆滞贷款和呆账贷款三类。从2006年开始，农村合作金融系统全面推行贷款五级分类工作。五级贷款分类如下：

1. 正常贷款：指借款人能够履行合同，有充分把握按时足额偿还本息的贷款。

2. 关注贷款：指尽管借款人目前有能力偿还贷款本息，但存在一些可能对偿还产生不利影响的因素。

3. 次级贷款：指借款人的还款能力出现明显问题，其正常营业收入无法足额偿还贷款本息。

4. 可疑贷款：指借款人无法足额偿还贷款本息，即使执行担保，也肯定要造成较大损失。

5. 损失贷款：指在采取所有可能的措施或一切必要的法律程序之后，本息仍然无法收回，或只能收回极少部分。

（四）按贷款对象的主体性质分类

按照贷款对象的主体性质划分，贷款可以分为企事业单位贷款和自然人贷款。

1. 企事业单位贷款是农村合作金融机构向经工商行政管理机关或主管机关核准登记的企事业法人或其分支机构，以及不具备法人资格的其他经济组织（包括合伙企业、个人独资企业、经济合作组织等）发放的贷款。

2. 自然人贷款又分为自然人一般农户贷款和自然人其他贷款。自然人一般农户贷款是指农户小额信用贷款、农户联保贷款和助学贷款。农户小额信用贷款是农村合作金融机构在充分了解农户的家庭经济状况和户主的诚信状况后，向农民核发贷款证并明确一定的可贷款额度，按照“一次核定、周转使用、循环贷款”的原则，按照核定的额度和期限向农户发放的不需担保的贷款。农户联保贷款是指社区居民自愿组成联保小组，农村合作金融机构对联保小组成员发放的，并由联保小组成员相互承担连带保证责任的贷款。助学贷款是农村合作金融机构采用信用贷款和担保贷款方式发放的助学贷款。包括生源地助学贷款和其他助学贷款。其中，生源地助学贷款是指国家开发银行等金融机构向符合条件的家庭经济困难的普通高校新生和在校生发放的、在学生入学前户籍所在县（市、区）办理的助学贷款。生源地贷款为信用贷款，学生和家长（或其他法定监护人）为共同借款人，共同承担还款责任。自然人其他贷款是指除自然人一般农户贷款以外的个人贷款。

二、贷款业务的核算要求

（一）短期贷款业务的核算要求

短期贷款本金按实际贷出的贷款金额入账。期末，按照贷款本金和适用的利率计算应收利息。

（二）中长期贷款业务的核算要求

中长期贷款的核算，应当遵循以下四个“分别核算”的原则：

1. 本息分别核算。农村合作金融机构发放的中长期贷款，应当按照实际贷出的贷款金额入账。期末，应当按照贷款本金和适用的利率计算应收取的利息，并分别贷款本金和利息进行核算。

2. 商业性贷款与政策性贷款分别核算。商业性贷款是指农村合作金融机构自主发放的贷款。政策性贷款是指按照国家或有关政府部门规定，限定用途、限定贷款对象而发放的贷款。由于两者性质不同，应当分别进行核算。

3. 自营贷款与委托贷款分别核算。自营贷款是指农村合作金融机构以合法方式筹集的资金自主发放的贷款，其风险由农村合作金融机构承担，并由农村合作金融机构收取本金和利息。委托贷款是指委托人提供资金，由农村合作金融机构（受托人）根据委托人确定的贷款对象、用途、金额、期限、利率等而代理发放、监督使用并协助收回的贷款，其风险由委托人承担。农村合作金融机构发放委托贷款时，只收取手续费，不得代垫资金。农村合作金融机构因发放委托贷款而收取的手续费，按收入确认条件予以确认。

4. 应计贷款和非应计贷款分别核算。非应计贷款是指贷款本金或利息逾期 90 天没有收回的贷款。应计贷款是指非应计贷款以外的贷款。当贷款的本金或利息逾期 90 天时，应单独核算。

第二节 单位贷款业务核算

一、贷款发放的核算

农村合作金融机构设置“农村经济组织贷款”和“农村企业贷款”等科目进行核算。“农村经济组织贷款”是资产类科目，用来核算农村合作金融机构发放给注册地位于农村区域的从事农业生产、农副产品加工和运输、农业科技等各类农村经济组织的贷款。各类组织包括农民专业合作社和其他组织（包括事业单位、机关法人、社会团体以及居民委员会、村民委员会和基金会等）。发放贷款时，记入借方；收回贷款或转入逾期贷款时，记入贷方；余额在借方，表示尚未收回贷款的数额。该科目应按贷款单位进行明细分类核算。“农村企业贷款”是资产类科目，用来核算农村合作金融机构发放给注册地位于农村区域的企业贷款。包括农村企业农林牧渔业贷款和农村企业支农贷款。发放贷款时，记入借方；收回贷款或转入逾期贷款时，记入贷方；余额在借方，表示尚未收回贷款的数额。该科目应按贷款单位进行明细分类核算。

借款人申请借款时，必须填写借款申请书，经农村合作金融机构信贷部门审批后，双方签订借款合同。借款合同签订后，信贷部门应依据借款合同约定的用款计划，填写一式五联的借款凭证签字并盖章。借款凭证第一联回单联，第二联借方凭证，第三联贷方凭证，第四联借据联代分户卡片，第五联退业务部门留存。借款凭证填制要求：填制的借款人名称、借款金额、利率、期限、用途等内容要与借款合同的内容一致；借款凭证的大小写金额必须相符；借款凭证与借款合同的签章必须一致。信贷部门（或信贷人员）将借款凭证、借款合同，连同有权审批人的批复（或复印件）送交会计结算部门做账务处理。

会计部门收到借款凭证后，应认真审查有无信贷部门的审批意见，各项内容的填写是否正确完整，大小写金额是否一致，印鉴是否相符并确认领款人是借款人或授权委托人。经审核无误后，办理转账。其会计分录为：

借：农村经济组织贷款——××单位贷款户（或农村企业贷款——××单位贷款户）

　　贷：单位活期存款——××单位存款户

农村合作金融机构根据传票登记贷款户和存款户。在第一联回单联上加盖转讫章后交给借款单位，借款凭证第四联（分户卡片）按贷款到期日先后顺序排列。

【例2-1】 某农村合作金融机构会计部门收到信贷部门转来甲农村企业借款凭证一份，准予信用贷款，金额90 000元，期限一年，利率为6.39%，经审查无误后，予以转账，编制会计分录。

借：农村企业贷款——甲企业　　90 000

　　贷：单位活期存款——甲企业　　90 000

如借款人申请抵押（质押）贷款时，必须填写抵押（质押）贷款申请书，经农村合作金融机构信贷部门审批并办理相应登记手续后，与借款人签订抵押借款合同，并将抵押品或抵押品的产权证明及有关契约单证移交农村合作金融机构。审查无误后，签发“抵押品保管证”一式两联，一联作为代保管收据交借款人，另一联由农村合作金融机构留存，并据以登记“贷款抵押品登记簿”。

农村合作金融机构会计部门对保管的抵押（质押）物，按企业及财产类别设置明细账户，并使用表外科目核算。其会计分录为：

收入：抵押物品价值（质押物品价值）——××单位户

二、贷款收回的核算

借款单位到期归还贷款时，应填具转账支票及一式四联还款凭证送交开户农村合作金融机构，办理还款手续。

农村合作金融机构以转账支票代替转账借方传票，以第一联还款凭证作其附件；以第二联还款凭证代替转账贷方传票；第三联还款凭证转交信贷部门核销原放款记录；第四联还款凭证加盖转讫章后作为回单还给借款人作为归还贷款的依据。

若借款人事先与农村合作金融机构有商定，也可由农村合作金融机构主动填制特种转账凭证办理贷款收回手续。农村合作金融机构会计部门审核并与专夹保管的借据核对无误后办理转账，其会计分录为：

借：单位活期存款——××单位存款户

　　贷：农村经济组织贷款——××单位贷款户（或农村企业贷款——××单位贷款户）

　　　　利息收入

【例2-2】 承【例2-1】，某农村合作金融机构会计部门收到甲农村企业提交的转账支票和还款凭证，金额90 000元，期限一年，利率为6.39%，经审查无误后，予以转账。编制会计分录。

借：单位活期存款——甲企业	95 751	
贷：农村企业贷款——甲企业		90 000
利息收入		5 751

如收回的是抵押贷款，要根据信贷部门书面通知办理抵押物、质物退还手续，销记表外科目并销记“贷款抵押品登记簿”，其会计分录为：

付出：抵押物品价值（质押物品价值）——××单位户

三、逾期贷款的核算

（一）贷款展期

贷款展期是指经农村合作金融机构信贷部门批准延长贷款期限的一种方法。根据《贷款通则》的规定，“不能按期归还贷款的，借款人应当在贷款到期日之前，向贷款人申请贷款展期。是否展期由贷款人决定。”不能按期归还贷款的客户应在短期借款到期前10天，中长期借款到期前20天向农村合作金融机构提出书面展期申请。担保贷款展期，还应出具贷款担保人同意展期并继续担保的书面证明。贷款展期不得低于原贷款条件。“借款展期申请书”一式三联，交给信贷部门审批后，第一联由信贷部门备查，第二联、第三联送交农村合作金融机构会计部门。经信贷部门审查同意后，在展期申请书上签注意见送会计部门。

会计部门收到后，不需要办理转账，只在贷款凭证上批注展期日期，其中第二联展期申请书附于借款凭证后面专夹保管。第三联加盖业务公章后交给借款单位，作为同意贷款展期的通知。每笔贷款展期只限一次。短期贷款展期期限累计不得超过原贷款的期限；中期贷款展期期限累计不得超过原贷款期限的一半；长期贷款的展期期限累计不得超过3年。

（二）逾期贷款

逾期贷款指借款合同到期（含展期后到期）未归还的贷款（不含呆滞贷款和呆账贷款）。当贷款逾期时，借款单位存款账户无力归还贷款时，农村合作金融机构会计部门应于贷款到期日营业终了，通过会计分录将贷款转入“逾期贷款”科目。核算时由会计部门填制两联特种转账借方传票。其会计分录为：

借：逾期贷款——××单位贷款户

　贷：农村经济组织贷款——××单位贷款户（或农村企业贷款——××单位贷款户）

办妥上述手续后，将逾期贷款借据另行保管，加强催收。

【例2-3】 某农村合作金融机构的借款人乙农村经济组织所借一年期的短期借款100 000元已到期，但无款归还，予以转账，编制会计分录。

借：逾期贷款——乙　　100 000

　贷：农村经济组织贷款——乙　　100 000

逾期贷款从逾期之日起，按罚息利率计收罚息，直到清偿本息为止，发生罚息利率调整情况则分段计息。待借款单位的存款户有资金时，农村合作金融机构应按规定的扣款顺序，一次或分次扣收逾期贷款。扣收时，由农村合作金融机构填制特种转账凭证，办理转账。其会计分录为：

借：单位活期存款——××单位存款户

　贷：逾期贷款——××单位逾期贷款户

　　利息收入

按现行会计制度规定，当贷款按期限核算的本金或利息逾期90天仍未收回，或按质量进行五级分类结果被确认为不良贷款时，应转入“非应计贷款”科目单独核算。会计部门根据经审核确认不良贷款的相关单证，填制特种转账凭证办理转账。其会计分录为：

借：非应计贷款——××单位贷款户

　贷：逾期贷款——××单位贷款户

转为非应计贷款核算的贷款，应相应地停止确认“利息收入”。将逾期90天尚未收回的应收利息，或应收利息虽未逾期90天，但其本金已转为“非应计贷款”的应收利息转为非应计利息。其会计分录为：

借：利息收入

　贷：应收利息——应收××单位利息户

农村合作金融机构对已在表内核销的应收利息仍然拥有追索权，因此应将其列入表外科目核算，填制表外科目收入凭证，登记表外科目明细账：

收入：表外应收利息

从应计贷款转为非应计贷款后，收到该笔贷款的还款时，首先应冲减本金，本金全部收回后，再收到的还款则确认为当期利息收入。

抵押贷款到期，如果借款单位不能按期归还，农村合作金融机构应将抵押物、质物从“抵押物品价值（质押物品价值）”表外科目转入到“抵债资产”科目核算，其贷款转入“逾期贷款”账户，并按规定计收罚息，如果贷款逾期一个月以上，借款单位仍无法偿还贷款，经催收无效，农村合作金融机构有权依法处理抵押品。

第三节　个人贷款业务核算

一、自然人一般农户贷款的核算

（一）农户联保贷款的核算

1. 农户联保贷款的内容。农户联保贷款有农户联保贷款和农户授信联保贷款两类。“农户”是指长期（一年以上）居住在乡镇（不包括城关镇）行政管理区域内的住户，以及长期居住在城关镇所辖行政村范围内的住户和户口不在本地而在本地居住一年以上的住户、国有农场的职工和农村个体工商户。

位于乡镇（不包括城关镇）行政管理区域内和在城关镇所辖行政村范围内的国有经济的机关、团体、学校、企事业单位的集体户；有本地户口，但举家外出谋生一年以上的住户，无论是否保留承包耕地均不属于农户。农户以户为统计单位。

（1）农户联保贷款。没有直系亲属关系的农户在自愿基础上组成联保小组，农村合作金融机构对联保小组成员提供的贷款称为农户联保贷款。农户联保贷款的基本原则是“多户联保、按期存款、分期还款”。贷款时，按借款额的1%设立小组互助金。小组成员的活期存款和小组互助金存入农村合作金融机构专户，归小组成员所有。借款人还清贷款本息后，小组成员可自主决定处理存款和小组互助金。

（2）农户授信联保贷款。农户授信联保贷款是指农村合作金融机构通过对服务区域内农户信用等级评定、公开授信，同自愿联保的农户签订三年有效的借款合同，核发农户贷款证，农户持农户贷款证、有效身份证明和印鉴到农村合作金融机构柜台随时办理的贷款。农户授信联保贷款采取“授信发证、自愿联保、随用随贷、循环使用、三年有效”的管理办法。

2. 农户联保贷款的核算

（1）农户联保贷款的发放。农村合作金融机构在“农户贷款”科目下设置“农户联保贷款”科目进行核算。“农户联保贷款”是资产类科目，用来核算农村合作金融机构发放的农户联保贷款。发放贷款时，记入借方；收回贷款或转入逾期贷款时，记入贷方；余额在借方，表示尚未收回贷款的数额。该科目应按贷款人进行明细分类核算。

联保小组成员共同签署联保协议后，借款人借款时应分别填写农户联保小组成员借款申请表（见表2-1），经农村合作金融机构审查同意后，双方签订借款合同（见表2-2）。借款合同签订后，由信贷部门核发贷款证。农户本人凭“两证一章”（有效身份证明、贷款证、个人名章）随时到农村合作金融机构贷款专（兼）柜办理贷款手续。贷款专（兼）柜人员要审核、审查有关证件与资料：将借款人身份证明原件与复印件核对，核实是否为本人办理；贷款证正、副本记载内容是否一致；核对借款人预留印鉴；其他需要审查的内容。证件与印章审核无误后，借款人填写一式四联的借款凭证（见表2-3），第一联农村合作金融机构债权凭证，第二联农村合作金融机构借方凭证，第三联客户留存，第四联信贷部门贷款管理凭证。贷款专（兼）柜人员审查借款余额是否控制在授信额度内，借款期限是否在贷款证载明的有效期限内。审查无误后，由借款人在借款凭证上签章后，贷款专（兼）柜人员登记贷款证正、副本。贷款专（兼）柜人员留存贷款管理凭证联，将借款凭证记账联、债权凭证（借据）联、回单联及贷款证正、副本直接交会计部门。

会计部门收到借款凭证后，应认真审查有无信贷部门的审批意见，各项内容的填写是否正确完整，大小写金额是否一致，印鉴是否相符并核对贷款证正、副本登记借款金额是否与借款凭证一致。经审核无误后，办理转账。其会计分录为：

借：农户贷款——农户联保贷款——××农户

　贷：个人活期存款——××农户

会计人员留存债权凭证（借据）联，将贷款证正本、回单联退借款人，副本交贷款专（兼）柜。

表2-1　　　　联保小组成员借款申请表

<table>
<tr><td>1. 借款人姓名</td><td></td><td>2. 小组编号</td><td></td><td>3. 成员编号</td><td></td></tr>
<tr><td colspan="6">4. 乡　　　　村</td></tr>
<tr><td>5. 身份证号码</td><td colspan="2"></td><td>6. 家庭总人口</td><td colspan="2"></td></tr>
<tr><td>7. 家庭住址</td><td colspan="2"></td><td>8. 家庭年收入</td><td colspan="2">元</td></tr>
<tr><td>9. 当前生产活动</td><td colspan="2"></td><td>10. 借款用途</td><td colspan="2"></td></tr>
<tr><td>11. 借款期限</td><td colspan="2">月</td><td>12. 申请借款金额</td><td colspan="2">元</td></tr>
<tr><td>13. 备注</td><td colspan="5"></td></tr>
<tr><td>14. 在农村合作金融机构账户号</td><td colspan="5"></td></tr>
<tr><td rowspan="3">15. 账户大概金额</td><td colspan="2">活期存款</td><td colspan="3">元</td></tr>
<tr><td colspan="2">定期存款</td><td colspan="3">元</td></tr>
<tr><td colspan="2">贷款</td><td colspan="3">元</td></tr>
</table>

我了解农村合作金融机构农户联保贷款办法的所有规定。我愿加入联保小组，遵守办法规定及联保协议；按规定参加有关活动；参加存款，正确使用贷款，按期归还贷款；不做违反法律、农村合作金融机构和联保小组规定的事情。如因某种原因我需要退出联保小组，我将一次性全部还清贷款和利息，并继续承担联保责任。否则，我同意接受农村合作金融机构和联保小组对我违约的一切制裁。

申请人签字：＿＿＿＿＿＿

年　　月　　日

表 2－2 **联保协议**

乡（镇）　　　　村第　　　联保小组

1. 以下借款人保证遵守《农村合作金融机构农户联保贷款管理试行办法》的各项规定。

2. 下列借款期限为________个月，执行利率为月息________，借款手续生效后，借款人按贷款人要求，保证将所借款用于所申请项目。

3. 以下借款保证人自愿与其他借款人进行互相联保。

4. 保证方式：连带责任保证，即保证人对借款人的借款承担连带清偿责任。

5. 保证担保范围：包括全部借款本金、利息、违约金、损害赔偿金和实现债权所需各项费用。

6. 贷款偿还方式：贷款到期，贷款人从借款人或保证人账户扣收，或由借款人、保证人主动偿还。逾期贷款利息按月息________‰结息。结息日以约定日为准。超约定日部分，按农村合作金融机构罚息规定计算。

借款人及金额明细表

序号	借款人姓名	借款金额	联保人签字（章）	日期	备注

表 2－3 **××农村信用社借款凭证**

科目代号：　　　　　　借款日期：　　年　　月　　日　　　　　　No：

<table>
<tr><td>借款人</td><td colspan="3"></td><td>地址</td><td colspan="2"></td></tr>
<tr><td>证件类型</td><td></td><td>号码</td><td></td><td>借款用途</td><td colspan="2"></td></tr>
<tr><td>贷款账号</td><td colspan="3"></td><td>转账账号</td><td colspan="2"></td></tr>
<tr><td>贷款卡号</td><td colspan="3"></td><td>扣款账号</td><td colspan="2"></td></tr>
<tr><td>借款合同号</td><td colspan="3"></td><td>担保品编号</td><td colspan="2"></td></tr>
<tr><td>借款金额</td><td colspan="6"></td></tr>
<tr><td>结息周期</td><td></td><td>贷款方式</td><td></td><td>月利率（‰）</td><td colspan="2"></td></tr>
<tr><td>到期日期</td><td>年　月　日</td><td>按揭还款方式</td><td></td><td>期数</td><td colspan="2"></td></tr>
<tr><td colspan="3">借款人（签章）：
法定代表人（签章）：
或授权代理人（签章）：</td><td colspan="4">调查人：
主任：
审查人：</td></tr>
</table>

授权人：　　　　　复核员：　　　　柜员：　　　　流水号：

【例 2－4】 某农村合作金融机构会计部门收到甲农户的贷款证、身份证明和印鉴，为其办理农户联保贷款，金额为 20 000 元，期限为 10 个月，年利率为 5.4%，利随本清。经审查无误后，予以转账。其会计分录为：

借：农户贷款——农户联保贷款——甲农户　　20 000
　贷：个人活期存款——甲农户　　20 000

（2）农户联保贷款的收回。信贷人员在贷款到期前 10 天签发“贷款到期通知书”（一式两份）。借款人签收后，一份借款人留存，一份由信贷员交贷款专（兼）柜入档保管。

借款人持贷款证到贷款专（兼）柜归还贷款，贷款专（兼）柜人员填制一式三联的还款凭证（见表 2－4），第一联信贷部门贷款管理凭证，第二联农村合作金融机构贷方凭证，第三联借款人回单。交出纳、会计人员办理收款、记账手续。会计部门审核无误后办理转账，其会计分录为：

借：个人活期存款——××农户（或现金）
　贷：农户贷款——农户联保贷款——××农户
　　　利息收入

会计部门将收回贷款本息收据联退借款人。贷款专（兼）柜人员登记贷款证正、副本，并通知信贷员登记“贷款管理台账”（或“农户经济档案”）。

表 2－4　　××农村信用社贷款还款凭证

年　月　日　　No：

借款人名称			科目代号		
贷款账号			还款账号		
还款账户名称				交易类型	
借款日期		到期日期		月利率（‰）	

授权人：　　复核员：　　柜员：　　流水号：

（二）农户小额信用贷款的核算

1. 农户小额信用贷款的内容。农户小额信用贷款是指农村合作金融机构基于农户的信誉，在核定的额度和期限内向农户发放的不需抵押、担保的贷款。

小额信用贷款的具体额度，由农村合作金融机构县（市）联社根据当地农村经济状况、农户生产经营收入、农村合作金融机构资金状况等具体确定，报中国人民银行县（市）支行核准。农户小额信用贷款采取“一次核定、随用随贷、余额控制、周转使用”的管理办法。农村合作金融机构成立农户信用评定小组。农户信用评定等级分为优秀、较好、一般三个档次。农村合作金融机构可以根据农户的信用评定等级，核定相应等级的信用贷款限额，发放贷款证（卡）。农村合作金融机构应对评定的农户信用等级每两年审查一次。农户小额信用贷款期限根据生产经营活动的实际周期确定，小额生产费用贷款一般不超过一年。

2. 农户小额信用贷款的核算。农村合作金融机构在“农户贷款”科目下设置“农户小额信用贷款”科目进行核算。“农户小额信用贷款”是资产类科目，用来核算农村合作金融机构发放的小额信用贷款。发放贷款时，记入借方；收回贷款或转入逾期贷款时，记入贷方；余额在借方，表示尚未收回贷款的数额。该科目应按贷款人进行明细分类核算。

具体核算程序参照农户联保贷款。

二、自然人其他贷款的核算

自然人其他贷款的核算主要介绍个人住房/商业用房按揭业务的核算。

（一）个人住房/商业用房按揭贷款的内容

个人住房/商业用房按揭贷款是指贷款人向符合条件的自然人发放的用于购买各类住房或商业用房的贷款。个人住房/商业用房按揭贷款实行“部分自筹、有效担保、专款专用、按期偿还”的原则。借款人申请个人住房/商业用房按揭贷款，所购住房/商业用房必须为现房或主体结构已封顶的期房。

贷款期限：个人住房按揭贷款最长期限不得超过20年，商用房按揭贷款最长期限不得超过10年；按揭贷款期限加上借款人实际年龄，男性不超过60周岁，女性不超过55周岁。

个人住房/商业用房按揭贷款涉及购房者（债务人）、卖房者和农村合作金融机构（债权人）三方。农村合作金融机构将按揭额以个人购房款的名义一次性记入售房单位账户，以后由个人购房者以协议商定的还款方式定期偿还借款本息给农村合作金融机构，直到期满还清。售房单位将房屋产权证转交给农村合作金融机构，待购房者还清贷款本息后，农村合作金融机构才将房屋产权证移交个人购房者。个人按揭贷款的流程如图2－1所示。

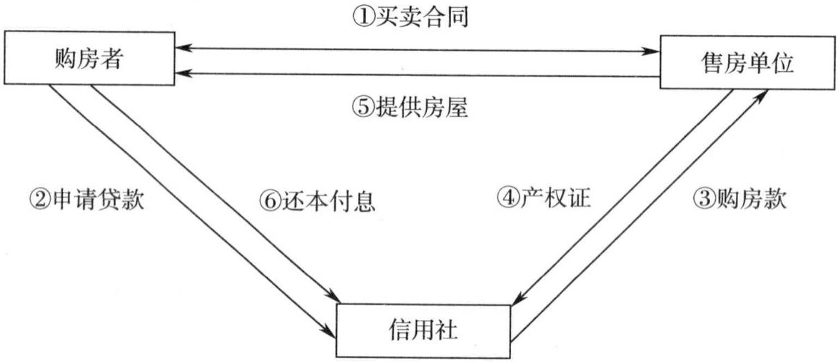

图2－1 个人按揭贷款的流程

（二）个人住房/商业用房按揭贷款的核算

1. 按揭贷款的发放。在借款人办妥房屋保险、公证和抵押（预）登记手续后，在农村合作金融机构签订个人住房/商业用房借款合同、个人住房/商业用房委托扣款协议、授权委托书后方可发放贷款；贷款人填制借据，由借款人签名。农村合作金融机构会计部门收到有关部门审核批准的相关资料后，进行审查，审查无误后，将贷款以借款人购房款名义按借款合同的约定分别划转至开发商在经办农村合作金融机构开立的结算账户和保证金存款专户。其会计分录为：

借：非农贷款——个人住房按揭贷款——××个人住房按揭贷款

　贷：单位活期存款——××售房单位

【例2－5】 某农村合作金融机构向客户甲先生发放个人住房按揭贷款，金额

40 000元，期限3年，借款手续齐备，全额放款，划入售房单位的结算账户，编制会计分录。

借：非农贷款——个人住房按揭贷款——甲先生　　40 000

　贷：单位活期存款——售房单位　　40 000

2. 按揭贷款的归还。

（1）按时还款。贷款人与借款人应在借款合同中明确约定还款期限和方式。贷款期限一年（含一年）以内的，实行到期一次性还本付息；贷款一年以上的，实行按月分期还款方式，可以采用等额本息、等额本金等偿还贷款本息方式。一笔借款只能选择一种还款方式。

①等额本息还款法。等额本息还款法即每月还款额相等，还款额的计算公式为

$$每月还款额=\frac{月利率\times(1+月利率)^{还款总期数}}{(1+月利率)^{还款总期数}-1}\times 贷款本金$$

每月还款金额中本金占比不变的计算公式为

$$每月利息=(贷款总额-累计归还本金)\times 每月利率$$

$$每月本金=每月还款额-每月利息$$

②等额本金还款法。等额本金还款法，其特点是随时间的推移，各期还款金额不断减小，但归还的本金数额保持不变，其中各期还款额计算公式为

$$每月还款额=\frac{贷款本金}{还款月数}+(贷款本金-累计已还本金)\times 月利率$$

$$每月本金=贷款本金\div 贷款月数$$

$$每月利息=每月还款额-每月本金$$

为了按照合同要求定期偿还本息，个人购房者必须在按揭农村合作金融机构开立还款专用购房储蓄存款户，从支用借款的次月开始，按月供款偿还借款本息，直至偿清为止方可销户。贷款期内如遇法定利率调整，贷款期限在一年（含一年）以内的，实行合同利率；贷款期限在一年以上的，于次年1月1日统一调整利率。其会计分录为：

借：个人活期存款——××户

　贷：非农贷款——个人按揭贷款——××个人住房按揭贷款

　　利息收入

（2）提前还款。如果借款人要求提前还款，可以向农村合作金融机构信贷部门递交提前还款申请书，经农村合作金融机构信贷部门审核批准后，可以到农村合作金融机构柜台办理主动提前还款手续。

农村合作金融机构收到客户交来的经信贷部门审核同意提前还款的书面通知，经审查无误后，办理还款。提前还款的方法如下：

①部分提前还本。部分提前还本是指个人住房/商业用房按揭贷款的客户在贷款期间内提前归还贷款余额的一部分，区别于一次性提前结清贷款本息。

部分提前还本条件：借款人提前还款申请应在贷款一年后提出；单笔贷款提前还款每年不超过一次，且每次提前还款额以1万元的整数倍为宜；提前还款应提前向贷款人

提交个人住房/商业用房贷款特殊业务申请表，必要时贷款人可收取违约金。

部分提前还本方式：借款人满足上述条件后，可申请办理部分提前还本。部分提前还本后，原贷款期限和利率不变，按贷款余额和余下期数重新计算其新的分期还款额。对贷款后一年内提前还款的，可约定提前还款违约金。

②提前全部结清的办理。借款人应带相关身份证明、借款合同原件及贷款支付凭证向贷款人提出提前全部结清贷款的书面申请。信贷部门审查借款人满足条件后，填写审批表。经审批同意的，信贷部门出具个人住房/商业用房贷款提前全部结清通知单交借款人，借款人在规定期限内持通知单和相关身份证明到营业柜台办理全部结清。借款人全部还清后，会计部门应将贷款收回凭证分别交借款人和信贷部门。

3. 抵押房产竣工验收交付使用，接受保管产权证书。按照合同规定，农村合作金融机构在购房者未清偿全部借款之前，拥有房地产预售契约项下全部权益和抵押房产，将房屋所有权证交农村合作金融机构收执，以保证农村合作金融机构的利益。

当农村合作金融机构收到卖房者送交的房屋所有权证后，应填制表外收入凭证，进行表外科目的核算。

收入：抵押物品价值——房屋所有权证

4. 借款人清偿借款本息，农村合作金融机构移交产权证书。借款人按期或提前还清全部借款本息及其他应付款项，则抵押关系终止，农村合作金融机构要在规定的期限内将抵押房产所有权证书及有关文件交还给借款人，办理书面移交手续。农村合作金融机构退还产权证书时，编制表外付出凭证，进行表外科目的核算。

付出：抵押物品价值——房屋所有权证

按照合同规定，如果借款人不能按期偿还借款本息，农村合作金融机构可以对抵押房产进行处理。

第四节　贷款利息核算

一、利息和利率

（一）利息

利息是由于转让货币资金使用权而由受让者向出让者支付的报酬。

（二）利率

利率是利息率的简称，是指在一定时期内的利息额与存、贷款额的比率。

利率分为年利率、月利率和日利率三种。年利率通常以“%”表示。月利率通常以“‰”表示，日利率通常以“‱”表示。

在运用利率时应注意相互的换算关系，即

$$年利率 \div 12 = 月利率$$

$$月利率 \div 30 = 日利率$$

$$年利率 \div 360 = 日利率$$

二、利息核算的原则

农村合作金融机构利息核算的原则一般采用权责发生制。在权责发生制下，凡属本期客户存款或贷款，无论其利息是否实际收付，都要记入本期的收支；本期应该负担的利息支出或应该取得的利息收入要进行预提，记入利息支出或利息收入科目。而对本期实际支出或收到的利息则视为原预提的应收利息或应付利息的结算。

三、贷款利息的管理规定

（一）短期贷款

短期贷款按借款合同签订日的相应档次的法定贷款利率计息。贷款合同期内，遇利率调整不分段计息。短期贷款按季结息的，每季末月的 20 日为结息日；按月结息的，每月的 20 日为结息日，下一工作日营业开始时列账。对贷款期内不能按期支付的利息，根据贷款合同利率按季或按月计收复利。贷款逾期后改按罚息利率计收复利。最后一笔贷款清偿时，利随本清。

（二）中长期贷款

中长期贷款利率实行一年一定，贷款（包括贷款生效日起一年内应分笔拨付的所有资金）根据贷款合同确定的期限，按借款合同生效日相应档次的法定贷款利率计息，每满一年后（分笔拨付的以第一笔贷款的发放日为准），再按当时相应档次的法定贷款利率确定下一年度利率。

中长期贷款按季结息，每季度末月 20 日为结息日，下一工作日营业开始时列账。对贷款期内不能按期支付的利息，根据合同利率按季计收复利，贷款逾期后改按罚息利率计收复利。

（三）贷款的提前归还、展期与逾期

1. 贷款的提前归还。经农村合作金融机构同意，客户可以提前归还贷款。提前归还贷款，应当按实际借款的时间计收利息；如合同另有约定，可以按照约定要求客户支付违约赔偿金。借款人在借款合同到期日之前归还借款时，贷款人有权按原贷款合同利率向借款人收取利息。

2. 贷款的展期。贷款展期，期限累计计算。贷款展期期限加上原期限达到新的利率期限档次时，从展期之日起执行，贷款利息按新的期限档次利率计收；未达到新的利率期限档次的仍执行合同利率。

3. 贷款的逾期。逾期贷款和挤占挪用贷款按规定计收利息和罚息。贷款到期前未按合同约定还清的利息按合同利率计收复利，贷款逾期后未按合同约定还清的贷款利息按逾期利率计收复利。

（四）贷款利率的确定

贷款利率按中国人民银行规定的流动资金贷款同档次基准利率执行，最大浮动幅度按照中国人民银行有关规定执行。在贷款期内遇利率调整，贷款期限为一年（含一年）以下的，执行合同利率，不分段计息；贷款期限一年以上的，实行分段计息，贷款发放

当年执行合同利率，于下一年度1月1日，按当日基准利率和相应利率档次、合同约定的浮动比率或浮动点数执行新的贷款利率。

四、贷款利息的计算与核算

农村合作金融机构贷款利息的计息有定期结息和利随本清两种方法。

（一）定期结息

定期结息是实行按季（或月）结息的一种计息方法。按权责发生制原则，农村合作金融机构按季计算贷款的应收利息，贷款利息当期实际收到时计入当期损益。每季度末月20日（或每月20日）为结息日，一般采用余额表计息或分户账账页计息的做法。

利息计算采用计息余额表累计计息积数，乘以日利率的方法。公式为

$$利息=累计积数\times日利率$$

结息日农村合作金融机构计算各借款单位的利息，编制贷款利息清单一式三联，直接从借款单位存款账户中扣收。借款人账户有款支付的，贷款清单一联作支款通知，另两联分别代转账借、贷方传票办理转账。其会计分录为：

借：单位活期存款——××单位存款户

　贷：利息收入

【例2-6】 某农村合作金融机构2010年9月20日编制的短期贷款计息表的本季累计积数甲商厦为22 560 000元、乙工厂为39 420 000元、丙公司为63 120 000元，利率为5.4%，计收贷款利息。

借：单位活期存款——甲商厦	3 384	
——乙工厂	5 913	
——丙公司	9 468	
贷：利息收入		18 765

甲商厦贷款利息 $=22\ 560\ 000\times5.4\%/360=3\ 384$（元）

乙工厂贷款利息 $=39\ 420\ 000\times5.4\%/360=5\ 913$（元）

丙公司贷款利息 $=63\ 120\ 000\times5.4\%/360=9\ 468$（元）

【例2-7】 某农村合作金融机构于2010年6月28日发放短期贷款一笔，金额为200 000元，期限3个月，月利率为6‰，如该笔贷款于2010年10月11日才归还本息，计算农村合作金融机构应计利息。

6月28日至9月20日（定期结息日）为85天

9月21日至9月28日（贷款到期日）为7天

到期贷款应计利息：

$$200\ 000\times85\times6‰\div30+(200\ 000+200\ 000\times85\times6‰\div30)\times7\times6‰\div30=3\ 684.76（元）$$

9月28日至10月11日（贷款归还日）为13天

假定贷款逾期罚息率每天为万分之四，则逾期罚息为

$$(200\ 000+3\ 684.76)\times13\times4‰=1\ 059.16（元）$$

（二）利随本清

利随本清又称为逐笔计息，即每一笔贷款到期时，利息随本金同时归还。利随本清

最重要的是时间的计算，根据农村合作金融机构会计制度的规定，满年的按360天计算，满月的按30天计算，不满整年或整月的零头天数按实际天数计算，即对年对月对日。农村合作金融机构收回贷款时，应根据计息的利息，编制贷款利息清单或特种转账借、贷方传票，从借款单位账户收取利息。收回时的会计分录为：

借：单位活期存款——××单位存款户

　贷：利息收入

第五节 票据贴现核算

贴现是指商业汇票的持票人将未到期的票据转让给农村合作金融机构，农村合作金融机构按票据金额扣除从贴现日至汇票到期日的利息后，以其差额付给收款人的一种信用活动。《贷款通则》规定，“贴现是指贷款人以购买借款人未到期商业票据的方式发放的贷款”。因此，贴现也是农村合作金融机构的一项资产业务。

一、票据贴现的内容

（一）贴现的概念

贴现是指商业汇票的持票人将未到期的票据转让给农村合作金融机构，农村合作金融机构按票据金额扣除从贴现日至汇票到期日的利息后，以其差额付给收款人的一种信用活动。以商业承兑汇票为例贴现的程序如图2－2所示。

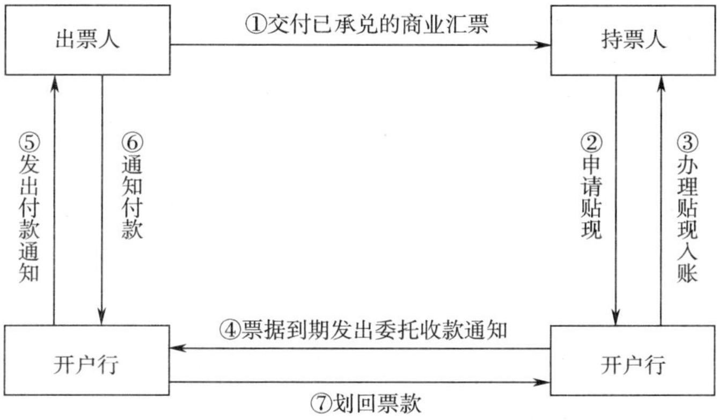

图2－2 贴现的核算程序

（二）贴现的规定

1. 持票人到农村合作金融机构申请贴现时，由信贷部门进行审查，对符合条件的，按票据金额扣除贴现息后，将款项付给持票人。

2. 贴现率可略低于短期贷款利率。由于计息的时间不同，在相同期限的情况下，贴现利率应略低于贷款利率，通常贴现率占贷款利率的90%或95%。

3. 办理贴现必须具备的条件是：在农村合作金融机构开立存款账户的企业法人及其他组织；与出票人或者直接前手具有真实的商品交易关系；提供增值税发票和商品发运单据复印件。

（三）票据贴现与贷款的区别

贴现与贷款都属于融资业务，均是农村合作金融机构的资产，二者的本质相同。但其区别主要是：第一，融资的基础不同，贷款是以借款人或担保人的信誉、还款能力为基础，或者以抵押品和质物为基础，而贴现是以商业汇票为基础。第二，信用关系的当事人不同，贷款的当事人是农村合作金融机构、借款人和担保人，贷款到期后，由借款人或由担保人归还贷款。票据贴现的当事人是农村合作金融机构、贴现申请人和票据上背书的各个关系人，票据到期后，票据上的各个关系人均负有连带付款责任。第三，利息收取方法不同，贷款利息的收取是在使用资金之后按季或按月收取，而贴现利息则是在办理贴现时扣收。第四，借款期限不同，贷款期限是由借款人申请，经农村合作金融机构审查后确定，而贴现期限是以票据的有效期为准。在相同期限的情况下，贴现利率应略低于贷款利率，通常贴现率占贷款利率的90%或95%为宜。

二、票据贴现的核算

农村合作金融机构设置"贴现资产"科目进行核算，"贴现资产"是资产类科目，用来核算农村合作金融机构按一定的贴现率对企业提出的商业汇票予以贴现的金额。予以贴现时，记入借方；收回贴现款时，记入贷方；余额在借方，表示银行尚未收回的贴现额。

（一）办理票据贴现的核算

办理票据贴现申请时填制一式五联贴现凭证（见表2－5），连同汇票送交农村合作金融机构。第一联代申请书，由贴现农村合作金融机构代贴现科目的借方传票；第二联贷方传票，农村合作金融机构代贴现申请人存款科目的贷方传票；第三联贷方传票，农村合作金融机构代贴现利息科目的贷方传票；第四联收账通知，交贴现申请人；第五联到期卡，农村合作金融机构会计部门按到期日排列保管，到期时，作贴现科目的贷方传票或贷方传票附件。信贷部门首先要对贴现申请人的资格进行审查，符合条件的，在贴现凭证"农村合作金融机构审批"栏批注"同意"字样，并加盖有关人员印章后，送交会计部门。

表2－5 **贴现凭证**

申请日期　　年　　月　　日　　　　　　第　　号

<table>
<tr><td rowspan="2">贴现汇票</td><td>种类</td><td colspan="2"></td><td>出票日</td><td></td></tr>
<tr><td>号码</td><td colspan="2"></td><td>到票日</td><td></td></tr>
<tr><td rowspan="4">持票人</td><td>名称</td><td></td><td rowspan="4">汇票承兑人</td><td>名称</td><td></td></tr>
<tr><td>账号</td><td></td><td>账号</td><td></td></tr>
<tr><td>分账号</td><td></td><td>开户行号</td><td></td></tr>
<tr><td>开户行（社）</td><td></td><td>开户行（社）</td><td></td></tr>
<tr><td>汇票金额</td><td>人民币（大写）</td><td colspan="4"></td></tr>
<tr><td>贴现率</td><td></td><td>贴现利息</td><td></td><td>实付贴现金额</td><td></td></tr>
<tr><td colspan="3">附送承兑汇票申请贴现请审核。
持票人签章：</td><td>农村合作金融机构审批</td><td colspan="2">负责人：
信贷员：</td></tr>
<tr><td>备注</td><td colspan="5"></td></tr>
</table>

授权人：　　复核员：　　柜员：　　流水号：

会计部门接到汇票和贴现凭证后，按规定审查汇票是否真实，各项内容是否完整，贴现凭证填写与汇票内容是否相符。再按照规定的贴现率计算出贴现利息和实付贴现金额。其计算公式为

贴现利息 = 票据金额 × 贴现天数 × 日贴现率

实付贴现金额 = 票据金额 − 贴现利息

贴现天数从贴现之日起到汇票到期日止按实际天数计算。承兑人在异地的，贴现天数应另加 3 天的划款日期。

会计人员在贴现凭证有关栏填写贴现率、贴现利息和实付贴现金额后办理转账，其会计分录为：

借：贴现资产——× ×单位户

　贷：单位活期存款——× ×单位存款户

　　　利息收入——贴现利息收入户

【例 2-8】 某农村合作金融机构 2010 年 9 月 13 日收到甲公司交来贴现凭证和商业承兑汇票各一份，该票据由在另一农村合作金融机构开户的乙工厂签发并承兑，金额 90 000 元，到期日为 2010 年 11 月 5 日，月贴现率为 3‰。

贴现利息 = 90 000 × 3‰/30 × 53 = 477（元）

贴现净额 = 90 000 − 477 = 89 523（元）

借：贴现资产——商业承兑汇票	90 000	
贷：单位活期存款——甲公司		89 523
利息收入		477

（二）贴现到期收回票款的处理

1. 贴现汇票到期收回的处理。商业汇票到期，贴现农村合作金融机构作为收款人在汇票背面背书栏加盖结算专用章并由授权的经办人员签名或盖章，注明“委托收款”字样，于汇票到期前匡算邮程，提前填制托收凭证一式五联，留下第一联、第二联，据以登记“发出委托收款凭证登记簿”，将第三联、第四联、第五联托收凭证及汇票送交付款人开户农村合作金融机构或承兑农村合作金融机构。将第五联贴现凭证作为第二联托收凭证的附件存放。

付款人开户农村合作金融机构或承兑农村合作金融机构收到上述托收凭证及汇票后，对于商业承兑汇票，于汇票到期日将票款从付款人账户内付出；对于银行承兑汇票，应从应解汇款科目付出，划往贴现农村合作金融机构。其会计分录为：

借：单位活期存款——× ×单位存款户

　贷：联行往账

贴现农村合作金融机构于收到划回的票款后，以第二联托收凭证代传票，以第五联贴现凭证作附件办理转账，并销记“发出委托收款凭证登记簿”。其会计分录为：

借：联行来账（或有关科目）

　贷：贴现资产——× ×单位户

2. 贴现汇票到期未收回的处理。贴现农村合作金融机构如果收到付款人开户农村合

作金融机构或承兑农村合作金融机构退回的托收凭证、拒付理由书和汇票，可依据《中华人民共和国票据法》、《支付结算办法》的规定，向贴现申请人追索票款，即对已贴现的金额，直接从贴现申请人账户收取。其会计分录为：

借：单位活期存款——贴现申请人户

贷：贴现资产——申请人贴现户

若贴现申请人存款账户余额不足支付，则将不足的部分转为贴现申请人的逾期贷款。其会计分录为：

借：逾期贷款——原贴现申请人户

贷：贴现资产

第六节 贷款损失准备核算

一、贷款损失准备的内容

农村合作金融机构应当于每年年度终了根据承担风险和损失的资产余额的一定比例提取一般准备。一般准备的计提比例由农村合作金融机构综合考虑其所面临的风险状况等因素确定，原则上一般准备余额不低于风险资产期末余额的1%。一般准备由农村合作金融机构总社统一计提和管理。

贷款损失准备是用于补偿呆账贷款损失的准备金。农村合作金融机构应当在期末分析各项贷款的可收回性，并预计可能产生的贷款损失。对预计可能产生的贷款损失计提贷款损失准备。贷款损失准备应根据借款人的还款能力、贷款本息的偿还情况、抵押品的市价、担保人的支持力度和农村合作金融机构内部信贷管理等因素，分析其风险程度和回收的可能性合理计提。

贷款损失准备的计提范围包括：计提贷款损失准备的资产，是指农村合作金融机构承担风险和损失的贷款，包括农户贷款、农村经济组织贷款、农村企业贷款、非农贷款、信用卡透支、贴现资产、贸易融资及垫款等。农村合作金融机构对不承担风险的委托贷款等，不计提贷款损失准备。

贷款损失准备包括专项准备和特种准备两种。

专项准备是指农村合作金融机构根据《贷款风险分类指导原则》对贷款资产进行风险分类后，按贷款损失的程度计提的用于弥补专项损失的准备。专项准备的计提比例由农村合作金融机构根据贷款资产的风险程度和回收的可能性合理确定。农村合作金融机构可参照以下比例计提专项准备（见表2-6）。

表2-6　　专项准备计提比例　　单位：%

贷款分类	正常贷款	关注贷款	次级贷款	可疑贷款	损失贷款
专项准备提取比例	0	2	25	50	100

注：次级和可疑类资产的损失准备，计提比例可以上下浮动20%。

特种准备是指农村合作金融机构对特定国家、地区或行业发放贷款计提的准备。

二、贷款损失准备的核算

（一）贷款损失准备计提的核算

1. 一般准备的核算。农村合作金融机构按规定提取的一般准备作为利润分配处理。一般准备是所有者权益的组成部分。

年末，农村合作金融机构应根据计提贷款损失准备资产账户的合计数，按一定的比例计提一般风险准备。其会计分录为：

借：利润分配——提取一般风险准备

　贷：一般风险准备

【例 2－9】 某农村合作金融机构 2010 年 12 月 31 日各有关账户的余额为：农户贷款1 200 000元、农村经济组织贷款 900 000 元、农村企业贷款 6 300 000 元、贴现资产 200 000 元，损失准备金率为 1%。

应计提的贷款损失准备 =（1 200 000 + 900 000 + 6 300 000 + 200 000）×1% = 86 000（元）

借：利润分配——提取一般风险准备	86 000	
贷：一般风险准备		86 000

2. 专项准备的核算。农村合作金融机构设置"贷款损失准备"科目进行核算，"贷款损失准备"是资产类科目，是各种贷款科目的抵减科目，用来核算农村合作金融机构提取的贷款损失准备，农村合作金融机构提取贷款损失准备时，记入贷方；经批准核销贷款呆账损失时，记入借方；余额在贷方，表示已经提取尚未核销的贷款损失准备金。该科目可按计提贷款损失准备的资产类别进行明细核算。其会计分录为：

借：资产减值损失——计提的贷款损失准备

　贷：贷款损失准备

【例 2－10】 某农村合作金融机构 2010 年 5 月 31 日贷款余额为 100 000 000 元，其中正常贷款 70 000 000 元，关注贷款 24 000 000 元，次级资款 3 000 000 元，可疑贷款 2 000 000 元，损失贷款 1 000 000 元。2010 年 5 月 31 日应计提的专项准备为

24 000 000 ×2% + 3 000 000 ×25% + 2 000 000 ×50% + 1 000 000 ×100% = 3 230 000（元）

借：资产减值损失	3 230 000	
贷：贷款损失准备		3 230 000

该农村合作金融机构 2010 年 6 月 30 日的贷款余额为 120 000 000 元，其中正常贷款 80 000 000 元，关注贷款 30 000 000 元，次级贷款 6 000 000 元，可疑贷款 3 000 000 元，损失贷款 1 000 000 元。2010 年 6 月 30 日应计提的专项准备为

30 000 000 ×2% + 6 000 000 ×25% + 3 000 000 ×50% + 1 000 000 ×100% − 3 230 000 = 1 370 000（元）

借：资产减值损失	1 370 000	
贷：贷款损失准备		1 370 000

3. 特种准备的核算。特种准备计提的具体比例由农村合作金融机构根据贷款资产的风险程度和回收的可能性合理确定。会计核算分录参见专项准备。

（二）贷款损失核销的核算

农村合作金融机构对于需要核销的贷款呆账要按有关规定进行核销。当核销呆账贷款时，冲减已计提的贷款损失准备。会计分录为：

借：贷款损失准备

　贷：逾期贷款——××单位逾期贷款户

已冲销的贷款损失，以后又收回的，其核销的贷款损失准备予以转回。其会计分录为：

借：逾期贷款——××单位逾期贷款户

　贷：贷款损失准备

同时：

借：单位活期存款——××单位存款户

　贷：逾期贷款——××单位逾期贷款户

【例2-11】 某农村合作金融机构借款人丁公司因遭受重大水灾，经追偿后仍有25 000元逾期贷款无法追回，经上级核准分别作贷款呆账损失处理。编制会计分录。

借：贷款损失准备	25 000	
贷：逾期贷款——丁公司		25 000

【例2-12】 某农村合作金融机构已核销的戊公司100 000元的贷款呆账损失又收回，办理转账。

借：逾期贷款——戊公司	100 000	
贷：贷款损失准备		100 000
借：单位活期存款——戊公司	100 000	
贷：逾期贷款——戊公司		100 000

复习思考题

1. 简述贷款的分类。
2. 担保贷款分为哪几种？
3. 贷款展期与贷款逾期有何不同？各是如何处理的？
4. 贷款利息的收回，目前农村合作金融机构有哪几种做法？其处理手续如何？
5. 简述贷款和贴现的区别。
6. 如何计提和核销贷款损失准备金？

第三章　其他资产业务核算

本章概要

除上一章阐述的各项贷款以及存放中央银行款项、存放同业款项、存放系统内款项等以外，农村合作金融机构的资产还包括现金、存出保证金、交易性金融资产、其他应收款、应收股利、应收利息、持有至到期投资、可供出售金融资产、长期股权投资、固定资产、无形资产、长期待摊费用等。本章主要介绍现金业务核算、投资业务核算、固定资产业务核算、无形资产和其他资产业务核算，以及资产的期末计价。

要点提示

农村合作金融机构现金的管理主要由出纳负责，遵守现金出纳工作的规定。农村合作金融机构的投资根据持有的目的和期限划分为交易性金融资产、持有至到期投资、可供出售金融资产和长期股权投资，分别进行核算。长期股权投资应当分别不同情况采用成本法和权益法核算。

固定资产的损耗分为有形损耗和无形损耗两种。农村合作金融机构可选用的折旧方法包括年限平均法、工作量法、双倍余额递减法和年数总和法等。农村合作金融机构应当对使用寿命有限的无形资产在其使用寿命内进行系统合理的价值摊销。资产负债表日，如果资产存在减值迹象且可收回金额低于账面价值的，应当计提减值准备。

本章架构图

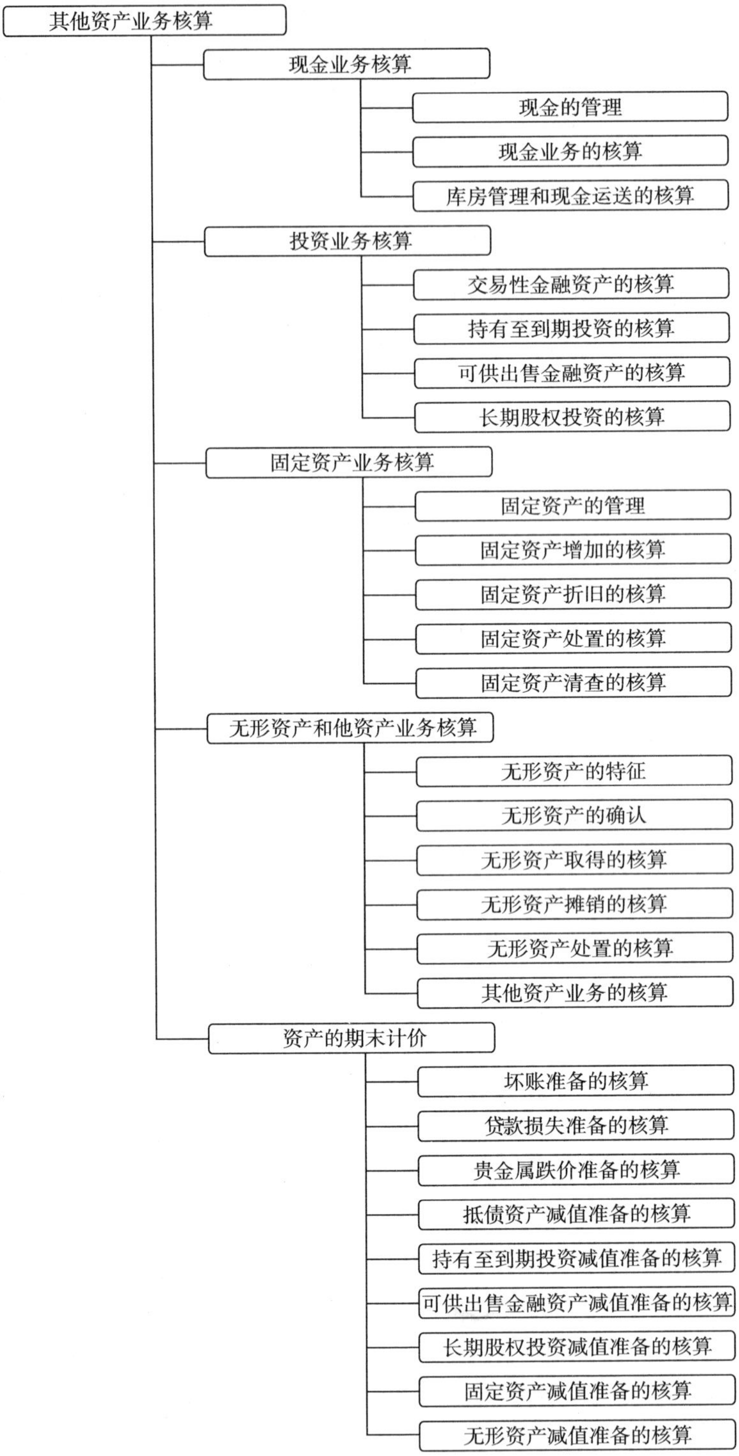
其他资产业务核算
现金业务核算
现金的管理
现金业务的核算
库房管理和现金运送的核算
投资业务核算
交易性金融资产的核算
持有至到期投资的核算
可供出售金融资产的核算
长期股权投资的核算
固定资产业务核算
固定资产的管理
固定资产增加的核算
固定资产折旧的核算
固定资产处置的核算
固定资产清查的核算
无形资产和他资产业务核算
无形资产的特征
无形资产的确认
无形资产取得的核算
无形资产摊销的核算
无形资产处置的核算
其他资产业务的核算
资产的期末计价
坏账准备的核算
贷款损失准备的核算
贵金属跌价准备的核算
抵债资产减值准备的核算
持有至到期投资减值准备的核算
可供出售金融资产减值准备的核算
长期股权投资减值准备的核算
固定资产减值准备的核算
无形资产减值准备的核算

第一节 现金业务核算

一、现金的管理

农村合作金融机构现金的管理主要由出纳负责。出纳，原本是支出和纳入的意思，用在货币流通中，“出”指投放货币，“纳”指回笼货币，现金出纳就是指直接用现金进行的货币收付行为。农村合作金融机构出纳工作，就是办理农村合作金融机构的现金结算、备用金领取与缴存、现金保管与运送、代理金银收兑保管与交售、外币兑换与保管等项工作的总称。

（一）现金出纳工作的任务

1. 办理现金（包括人民币和外币现金，下同）的收付、整点以及残损票币、大小票币的兑换，代理国家债券的发行与兑付。

2. 根据市场货币流通需要，调剂、调运各种票币，做好现金供应和回笼工作。

3. 根据国家现金管理条例，做好现金管理工作，加强核算，减少库存现金占压，提高经济效益。

4. 保管现金、贵金属和有价单证，做好现金运送的安全保卫工作。

5. 做好库房管理，确保库款安全。

6. 宣传爱护人民币，配合人民银行和有关部门开展反假币和反破坏人民币的斗争。

7. 加强柜面监督，维护财经法规，同一切经济违法犯罪活动作斗争。

（二）现金出纳工作的规定

农村合作金融机构为了确保现金出纳工作的顺利完成，必须建立和健全现金出纳工作的内部控制制度，做到手续严密、责任分明、及时准确。现金出纳工作应遵循下列规定：

1. 钱账分管，当日核对账款，便于相互核对和相互监督，确保账款相符，每日营业终了要核对清账款。

2. 必须遵守核库、款箱双锁、钥匙分管等基本制度。做到双人管库，双人守库，双人押运，防止差错事故，做到内控严密，职责分明，如果发生意外情况，也便于互相协商和分工处理。

3. 营业网点在营业时间内，柜员尾数箱内现金余额由县级联社根据实际业务情况自行确定，超出部分入库保管；营业网点的库存现金应根据业务需要，由管辖社从严核定限额，并根据业务发展变化情况适时进行调整，既要保证业务周转的需要，又要尽量减少现金占压。任何人不准挪用库存现金，不准白条抵库。营业网点备用金和柜员尾数箱内现金余额需向市（地）联社报备。

4. 取送现金必须执行调缴款有关规定，由管理部门武装押运。重要空白凭证管理必须视同现金管理，武装押运。

5. 柜员办理现金业务必须在有效监控和客户视线以内，自行复点和复核，做到当面点准、一笔一清，一户一清。这样可以避免发生差错而影响农村合作金融机构的信誉和造成财产损失。

6. 按现金收付程序办理业务。收付现金时，必须执行现金收入先收款后记账，现金付出先记账后付款，并做到问清、点清、交代清、逐笔清、唱收唱付。这样可以避免银行漏收款项或单位、个人套取银行信用而给农村合作金融机构和国家造成损失。

7. 营业终了，库存现金应坚持查数入包，连同有价单证、重要空白凭证、储蓄专用章、业务清讫章等一同送管辖社入库保管。

8. 离岗必须交接和查库，分清责任。库房管理在双人管库、双人守库的基础上，还必须定期和不定期进行查库。这样可以确保账款相符。

二、现金业务的核算

农村合作金融机构出纳日常工作包括现金收款、现金付款、日终账款核对和错款的处理等内容。农村合作金融机构设置“现金”科目用于核算和反映本外币库存现金、运送中现金、自动设备占款、业务周转金等情况。增加现金时，借记本科目，贷记“存放中央银行款项”或有关科目；减少现金时做相反的会计分录。本科目属资产类，余额在借方，反映本机构持有的现金。本科目在资产负债表中归属“现金及存放中央银行款项”项目。

农村合作金融机构应当设置“现金日记账”，根据收付款凭证，按照业务发生顺序逐笔登记。每日营业终了，应当计算当日的现金收入合计额、现金支出合计额和结余额，将结余额与实际库存额核对，做到账款相符。

（一）现金收入的核算

存款单位向开户银行缴存现金时，应填制一式两联的“现金存款单”，连同现金一并送交开户银行出纳部门。出纳部门审核现金存款单、清点现金无误后，将第一联盖上现金收讫章作为回单退交存款单位；根据现金存款单第二联登记现金收入日记簿，登记完毕后将第二联送会计部门代现金收入传票登记单位存款分户账。

【例3－1】 某农村合作金融机构收到甲商厦交来现金存款单一份，金额580 000元，经审查及点收现金无误，编制会计分录。

借：现金　　580 000

　贷：单位活期存款——甲商厦　　580 000

（二）现金付出的核算

存款单位向开户银行支取现金时，应签发现金支票，并加盖预留银行印鉴，由取款单位背书后提交开户银行会计部门。会计部门接到现金支票后，应按规定对支票及其内容进行严格审查，经审查无误后，将出纳对号单（牌）交给取款人，同时以现金支票代现金付出传票，由会计人员加盖名章，登记取款单位分户账。

会计人员记账并经复核盖章后，将现金支票内部传递到出纳部门，出纳部门根据现金支票登记现金付出日记簿，然后对号向取款人支付现金。

【例3－2】 某农村合作金融机构收到甲商厦交来现金支票一张，金额100 300元，用于发放工资。经审查无误后，同意支付，编制会计分录。

借：单位活期存款——甲商厦 100 300

贷：现金 100 300

（三）营业终了后现金收付汇总的处理

1. 收款结账操作程序。营业终了，收款员应将当日所收的现金按币种分别予以汇总，并将汇总金额与“现金收入日记簿”的合计数和会计部门“现金”账户的借方发生额进行核对，账款相符后，复核员整理当日收入的现金，分券别，按捆数金额填制“现金入库单”。登记“箱包交接登记簿”（见表3－1），将现金交管库员核对入账。

2. 付款结账操作程序。营业终了，付款员应将当日领取的备付现金的数额，减去备付剩余现金的数额，计算出当日实际付出现金的数额，与“现金付出日记簿”的合计数和会计部门“现金”账户的贷方发生额进行核对，账款相符后，配款员将剩余现金成捆、成把票币及零头尾数填写“现金入库单”。登记“箱包交接登记簿”，将备付剩余现金交管库员核对入账。

3. 管库结账操作程序。管库员收到收款员交来的收款现金和付款员交来的备付剩余现金，与现金收付日记簿及现金入库单核对相符后，将现金入库保管，同时登记“现金库存簿”。现金库存簿将上一日的库存，加减本日收付现金的数额，结出本日库存，并同库房的实存现金核对相符，同时还应与会计部门当日“现金”账户的余额核对相符。

表3－1　　箱包交接登记簿

年		交接时间		交或接	箱包编号	柜员	管库员	携款员	年		交接时间		交或接	箱包编号	柜员	管库员	携款员
月	日	时	分						月	日	时	分					

（四）出纳错款的处理和核算

1. 错款处理原则。出纳错款是指出纳人员在现金的收付和保管中所发生的现金长短款。在实际工作中，出纳部门发生错款应遵循“发生长款，应暂列其他应付款待查，不准溢库；发生短款，应暂列其他应收款待查，不准空库”；并按照“长款归公，短款自赔”的原则处理。不得私吞长款或以长补短；更不得短款支付或夹带假币付出；误收假币，由经办员自赔，同时按假币收缴程序处理。

2. 出纳长款的核算。出纳长款是指实有现金库存数大于账面余额的差额。发生出纳长款应及时查明，退还原主。如当日未能查明原因，无法退还的，营业终了前，错款人应填列“差错登记簿”（见表 3－2），经出纳负责人审核签章、主管人员审批签字后，按暂收款项列账处理。

表 3－2　　差错登记簿

差错								处理						备注
年	月	日	原因	金额	业务流水号	经办人	授权人	年	月	日	处理方式	经办人	授权人	

农村合作金融机构发生出纳长款应在“其他应付款”科目核算。“其他应付款”是负债类科目，用来核算农村合作金融机构应付、暂收其他单位或个人的款项。农村合作金融机构发生出纳长款时，借记“现金”科目，贷记“其他应付款——待处理出纳长款”科目；查明原因后，若系客户多交或农村合作金融机构少付的，应及时以现金予以退还，若确实无法查清的长款，经批准后可将其转入“营业外收入”科目。偿还、转销各种应付暂收款项时，借记“其他应付款——待处理出纳长款”科目，贷记“现金”或“营业外收入——出纳长款及结算长款”等科目。

【例 3－3】　某农村合作金融机构出纳收款后发现现金长款 100 元。

①长款 100 元原因待查，会计分录为：

借：现金　　100

　贷：其他应付款——待处理出纳长款　　100

②今查明长款100元系甲商厦缴款时多交，以现金予以退还，会计分录为：

借：其他应付款——待处理出纳长款 100

贷：现金 100

3. 出纳短款的核算。出纳短款是指实有现金库存数小于账面余额的差额。发生出纳短款应及时查找收回。当日未能查明原因，无法收回的，营业终了前，错款人应填列“差错登记簿”（见表3-2），经出纳负责人审核签章、主管人员审批签字后，按暂付款项列账处理。农村合作金融机构发生出纳短款应在“其他应收款”科目核算。“其他应收款”是资产类科目，用来核算农村合作金融机构应收、暂付其他单位或个人的款项。农村合作金融机构发生出纳短款时，借记“其他应收款——待处理出纳短款”科目，贷记“现金”科目；经查明原因，收回短款时，借记“现金”科目，贷记“其他应收款——待处理出纳短款”科目；如确实无法查明原因、无法找回时，若属于技术性短款或一般责任事故的，报经批准后可将其转入“营业外支出——出纳短款”科目。若属于有章不循，玩忽职守的，应追究其责任，给予适当的纪律处分；如属监守自盗，侵吞长款的，应按贪污论处，并追回全部赃款。

【例3-4】 某农村合作金融机构出纳自查时发现现金短款50元。

①短款50元原因待查，会计分录为：

借：其他应收款——待处理出纳短款 50

贷：现金 50

②今查明短款50元系出纳付款时多付给乙工厂的，已从对方收回，会计分录为：

借：现金 50

贷：其他应收款——待处理出纳短款 50

三、库房管理和现金运送的核算

（一）库房管理

出纳库房是指农村合作金融机构保管现金、金银及有价证券等贵重物品的专用金库，是存放现金及贵重物品的重要场地，库房管理则是农村合作金融机构出纳工作的主要任务。为此要从以下几个方面做好库房管理工作：

1. 设置专用库房。对外营业的行处，均应设置专用库房。库房设置力求隐蔽，并要求结构坚固，具有通风、防火、防潮、防鼠、报警等安全措施，库房的钥匙、密码必须分人掌管。

2. 实行双人管库共同负责制。库房应有双人管理，管理员要明确分工和责任，出入库必须同时进出，出入库的款项要互相复核，以防差错。

3. 金库存放和保管范围。金库限于存放、保管以下物品：盖有封包章的整捆主、辅币现金，出纳柜台尾数箱，残损人民币，票样，寄库保管的外币、有价证券，定额存单。严禁存放枪支弹药和各种易燃易爆品，严禁存入各种空白凭证以及与库款无关的其他物品。寄库保管物品必须封包保管，不得与库存现金混放，未经封包的物品一律不得寄库保管。

4. 严格出入库制度。营业终了，所有的现金、金银及有价证券等贵重物品都必须入库保管，并有账记载。出入库都必须按规定的手续和凭证办理，做到账款、账实相符，严禁白条、借条抵作库存。日常开、关库时，必须有两名管库员在场共同进行，严禁一人持有两把不同库房钥匙开、关库。开库前，要检查库门有无异常现象，确定无异常，方可关闭报警装置，接通库内照明电路，打开库门。开密码锁时，应禁止任何人旁观（包括非管密码的另一名管库员）。关库时，要确定库门已关，开通报警装置，关闭库内照明电路方可离开。关库后，应随即将密码锁号拨乱。

5. 严格查库制度。为了保证库房的安全，农村合作金融机构主任和出纳主管必须定期或不定期进行查库。管辖社对下级社也要定期或不定期进行查库，查库时必须携带介绍信。每次查库完毕后，应将检查情况记入“查库登记簿”（见表3－3），由主查人员和库房管理员共同签章，以备查考。

表3－3　　查库登记簿

<table>
<tr><td colspan="5">查库时间：　　年　　月　　日　　时</td><td colspan="2">查库单位：</td><td colspan="4">查库人：</td></tr>
<tr><td rowspan="8">库柜员</td><td>券种</td><td>金额</td><td>重空凭证</td><td>份数</td><td>重空凭证</td><td>份数</td><td colspan="4">其他</td></tr>
<tr><td>壹佰圆</td><td></td><td>现金支票</td><td></td><td>单位定期存单</td><td></td><td colspan="4"></td></tr>
<tr><td>伍拾圆</td><td></td><td>转账支票</td><td></td><td>存款开户证实书</td><td></td><td colspan="4"></td></tr>
<tr><td>贰拾圆</td><td></td><td>储蓄存折</td><td></td><td>假币收缴凭证</td><td></td><td colspan="4"></td></tr>
<tr><td>拾圆</td><td></td><td>储蓄存单</td><td></td><td>贷款还款凭证</td><td></td><td colspan="4"></td></tr>
<tr><td>尾数</td><td></td><td>定期一本通</td><td></td><td>银行汇票</td><td></td><td colspan="4"></td></tr>
<tr><td>损伤券</td><td></td><td>股金证</td><td></td><td>银行承兑汇票</td><td></td><td colspan="4"></td></tr>
<tr><td>合计</td><td></td><td>银行卡</td><td></td><td></td><td></td><td colspan="4"></td></tr>
<tr><td>一般柜员</td><td colspan="2">尾箱现金</td><td>重空凭证</td><td>份数</td><td>重空凭证</td><td>份数</td><td>重空凭证</td><td>份数</td><td>重空凭证</td><td>份数</td></tr>
<tr><td rowspan="2"></td><td colspan="2" rowspan="2"></td><td>现金支票</td><td></td><td>储蓄存折</td><td></td><td></td><td></td><td></td><td></td></tr>
<tr><td>转账支票</td><td></td><td>储蓄存单</td><td></td><td></td><td></td><td></td><td></td></tr>
<tr><td rowspan="2"></td><td colspan="2" rowspan="2"></td><td>现金支票</td><td></td><td>储蓄存折</td><td></td><td></td><td></td><td></td><td></td></tr>
<tr><td>转账支票</td><td></td><td>储蓄存单</td><td></td><td></td><td></td><td></td><td></td></tr>
<tr><td rowspan="2"></td><td colspan="2" rowspan="2"></td><td>现金支票</td><td></td><td>储蓄存折</td><td></td><td></td><td></td><td></td><td></td></tr>
<tr><td>转账支票</td><td></td><td>储蓄存单</td><td></td><td></td><td></td><td></td><td></td></tr>
<tr><td rowspan="2"></td><td colspan="2" rowspan="2"></td><td>现金支票</td><td></td><td>储蓄存折</td><td></td><td></td><td></td><td></td><td></td></tr>
<tr><td>转账支票</td><td></td><td>储蓄存单</td><td></td><td></td><td></td><td></td><td></td></tr>
<tr><td rowspan="2"></td><td colspan="2" rowspan="2"></td><td>现金支票</td><td></td><td>储蓄存折</td><td></td><td></td><td></td><td></td><td></td></tr>
<tr><td>转账支票</td><td></td><td>储蓄存单</td><td></td><td></td><td></td><td></td><td></td></tr>
<tr><td>检查意见</td><td colspan="10"></td></tr>
</table>

（二）现金运送的核算

各个农村合作金融机构的现金收入和付出往往会出现不平衡，这就需要进行现金调剂，因而产生了现金运送业务。运送现金是一项艰巨而又经常性的工作，其责任重大。因此要求各级农村合作金融机构在运送现金时必须做到安全、准确、及时。

1. 运出农村合作金融机构的核算。运出农村合作金融机构接到现金调拨通知，确定运送现金的数额后，由出纳部门根据调拨通知填制一式三联的“发款单”，经押运员签章后，登记“现金付出日记簿”。会计部门根据“发款单”填制“联行报单”，并以第一联发款单代替现金付出传票入账，然后将联行报单和发款单第二联、第三联一并交押运员办理现金出库，送交收款农村合作金融机构，会计分录为：

借：社（行）内往来

　贷：现金

2. 运入农村合作金融机构的核算。运入农村合作金融机构出纳部门接到运出农村合作金融机构送来的联行报单、发款单和现金，经审查单据和点收现金无误后，据以登记“现金收入日记簿”，并在“发款单”第三联回单上加盖“现金收讫”业务公章及管理员人名章后，交送款员带回。留下的单据转交会计部门，会计人员据以编制现金收入传票入账，会计分录为：

借：现金

　贷：社（行）内往来

知识链接

现金识别、整点和票币兑换的相关规定

第二节　投资业务核算

投资是指农村合作金融机构为了通过分配增加财富，或为了谋求其他利益，而将资产让渡给其他单位所获得的另一项资产。

投资按内容分为债权性投资、权益性投资和混合性投资。投资按目的和期限分为交易性金融资产、持有至到期投资、可供出售金融资产和长期股权投资。

一、交易性金融资产的核算

交易性金融资产是指以公允价值计量其变动计入当期损益的金融资产。

农村合作金融机构应设置“交易性金融资产”科目核算和反映其持有的以公允价值计量且其变动计入当期损益的金融资产，如为交易目的所持有的债券投资、股票投资、基金投资等交易性金融资产。衍生金融资产不在本账户核算。本科目可按交易性金融资产的类别和品种，分别“成本”、“公允价值变动”等进行明细核算。本科目属资产类，余额在借方，反映本机构持有的交易性金融资产的公允价值。本科目在资产负债表中归属“交易性金融资产”项目。

（一）交易性金融资产取得的核算

农村合作金融机构取得交易性金融资产时，按其公允价值，借记“交易性金融资产产——成本”科目，按发生的交易费用，借记“投资收益”科目，按已到付息期但尚未领取的利息或已宣告但尚未发放的现金红利，借记“应收股利”、“应收利息”科目，按实际支付的金额，贷记“存放中央银行款项”或有关科目。

【例3-5】 2010年3月1日，某农村合作金融机构从二级市场购入乙公司股票100 000股，每股价格10元，另支付手续费、印花税等交易费用100 000元，以存放中央银行款项支付。该农村合作金融机构将其作为交易性金融资产进行核算和管理，编制会计分录。

借：交易性金融资产——成本　　1 000 000
　　投资收益　　100 000
　贷：存放中央银行款项　　1 100 000

（二）持有期间被投资单位宣告分红派息的核算

对于收到的属于取得交易性金融资产支付价款中包含的已宣告发放的现金股利或债券利息，借记“存放中央银行款项”科目，贷记“应收股利”或“应收利息”科目。交易性金融资产持有期间被投资单位宣告发放的现金红利，或在资产负债表日按分期付息、一次还本债券投资的票面利率计算的利息，借记“应收股利”科目，贷记“投资收益”科目。实际收到现金股利或债券利息时，借记“存放中央银行款项”等科目，贷记“应收股利”或“应收利息”科目。

【例3-6】 承【例3-5】，假设2010年3月10日乙公司宣告发放现金股利，每股0.1元，该农村合作金融机构于3月25日收到，编制会计分录如下：

3月10日宣告发放现金股利时：

借：应收股利　　10 000
　贷：投资收益　　10 000

3月25日实际收到时：

借：存放中央银行款项　　10 000
　贷：应收股利　　10 000

【例3-7】 2010年3月20日，某农村合作金融机构从二级市场购入乙公司股票100 000股，每股价格10元，另支付手续费、印花税等交易费用100 000元，以存放中央银行款项支付，将其作为交易性金融资产进行核算和管理。假定乙公司已于2010年3月2日宣告分派现金股利每股0.1元，该农村合作金融机构于2010年3月25日收到该现金股利，编制会计分录。

3月20日购入股票时：

借：交易性金融资产——成本　　1 000 000
　　投资收益　　100 000
　　应收股利　　10 000
　贷：存放中央银行款项　　1 110 000

3月25日收到现金股利时：

借：存放中央银行款项　　10 000
　贷：应收股利　　10 000

（三）公允价值变动的核算

资产负债表日，交易性金融资产的公允价值高于其账面余额的，农村合作金融机构应按其差额，借记"交易性金融资产——公允价值变动"账户，贷记"公允价值变动损益"账户；交易性金融资产的公允价值低于其账面余额的差额，编制相反的会计分录。

【例3-8】 承【例3-5】，假定2010年3月31日乙公司股票市价为每股20元，编制会计分录。

借：交易性金融资产——公允价值变动 1 000 000

　贷：公允价值变动损益 1 000 000

如果2010年3月31日乙公司股票市价为每股5元，则该农村合作金融机构的会计处理为：

借：公允价值变动损益 500 000

　贷：交易性金融资产——公允价值变动 500 000

（四）交易性金融资产出售的核算

出售交易性金融资产时，应按实际收到的金额，借记"存放中央银行款项"等科目，按该项交易性金融资产的账面余额成本，贷记"交易性金融资产"科目，按其差额，贷记或借记"投资收益"科目。同时，将原计入该项交易性金融资产的公允价值变动转出，借记或贷记"公允价值变动损益"科目，贷记或借记"投资收益"科目。

【例3-9】 承【例3-5】和【例3-8】，假定2010年4月20日乙公司股票市价升至每股30元，该农村合作金融机构于当日在二级市场将100 000股该公司股票全部卖出，编制会计分录。

借：存放中央银行款项 3 000 000

　贷：交易性金融资产——成本 1 000 000

　　　　　　　　　——公允价值变动 1 000 000

　　投资收益 1 000 000

同时：

借：公允价值变动损益 1 000 000

　贷：投资收益 1 000 000

如果2010年3月31日乙公司股票市价为每股5元，2010年4月20日乙公司股票市价跌至每股4元，该农村合作金融机构于当日在二级市场将100 000股该公司股票全部卖出，编制会计分录。

借：存放中央银行款项 400 000

　　交易性金融资产——公允价值变动 500 000

　　投资收益 100 000

　贷：交易性金融资产——成本 1 000 000

同时：

借：投资收益 500 000

　贷：公允价值变动损益 500 000

二、持有至到期的投资的核算

持有至到期投资，是指到期日固定、回收金额固定或可确定，且企业有明确意图和能力持有至到期的非衍生金融资产。

持有至到期投资的会计处理，着重于该金融资产的持有者打算持有至到期，未到期前通常不会出售或重分类。因此，持有至到期投资的会计处理主要应解决该金融资产实际利率的计算、摊余成本的确定、持有期间的收益确认及将其处置时损益的处理。

农村合作金融机构应设置“持有至到期投资”科目，用于核算和反映农村合作金融机构持有至到期投资的摊余成本。农村合作金融机构可按照持有至到期投资的类别和品种，分别“成本”、“利息调整”、“应计利息”等进行明细核算。本科目属资产类，余额在借方，反映本机构持有至到期投资的摊余成本。本科目在资产负债表中归属“持有至到期投资”项目。

（一）持有至到期投资取得的核算

农村合作金融机构取得的持有至到期投资，应按取得时的公允价值和相关交易费用之和作为初始确认金额，借记“持有至到期投资——成本”科目，支付的价款中包含的已到付息期但尚未领取的债券利息，应单独确认为应收项目，借记“应收利息”科目，按实际支付的金额，贷记“存放中央银行款项”等科目，按其差额，借记或贷记“持有至到期投资——利息调整”科目。

这里的交易费用是指，可直接归属于购买、发行或处置金融工具新增的外部费用。新增的外部费用，是指农村合作金融机构不购买、发行或处置金融工具就不会发生的费用。交易费用包括支付给代理机构、咨询公司、券商等的手续费和佣金及其他必要支出，不包括债券溢价、折价、融资费用、内部管理成本及其他与交易不直接相关的费用。

1. 面值购入债券的会计处理。农村合作金融机构面值购入的债券投资，应按债券面值借记“持有至到期投资——成本”科目，按取得债券时支付的相关交易费用借记“持有至到期投资——利息调整”科目，按实际支付的金额贷记“存放中央银行款项”账户。

【例3－10】 2010年1月1日，某农村合作金融机构以存放中央银行款项购买了一项5年期的债券，实际支付价款5 010万元，其中，支付的价款中包含10万元的交易费用。该农村合作金融机构管理层决定将该项债券投资作为持有至到期投资进行核算和管理，该债券面值为5 000万元，票面固定利率为5%，每年年末支付，假定不考虑其他因素，编制会计分录。

借：持有至到期投资——成本	50 000 000	
——利息调整	100 000	
贷：存放中央银行款项		50 100 000

【例3－11】 2010年1月1日，某农村合作金融机构以存放中央银行款项购买了一项5年期的债券，实际支付价款5 110万元，其中，支付的价款中包含10万元的交易

费用以及已到付息期但尚未领取的债券利息 100 万元。该农村合作金融机构管理层决定将该项债券投资作为持有至到期投资进行核算和管理，该债券面值为 5 000 万元，票面固定利率为 5%，每年年末支付，假定不考虑其他因素，编制会计分录。

借：持有至到期投资——成本 50 000 000

——利息调整 100 000

应收利息 1 000 000

贷：存放中央银行款项 51 100 000

2. 溢价购入债券的会计处理。农村合作金融机构溢价购入的债券如作为持有至到期投资核算，应按债券面值借记“持有至到期投资——成本”科目，按实际支付的金额，贷记“存放中央银行款项”科目，按实际支付的金额与债券面值之间的差额借记“持有至到期投资——利息调整”科目。

【例 3－12】 2010 年 1 月 1 日，某农村合作金融机构以存放中央银行款项购买了一项 5 年期的债券，实际支付价款 5 510 万元，其中，支付的价款中包含 10 万元的交易费用。该农村合作金融机构管理层决定将该项债券投资作为持有至到期投资进行核算和管理，该债券面值为5 000万元，票面固定利率为 5%，每年年末支付利息，假定不考虑其他因素，编制会计分录。

借：持有至到期投资——成本 50 000 000

——利息调整 5 100 000

贷：存放中央银行款项 55 100 000

（二）持有至到期投资利息及溢价摊销的核算

1. 面值购入债券利息的会计处理。资产负债表日，持有至到期投资为分期付息、一次还本债券投资的，应按票面利率计算确定的应收未收利息，借记“应收利息”科目，按持有至到期投资摊余成本和实际利率计算确定的利息收入，贷记“投资收益”科目，按其差额，借记或贷记“持有至到期投资——利息调整”科目。

资产负债表日，持有至到期投资为一次还本付息债券投资的，应按票面利率计算确定的应收未收利息，借记“持有至到期投资——应计利息”科目，按持有至到期投资摊余成本和实际利率计算确定的利息收入，贷记“投资收益”科目，按其差额，借记或贷记“持有至到期投资——利息调整”科目。

实际利率应当在取得持有至到期投资时确定，在该持有至到期投资预期存续期间或适用的更短期间内保持不变。实际利率与票面利率差别较小的，也可按票面利率计算利息收入，计入投资收益。

（1）分期付息、一次还本债券投资利息的会计处理

【例 3－13】 2009 年 1 月 1 日某农村合作金融机构购买了一项 5 年期的债券，该债券面值为5 000万元，票面固定利率为 5%，利息每年年末支付，本金到期支付。支付价款5 000万元，另支付 10 万元的交易费用，均以存放中央银行款项支付。该农村合作金融机构管理层决定将该项债券投资作为持有至到期投资进行核算和管理，为简化核算，假定实际利率为 4%，最后一年的利息调整账户余额与当年利息收入相等，不考虑其他因素，编

制会计分录。

2009 年 1 月 1 日购入债券时：

借：持有至到期投资——成本　　50 000 000

　　　　　　　　——利息调整　　100 000

　贷：存放中央银行款项　　50 100 000

2009 年 12 月 31 日计算及收到利息时：

应收利息 = 50 000 000 × 5% = 2 500 000（元）

利息收入 = 50 100 000 × 4% = 2 004 000（元）

借：应收利息　　2 500 000

　贷：投资收益　　2 004 000

　　持有至到期投资——利息调整　　496 000

借：存放中央银行款项　　2 500 000

　贷：应收利息　　2 500 000

2009—2012 年计算及收到利息时的会计处理同上。

（2）一次还本付息债券投资利息的会计处理

【例 3 - 14】 承【例 3 - 13】，假定该农村合作金融机构购买的债券为到期一次还本付息，编制会计分录。

2010 年 1 月 1 日购入债券时：

借：持有至到期投资——成本　　50 000 000

　　　　　　　　——利息调整　　100 000

　贷：存放中央银行款项　　50 100 000

2010 年 12 月 31 日计算利息时：

应计利息 = 50 000 000 × 5% = 2 500 000（元）

利息收入 = 50 100 000 × 4% = 2 004 000（元）

借：持有至到期投资——应计利息　　2 500 000

　贷：投资收益　　2 004 000

　　持有至到期投资——利息调整　　496 000

2009—2012 年计算利息时的会计处理同上。

2. 溢价购入债券利息及溢价摊销的会计处理（分期付息、到期一次还本付息）

【例 3 - 15】 2010 年 1 月 1 日，某农村合作金融机构以存放中央银行款项购买了一项 5 年期的债券，实际支付价款 5 510 万元，其中，支付的价款中包含 10 万元的交易费用。该农村合作金融机构管理层决定将该项债券投资作为持有至到期投资进行核算和管理，该债券面值为5 000万元，票面固定利率为 5%，每年年末支付利息，假定不考虑其他因素。为简化核算，假定实际利率为 4%，最后一年的利息调整账户余额与当年利息收入相等，不考虑其他因素，编制会计分录。

2010 年 1 月 1 日购入债券时：

借：持有至到期投资——成本　　50 000 000

——利息调整　　5 100 000

贷：存放中央银行款项　　55 100 000

2010 年 12 月 31 日计算及收到利息时：

应收利息 =50 000 000 ×5% =2 500 000（元）

利息收入 =55 100 000 ×4% =2 204 000（元）

借：应收利息　　2 500 000

贷：投资收益　　2 204 000

持有至到期投资——利息调整　　296 000

【例 3 –16】　承【例 3 –15】，假定该农村合作金融机构购买的债券为到期一次还本付息，编制会计分录。

2010 年 1 月 1 日购入债券时：

借：持有至到期投资——成本　　50 000 000

——利息调整　　5 100 000

贷：存放中央银行款项　　55 100 000

2010 年 12 月 31 日计算利息时：

应计利息 =50 000 000 ×5% =2 500 000（元）

利息收入 =55 100 000 ×4% =2 204 000（元）

借：持有至到期投资——应计利息　　2 500 000

贷：投资收益　　2 204 000

持有至到期投资——利息调整　　296 000

（三）收回持有至到期投资本息的核算

农村合作金融机构出售持有至到期投资，应按实际收到的金额，借记“存放中央银行款项”等科目，按其账面余额，贷记“持有至到期投资——成本、利息调整、应计利息”科目，按其差额，贷记或借记“投资收益”科目。已计提减值准备的，还应同时结转减值准备。

【例 3 –17】　承【例 3 –15】，假定该农村合作金融机构购买的 5 年期债券到期收回本息，编制会计分录。

借：存放中央银行款项　　62 500 000

贷：持有至到期投资——成本　　50 000 000

应收利息　　12 500 000

（四）持有至到期投资重分类为可供出售金融资产的核算

农村合作金融机构因持有意图或能力发生改变，使某项投资不再适合划分为持有至到期投资的，应当将其重分类为可供出售金融资产，并以公允价值进行后续计量。在重分类日，该投资的账面价值与公允价值之间的差额计入所有者权益，在该可供出售金融资产发生减值或终止确认时转出，计入当期损益。

具体来说，按规定将持有至到期投资重分类为可供出售金融资产的，应在重分类日或转换日，按该项持有至到期投资的公允价值，借记“可供出售金融资产”科目，按已经提取的减值准备，借记“持有至到期投资减值准备”科目，按持有至到期投资的账面余额，贷记“持有至到期投资”科目，按其差额，借记或贷记“资本公积——其他资本公积”科目。

【例3－18】 2010年6月30日，某农村合作金融机构因持有意图和能力发生改变，原作为持有至到期投资的债券投资不再符合作为持有至到期投资进行核算的条件，按照规定应重分类为可供出售金融资产进行核算。当日，该持有至到期投资的账面余额为430 000元，已计提减值准备50 000元，公允价值为400 000元。假定不考虑其他因素，编制会计分录。

借：可供出售金融资产　　400 000
　　持有至到期投资减值准备　　50 000
　贷：持有至到期投资　　430 000
　　　资本公积——其他资本公积　　20 000

三、可供出售金融资产的核算

可供出售金融资产，是指初始确认时即被指定为可供出售的非衍生金融资产，如农村合作金融机构购入的在活跃市场上有报价的股票、债券和基金等。通常情况下，可供出售的金融资产的公允价值能够可靠地计量。

根据金融工具确认和计量准则，为了核算农村合作金融机构可供出售的股票投资或债券投资等金融资产，农村合作金融机构可根据需要设置“可供出售金融资产”科目。该科目分别按“成本”、“公允价值变动”、“利息调整”、“应计利息”进行明细核算。本科目属资产类，余额在借方，反映可供出售金融资产的公允价值。本科目在资产负债表中归属“可供出售金融资产”项目。

1. 取得可供出售金融资产的核算。农村合作金融机构取得可供出售的金融资产，应按其公允价值与交易费用之和，借记“可供出售金融资产——成本”科目，按支付的价款中包含的已宣告但尚未发放的现金股利，借记“应收股利”科目，按实际支付的金额，贷记“存放中央银行款项”等科目。

农村合作金融机构取得的可供出售金融资产为债券投资的，应按债券的面值，借记“可供出售的金融资产——成本”科目，按支付的价款中包含的已到付息期但尚未领取的利息，借记“应收利息”科目，按实际支付的金额，贷记“存放中央银行款项”等科目，按其差额，借记或贷记“可供出售的金融资产——利息调整”科目。

2. 资产负债表日，可供出售的金融资产为分期付息、一次还本的债券投资的，应按票面利率计算确定的应收未收利息，借记“应收利息”科目，按可供出售的债券的摊余成本和实际利率计算确定的利息收入，贷记“投资收益”科目，按其差额，借记或贷记“可供出售的金融资产——利息调整”科目。

可供出售的债券为一次还本付息债券投资的，应于资产负债表日按票面利率计算确定的应收未收利息，借记“可供出售的金融资产——应计利息”科目，按可供出售债券的摊余成本和实际利率计算确定的利息收入，贷记“投资收益”科目，按其差额，借记或贷记“可供出售的金融资产——利息调整”科目。

3. 资产负债表日，可供出售的金融资产的公允价值高于其账面余额的差额，借记“可供出售的金融资产——公允价值变动”科目，贷记“资本公积——其他资本公积”科目；公允价值低于其账面余额的差额编制相反的会计分录。

确定可供出售金融资产发生减值的，按应减计的金额，借记“资产减值损失”科目，按应从所有者权益中转出原计入资本公积的累计损失金额，贷记“资本公积——其他资本公积”科目，按其差额，贷记“可供出售的金融资产——公允价值变动”科目。

对已确认减值损失的可供出售金融资产，在随后会计期间内公允价值已上升且客观上与确认原减值损失事项有关的，应按原确认的减值损失，借记“可供出售的金融资产——公允价值变动”科目，贷记“资产减值损失”科目。

4. 农村合作金融机构因持有意图或能力发生改变，使某项投资不再适合划分为持有至到期投资的，应当将其重分类为可供出售金融资产，并以公允价值进行后续计量。

将持有至到期投资重分类为可供出售金融资产的，应在重分类日按其公允价值，借记本科目，按其账面余额，贷记“持有至到期投资”科目，按其差额，贷记或借记“资本公积——其他资本公积”科目。已计提减值准备的，还应同时结转减值准备。

5. 出售可供出售的金融资产，应按实际收到的金额，借记“存放中央银行款项”等科目，按其账面余额，贷记“可供出售金融资产——成本、公允价值变动、利息调整、应计利息”科目，按应从所有者权益中转出的公允价值累计变动额，借记或贷记“资本公积——其他资本公积”科目，按其差额，贷记或借记“投资收益”科目。

【例3－19】　某农村合作金融机构于2010年5月10日从二级市场购入乙公司股票2 000 000股，每股市价15元，手续费60 000元；初始确认时，该农村合作金融机构管理层将该股票投资划分为可供出售金融资产核算和管理。至2010年12月31日该农村合作金融机构仍持有该股票，当时的市价为16元。

（1）2010年5月10日，农村合作金融机构购入股票时：

借：可供出售金融资产——成本	30 060 000	
贷：存放中央银行款项		30 060 000

（2）2010年12月31日，乙公司股票价格变动时：

借：可供出售金融资产——公允价值变动	1 940 000	
贷：资本公积——其他资本公积		1 940 000

（3）假设2011年1月8日，二级市场上乙公司股票为每股13元，该农村合作金融机构将该股票全部出售，另支付手续费、佣金等50 000元。假定不考虑其他因素，则该农村合作金融机构的账务处理如下：

借：存放中央银行款项	25 950 000	
资本公积——其他资本公积	1 940 000	
投资收益	4 110 000	
贷：可供出售金融资产——成本		30 060 000
——公允价值变动		1 940 000

【例3-20】 2010年1月1日，某农村合作金融机构以120元的市场价格购入乙公司发行的3年期公司债券10 000张，该公司债券的每张票面金额为100元，票面年利率为5%，实际利率为4%，利息每年年末支付，本金到期支付。该农村合作金融机构管理层将该公司债券划分为可供出售金融资产核算管理。2010年12月31日，该债券的市场价格为110元。不考虑交易费用和其他因素的影响。该农村合作金融机构2010年的相关会计处理如下：

（1）2010年1月1日，购入债券时：

借：可供出售金融资产——成本	1 000 000	
——利息调整	200 000	
贷：存放中央银行款项		1 200 000

（2）2010年12月31日，收到债券利息时：

应收利息＝1 000 000×5%＝50 000（元）

实际利息＝1 200 000×4%＝48 000（元）

借：应收利息	50 000	
贷：投资收益		48 000
可供出售金融资产——利息调整		2 000
借：存放中央银行款项	50 000	
贷：应收利息		50 000

2010年12月31日，确认该债券公允价值变动时：

借：资本公积——其他资本公积	98 000	
贷：可供出售金融资产——公允价值变动		98 000

假设【例3-20】中该农村合作金融机构购买的债券为一次还本付息债券投资，则编制会计分录如下：

（1）2010年1月1日，购入债券时：

借：可供出售金融资产——成本	1 000 000	
——利息调整	200 000	
贷：存放中央银行款项		1 200 000

（2）2010年12月31日，收到债券利息时：

应计利息＝1 000 000×5%＝50 000（元）

实际利息＝1 200 000×4%＝48 000（元）

借：可供出售的金融资产——应计利息	50 000	
贷：投资收益		48 000
可供出售金融资产——利息调整		2 000
借：存放中央银行款项	50 000	
贷：可供出售的金融资产——应计利息		50 000

2010年12月31日，确认该债券公允价值变动时：

借：资本公积——其他资本公积	98 000	

贷：可供出售金融资产——公允价值变动 98 000

【例3-21】 2009年3月13日，某农村合作金融机构从二级市场购入乙公司股票1 000 000股，占乙公司有表决权股份的0.4%，支付价款5 100 000元，在支付的价款中含有乙公司已宣告发放的现金股利100 000元，另支付手续费60 000元；初始确认时，管理层将该股票投资划分为可供出售金融资产核算管理，2009年3月至2010年7月，该项可供出售金融资产发生如下变动：（1）2009年3月18日，该农村合作金融机构收到乙公司宣告发放的现金股利100 000元。（2）2009年6月30日，乙公司二级市场股票价格为4元。（3）2009年12月31日，该农村合作金融机构仍持有该股票，当日乙公司股票二级市场价格为6元。（4）2010年5月10日，乙公司宣告发放现金股利每股0.5元。（5）2010年6月15日，该农村合作金融机构收到乙公司的现金股利。（6）2010年7月13日，乙公司二级市场股票价格为7元，农村合作金融机构当即将乙公司股票全部出售。假定不考虑其他因素，编制会计分录如下：

（1）2009年3月13日，购入乙公司股票时：

借：可供出售金融资产——成本	5 060 000	
应收股利	100 000	
贷：存放中央银行款项		5 160 000

（2）2009年3月18日，收到现金股利时：

借：存放中央银行款项	100 000	
贷：应收股利		100 000

（3）2009年6月30日，确认股票的价格变动时：

借：资本公积——其他资本公积	1 060 000	
贷：可供出售金融资产——公允价值变动		1 060 000

（4）2009年12月31日，确认股票价格变动时：

借：可供出售金融资产——公允价值变动	2 000 000	
贷：资本公积——其他资本公积		2 000 000

（5）2010年5月10日，确认应收现金股利时：

借：应收股利	500 000	
贷：投资收益		500 000

（6）2010年6月15日，收到现金股利时：

借：存放中央银行款项	500 000	
贷：应收股利		500 000

（7）2010年7月13日，出售股票时：

借：存放中央银行款项	7 000 000	
资本公积——其他资本公积	940 000	
贷：可供出售金融资产——成本		5 060 000
——公允价值变动		940 000
投资收益		1 940 000

四、长期股权投资的核算

长期股权投资，是指农村合作金融机构投出的期限在一年（不含一年）以上的各种股权性质的投资，包括购入的股票和其他股权投资等。农村合作金融机构对外进行的长期股权投资，应当分别不同情况采用成本法和权益法核算。

农村合作金融机构可根据需要设置“长期股权投资”科目，用于核算和反映其持有的长期股权投资。本科目可按被投资单位进行明细核算。长期股权投资采用权益法核算的，还应当分别“成本”、“损益调整”、“其他权益变动”进行明细核算。本科目属资产类，余额在借方，反映本机构长期股权投资的价值。本科目在资产负债表中归属“长期股权投资”项目。

（一）长期股权投资初始投资的核算

以支付现金取得的长期股权投资，按实际支付的价款减去已宣告但尚未领取的现金股利后的差额，借记“长期股权投资——投资成本”科目，按实际支付的价款中包含的已宣告但尚未领取的现金股利，借记“应收股利”科目，按实际支付的价款，贷记“存放中央银行款项”等科目。投资者投入的长期股权投资，应按确定的长期股权投资成本，借记“长期股权投资——投资成本”科目，贷记“实收资本（股本）”科目。

【例3-22】 2010年1月2日，某农村合作金融机构在公开交易的股票市场上购买了乙公司股票2 000 000股，价值为9 000 000元，占其股本总额的80%，在购买过程中另外支付手续费等相关费用200 000元，编制会计分录如下：

借：长期股权投资——投资成本	9 200 000	
贷：存放中央银行款项		9 200 000

（二）长期股权投资核算的成本法

长期股权投资核算的成本法，是指长期股权投资按成本计价的方法。在成本法下，长期股权投资以取得时的初始投资成本计价。

根据企业会计准则的规定，在下列情况下，农村合作金融机构的长期股权投资应当采用成本法核算：（1）能够对被投资单位实施控制的长期股权投资。（2）对被投资单位不具有共同控制或重大影响，并且在活跃市场中没有报价、公允价值不能可靠计量的长期股权投资。

根据《企业会计准则解释第3号》对清算性股利的会计处理规定，采用成本法核算的长期股权投资应当按照初始投资成本计价。追加或收回投资应当调整长期股权投资的成本。被投资单位宣告分派的现金股利或利润，确认为当期投资收益。

因此，农村合作金融机构采用成本法核算长期股权投资在初始投资或追加投资时，按照初始投资或追加投资时的初始投资成本或追加投资后的初始投资成本，作为长期股权投资的账面价值。

被投资单位宣告发放的现金股利或利润中属于农村合作金融机构享有的部分，借记“应收股利”科目，贷记“投资收益”科目。

【例3-23】 某企业2009年1月1日以存放中央银行款项购入乙公司10%的股份，

并准备长期持有。初始投资成本110 000元，采用成本法核算。乙公司于2009年5月2日宣告分派2008年现金股利10 000；2010年5月1日宣告分派2009年现金股利45 000元，编制会计分录如下：

（1）2009年1月1日投资时：

借：长期股权投资——乙公司　　110 000

　贷：存放中央银行款项　　110 000

（2）2009年5月2日乙公司宣告分派2008年现金股利时：

借：应收股利　　10 000

　贷：投资收益——股利收入　　10 000

（3）实际收到乙公司分派2008年现金股利时：

借：存放中央银行款项　　10 000

　贷：应收股利　　10 000

（4）2010年5月1日乙公司宣告分派2009年现金股利时：

借：应收股利　　45 000

　贷：投资收益——股利收入　　45 000

（5）实际收到乙公司分派2009年现金股利时：

借：存放中央银行款项　　45 000

　贷：应收股利　　45 000

（三）长期股权投资核算的权益法

根据企业会计准则的规定，投资企业对被投资单位具有共同控制或重大影响的长期股权投资，应当采用权益法核算。

采用权益法核算长期股权投资时，农村合作金融机构需要在“长期股权投资”总账科目下设置“成本”、“损益调整”“其他权益变动”等明细科目，进行明细核算。

长期股权投资采用权益法核算的一般程序如下：（1）初始投资或追加投资时，按照初始投资或追加投资时的投资成本增加长期股权投资的账面价值。（2）投资后，随着被投资单位所有者权益的变动而相应调整增加或减少长期股权投资的账面价值。

1. 初始投资成本的调整。长期股权投资的初始投资成本大于投资时应享有被投资单位可辨认净资产公允价值份额的，不调整长期股权投资的初始投资成本；长期股权投资的初始投资成本小于投资时应享有被投资单位可辨认净资产公允价值份额的，应按其差额，借记“长期股权投资——成本”科目，贷记“营业外收入”科目。

【例3-24】 2010年1月1日，某农村合作金融机构以存放中央银行款项600万元向丙公司投资，占丙公司有表决权股份的30%，采用权益法核算。当日，丙公司可辨认净资产公允价值为1 800万元。假定不考虑其他因素，编制会计分录如下：

借：长期股权投资——成本　　6 000 000

　贷：存放中央银行款项　　6 000 000

【例3-25】 2010年1月1日，某农村合作金融机构以存放中央银行款项800万元向乙公司投资，占乙公司有表决权股份的25%，采用权益法核算。当日，乙公司可辨认净资产公允价值为 3 400 万元。假定不考虑其他因素，编制会计分录如下：

借：长期股权投资——成本　　8 000 000

　贷：存放中央银行款项　　8 000 000

借：长期股权投资——成本　　500 000

　贷：营业外收入　　500 000

2. 损益调整的确认。采用权益法核算长期股权投资时，被投资单位当年实现的净利润或发生的净亏损，均会影响投资企业所有者权益的变动。因此，长期股权投资的账面价值也应作相应调整。凡属于被投资单位当年实现的净利润而影响所有者权益变动，农村合作金融机构应按所持表决权资本比例计算应享有的份额，增加长期股权投资的账面价值，并确认为当期投资收益，即借记“长期股权投资——损益调整”科目，贷记“投资收益”科目；凡属于被投资单位当年发生的净亏损而影响所有者权益变动，农村合作金融机构应按所持表决权资本比例计算应分担的亏损，减少长期股权投资的账面价值，并确认为当期投资损失，即借记“投资收益”科目，贷记“长期股权投资——损益调整”科目。

需要注意的是，农村合作金融机构确认被投资单位发生的净亏损，应以长期股权投资的账面价值和其他实质上构成对被投资单位净投资的长期权益减计至零为限，这里的投资账面价值是指该项股权投资的账面余额减去该项投资已提的减值准备，如果以后各期被投资单位实现净利润，农村合作金融机构应在计算的收益分享额超过未确认的亏损分担额以后，按超过未确认的亏损分担额的金额，恢复投资的账面价值。

【例 3－26】 2009 年 1 月 1 日，某农村合作金融机构在公开交易的证券市场上购买乙公司的普通股股票，获得乙公司 20% 的表决权；该农村合作金融机构实际用存放中央银行款项支付900 000元。2009 年度，乙公司实现净利润 500 000 元；2010 年 2 月份，乙公司宣告分派现金股利 300 000 元，2010 年当年度发生净亏损 5 000 000 元；假定 2011 年度，乙公司实现净利润 1 100 000 元；假定该农村合作金融机构和乙公司适用的所得税税率相同。2010 年 1 月 1 日乙公司可辨认净资产的公允价值等于长期股权投资账面价值；除长期股权投资外，该农村合作金融机构在乙公司中没有其他长期权益，编制会计分录如下：

（1）2009 年购入乙公司的股票时：

借：长期股权投资——投资成本　　900 000

　贷：存放中央银行款项　　900 000

（2）2009 年，乙公司实现利润时：

借：长期股权投资——损益调整　　100 000

　贷：投资收益——股权投资收益　　100 000

其中，实现的投资收益金额为 500 000 × 20% = 100 000（元）。

此时，长期股权投资账面余额为 900 000 + 100 000 = 1 000 000（元）。

（3）2010 年，乙公司宣告分派现金股利：

借：应收股利——乙公司　　60 000

贷：长期股权投资——损益调整　60 000

其中，应收股利金额为 300 000 × 20% = 60 000（元）。

此时，长期股权投资余额为 1 000 000 - 60 000 = 940 000（元）。

（4）2010 年年末，乙公司发生亏损：

借：投资收益——股权投资损失　940 000

贷：长期股权投资——损益调整（乙公司）　940 000

其中，该企业应负担的亏损金额为 5 000 000 × 20% = 1 000 000（元）。

未记录的亏损负担金额为 1 000 000 - 940 000 = 60 000（元）。

（5）2011 年，乙公司实现盈利：

借：长期股权投资——损益调整　160 000

贷：投资收益——股权投资收益　160 000

其中，实现的股权投资收益金额为 1 100 000 × 20% = 220 000（元）。

可恢复长期股权投资金额为 220 000 - 60 000 = 160 000（元）。

需要注意的是，采用权益法核算长期股权投资时，如果投资合同或协议中约定在被投资单位出现超额亏损，投资企业需要分担额外损失的，农村合作金融机构应在本账户以及其他实质上构成投资的长期权益的账面价值均减计至零的情况下，对于按照投资合同或协议规定仍然需要承担的损失金额，借记“投资收益”科目，贷记“预计负债”科目。农村合作金融机构在按照合同或协议确认了应承担的超额损失后，对于仍存在的被投资单位的额外亏损，不再进行确认。

（四）取得现金股利或利润的处理

被投资单位以后宣告发放现金股利或利润时，农村合作金融机构按持股比例计算应享有的份额，借记“应收股利”科目，按顺序贷记“长期股权投资——损益调整”、“投资收益”及“长期股权投资——成本”科目。收到被投资单位宣告发放的股票股利，应借记“存放中央银行款项”或相关科目，贷记“应收股利”科目。

（五）其他权益变动的确认

在持股比例不变的情况下，被投资单位除净损益以外所有者权益的其他变动，农村合作金融机构应按持股比例计算应享有的份额，借记或贷记“长期股权投资——其他权益变动”科目，贷记或借记“资本公积”科目。

【例 3 - 27】　某农村合作金融机构持有乙公司 30% 的股份，当期乙公司因持有的可供出售金融资产公允价值的变动计入资本公积的金额为 600 万元。假定该农村合作金融机构与乙公司适用的会计政策、会计期间相同，投资时有关资产的公允价值与其账面价值亦相同，不考虑相关的所得税影响。农村合作金融机构在确认应享有被投资单位所有者权益的变动时，编制会计分录如下：

借：长期股权投资——其他权益变动　1 800 000

贷：资本公积　1 800 000

（六）长期股权投资核算方法的转换

将长期股权投资自成本法转按权益法核算的，应按转换时该项长期股权投资的账面价值作为权益法核算的初始投资成本，初始投资成本小于转换时占被投资单位可辨认净资产公允价值份额的差额，借记“长期股权投资——成本”科目，贷记“营业外收入”科目。长期股权投资自权益法转按成本法核算的，应按中止采用权益法时长期股权投资的账面价值作为成本法核算的初始投资成本。

（七）长期股权投资的处置

处置长期股权投资，按实际收到的金额，借记“存放中央银行款项”或相关科目，贷记“长期股权投资”科目，按尚未领取的现金股利或利润，贷记“应收股利”科目，按其差额，借记或贷记“投资收益”科目。已计提减值准备的，还应同时结转减值准备。

采用权益法核算的长期股权投资，原记入资本公积中的金额，在处置时应将与所出售股权相对应的部分自资本公积转入当期损益，借记或贷记“资本公积”科目，贷记或借记“投资收益”科目。

第三节　固定资产业务核算

一、固定资产的管理

1. 固定资产的定义。根据我国《企业会计准则第4号——固定资产》规定，固定资产是指同时具有下列特征的有形资产：（1）为生产商品、提供劳务、出租或经营管理而持有的；（2）使用寿命超过一个会计年度。

2. 固定资产的确认。固定资产同时满足下列条件的，才能予以确认：

（1）与该固定资产有关的经济利益很可能流入企业。资产最基本的特征是预期能给企业带来经济利益，对固定资产的确认来说，如果某一固定资产预期不能给企业带来经济利益，就不能确认为企业的固定资产。

（2）该固定资产的成本能够可靠地计量。成本能够可靠地计量，是资产确认的一项基本条件。固定资产作为企业资产的重要组成部分，要予以确认，为取得该固定资产而发生的支出也必须能够可靠地计量。如果固定资产的成本能够可靠地计量，并同时满足其他确认条件，就可以加以确认；否则，企业不应加以确认。

3. 固定资产的分类。农村合作金融机构的固定资产按经济用途进行分类，可分为经营用固定资产和非经营用固定资产两类。经营用固定资产，指直接用于经营过程中和直接为经营管理服务的各种固定资产，具体包括以下内容：

（1）房屋及建筑物：营业用房、办公用房、库房和其他直接为经营管理服务的用房和建筑物。

（2）运输工具：各种汽车、摩托车、船舶及其他。

（3）电子设备：各种电子计算机、终端及配套设备等。

（4）机器设备：复印机、传真机、打字机、发电机、空调机、无线电设备、各种仪表仪器等。

非经营用固定资产，指不直接用于经营过程或不直接为经营管理服务的固定资产。具体包括以下内容：

（1）不属于经营用的房屋及建筑物：职工宿舍、幼儿园、托儿所、食堂、浴室、理发室以及财产属于农村合作金融机构所有的培训中心、职工学校使用的房屋等。

（2）不属于经营用的机电设备：电视机、照相机、音响设备等。

（3）出租固定资产：指出租给外单位使用的固定资产。

固定资产还可以按使用情况，分为使用中固定资产、未使用固定资产和不需用固定资产。

二、固定资产增加的核算

农村合作金融机构固定资产取得的方式主要有购买、自行建造、投资者投入、融资租入、接受捐赠等，取得时的成本应根据具体情况分别确定。取得方式不同，其初始计量和账务处理也不相同。

农村合作金融机构应设置“固定资产”科目核算和反映其所持有的固定资产原价。本科目可按固定资产类别和项目进行明细核算。本科目属资产类，余额在借方，反映固定资产原价。本科目在资产负债表中归属“固定资产”项目。

（一）购建固定资产的核算

固定资产应当按照成本进行初始计量。外购固定资产的成本，包括购买价款、相关税费、使固定资产达到预定可使用状态前所发生的可归属于该项资产的运输费、装卸费、安装费和专业人员服务费等。自行建造固定资产的成本，由建造该项资产达到预定可使用状态前所发生的必要支出构成。

1. 购入不需要安装的固定资产。不需要安装的固定资产是指固定资产购入后，不需要经过安装过程，即可投入生产经营使用。购入不需安装的固定资产，其发生的一切费用支出直接形成固定资产的价值，借记“固定资产”科目，贷记“存放中央银行款项”或“应付账款”等科目。

【例 3－28】 某农村合作金融机构购入一台不需要安装的办公设备，发票注明价格为 6 000 元。会计分录为：

借：固定资产　　6 000

　贷：存放中央银行款项　　6 000

2. 购入需要安装或自行建造的固定资产。购入需要安装或自行建造的固定资产，因购入或建造时固定资产不能直接交付使用，在安装或建设完工前，不具有独立的经济用途。所以这类固定资产购入后不能直接记入“固定资产”科目，应先通过“在建工程”科目归集其成本，待安装完毕，办理竣工手续后，再由“在建工程”科目转入“固定资产”科目核算。

农村合作金融机构根据需要设置“在建工程”科目核算和反映其基建、更新改造等各项在建工程发生的支出。本科目按在建工程项目设置明细账户。本科目属资产类，余额在借方，反映本机构尚未达到预定可使用状态的在建工程成本。本科目在资产负债表中归属“在建工程”项目。

发生工程支出、按规定预付承包单位工程价款以及工程完工补付工程款时，借记“在建工程”科目，贷记“存放中央银行款项”或有关科目。工程完工交付使用时，借记“固定资产”科目，贷记“在建工程”科目。

【例3-29】 某农村合作金融机构购入一台需要安装的设备，发票注明价格为40 000元，运杂费900元，发生安装调试等费用共计6 000元。会计分录为：

（1）购入该设备时：

借：在建工程	40 900	
贷：存放中央银行款项		40 900

（2）发生安装费时：

借：在建工程	6 000	
贷：存放中央银行款项		6 000

（3）设备安装完毕交付使用时：

借：固定资产	46 900	
贷：在建工程		46 900

（二）接受捐赠固定资产

农村合作金融机构接受捐赠的固定资产，既可能是新的也可能是旧的；有的有购货发票账单，有的可能没有购货发票账单。因此，接受捐赠的固定资产，按会计准则规定应分别不同情况确定其入账价值：

1. 捐赠方提供了有关凭据的，按凭据上标明的金额加上应当支付的相关税费，作为入账价值。

2. 捐赠方没有提供有关凭据的，按以下顺序确定其入账价值：

（1）同类或类似固定资产存在活跃市场的，按同类或类似固定资产的市场价格估计的金额，加上应当支付的相关税费，作为入账价值；

（2）同类或类似固定资产不存在活跃市场的，按接受捐赠的固定资产的预计未来现金流量现值，作为入账价值。

根据《企业会计准则》规定，接受捐赠资产应按价值作为“捐赠利得”直接记入“营业外收入”科目。

根据我国现行《税法》规定，企业接受捐赠的实物资产，在接受捐赠时不计入企业的应纳税所得额，但规定在出售或清算时，需要缴纳所得税，因此农村合作金融机构应设置“递延所得税负债”科目进行核算。

【例3-30】 某农村合作金融机构接受甲公司捐赠的一台八成新运输设备，甲公司未提供这台设备的有关发票等凭证，评估确定该设备价值为20 000元。假定适用的所得税税率为25%，农村合作金融机构的账务处理如下：

借：固定资产	20 000	
贷：营业外收入——捐赠利得		15 000
递延所得税负债		5 000

需要指出的是，若农村合作金融机构接受捐赠的固定资产是需要安装的，则需先通过“在建工程”科目核算。

（三）投资者投入固定资产

投资者投入固定资产的成本，应当按照投资合同或协议约定的价值确定，但合同或协议约定价值不公允的除外。

对于接受投资取得的固定资产，农村合作金融机构在办理了固定资产移交手续之后，按投资各方确认的价值加上应支付的相关税费作为固定资产的入账价值；按投资各方确认的价值在其注册资本中所占的份额，确认为实收资本或股本；按投资各方确认的价值与确认为实收资本或股本的差额，确认为资本公积；按应支付的相关税费，确认为存放中央银行款项或应交税金。

【例3－31】 某农村合作金融机构接受乙公司以一处房产进行投资。该房产的原价为1 600 000元，已计提折旧360 000元，双方经协商确认的价值为1 800 000元。假定不考虑其他相关税费。农村合作金融机构的账务处理如下：

借：固定资产　　1 800 000

　贷：实收资本（股本）　　1 800 000

（四）租入固定资产

农村合作金融机构因为生产经营的临时性、季节性需要或出于融资考虑，可能对其经营所需要的固定资产采取租赁的方式取得。租赁是指出租人在约定的时间内，将资产的使用权让与承租人以获取租金的行为。租赁按其性质和形式的不同分为经营租赁和融资租赁两种。采用不同方式租入的固定资产，其会计处理也不相同。

1. 经营租入固定资产。经营租入固定资产，是指只租借固定资产的使用权，而固定资产的所有权仍为出租企业所有的租借方式。为此，承租企业的责任是按照租赁合同的规定，按时支付租金，保证租入固定资产的完好无损。所以，承租企业租入的固定资产不列为自有资产项目进行核算，不计提折旧。但为了反映租入固定资产的使用情况，企业应设置“固定资产备查账簿”，登记、保管租入的固定资产。

企业经营租入固定资产，定期支付的租金作为“业务及管理费”列支。

2. 融资租入固定资产。融资租入固定资产，是指农村合作金融机构向经营融资租赁业务的公司租入的固定资产。这种租赁方式与经营租赁相比，具有租赁期限较长，租赁费用包括了设备的价款、租赁费、借款利息，而且在租赁期满后，设备产权一般要转给承租方等特点。融资租入固定资产，实际上相当于分期付款购入固定资产。农村合作金融机构以融资方式租入的固定资产，必须将其视同自有固定资产进行管理。

对于融资租入固定资产，应在租赁开始日，按照租赁开始日租赁资产公允价值与最低租赁付款额的现值两者中较低者作为入账价值，借记“固定资产”科目，按最低租赁付款额，贷记“长期应付款——应付融资租赁款”科目，按其差额，借记“未确认融资费用”科目（在编制资产负债表时，“未确认融资费用”应作为“长期应付款”的抵减项目列示）。在支付租金时，农村合作金融机构应按每期支付的租金金额，借记“长期应付款——应付融资租赁款”科目，贷记“存放中央银行款项”科目。如果支付的租金中包含有履约成本，还应同时借记“业务及管理费”等科目。每期分摊未确认融资费用时，按当期应分摊的未确认融资费用金额，借记“财务费用”科目，贷记“未确认融资费用”科目。租赁期满，如合同规定将租赁资产所有权转归承租企业，应进行转账，将固定资产从“融资租入固定资产”明细科目转入有关明细科目。

三、固定资产折旧的核算

（一）固定资产折旧的含义

折旧是指在固定资产使用寿命内，按照确定的方法对应计折旧额进行系统分摊。应计折旧额，是指应当计提折旧的固定资产的原价扣除其预计净残值后的金额。已计提减值准备的固定资产，还应当扣除已计提的固定资产减值准备累计金额。

固定资产可以长期参加生产经营而仍保持其原有的实物形态，但其价值将随着固定资产的使用而逐渐转移，构成了农村合作金融机构的费用，固定资产折旧即是对固定资产由于损耗而构成费用的那一部分价值的补偿。从本质上讲，折旧是一种费用，只不过这一费用没有在计提期间付出实实在在的货币资金，但这种费用是前期已经发生的支出。因此，对固定资产计提折旧，一方面体现为固定资产账面价值减少，另一方面体现为费用的增加。

固定资产的损耗分为有形损耗和无形损耗两种。有形损耗是指固定资产由于使用和自然力的影响而引起的使用价值和价值的损失，如由于使用而发生机械磨损或自然因素的侵蚀（空气、水分的侵蚀等）等造成固定资产使用价值和价值的不断降低和损失。无形损耗则是指固定资产在使用过程中由于科技进步等引起的价值损失。例如，随着时间的推移，原有的设备已经陈旧，已不能满足经营管理的需要，或者由于科学技术的进步，新的性能更先进的设备产生，使相同产品的成本和价格大大降低，从而使得原来的设备被更先进的机器设备所代替，使之提前报废。随着科学技术的迅猛发展，固定资产的无形损耗将更为明显。

（二）计提固定资产折旧的依据

具体来讲，计提固定资产折旧的主要依据有：计提固定资产折旧的基数、固定资产的预计净残值、固定资产的使用寿命。

1. 计提固定资产折旧的基数。计算固定资产折旧的基数一般为固定资产的原始成本，也就是固定资产原价。农村合作金融机构在具体计提固定资产折旧时，应以当月月初应计折旧的固定资产账面原价为依据，当月增加的固定资产，当月不计提折旧，从下月起计提折旧；当月减少的固定资产，当月照提折旧，从下月起不计提折旧。

2. 固定资产的预计净残值。预计净残值，是指假定固定资产预计使用寿命已满并处于使用寿命终了时的预期状态，企业目前从该项资产处置中获得的扣除预计处置费用后的金额。由于在计算固定资产的净残值时，固定资产还没有使用到期，对于使用到期后的情况究竟如何，还不能完全确定，因此，在计算固定资产的净残值时，只能人为地估计固定资产的残余价值和清理费用。预计净残值率是预计净残值与固定资产原价的比率。通常，固定资产的预计净残值率在其原价的5%以内。

3. 固定资产的使用寿命。使用寿命，是指企业使用固定资产的预计期间，或者该固定资产所能生产产品或提供劳务的数量。通常情况下，固定资产的使用寿命是指使用年限；在有些情况下，固定资产的使用寿命也用其所能生产的产品或提供的服务的数量（如预计的生产总量、工作时间或行驶里程等）来表示。企业确定固定资产的使用寿命，应当考虑下列因素：

（1）预计生产能力或实物产量；

（2）预计有形损耗和无形损耗；

（3）法律或者类似规定对资产使用的限制。

（三）计提折旧的固定资产范围

农村合作金融机构应当对所有固定资产计提折旧。但是，已提足折旧仍继续使用的固定资产和单独计价入账的土地除外。

需要注意的是，以融资租赁方式租入的固定资产和以经营租赁方式租出的固定资产，应当计提折旧；以融资租赁方式租出的固定资产和以经营租赁方式租入的固定资产，不应当计提折旧。

（四）固定资产折旧计算方法

农村合作金融机构应当根据与固定资产有关的经济利益的预期实现方式，合理选择固定资产折旧方法。可选用的折旧方法包括年限平均法、工作量法、双倍余额递减法和年数总和法等。固定资产的折旧方法一经确定，不得随意变更。

1. 年限平均法。年限平均法，又称平均年限法、使用年限法，是将固定资产的应计折旧额平均分摊到固定资产预计使用寿命内的一种方法。采用这种方法计算出的每期折旧额均是等额的，故又称此方法为“直线法”。计算公式如下：

年折旧额 =（固定资产原值 - 预计净残值）/固定资产预计使用年限

月折旧额 = 年折旧额/12

在实际工作中，企业是按照固定资产原值乘以月固定资产折旧率，按月计提固定资产折旧额。固定资产折旧率的计算公式如下：

年折旧率 =（1 - 预计净残值率）/预计使用年限

月折旧率 = 年折旧率/12

月折旧额 = 固定资产原值 × 月折旧率

固定资产折旧率可分为三种：个别折旧率、分类折旧率和综合折旧率。其中，固定资产个别折旧率，是指某项固定资产在一定期间的折旧额与该项固定资产原值的比率，它是指按单项固定资产计算的折旧率。固定资产分类折旧率，是指固定资产分类折旧额与该类固定资产原值的比例。采用这类折旧率，企业应把固定资产先按性质、结构和使用年限接近的进行归类，然后按类计算平均折旧率。而固定资产的综合折旧率，是指某一期间企业全部固定资产折旧额与全部固定资产原值的比例。

固定资产的各组成部分具有不同使用寿命或者以不同方式为企业提供经济利益，适用不同折旧率或折旧方法的，应当分别将各组成部分确认为单项固定资产。

【例 3 - 32】 某农村合作金融机构有一栋办公楼，原值为 2 000 000 元，预计使用年限20年，预计净残值率为4%，该办公楼的年折旧率和月折旧额计算如下：

$$年折旧率 = (1-4\%)/20 = 4.8\%$$

$$月折旧率 = 4.8\% \div 12 = 0.4\%$$

$$月折旧额 = 2\,000\,000 \times 0.4\% = 8\,000（元）$$

2. 工作量法。工作量法，是根据实际工作量计提固定资产折旧额的一种方法。工作量的表达方式有机器、大型专用设备的运转小时或马力小时、汽车等运输工具的吨公里。其计算公式如下：

$$单位工作量折旧额 = 固定资产原价 \times (1-预计净残值率)/预计总工作量$$

$$某项固定资产月折旧额 = 该项固定资产当月工作量 \times 单位工作量折旧额$$

（1）按照工作小时计算折旧。

$$每小时折旧额 = (固定资产原值-预计净残值)/预计总工作小时数$$

$$某月折旧额 = 该月份固定资产的工作总时数 \times 每小时折旧额$$

【例3-33】 某农村合作金融机构有一大型专用设备，原值为150 000元，预计净残值率为5%，预计总工作时数为600 000小时，当月工作时数为3 000小时。则该设备的月折旧额为

$$单位小时折旧额 = 150\,000 \times (1-5\%)/600\,000 = 0.2375（元/小时）$$

$$本月折旧额 = 0.2375 \times 3\,000 = 712.5（元）$$

（2）按照行驶里程计算折旧。

$$单位里程折旧额 = (固定资产原值-预计净残值)/预计总行驶里程$$

$$某月折旧额 = 该月行驶里程 \times 单位里程折旧额$$

【例3-34】 某农村合作金融机构有汽车一辆，原值为200 000元，预计净残值为8 000元，预计行驶800 000公里，当月行驶里程为5 000公里。该卡车月折旧额为

$$单位里程折旧额 = (200\,000-8\,000)/800\,000 = 0.24（元/公里）$$

$$本月折旧额 = 0.24 \times 5\,000 = 1\,200（元）$$

工作量法实际上也是直线法，只不过是将固定资产折旧与工作量挂钩，使固定资产在其有效使用期内，预计工作量越多，单位折旧额就越小，日常工作量越多，固定资产损耗越大，所提折旧额越多。

3. 双倍余额递减法。双倍余额递减法，是在不考虑固定资产净残值的情况下，根据每期期初固定资产账面余额和双倍的直线法折旧率计算固定资产折旧的一种方法。其特点是：由于各年计算固定资产折旧的折旧率不变，而各年年初账面净值基数发生递减变化，导致各年计提固定资产的折旧额呈递减趋势；在确定折旧率时，不考虑固定资产的预计净残值，按直线法折旧率的两倍确定。其计算公式为

$$年折旧率 = 2/预计使用年限 \times 100\%$$

$$年折旧额 = 年初固定资产账面净值 \times 年折旧率$$

$$月折旧额 = 年折旧额/12$$

应用这种方法计算折旧额时，由于每年年初固定资产净值没有扣除预计净残值，所以在计算固定资产折旧额时，应在其折旧年限到期前两年内改为直线法，即将固定资产

的净值扣除预计净残值后的余额平均摊销。

【例3-35】 某农村合作金融机构一台电子设备原始价值为100 000元，预计净残值为2 000元，预计其使用年限为5年，采用双倍余额递减法计算其各年折旧如下：

年折旧率=2/5×100%=40%

第1年应计提的折旧额=100 000×40%=40 000（元）

第2年应计提的折旧额=（100 000-40 000）×40%=24 000（元）

第3年应计提的折旧额=（60 000-24 000）×40%=14 400（元）

从第4年起改按年限平均法（直线法）计提折旧：

第4年、第5年应计提的折旧额=（21 600-2 000）÷2=9 800（元）

各年应计提折旧额如表3-4所示。

表3-4　　双倍余额递减折旧计算表

年份	期初账面净值（元）	折旧率（%）	年折旧额（元）	累计折旧额（元）	期末账面净值（元）
1	100 000	40	40 000	40 000	60 000
2	60 000	40	24 000	64 000	36 000
3	36 000	40	14 400	78 400	21 600
4	21 600		9 800	88 200	10 800
5	10 800		9 800	98 000	2 000

4. 年限总和法。年限总和法又称年数总和法、年限合计法，是以固定资产的原值减去净残值后的净额为基数，乘以一个逐年递减的分数计算各年折旧额的一种方法。这个逐年递减的分数，分子代表固定资产尚可使用年限，分母代表固定资产使用年限的逐年数字之和。这种方法的特点是：计算折旧的基数是固定不变的，折旧率依固定资产尚可使用年限确定，各年折旧率呈递减趋势，导致计算的各年折旧额也呈递减趋势。其计算公式如下：

年折旧率=尚可使用寿命/预计使用寿命的年数总和

=（折旧年限-已使用年限）/折旧年限×（折旧年限+1）÷2×100%

月折旧率=年折旧率/12

年折旧额=（固定资产原值-预计净残值）×该年折旧率

月折旧额=（固定资产原值-预计净残值）×月折旧率

【例3-36】 某设备原始价值为76 000元，预计残值收入为1 000元，预计使用年限5年，采用年限总和法计算该设备的各年折旧额，如表3-5所示。

表3-5　　年限总和法折旧计算表　　单位：元

年份	尚可使用年限	原值-净残值	折旧率	年折旧额	累计折旧额
1	5	75 000	5/15	25 000	25 000
2	4	75 000	4/15	20 000	45 000
3	3	75 000	3/15	15 000	60 000
4	2	75 000	2/15	10 000	70 000
5	1	75 000	1/15	5 000	75 000

上述四种固定资产的折旧计算方法中，双倍余额递减法和年限总和法属于加速折旧法。通常所说的加速折旧法，是指在各年度之间加速计提固定资产折旧，而在年度内的各月之间仍采用直线法，按当年折旧额除以 12 个月，平均计算固定资产各月的折旧额。加速折旧法较充分地考虑到了固定资产的无形损耗，使其大部分价值能在较短时间内收回，有利于企业加快固定资产更新的步伐，增强企业在市场中的竞争力。

农村合作金融机构应当至少于每年年度终了，对固定资产的使用寿命、预计净残值和折旧方法进行复核。使用寿命预计数、净残值预计数与原先估计数有差异的，应当进行调整；固定资产包含的经济利益预期实现方式有重大改变的，应当改变固定资产折旧方法。

（五）固定资产折旧的核算

农村合作金融机构应设置“累计折旧”科目，用于核算和反映其持有的固定资产的累计折旧。本科目可按固定资产的类别或项目进行明细核算。本科目是“固定资产”的备抵账户，属资产类，余额在贷方，反映固定资产的累计折旧额。本科目在资产负债表中归属“固定资产”项目。

按期计提固定资产折旧时，借记“业务及管理费——固定资产折旧”科目，贷记“累计折旧”科目。处置固定资产时应同时结转该项资产累计折旧。

在实际工作中，农村合作金融机构应按月计算固定资产折旧，固定资产折旧的计算一般是通过编制“固定资产折旧计算表”完成的。该表是进行固定资产折旧总分类核算的依据。其编制方法是：根据上月已提折旧额，加或减上月增加或减少的固定资产应计提的折旧额计算编制。该表可由会计部门负责编制，也可由各使用部门分别编制，然后由会计部门汇总编制。

【例 3－37】 某农村合作金融机构 4 月份计提固定资产折旧情况：房屋计提折旧 30 000 元，办公设备计提折旧 40 000 元。其账务处理如下：

借：业务及管理费——固定资产折旧　　70 000

　贷：累计折旧　　70 000

四、固定资产处置的核算

农村合作金融机构购置的固定资产，是在经营过程中使用的，但由于技术进步、设备更新换代等原因，有些固定资产已经不适用或不再需用，就需要通过对外销售的方式进行处置；农村合作金融机构的固定资产由于使用而不断磨损直至最终报废，或者由于遭受自然灾害等非正常损失而发生毁损，都要及时进行清理处置。另外，因其他原因，如对外投资、对外捐赠等而减少的固定资产，也属于固定资产的处置。以上原因使固定资产退出农村合作金融机构，导致农村合作金融机构固定资产减少，会计上应及时转销其账面价值。所以，固定资产处置，主要是指对固定资产的报废或出售，以及由于各种自然灾害等原因而使固定资产遭受的毁坏和损失进行的处理。

农村合作金融机构可设置“固定资产清理”科目，用于核算和反映因出售、报废和毁损、对外投资及债务重组等原因转出的固定资产价值以及在清理过程中发生的费用等。本科目可按被清理的固定资产项目进行明细核算。本科目属资产类，余额在借方，反映本机构尚未清理完毕的固定资产清理净损失。本科目在资产负债表中归属“固定资产清理”项目。

固定资产清理在会计核算上一般分以下几个步骤：

第一步，固定资产转入清理的处理。农村合作金融机构出售、报废、毁损的固定资产转入清理时，应按清理固定资产的账面净值借记“固定资产清理”科目，按已提的折旧金额借记“累计折旧”科目，如计提了减值准备按已提的减值准备金额借记“固定资产减值准备”科目，按固定资产的原价，贷记“固定资产”科目。

第二步，发生清理费用的处理。固定资产清理过程中实际发生的清理费用（如支付清理人员的工资等）应借记“固定资产清理”科目，贷记“存放中央银行款项”等科目。

第三步，取得出售价款、残料变价收入的处理。农村合作金融机构收回出售固定资产的价款，报废固定资产的残料变价收入等，应冲减清理支出。按实际收到的出售价款及残料变价收入等，借记“存放中央银行款项”等科目，贷记“固定资产清理”科目。

第四步，计算交纳营业税。如农村合作金融机构销售不动产，依照《税法》的有关规定，应按其销售额的5%计算交纳营业税。计算的营业税，借记“固定资产清理”科目，贷记“应交税费”科目。

第五步，保险赔偿的处理。如报废或毁损的固定资产可以获得保险公司或过失人赔偿，农村合作金融机构在计算收到的赔偿款时，应冲减清理支出，借记“存放中央银行款项”或“其他应收款”科目，贷记“固定资产清理”科目。

第六步，清理净损益的处理。固定资产清理后发生的净收益或净损失，应计入当期损益，作为营业外收入或营业外支出处理。发生的净收益，借记“固定资产清理”科目，贷记“营业外收入”科目。发生的净损失，借记“营业外支出”科目，贷记“固定资产清理”科目。

【例3－38】　某农村合作金融机构有一建筑物，现将其出售。原价为1 000 000元，累计计提折旧300 000元，支付清理费用13 000元，出售价格为900 000元，营业税税率为5%。相关会计处理如下：

（1）将该建筑物转入清理：

借：固定资产清理	700 000	
累计折旧	300 000	
贷：固定资产		1 000 000

（2）支付清理费用：

借：固定资产清理	13 000	
贷：存放中央银行款项		13 000

（3）收到出售价款：

借：存放中央银行款项	900 000	
贷：固定资产清理		900 000

（4）计算应交营业税（900 000 ×5%）45 000 元：

借：固定资产清理　　45 000

　贷：应交税费——应交营业税　　45 000

（5）结转固定资产清理后的净收益：

借：固定资产清理　　142 000

　贷：营业外收入　　142 000

（6）计算交纳营业税：

借：应交税费——应交营业税　　45 000

　贷：存放中央银行款项　　45 000

五、固定资产清查的核算

农村合作金融机构应定期或者至少于每年年末对固定资产进行清查盘点，以保证固定资产核算的真实性，充分挖掘现有固定资产的潜力。在固定资产清查过程中，如果发现盘盈、盘亏的固定资产，应填制固定资产盘盈盘亏报告表。清查固定资产的损益，应及时查明原因，并按照规定报批处理。

（一）固定资产盘盈的核算

农村合作金融机构在财产清查中盘盈的固定资产，作为前期差错处理。在财产清查中盘盈的固定资产，在按管理权限报经批准处理前应先通过“以前年度损益调整”科目核算。对于在清查盘点中盘盈的固定资产，按以下规定确定其入账价值，并增设固定资产卡片：

1. 如果同类或类似固定资产存在活跃市场的，按同类或类似固定资产的市场价格，减去按该项资产的新旧程度估计的价值损耗后的余额，作为入账价值；

2. 如果同类或类似固定资产不存在活跃市场的，按该项固定资产的预计未来现金流量现值，作为入账价值。

对于盘盈的固定资产，农村合作金融机构应按确定的入账价值，借记“固定资产”科目，贷记“以前年度损益调整”科目。

【例 3－39】 甲农村合作金融机构在财产清查过程中，发现一台未入账的办公设备，按同类或类似商品市场价格，减去按该项资产的新旧程度估计的价值损耗后的余额为 20 000 元。假定该农村合作金融机构的所得税税率为 25%，按净利润的 10% 计提法定盈余公积。应作如下会计处理：

（1）盘盈固定资产入账：

借：固定资产　　20 000

　贷：以前年度损益调整　　20 000

（2）确定应交纳的所得税：

借：以前年度损益调整　　5 000

　贷：应交税费——应交所得税　　5 000

（3）结转对留存收益的影响：

借：以前年度损益调整 15 000

　贷：盈余公积——法定盈余公积 1 500

　　　利润分配——未分配利润 13 500

（二）固定资产盘亏的核算

农村合作金融机构在财产清查中发现盘亏及毁损的固定资产，应抽出固定资产卡片，计算出累计折旧额，最后由清查小组提出处理意见。按盘亏固定资产的账面价值，借记“待处理财产损溢”科目，按已计提的累计折旧，借记“累计折旧”科目，按已计提的减值准备，借记“固定资产减值准备”科目，按固定资产的原价，贷记“固定资产”科目。按管理权限报经批准后处理时，按可收回的保险赔偿或过失人赔偿，借记“其他应收款”科目，按应计入营业外支出的金额，借记“营业外支出”科目，贷记“待处理财产损溢”科目。

【例3－40】 乙农村合作金融机构进行财产清查时发现短缺一台笔记本电脑，原价为10 000元，已计提折旧7 000元。应作如下会计处理：

（1）盘亏固定资产销账：

借：待处理财产损溢 3 000

　　累计折旧 7 000

　贷：固定资产 10 000

（2）报经批准转销时：

借：营业外支出 3 000

　贷：待处理财产损溢 3 000

处置或盘亏固定资产时，对于已计提的固定资产减值准备，应予以同时转出。

第四节　无形资产和其他资产业务核算

一、无形资产的特征

无形资产是指农村合作金融机构拥有或者控制的没有实物形态的可辨认非货币性资产。农村合作金融机构的无形资产主要包括专利权、非专利技术、商标权、著作权、土地使用权等。

随着我国市场经济的不断发展，无形资产在农村合作金融机构经营管理中的地位也越来越重要，它可以使农村合作金融机构在市场经济中获得意想不到的经济利益。其具有三个主要特征：

（一）不具有实物形态

无形资产不像固定资产、存货等有形资产具有实物形态，它通常体现为一种权利、技术或者能获得超额利润的能力。该特征是无形资产区别于固定资产、存货等有形资产的主要标志。

（二）具有可辨认性

可辨认性是指无形资产可以从企业的其他资产中分离出来，或虽然不能分离出来，但可辨认出来。

满足下列条件之一，符合无形资产定义中的可辨认性标准：

1. 能够从企业中分离或者划分出来，并能单独或者与相关合同、资产或负债一起，用于出售、转移、授权许可、租赁或者交换。

2. 源自合同性权利或其他法定权利，无论这些权利是否可以从企业或其他权利和义务中转移或者分离。

商誉的存在无法与企业自身分离，不具有可辨认性，因此商誉不属于无形资产核算范围。

（三）属于非货币性长期资产

无形资产属于非货币性长期资产，能够在多个会计期间为企业带来经济利益。无形资产的使用年限在一年以上，其价值将在各个收益期间逐渐摊销。

二、无形资产的确认

某一资产项目，如果要作为无形资产加以确认，首先，需要符合无形资产的定义；其次，还需要符合无形资产的确认条件。根据《企业会计准则第 6 号——无形资产》的规定，无形资产同时满足下列条件的，才能予以确认：

1. 与该无形资产有关的经济利益很可能流入企业；

2. 该无形资产的成本能够可靠地计量。

三、无形资产取得的核算

农村合作金融机构应设置“无形资产”科目，核算和反映其持有的无形资产成本，包括专利权、非专利技术、商标权、著作权、土地使用权等。本科目可按无形资产项目进行明细核算。本科目属资产类，余额在借方，反映本机构无形资产的成本。本科目在资产负债表中归属“无形资产”项目。

（一）外购的无形资产

外购的无形资产，其成本包括购买价款、相关税费以及直接归属于使该项资产达到预定用途所发生的其他支出。下列费用不构成无形资产的取得成本：一是为引入新产品进行宣传发生的费用；二是无形资产达到预定用途之后发生的费用。

购买无形资产的价款超过正常信用条件延期支付，实质上具有融资性质的，无形资产的成本以购买价款的现值为基础确定。实际支付的价款与购买价款的现值之间的差额，除按照《企业会计准则第 17 号——借款费用》应予资本化的以外，应当在信用期间内计入当期损益。

一般情况下，农村合作金融机构购入无形资产，应按实际支付的价款，借记“无形资产”科目，贷记“存放中央银行款项”等科目。

【例 3－41】 2010 年 1 月 4 日，某农村合作金融机构购入一项专利权，买价为 30 000元，咨询费 2 000 元，手续费 1 000 元。其会计处理如下：

借：无形资产　　　　33 000

贷：存放中央银行款项　　33 000

（二）自行开发的无形资产

自行开发的无形资产，其成本包括自满足确认条件至达到预定用途前所发生的支出总额。包括开发过程中发生的材料费用、直接参与开发人员的工资及福利费、开发过程中发生的租金、借款费用支出以及依法取得时发生的注册费、聘请律师费等。

农村合作金融机构自行开发无形资产发生的研发支出，借记“业务及管理费”科目，贷记“存放中央银行款项”等科目。对于满足资本化条件的研发支出，在研究开发项目达到预定用途形成无形资产时，借记“无形资产”科目，贷记“业务及管理费”科目。

计入各期费用的研究与开发费用，在该项无形资产符合确认条件后，不得再予资本化。

【例3-42】　某农村合作金融机构经研究开发一项新技术成功，并经申请获得专利权，该项目在研究过程中，发生的各种支出30 000元，其中16 000元满足资本化条件。其会计处理如下：

（1）研究过程中发生支出：

借：业务及管理费　　30 000

贷：存放中央银行款项　　30 000

（2）形成无形资产时，将符合确认条件的开发费用资本化：

借：无形资产　　16 000

贷：业务及管理费　　16 000

（三）投资者投入的无形资产

农村合作金融机构接受其他单位投资投入无形资产，应当按照投资合同或协议约定的价值作为成本，但合同或协议约定价值不公允的除外。

具体来说，农村合作金融机构接受投资者投入的无形资产，应按投资各方确认的价值，借记“无形资产”科目，贷记“实收资本”或“股本”等科目。

【例3-43】　某农村合作金融机构收到投资方以场地使用权方式投入资本，经双方协议，场地使用权作价为600 000元，办理完转移手续。其会计处理为：

借：无形资产　　600 000

贷：实收资本（或股本）　　600 000

（四）接受捐赠的无形资产

接受捐赠的无形资产，其实际成本分别以下情况确定：捐赠方提供了有关凭据的，按凭据上标明的金额加上应支付的相关税费确定。捐赠方没有提供有关凭据的，按如下顺序确定其实际成本：同类或类似无形资产存在活跃市场的，按同类或类似无形资产的市场价格估计的金额，加上应支付的相关税费，作为实际成本；同类或类似无形资产不存在活跃市场的，按该接受捐赠的无形资产的预计未来现金流量现值，作为实际成本。

具体来说，接受捐赠的无形资产，应按会计规定确定的入账价值，借记“无形资产”科目，按接受捐赠无形资产按《税法》规定确定的入账价值与适用所得税税率的乘积，贷记“递延所得税负债”科目，按企业因接受捐赠无形资产支付或应付的金额，贷记“存放中央银行款项”、“应交税费”等科目，按借贷双方的差额，贷记“营业外收入”科目。

【例3－44】 2010年6月，某农村合作金融机构接受乙公司捐赠的特许权，双方确定的实际成本为100 000元。假定适用的所得税税率为25%。不考虑其他相关税费，农村合作金融机构的会计处理如下：

借：无形资产 100 000

　贷：递延所得税负债 25 000

　　　营业外收入 75 000

四、无形资产摊销的核算

无形资产属于农村合作金融机构的长期资产，能在较长的时间里给企业带来经济利益。但无形资产通常也有一定的有效期限，它所具有的价值的权利或特权总会终结或消失，因此，农村合作金融机构应当对使用寿命有限的无形资产在其使用寿命内进行系统合理的价值摊销，但使用寿命不确定的无形资产不应摊销。

无形资产的应摊销金额为其成本扣除预计残值后的金额。已计提减值准备的无形资产，还应扣除已计提的无形资产减值准备累计金额。通常使用寿命有限的无形资产，其残值应当视为零。

农村合作金融机构应设置“累计摊销”科目，核算和反映其对使用寿命有限的无形资产计提的累计摊销。本科目可按无形资产项目进行明细核算。本科目属资产类，余额在贷方，反映无形资产的累计摊销额。本科目在资产负债表中归属“无形资产”项目。

具体来说，农村合作金融机构摊销无形资产，应当自取得无形资产可供使用当月起，在预计使用年限内采用直线法分期平均摊销，处置无形资产的当月不再摊销。按期（月）计提无形资产的摊销，借记“业务及管理费”科目，贷记“累计摊销”科目。处置无形资产时应同时结转累计摊销。

【例3－45】 2010年5月，某农村合作金融机构无形资产摊销金额为1 000元。其会计处理如下：

借：业务及管理费 1 000

　贷：累计摊销 1 000

五、无形资产处置的核算

农村合作金融机构所拥有的无形资产，可以依法转让。转让无形资产的方式有两种：一是转让其所有权；二是转让其使用权。无形资产预期不能为农村合作金融机构带来经济利益的，应当将该无形资产的账面价值予以转销。

（一）转让无形资产所有权

无形资产所有权的转让即为出售无形资产，农村合作金融机构出售无形资产，应当将取得的价款与该无形资产账面价值的差额计入当期损益。转让时，应按实际取得的转让收入，借记“存放中央银行款项”等科目，按该项无形资产已计提的减值准备，借记

“无形资产减值准备”科目，按已摊销的无形资产账面价值，借记“累计摊销”科目，按无形资产的初始入账价值，贷记“无形资产”科目，按应支付的相关税费，贷记“应交税费”等科目，按其差额，贷记“营业外收入”科目或借记“营业外支出”科目。

【例 3-46】 2010 年 6 月，某农村合作金融机构将拥有的一项专利权出售，取得收入 100 000 元，应交的营业税为 5 000 元。该专利权的入账价值为 90 000 元，累计摊销 8 000 元，已计提的减值准备为 7 000 元。其会计处理如下：

借：存放中央银行款项	100 000	
无形资产减值准备	7 000	
累计摊销	8 000	
贷：无形资产		90 000
应交税费		5 000
营业外收入		20 000

（二）转让无形资产使用权

无形资产使用权的转让相当于无形资产的出租，由于仅仅是将部分使用权让渡给其他单位或个人，出让方仍保留对该项无形资产的所有权，因而仍拥有使用、收益和处置的权利。在核算时不注销无形资产的账面摊余价值，转让取得的租金收入借记“存放中央银行款项”等科目，贷记“其他业务收入”等科目；摊销无形资产成本或发生与转让有关的各种费用支出，借记“其他业务成本”科目，贷记“存放中央银行款项”、“累计摊销”等科目。

【例 3-47】 2010 年 7 月，某农村合作金融机构将一项专利权出租给乙公司，每年获取租金收入 10 000 元，应交的营业税为 500 元。该专利权的账面余额为 30 000 元，累计摊销额为 6 000 元。其账务处理如下：

（1）收取租金：

借：存放中央银行款项	10 000	
贷：其他业务收入		10 000

（2）摊销无形资产成本并计算应交的营业税：

借：其他业务成本	6 500	
贷：累计摊销		6 000
应交税费		500

（三）无形资产报废转销

如果无形资产预期不能为企业带来经济利益时，应将该无形资产的账面价值予以转销。农村合作金融机构转销某项无形资产时，应按已计提的累计摊销，借记“累计摊销”科目，按其账面余额，贷记“无形资产”科目，按其差额，借记“营业外支出”科目。已计提减值准备的，还应同时结转减值准备。

【例 3-48】 2010 年 6 月，某农村合作金融机构报废一项预期不能再给企业带来经济利益的专利权。其账面余额为 80 000 元，累计摊销额为 50 000 元。该专利权的残值为零，已累计计提减值准备 20 000 元，假定不考虑其他因素。其账务处理如下：

借：累计摊销　　50 000
　　无形资产减值准备　　20 000
　　营业外支出　　10 000
　贷：无形资产　　80 000

六、其他资产业务的核算

其他资产是指除各种贷款、现金、交易性金融资产、长期股权投资、固定资产、无形资产等以外的资产，如其他应收款、信用卡透支、贴现资产、贵金属、长期待摊费用等。

（一）其他应收款

农村合作金融机构可根据需要设置“其他应收款”科目，用于核算和反映除存出保证金、买入返售金融资产、应收股利、应收利息、预付账款等以外的其他各种应收款项和暂付款项。因农村合作金融机构向其他单位或个人提供银行信用形成的垫款不在本科目核算。本科目可按款项类别和对方单位（或个人）进行明细核算。本科目属资产类，余额在借方，反映尚未收回的应收、暂付款项。本科目在资产负债表中归属“其他应收款”项目。

发生其他应收、暂付款项时，借记本科目，贷记“存放中央银行款项”或有关科目；收回时作相反的会计分录。

（二）信用卡透支

农村合作金融机构可根据需要设置“信用卡透支”科目，用于核算和反映其办理信用卡业务中，持卡人消费或支取现金所形成的透支款项。本科目可按持卡人进行明细核算。本科目属资产类，余额在借方，反映持卡人尚未归还的透支款项。本科目在资产负债表中归属“发放贷款和垫款”项目。

持卡人透支时，借记本科目，贷记“现金”等有关科目。持卡人归还透支款项时，借记“现金”等有关科目，贷记本科目。

（三）贴现资产

农村合作金融机构可根据需要设置“贴现资产”科目，用于核算和反映其办理商业票据贴现业务所融出的资金。本科目可按贴现类别和贴现申请人，分别“面值”和“利息调整”进行明细核算。买入的即期外币票据，也通过本科目核算。本科目属资产类，余额在借方，反映本机构办理贴现业务融出的资金。本科目在资产负债表中归属“发放贷款和垫款”项目。

1. 办理贴现时，按贴现票面金额，借记本科目（面值），按实际支付的金额，贷记“存放中央银行款项”或有关科目，按其差额，贷记本科目（利息调整）。

2. 资产负债表日，按计算确定的贴现利息收入，借记本科目（利息调整），贷记“利息收入”科目。

3. 贴现票据到期，应按实际收到的金额，借记“存放中央银行款项”或有关科目，按贴现的票面金额，贷记本科目（面值），按其差额，贷记“利息收入”科目。存在利息调整金额的，也应同时结转。

4. 办理贴现业务取得的银行承兑汇票到期遭拒付，按从贴现申请人账户扣收的票款，借记有关科目，按银行承兑汇票票面金额，贷记本科目（贴现本金），按其差额，借记“垫款”科目。

（四）贸易融资

农村合作金融机构可根据需要设置“贸易融资”科目，用于核算其对在国内外贸易中的进口商或出口商提供的贸易融资款项。本科目可按融资方式进行明细核算。本科目账务处理比照贷款的相关规定处理。本科目属资产类，余额在借方，反映本机构贸易融资款项情况。本科目在资产负债表中归属“发放贷款和垫款”项目。

（五）垫款

农村合作金融机构可根据需要设置“垫款”科目，用于核算和反映其按规定因办理承兑汇票、开出保函、开出信用证以及其他业务而发生的各项垫款。本科目可按发生垫款业务的性质进行明细核算。本科目属资产类，余额在借方，反映本机构垫款资金情况。本科目在资产负债表中归属“发放贷款和垫款”项目。

垫付款项时，按实际垫付的金额，借记本科目，贷记“存放中央银行款项”或有关科目；收回垫付款项时，作相反的会计分录。

（六）代理兑付证券

农村合作金融机构可根据需要设置“代理兑付证券”科目，适用于核算和反映其接受委托代理兑付到期的证券。本科目可按委托单位和证券种类进行明细核算。本科目属资产类，余额在借方，反映本机构已兑付但尚未收到委托单位兑付资金的证券金额。本科目与“代理兑付证券款”科目轧差后在资产负债表中归属“其他资产”或“其他负债”项目。

1. 委托单位尚未拨付兑付资金而由机构垫付的，在收到客户交来的证券时，应按兑付金额，借记本科目，贷记“存放中央银行款项”等科目。向委托单位交回已兑付的证券并收回垫付的资金时，借记“存放中央银行款项”或有关科目，贷记本科目。

2. 收到客户交来的无记名证券时，应按兑付金额，借记本科目，贷记“现金”或有关科目。向委托单位交回已兑付的证券时，借记“代理兑付证券款”科目，贷记本科目。

（七）代理业务资产

农村合作金融机构可根据需要设置“代理业务资产”科目，用于核算和反映其不承担风险的代理业务形成的资产。包括受托理财业务进行的证券投资和受托贷款等。本科目可按委托单位、资产管理类别、贷款对象，分别“成本”、“已实现未结算损益”等进行明细核算。本科目属资产类，余额在借方，反映本机构代理业务资产的价值。本科目与“代理业务负债”科目轧差后在资产负债表中归属“其他资产”或“其他负债”项目。

1. 收到委托人的资金，应按实际收到的金额，借记“存放中央银行款项”或有关科目，贷记“代理业务负债”科目。

2. 以代理业务资金购买证券、委托贷款等时，借记本科目（成本），贷记“存放中央银行款项”或有关科目。

将购买的证券出售，应按实际收到的金额，借记“存放中央银行款项”等有关科目，按卖出证券应结转的成本，贷记本科目（成本），按其差额，借记或贷记本科目（已实现未结算损益）。

定期或在合同到期与委托客户进行结算，按合同约定比例计算代理业务资产收益，结转已实现未结算损益，借记本科目（已实现未结算损益），贷记“代理业务负债”（委托客户的收益）、“手续费及佣金收入”（本机构的收益）等科目。

（八）贵金属

农村合作金融机构可根据需要设置“贵金属”科目，用于核算和反映其持有的黄金、白银等贵金属情况。本科目可按贵金属的类别进行明细核算。本科目属资产类，余额在借方，反映本机构持有的贵金属存货的成本。本科目在资产负债表中归属“贵金属”项目。

1. 为上市交易而持有的贵金属，比照“交易性金融资产”科目进行处理。

2. 本机构购买贵金属时，借记本科目，贷记“存放中央银行款项”或有关科目。

3. 出售的贵金属，应按实际收到的金额，借记“存放中央银行款项”或有关科目，贷记“其他业务收入”科目。按其账面余额，借记“其他业务支出”科目，贷记本科目。

（九）抵债资产的核算

农村合作金融机构可根据需要设置“抵债资产”科目，用于核算和反映其依法取得并准备按有关规定进行处置的实物抵债资产的成本。农村合作金融机构依法取得并准备按有关规定进行处置的非实物抵债资产（不含股权投资），也通过本科目核算。本科目可按抵债资产类别及借款人进行明细核算。本科目属资产类，余额在借方，反映本机构取得的尚未处置的抵债资产的成本。本科目在资产负债表中归属“抵债资产”项目。

1. 取得抵债资产时，按抵债资产的公允价值，借记本科目，按相关资产已计提的减值准备，借记“贷款损失准备”或有关科目，按抵偿资产的账面余额，贷记“××贷款”、“应收利息”等科目；按应支付的相关税费，贷记“应交税费”科目；按其差额，借记“营业外支出”科目。如为贷方差额，应贷记“资产减值损失”科目。

2. 保管期间取得的收入，借记“存放中央银行款项”或有关科目，贷记“其他业务收入”科目。保管期间发生的直接费用，借记“其他业务支出”科目，贷记“存放中央银行款项”或有关科目。

3. 处置抵债资产时，应按实际收到的金额，借记“存放中央银行款项”或有关科目，按应支付的相关税费，贷记“应交税费”科目；按其账面余额，贷记本科目，按其差额，贷记“营业外收入”或借记“营业外支出”科目。已计提抵债资产减值准备的，还应同时结转减值准备。

4. 抵债资产如转为自用，应在办妥相关手续后，按转换日抵债资产账面价值，分别抵债资产类别借记“固定资产”、“无形资产”或有关科目，贷记本科目。已计提抵债资产减值准备的，还应同时结转减值准备。

（十）长期待摊费用的核算

长期待摊费用是指农村合作金融机构已经支出，但摊销期限在一年（不含一年）以上的各项费用。长期待摊费用应当单独核算，在费用项目的受益期限内分期平均摊销。

如果长期待摊费用的项目不能使以后会计期间受益的，应当将尚未摊销的该项目的摊余价值全部转入当期损益。

农村合作金融机构应设置“长期待摊费用”科目，核算和反映已经发生但应由本期和以后各期负担的分摊期限在一年以上的各项费用。本科目可按费用项目进行明细核算。本科目属资产类，余额在借方，反映本机构尚未摊销完的长期待摊费用。本科目在资产负债表中归属“长期待摊费用”项目。

发生长期待摊费用时，应按实际发生的金额，借记“长期待摊费用”科目，贷记“存放中央银行款项”或有关科目；摊销时，按每期应摊销的金额，借记“业务及管理费”科目，贷记“长期待摊费用”科目。

第五节 资产的期末计价

资产的期末计价是指期末资产各项目在资产负债表上反映的价值。农村合作金融机构应当按照《企业会计准则第 8 号——资产减值》的规定，在资产负债表日判断资产是否存在可能发生减值的迹象。如果资产存在减值迹象的，应当进行减值测试，估计资产的可收回金额。可收回金额低于账面价值的，应当按照可收回金额低于其账面价值的金额，计提减值准备。

资产减值是指资产的可回收金额低于其账面价值。农村合作金融机构所有资产在发生减值时，原则上都应当及时加以确认和计量，但由于不同资产的特性不同，其减值会计处理有所不同，所适用的具体准则也有所不同。本节涉及的减值准备主要是坏账准备，贷款损失准备，贵金属跌价准备，抵债资产减值准备，持有至到期投资减值准备，可供出售金融资产减值准备以及长期股权投资减值准备、固定资产减值准备、无形资产减值准备。

一、坏账准备的核算

农村合作金融机构应设置坏账准备科目，用于核算和反映根据期末应收款项计提的坏账准备。本科目可按应收款项的类别进行明细核算。本科目属资产的备抵科目，余额在贷方，反映本机构已计提但尚未转销的坏账准备。

1. 资产负债表日，应收款项发生减值的，应按减计的金额，借记“资产减值损失”科目，贷记本科目。本期应计提的坏账准备大于其账面余额的，应按其差额计提；应计提的坏账准备小于其账面余额的差额作相反的会计分录。

2. 对于确定无法收回的应收款项，按管理权限报经批准后作为坏账，转销应收款项，借记本科目，贷记“其他应收款”等科目。

3. 已确认并转销的应收账款以后又收回的，应按实际收回的金额，借记“其他应收款”等科目，贷记本科目；同时借记“存放中央银行款项”科目，贷记“其他应收款”等科目。

已确认并转销的应收账款以后又收回的，也可以按照实际收回的金额，借记“存放中央银行款项”科目，贷记本科目。

二、贷款损失准备的核算

农村合作金融机构应设置“贷款损失准备”科目，用于核算和反映期末根据农村合作金融机构各项贷款余额计提的减值准备。计提贷款损失准备的资产包括农户贷款、农村经济组织贷款、农村企业贷款、非农贷款、信用卡透支、贴现资产、贸易融资及垫款等。本科目可按计提贷款损失准备的资产类别进行明细核算。本科目属资产的备抵科目，余额在贷方，反映本机构已计提但尚未转销的贷款损失准备。本科目在资产负债表中归属“发放贷款和垫款”项目。

1. 资产负债表日，贷款发生减值的，按应减计的金额，借记“资产减值损失”（损益类）科目，贷记本科目。

2. 对于确实无法收回的各项贷款，按照管理权限报经批准后转销各项贷款时，借记本科目，贷记“××贷款”等科目。

3. 已计提贷款损失准备的贷款价值以后又得以恢复，应在原计提的贷款损失准备金额内，按恢复增加的金额，借记本科目，贷记“资产减值损失”（损益类）科目。

三、贵金属跌价准备的核算

农村合作金融机构应设置“贵金属跌价准备”科目，用于核算和反映农村合作金融机构持有的贵金属的跌价准备。本科目可按贵金属的类别进行明细核算。本科目属资产的备抵科目，余额在贷方，反映本机构已计提但尚未转销的贵金属跌价准备。本科目在资产负债表中归属“贵金属”项目。

资产负债表日，贵金属发生减值的，按应减计的金额，借记“资产减值损失”科目，贷记本科目。

已计提跌价准备的贵金属价值以后又得以恢复，应在原已计提的跌价准备金额内，按恢复增加的金额，借记本科目，贷记“资产减值损失”科目。

四、抵债资产减值准备的核算

农村合作金融机构应设置“抵债资产减值准备”科目，用于核算和反映农村合作金融机构抵债资产的减值准备。本科目可按计提抵债资产减值准备的资产类别进行明细核算。本科目属资产的备抵科目，余额在贷方，反映本机构已计提但尚未转销的抵债资产减值准备。本科目在资产负债表中归属“抵债资产”项目。

1. 提取减值准备时，借记“资产减值损失”（损益类）科目，贷记本科目。

2. 资产负债表日，抵债资产发生减值的，按应减计的金额，借记“资产减值损失”（损益类）科目，贷记本科目。

五、持有至到期投资减值准备的核算

农村合作金融机构应设置“持有至到期投资减值准备”科目，用于核算和反映其持有至到期投资的减值准备。本科目可按持有至到期投资资产类别进行明细核算。本科目属资产的备抵科目，余额在贷方，反映本机构已计提但尚未转销的持有至到期投资减值准备。本科目在资产负债表中归属“持有至到期投资减值准备”项目。

农村合作金融机构应当在资产负债表日对以公允价值计量且其变动计入当期损益的金融资产以外的金融资产的账面价值进行检查，有客观证据表明该金融资产发生减值的，应当计提减值准备。提取减值准备时，借记“资产减值损失”（损益类）科目，贷记本科目。资产负债表日，持有至到期投资发生减值的，按应减计的金额，借记“资产减值损失”（损益类）科目，贷记本科目。

已计提减值准备的持有至到期投资价值以后又得以恢复，应在原已计提的减值准备金额内，按恢复增加的金额，借记本科目，贷记“资产减值损失”科目。

【例3－49】　2010年12月31日，某农村合作金融机构经测试确定其持有至到期投资发生减值，减值金额为21 000元。编制会计分录如下：

借：资产减值损失　21 000

　贷：持有至到期投资减值准备　21 000

六、可供出售金融资产减值准备的核算

农村合作金融机构应设置“可供出售金融资产减值准备”科目，用于核算和反映可供出售金融资产的减值准备。本科目可按可供出售金融资产类别进行明细核算。本科目属资产的备抵科目，余额在贷方，反映本机构已计提但尚未转销的可供出售金融资产减值准备。本科目在资产负债表中归属“可供出售金融资产”项目。

本科目主要账务处理，参见“持有至到期投资减值准备”科目有关规定。

七、长期股权投资减值准备的核算

农村合作金融机构持有的长期股权投资，应当定期对其账面价值逐项进行检查，至少于每年年末检查一次。如果由于市价持续下跌或被投资单位经营状况变化等原因导致其可收回金额低于投资的账面价值，应将可收回金额低于长期股权投资账面价值的差额，确认为当期投资损失。可收回金额，是指企业资产的出售净价与预期从该资产的持有和投资到期处置中形成的预计未来现金流量的现值两者之中的较高者。其中，出售净价是指资产的出售价格减去所发生的资产处置费用后的余额。

农村合作金融机构应设置“长期股权投资减值准备”科目，用于核算和反映长期股权投资的减值准备。本科目可按长期股权投资资产类别或被投资单位进行明细核算。本科目属资产的备抵科目，余额在贷方，反映本机构已计提但尚未转销的长期股权投资减值准备。本科目在资产负债表中归属“长期股权投资”项目。

资产负债表日，长期股权投资发生减值的，按应减计的金额，借记“资产减值损失”（损益类）科目，贷记“长期股权投资减值准备”科目。

长期股权投资减值损失一经确认，在以后会计期间不得转回。处置长期股权投资时，应同时结转已计提的长期股权投资减值准备。

【例3－50】 2010年12月31日，某农村合作金融机构持有乙公司普通股股票账面价值为875 000元，作为长期股权投资并采用权益法进行核算；由于乙公司当年经营不善，资金周转发生困难，使得其股票市价下跌至500 000元，短期内难以恢复；假设该农村合作金融机构本年度首次对其计提长期股权投资减值准备。编制会计分录如下：

借：资产减值损失——计提的长期股权投资减值准备　　375 000

　贷：长期股权投资减值准备——乙公司　　375 000

其中，计提的长期股权投资减值准备金额为

875 000－500 000＝375 000（元）

八、固定资产减值准备的核算

农村合作金融机构应设置“固定资产减值准备”科目，用于核算和反映固定资产的减值准备。本科目可按固定资产的类别或项目进行明细核算。本科目属资产的备抵科目，余额在贷方，反映本机构尚未转销的固定资产的减值准备。本科目在资产负债表中归属“固定资产”项目。

资产负债表日，固定资产存在可能发生减值的迹象时，其可收回金额低于账面价值的，应当将该固定资产的账面价值减计至可收回金额，减计的金额确认为减值损失，计入当期损益，借记“资产减值损失——计提的固定资产减值准备”科目，同时计提相应的资产减值准备，贷记“固定资产减值准备”科目。

固定资产减值损失一经确认，在以后会计期间不得转回。处置固定资产时应同时结转减值准备。

【例3－51】 假设丙农村合作金融机构的某幢房屋存在发生减值的迹象。经计算该房屋的可收回金额合计为1 200 000元，账面价值为1 400 000元，以前年度未对该房屋计提过减值准备。

由于该房屋的可收回金额为1 200 000元，账面价值为1 400 000元，可收回金额低于账面价值，应按两者之间的差额200 000元（1 400 000－1 200 000）计提固定资产减值准备。丙农村合作金融机构应作如下会计处理：

借：资产减值损失——固定资产减值损失　　200 000

　贷：固定资产减值准备　　200 000

同样，如果资产负债表日“在建工程”账户存在余额，也应对其进行减值测试，如存在减值迹象也应计提减值准备。因此，农村合作金融机构应设置“在建工程减值准备”科目，核算和反映在建工程的减值准备。本科目可按在建工程的类别或项目进行明细核算。本科目属资产的备抵科目，余额在贷方，反映本机构尚未转销的在建工程的减值准备。本科目在资产负债表中归属“在建工程”项目。

资产负债表日，在建工程发生减值的，应按减计的金额，借记“资产减值损失”科目，贷记“在建工程减值准备”科目。

九、无形资产减值准备的核算

农村合作金融机构应当定期对无形资产预计给企业带来未来经济效益的能力进行检

查，判断其是否存在可能发生减值的迹象。如果无形资产在资产负债表日存在可能发生减值的迹象时，其可收回金额低于账面价值的，应当将该无形资产的账面价值减计至可收回金额，减计的金额确认为减值损失，计入当期损益，同时计提相应的资产减值准备。

农村合作金融机构应设置“无形资产减值准备”科目，核算和反映无形资产的减值准备。本科目可按无形资产的类别或项目进行明细核算。本科目属资产的备抵科目，余额在贷方，反映本机构尚未转销的无形资产的减值准备。本科目在资产负债表中归属“无形资产”项目。

资产负债表日，无形资产发生减值的，应按减计的金额，借记“资产减值损失”科目，贷记“无形资产减值准备”科目。无形资产减值损失一经确认，在以后会计期间不得转回。处置无形资产时应同时结转减值准备。

知识链接

《企业会计准则——基本准则》（2006）
《企业会计准则第 4 号——固定资产》
《企业会计准则第 6 号——无形资产》
《企业会计准则第 8 号——资产减值》
《企业会计准则解释第 1 号》
《企业会计准则解释第 2 号》
《企业会计准则解释第 3 号》

复习思考题

1. 试述现金出纳工作的规定。
2. 简述现金收款和现金付款的核算手续。
3. 现金出纳业务长短款应如何处理？
4. 交易性金融资产的特征有哪些？如何进行会计处理？
5. 可供出售金融资产的会计处理原则有哪些？
6. 可供出售金融资产与持有至到期投资在会计处理方面有哪些区别？
7. 长期股权投资的成本法和权益法的使用范围如何？
8. 固定资产折旧计算方法有哪些？
9. 接受捐赠的无形资产，其实际成本应如何确定？
10. 其他资产包括哪些内容？
11. 什么是资产减值准备？如何进行会计处理？

第四章　存款业务核算

本章概要

存款业务是农村合作金融机构接受客户存入资金，并承诺客户随时或按约定时间支取本金和利息的一种信用业务。存款业务按照存款的对象分为单位存款业务和个人存款业务，按照存款的稳定性分为活期存款和定期存款。储蓄业务体现了农村合作金融机构存款业务和现金业务的高度统一，是农村合作金融机构日常基本的核算业务。本章分别介绍了农村合作金融机构各项存款业务的核算程序、处理手续，以及存款利息的计算方法。

要点提示

单位活期存款业务的核算，包括存入和支取两个方面，存入和支取又分为存取现金和转账存取两种方式。储蓄存款的要点在于活期储蓄存款和定期储蓄存款的存入、支取以及利息计算的规定与核算手续。本金、存期和利率称为计算利息的“三要素”。在计息时，应注意存期与利率在时间概念上要一致。

本章架构图

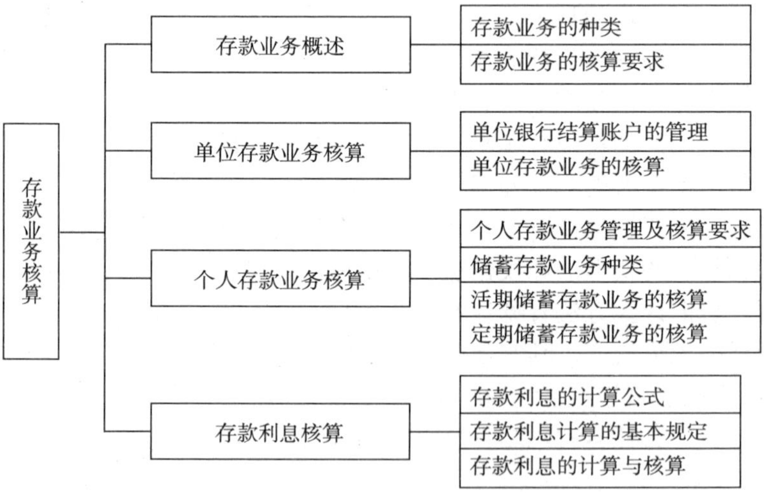

第一节 存款业务概述

存款业务是农村合作金融机构接受客户存入资金，并承诺客户随时或按约定时间支取本金和利息的一种信用业务。它是农村合作金融机构负债的重要组成部分，是农村合作金融机构生存和发展的基础，同时也是农村合作金融机构信贷资金的重要来源，是发放贷款，扩大信贷规模的物质基础，对促进农村金融的发展，支援国家“三农”建设具有重要的意义。

一、存款业务的种类

（一）按照存款的对象分为单位存款和个人存款

1. 单位存款指农村合作金融机构吸收的各类企业、事业单位、机关、学校和部队等具有团体法人营业执照和社团登记的存款。

2. 个人存款指农村合作金融机构吸收的城乡居民闲置和结余的现金所形成的存款。

（二）按照存款的稳定性分为活期存款和定期存款

1. 活期存款指存入时不确定存期，可以随时存取的存款，包括单位活期存款和活期储蓄存款。

2. 定期存款指存入时约定存期，存款到期才能支取的存款，包括单位定期存款和定期储蓄存款。

二、存款业务的核算要求

存款业务面对各单位和个人，政策性强，业务量大，涉及农村合作金融机构和客户的经济利益，因此，农村合作金融机构在办理存款业务核算时，应符合以下要求：

（一）正确使用科目和账户

农村合作金融机构要按规定正确使用会计科目，为各单位开立符合资金性质和管理要求的账户。对个人开立的账户，也要按农村合作金融机构规定办理，以便正确、及时、真实地反映存款的增减变化情况及其结果。

（二）准确、及时地办理存款业务

农村合作金融机构在办理存款业务时，应当按照支付结算原则和账务处理程序的要求，准确、及时地传递会计凭证，处理有关业务，以保证存款业务的核算质量。

（三）维护存款人的合法权益

农村合作金融机构应保证单位及个人对存款的支配权。对单位存款应坚持“谁的钱进谁的账，由谁支配”的原则，除国家有专门规定外，禁止农村合作金融机构代任何单位或个人扣款，禁止农村合作金融机构擅自停止存款人对存款的支取。

第二节 单位存款业务核算

一、单位银行结算账户的管理

存款人以单位名称开立的办理信贷、支付结算和现金收付业务的人民币活期存款账户为单位银行结算账户。

（一）单位银行结算账户的种类

按照《人民币银行结算账户管理办法》的规定，单位银行结算账户按用途分为基本存款账户、一般存款账户、专用存款账户和临时存款账户。

1. 基本存款账户。基本存款账户是存款人因办理日常转账结算和现金收付需要开立的结算账户。单位银行结算账户的存款人只能在银行开立一个基本存款账户，是存款人的主办账户。存款人日常经营活动的资金收付及其工资、奖金和现金的支取，应通过该账户办理。

2. 一般存款账户。一般存款账户是存款人因借款或其他结算需要，在基本存款账户开户银行以外的银行营业机构开立的银行结算账户。该账户可以办理现金缴存，但不得办理现金支取。

3. 专用存款账户。专用存款账户是存款人按照法律、行政法规和规章，对其特定用途资金进行专项管理和使用而开立的银行结算账户。该账户用于办理各项专用资金的收付。

4. 临时存款账户。临时存款账户是存款人因临时需要并在规定期限内使用而开立的银行结算账户。该账户用于办理临时机构以及存款人临时经营活动发生的资金收付。支取现金，应按照国家现金管理的规定办理。临时存款账户的有效期最长不得超过2年。

（二）单位银行结算账户的开立

存款人申请开户应填写开户申请书、提供主管部门的有关证明文件、年审通过的营业执照、法人代码证、法人身份证、经办员身份证和加盖有存款人印章的印鉴卡片。申请开立基本存款账户的，还需提交中国人民银行当地分支机构核发的开户登记证。经农村合作金融机构审核同意后开立账户。农村合作金融机构为存款人开立账户，应登记开销户登记簿，编列账号，设立分户账，并向存款人发售有关结算凭证，存款人可根据需要签发各种结算凭证，通过账户办理资金收付。

1. 可以申请开立基本存款账户的存款人包括企业法人；非法人企业；机关、事业单位；团级（含）以上军队、武警部队及分散执勤的支（分）队；社会团体；民办非企业组织；异地常设机构；外国驻华机构；个体工商户；居民委员会、村民委员会、社区委员会；单位设立的独立核算的附属机构；其他组织。

2. 存款人可以就下列情况申请开立一般存款账户：在基本存款账户以外的银行取得借款的与基本存款账户的存款人不在同一地点的附属非独立核算单位。

3. 存款人可以就下列资金的使用申请开立专用存款账户：基本建设资金；更新改造资金；财政预算外资金；粮、棉、油收购资金；证券交易结算资金；期货交易保证金；信托基金；金融机构存放同业资金；政策性房地产开发资金；单位银行卡备用金；住房基金；社会保障基金；收入汇缴资金和业务支出资金；党、团、工会设在单位的组织机构经费；其他需要专项管理和使用的资金。

4. 存款人可以就下列情况申请开立临时存款账户：设立临时机构；异地临时经营活动；注册验资。

（三）单位银行结算账户的使用要求

1. 每个单位有一个基本存款账户。存款人只能在银行开立一个基本存款账户。

2. 实行开户双向选择。存款人可以自主选择银行，银行也可以自愿选择存款人开立账户。除国家法律、行政法规和国务院规定外，任何单位和个人不得强令存款人到指定银行开立银行结算账户。

3. 实行开户核准制度。存款人开立基本存款账户、临时存款账户和预算单位开立专用存款账户实行核准制度，经中国人民银行核准后由开户银行核发开户登记证。但存款人因注册验资需要开立的临时存款账户除外。

4. 实行开户申报制度。对企事业单位开立、撤销账户，必须及时向当地中国人民银行报告。中国人民银行要运用计算机建立账户管理数据库，加强账户管理。

5. 开立和使用银行结算账户应当守法。存款人必须遵守国家的政策、法令，遵守银行信贷、结算和现金管理以及《人民币银行结算账户管理办法》等有关规定。不得出租、出借银行结算账户；不得将单位款项转入个人银行结算账户，既不得“公款私存”，也不得“私款公存”；不得违反规定支取现金；不得签发空头支票、远期支票套取银行信用；不得利用开立银行结算账户逃废银行债务；不得从基本存款账户之外的银行结算账户转账存入，将销货收入存入或现金存入单位信用卡账户；法定代表人或主要负责人、存款人地址以及其他开户资料的变更事项不得未在规定期限内通知银行。

二、单位存款业务的核算

（一）单位活期存款业务的核算

单位活期存款业务的核算，包括存入和支取两个方面，存入和支取又分为存取现金和转账存取两种方式，本章只讲述存取现金这种方式，转账存取方式在支付结算业务中讲述。

农村合作金融机构设置“单位活期存款”科目进行核算。“单位活期存款”是负债类科目，用来核算农村合作金融机构吸收单位存入的活期存款。该科目贷方登记客户存入农村合作金融机构的活期存款，借方登记客户从农村合作金融机构支出的活期存款。余额在贷方，反映客户在农村合作金融机构结存的活期存款。该科目应按存款单位进行明细分类核算。

1. 存入现金的核算。存款单位向开户农村合作金融机构存入现金时，应填制一式两联现金存款单（见表 4－1），连同现金一并送交出纳部门。出纳部门审核现金存款单、清点现金无误后，将第一联盖上现金收讫章作为回单退交存款单位；然后根据现金存款单第二联登记现金收入日记簿，登记完毕后将第二联送会计部门代现金收入传票登记单位存款分户账。其会计分录为：

借：现金

　贷：单位活期存款——××单位存款户

表4-1

××农村信用社现金存款单

科目：　　　　　　　　　　　　　　年　　月　　日

<table>
<tr><td colspan="2">存款单位全称</td><td colspan="4"></td><td colspan="4">账号</td><td colspan="9"></td></tr>
<tr><td colspan="2">款项来源</td><td colspan="4"></td><td colspan="4">开户银行</td><td colspan="9"></td></tr>
<tr><td colspan="10" rowspan="2">人民币
（大写）</td><td>百</td><td>十</td><td>万</td><td>千</td><td>百</td><td>十</td><td>元</td><td>角</td><td>分</td></tr>
<tr><td></td><td></td><td></td><td></td><td></td><td></td><td></td><td></td><td></td></tr>
<tr><td rowspan="2">券别</td><td rowspan="2">张数</td><td colspan="8">金额</td><td colspan="2" rowspan="2">券别</td><td rowspan="2">张数</td><td colspan="6">金额</td></tr>
<tr><td>十</td><td>万</td><td>千</td><td>百</td><td>十</td><td>元</td><td>角</td><td>分</td><td>千</td><td>百</td><td>十</td><td>元</td><td>角</td><td>分</td></tr>
<tr><td>一百元券</td><td></td><td></td><td></td><td></td><td></td><td></td><td></td><td></td><td></td><td colspan="2">五角券</td><td></td><td></td><td></td><td></td><td></td><td></td><td></td></tr>
<tr><td>五十元券</td><td></td><td></td><td></td><td></td><td></td><td></td><td></td><td></td><td></td><td colspan="2">二角券</td><td></td><td></td><td></td><td></td><td></td><td></td><td></td></tr>
<tr><td>二十元券</td><td></td><td></td><td></td><td></td><td></td><td></td><td></td><td></td><td></td><td colspan="2">一角券</td><td></td><td></td><td></td><td></td><td></td><td></td><td></td></tr>
<tr><td>十元券</td><td></td><td></td><td></td><td></td><td></td><td></td><td></td><td></td><td></td><td colspan="2">五分币</td><td></td><td></td><td></td><td></td><td></td><td></td><td></td></tr>
<tr><td>五元券</td><td></td><td></td><td></td><td></td><td></td><td></td><td></td><td></td><td></td><td colspan="2">二分币</td><td></td><td></td><td></td><td></td><td></td><td></td><td></td></tr>
<tr><td>二元券</td><td></td><td></td><td></td><td></td><td></td><td></td><td></td><td></td><td></td><td colspan="2">一分币</td><td></td><td></td><td></td><td></td><td></td><td></td><td></td></tr>
<tr><td>一元券</td><td></td><td></td><td></td><td></td><td></td><td></td><td></td><td></td><td></td><td colspan="2"></td><td></td><td></td><td></td><td></td><td></td><td></td><td></td></tr>
</table>

2. 支取现金的核算。存款单位向开户农村合作金融机构支取现金时，应签发现金支票（见表4-2），填明收款人、用途和金额，加盖预留印鉴，由取款人背书并填列证件名称及号码后送交会计部门。会计部门接到现金支票后，应按规定对支票及其内容进行严格审查，审查支票是否挂失，背书人与收款人名称是否一致，核验印鉴，大额现金支出是否经过审批，必要时可向持票人索阅证件。经审查无误后，将出纳对号单（牌）交给取款人，同时以现金支票代现金付出传票，登记取款单位分户账。其会计分录为：

借：单位活期存款——××单位存款户

　贷：现金

会计人员记账并经复核盖章后，将现金支票内部传递到出纳部门，出纳部门根据现金支票登记现金付出日记簿，然后对号向取款人支付现金。

表 4-2　　　　**××农村信用社现金支票**

付款行名称：

出票日期（大写）　年　月　日　出票人账号：

收款人：

本支票付款期限十天		千	百	十	万	千	百	十	元	角	分
	人民币（大写）										

用途________　　　科目（借）____________

对方科目（贷）________

上列款项请从　　转账日期　年　月　日

我账户内支付　　复核　　记账

出票人签章

须填密码

3. 内外账务核对。活期存款账户存取款比较频繁，在农村合作金融机构与开户单位之间的资金往来中，由于双方记账时间不同以及发生技术性差错等原因，会导致双方账务不相符或产生未达账项。为此，农村合作金融机构与开户单位之间就有必要定期或不定期地进行账务核对，内外账务核对方式分为随时对账和定期对账。

（1）随时对账。单位活期存款户一般使用复写账页，当账页记满时，应及时送开户单位进行逐笔勾对、对账，如核对相符，单位应将对账回单加盖预留印鉴送还开户农村合作金融机构，如有不符，单位应在回单联注明未达账项及金额，将对账回单加盖预留印鉴送还开户农村合作金融机构，以便双方及时查找。农村合作金融机构对于对账回单联应按科目、账号顺序排列，装订保管，以备查对。

（2）定期对账。每月末，农村合作金融机构还要向开户单位填发一式两联的余额对账单，第一联加盖业务公章后，两联一并交给开户单位对账。开户单位核对后，将对账单第一联留存，第二联回单加盖预留印鉴后退回农村合作金融机构，如经核对发现不符，开户单位应在对账单回单联注明未达账项及金额，以便双方查找处理。对于双方账务长期不符的开户单位，要采取必要的措施，限期查清。农村合作金融机构将开户单位退回的对账回单按科目、账号顺序排列装订保管。

（二）单位定期存款业务的核算

单位定期存款是指单位将其活期存款账户中暂时不用的资金一次转出，约定存期，到期支取本息的存款。单位定期存款起存金额 10 000 元，多存不限；期限分为三个月、六个月、一年、两年、三年和五年。

农村合作金融机构设置“单位定期存款”科目进行核算。“单位定期存款”为负债类科目，用来核算农村合作金融机构吸收单位存入的定期款项，包括单位大额可转让定期存单。该科目贷方登记客户存入农村合作金融机构的定期存款，借方登记客户从农村合作金融机构支出的定期存款。余额在贷方，反映客户在农村合作金融机构结存的定期存款。该科目应按存款期限和单位分别进行明细分类核算。

1. 存入的核算。存款单位在存入定期存款时，提供预留农村合作金融机构印鉴卡片三份同时签发转账支票和填写单位定期存款缴款单一式两联，农村合作金融机构会计人员审核无误并收妥款项后，填制单位定期存款开户证实书一式三联，经复核后，证实书第一联代转账贷方传票入账，第三联农村合作金融机构作为卡片账留存，并登记单位定期存款开销户登记簿，同时按顺序专夹保管，第二联加盖农村合作金融机构业务公章和经办员名章后交给存款单位作为存款依据，转账支票则代转账借方传票登记存款单位分户账。其会计分录为：

借：单位活期存款——××单位存款户

　贷：单位定期存款——××单位定期存款户

2. 支取的核算。存款到期，存款单位不能从定期存款账户支取现金，也不能用于结算，只能将其转入活期存款账户或用于转期续存。单位填制两联进账单连同加盖预留印鉴的证实书第二联，填写支取日期，向农村合作金融机构办理转账。农村合作金融机构经审核无误后，计算应付利息，填制两联的利息计算清单，其中，一联代收账通知交存款单位，一联代替特种转账借方传票。一年期（含）以上的定期存款，其利息已经预提，要冲转“应付利息”科目；而对于不满一年的定期存款则将发生的利息列入“利息支出”科目。同时在证实书上加盖“结清”戳记，以收回的证实书代替转账借方传票入账；两联进账单其中一联作为活期存款的入账传票，另一联作为收款通知转交收款单位；最后销记单位定期存款开销户登记簿。其会计分录为：

借：单位定期存款——××单位定期存款户

　　应付利息（利息支出）

　贷：单位活期存款——××单位存款户

【例4－1】 某农村合作金融机构收到甲工厂交来当日到期的单位存款证实书一张，金额100 000元，存期一年，现已到期，要求办理转存手续。经计算该笔存款已计提应付利息1 687.50元，未计提利息562.50元。编制会计分录。

借：单位定期存款——一年期存款——甲工厂	100 000
应付利息——一年期定期存款利息	1 687.50
利息支出	562.50
贷：单位活期存款——甲工厂	102 250

单位存款到期后如要求续存，可办理续存手续，同时应结清旧户另开新存单，其处理方法比照前述存、取款手续办理。

（三）单位通知存款业务的核算

通知存款是存款人在存入款项时不约定存期，支取时需提前通知金融机构，约定支取存款日期和金额方能支取的存款。凡在中华人民共和国境内的个人、法人和其他组织，均可到经中国人民银行批准开办通知存款业务的金融机构办理该项存款。通知存款不论实际存期多长，按存款人提前通知的期限长短划分为一天通知存款和七天通知存款。一天通知存款必须至少提前一天通知约定支取存款，七天通知存款必须至少提前七天通知约定支取存款。

1. 存入的核算。开户时单位须提交开户申请书、相关证明文件和预留印鉴等。农村合作金融机构为客户开出记名式“单位通知存款开户证实书”。单位通知存款采用记名存款凭证形式，最低起存金额为50万元，需一次性存入，可以选择现金存入或转账存入。其会计分录为：

借：单位活期存款（或现金）——××单位存款户

　贷：单位定期存款——通知存款——××单位通知存款户

2. 通知。存款人进行通知时应向开户农村合作金融机构提交“单位通知存款取款通知书”。客户亲自到农村合作金融机构或者传真通知农村合作金融机构，但支取时须向农村合作金融机构递交正式通知书。

3. 支取的核算。单位通知存款可一次或分次支取，每次最低支取额为10万元以上，支取存款利随本清，支取的存款本息只能转入存款单位的其他存款户，不得支取现金。具体支取方式包括单笔全额支取和部分支取。单笔全额支取时，存款单位需出具单位通知存款证实书。部分支取须到开户农村合作金融机构办理。部分支取时账户留存金额不得低于50万元，低于50万元起存金额的，做一次性清户处理，并按清户日挂牌活期利率计息办理支取手续并销户。留存部分余额大于50万元的，农村合作金融机构按留存金额、原起存日期和原约定通知存款品种出具新的通知存款证实书。

客户应与农村合作金融机构约定取款方式，填写“通知存款支取方式约定书”。清户时，客户须到开户农村合作金融机构办理手续，农村合作金融机构将账户本息以规定的转账方式转入其指定的账户。农村合作金融机构支付本息的会计分录为：

借：单位定期存款——通知存款——××单位通知存款户

　　应付利息

　贷：单位活期存款——××单位存款户

（四）单位协定存款业务的核算

单位协定存款是指由可以开立基本存款账户或一般存款账户的法人及其他组织与农村合作金融机构签订单位协定存款合同，在基本存款账户或一般存款账户之上开立协定存款账户，由双方协商结算户的最低留存金额，按合同规定额度，超过额度的结算存款或结算存款不足部分由开户农村合作金融机构主动转存的存款业务。农村合作金融机构对协定存款账户按协定存款利率单独计息。协定存款的基本规定如下：

1. 协定存款必须由结算存款户的存款人与开户农村合作金融机构签订协定存款合同后才能办理。

2. 协定存款合同期限为一年。到期时如任何一方没有提出终止或修改合同，即视做自动延期。

3. 协定存款户的款项收支一律经过结算户。每日营业终了，由开户行主动将当日结算户存款余额中超过留存额度部分转入协定存款账户内，不足部分主动从协定存款户转入结算户中。

4. 营业过程中，如果结算户存款不足支付，应主动将协定存款户中的存款转入结算户中用于支付，如果结算户的存款余额和协定存款户的存款余额之和仍不足支付，农村合作金融机构不予垫款，并按人民银行有关规定加收罚金。

协定存款在会计核算上，由开户农村合作金融机构在原结算存款科目下开设协定存款账户办理。

第三节　个人存款业务核算

一、个人存款业务管理及核算要求

（一）个人存款账户的种类

1. 个人结算账户。个人结算账户指存款人为自然人时，因办理日常资金划转而需要开立的银行结算账户。个人结算账户可以提供三大功能：一是活期储蓄功能。通过个人结算账户存取存款本金和支取利息。二是普通转账结算功能。通过开立个人结算账户办理汇款，支付水、电、气等基本日常费用，代发工资、养老金或社会救济金，住房、汽车等消费信贷还款以及银证转账、银券通业务等转账结算服务，使用汇兑、委托收款、银行卡等转账支付工具。三是通过个人结算账户使用支票、信用卡等信用支付工具。

2. 个人储蓄存款账户。个人储蓄是农村合作金融机构通过信用方式动员和吸收社会公众暂时闲置和结余货币资金的一种存款业务，是扩大农村合作金融机构资金来源的重要手段。储蓄账户仅限于办理现金存取业务，不得办理转账结算。按现行的《储蓄管理条例》规定，农村合作金融机构经办的储蓄主要有活期储蓄存款、定期储蓄存款、定活两便储蓄存款、通知储蓄存款和教育储蓄。

（二）个人结算账户的使用范围

个人银行结算账户用于办理个人转账收付和现金存取。下列款项可以转入个人银行结算账户：工资、奖金收入；稿费、演出费等劳务收入；债券、期货、信托等投资的本金和收益；个人债权或产权转让收益；个人贷款转存；证券交易结算资金和期货交易保证金；继承、赠与款项；保险理赔、保费退还等款项；纳税退还；农、副、矿产品销售收入；其他合法款项。

（三）个人存款业务管理

1. 个人存款账户的开立。凡持有本人有效身份证件的境内外个人，均可申请开立储蓄存款账户。个人结算账户可由存款人凭身份证件以自然人名称申请开立，也可由存款人申请指定现有活期储蓄账户为结算账户。

2. 储蓄存款的原则。农村合作金融机构对个人的储蓄存款，实行“存款自愿，取款自由，存款有息，为储户保密”的原则。

3. 个人存款账户实名制。自 2000 年 4 月 1 日开始，我国实行个人存款账户实名制。个人存款账户实名制，是指要求存款人到金融机构办理各种本外币存款账户时出示个人有效身份证件，使用身份证件上的姓名；金融机构应按规定进行核对，并登记身份证件上的姓名和号码。需他人代理开立个人存款账户的，代理人应当出示被代理人和代理人的有效身份证件。不按上述要求出示本人身份证件或不使用本人身份证件上姓名的，不得为其开立个人存款账户。

4. 办理个人存款业务实行签名制。储蓄存款开户和无折存入时，储蓄凭条由客户填写；续存、支取时，储蓄凭条由微机打印，客户签字确认。特殊情况不能签字的，必须在签字栏内留指印。

5. 大额现金管理规定。客户单笔支取本息一定金额以上存款人民币，必须出示存款人有效身份证件，他人代理的还须出示代理人有效身份证件，并经核验无误后方可办理。其中一次性提取大额人民币或等值外币，取款人应至少提前一天以电话等方式预约，以便准备现金。

（四）个人存款业务的核算要求

储蓄业务体现了农村合作金融机构存款业务和现金业务的高度统一，是农村合作金融机构日常基本的核算业务。农村合作金融机构在储蓄业务日常核算时必须做到：当时记账、当日结账、事后勾挑、全面复核。核算质量要达到账账、账款、账实、账表、账证、内外账六相符。现金收付应做到：收款时先收款后记账；付款时先记账后付款。

二、储蓄存款业务种类

根据居民个人经济收入和消费的特点以及金融机构聚集和运用资金的需要，设置的储蓄种类有：

（一）活期储蓄存款

活期储蓄存款是储户可以随时存取，存款金额和期限不受限制的一种储蓄存款方式。它具有灵活方便、适应性强的特点。活期储蓄存款人民币开户起点金额为 1 元，多存不限，既可单独开立存折，以存折为凭证，凭折存取；也可借记卡和存折同时开立，并以其中一种作为支取凭证（现可办理无折、卡存款），每季结息一次（每季末月的 20 日为结息日），清户时利随本清。

（二）定期储蓄存款

定期储蓄存款是储户在存款时就约定存款期限，到期支取本金、利息的一种储蓄存款方式。它的特点是存款时间较长，存期固定，规定了存储起点和金额。定期储蓄存款根据存取本息形式不同，又分为：

1. 整存整取定期储蓄存款。整存整取定期储蓄存款是储户一次存入本金，约定存期，到期一次支取本息的一种定期储蓄。人民币起存金额为 50 元，留足起存金额可不限次数部分提前支取，存期分为三个月、半年、一年、二年、三年和五年六个档次。以存单（或存折）作为凭证，凭存单（或存折）支取。

2. 零存整取定期储蓄存款。零存整取定期储蓄存款是储户存款时约定存期，每月固定存入一定金额，到期一次支取本息的一种定期储蓄。起存金额为 5 元，存期分为一年、三年和五年三个档次。以存折作为凭证，凭折存取。可全部提前支取，但不允许部分提前支取。每月存入一次，中途如有漏存，应在次月补齐，未补存者，视同违约，违约后存入的部分，支取时按活期利率计息。其余部分按实存金额和实际存期计算利息。

3. 存本取息定期储蓄存款。存本取息定期储蓄存款是储户一次存入本金，约定存期，按期分次支取利息，到期支取本金和当期利息的一种定期储蓄。起存金额为5 000元。存期分为一年、三年和五年三个档次。以存折作为凭证，凭存折分期支取利息。取息周期分为按月或按季支取。

4. 整存零取定期储蓄存款。整存零取定期储蓄存款是储户一次存入本金，约定存期和等额本金分次支取，到期一次性支取利息和最后一期本金的定期储蓄存款。起存金额为1 000元，存期分为一年、三年和五年。以存折作为凭证，凭存折分期支取本金，支取期分为一个月、三个月和半年。

（三）定活两便储蓄存款

定活两便储蓄存款是储户一次存入本金，不约定存款期限，可随时一次支取本息，利率随存期长短变动的储蓄存款。起存金额50元。以存单（或存折）为凭证，凭存单（或存折）支取。它是一种介于活期和定期之间的储种，既有活期储蓄随时可提取的灵活性，又能享有接近于定期存款利率的优惠。

（四）个人通知存款

个人通知存款是储户在存款时不约定存期，支取时需提前通知农村合作金融机构，约定取款日期和金额方能支取的储蓄存款。它是一种优于活期储蓄存款的储种。起存金额为5万元；最低支取金额为5万元；无论存期多长，按存款人提前通知的期限长短划分为一天和七天两个档次；以存单（或存折）作为凭证，凭存单（或存折）支取。

（五）教育储蓄

教育储蓄为零存整取定期储蓄存款，50元起存，存期分为一年、三年、六年，本金合计不能超过20 000元。开户时约定每月固定存入的金额，分月存入，中途漏存，应在次月补齐，未补存的按零存整取定期储蓄存款有关规定办理。

储蓄存款种类明细如表4－3所示。

表4－3　储蓄存款种类明细表

储蓄存款种类		起存金额（元）	存期
活期存款		1	
定期存款	整存整取	50	三个月、六个月、一年、两年、三年、五年
	零存整取	5	一年、三年、五年
	存本取息	5 000	一年、三年、五年
	整存零取	1 000	一年、三年、五年
定活两便		50	
个人通知		50 000	
教育储蓄		50	一年、三年、六年

三、活期储蓄存款业务的核算

（一）存入的核算

1. 开户的核算。农村合作金融机构设置“个人活期存款”科目进行核算。“个人活期存款”是负债类科目，用来核算农村合作金融机构吸收的居民个人活期储蓄款项。该科目贷方登记居民个人存入农村合作金融机构的活期储蓄存款，借方登记居民个人从农村合作金融机构支出的活期储蓄存款。余额在贷方，反映居民个人在农村合作金融机构结存的活期储蓄存款。该科目应按储户进行明细分类核算。

储户办理存款开户时，应填写储蓄凭条（见表4－4），连同现金和有效身份证件一并交农村合作金融机构经办员，经办员审查无误后，清点现金，办理开户手续。登记开销户登记簿，编列账号，开立“活期储蓄存款明细账”及储蓄存折（或储蓄存折及储蓄卡），登记存款余额和积数余额。储户凭密码支取的需按规定格式自行预留密码；储户凭印鉴支取的需预留印鉴卡片。经办员将存折加盖业务公章和名章后交付给储户，然后将储蓄凭条代替现金收入传票入账。会计分录为：

借：现金

　贷：个人活期存款——××存款人户

表4－4　　　　**××农村信用社储蓄凭条**

黑农信机证506号　190mm×100mm

年　月　日　　流水号：　　序号

农村信用社填写		
无折存款时填写	账（卡）号：________ 户　　名：________ 币种：____　钞□　汇□ 金额：亿 千 百 十 万 千 百 十 元 角 分	本人已确认打印记录正确无误。 客户签名：________

授权人：　　　柜员：

××农村信用社储蓄凭条（回单）

年　月　日

户名：
账号：
凭证号：
存期：
币种：
交易金额：
余额：
网点号：
柜员：
交易类别：

农村信用社签章：

2. 续存的核算。储户办理续存时，应填写“储蓄存款凭条”，连同存入的现金及存折一并交给农村合作金融机构经办员。经办员审查、清点无误后，抽出该储户的明细账卡，将其同存折核对，相符后进行登记，并结出活期储蓄余额然后将存折退给储户。其入账依据和会计分录与开户时相同，不再重述。

（二）支取的核算

储户支取存款时，应提交储蓄凭条（见表4－4）、存折（储蓄卡）。凭印鉴支取的，在取款凭条上加盖预留印鉴；凭密码支取的，应输入预留密码。经办员对上述单证资料审核与明细账核对无误后，方可受理取款业务。结出存款余额和积数余额，登记明细账和存折，并在取款凭条上加盖“现金付讫”，将现金和存折一并交付储户。将储蓄凭条代替现金付出传票入账。会计分录为：

借：个人活期存款——××存款人户

贷：现金

（三）销户的核算

储户办理销户时，经办农村合作金融机构应参照正常支取的有关规定，审核无误后，填制“储蓄存款利息凭证”（见表4－5），并在明细账、储蓄凭条和存折上加盖“结清”戳记，销记“开销户登记簿”，收回存折（或储蓄卡），支付存款本息。会计分录为：

借：个人活期存款——××存款人户

　　利息支出

贷：现金

表4－5　　××农村信用社储蓄存款利息凭证

××农村信用社储蓄存款利息凭证（回单）

币种：　　年　月　日　　流水号：　　序号　　　　年　月　日

黑农信机证507号　190mm×100mm

户名： 账号/卡号：		户名： 账号： 储种： 本金： 年利率： 利息： 利息税： 实付利息： 本息合计： 存期： 网点号： 柜员：
	客户签字：	

授权人：　　复核员：　　柜员：　　农村信用社签章：

四、定期储蓄存款业务的核算

（一）整存整取定期储蓄存款业务的核算

1. 开户的核算。农村合作金融机构设置“个人定期存款”科目进行核算。“个人定期存款”是负债类科目，用来核算农村合作金融机构吸收的居民个人定期储蓄款项。包括整存整取、零存整取、整存零取、存本取息等。该科目贷方登记居民个人存入农村合作金融机构的定期储蓄存款，借方登记居民个人从农村合作金融机构支取的定期储蓄存款。余额在贷方，反映居民个人在农村合作金融机构结存的定期储蓄存款。该科目应按存款种类及储户进行明细分类核算。

储户首次存入整存整取定期储蓄存款时，应填制储蓄凭条，注明整存整取定期储蓄存款，连同有效身份证件和现金一并交给农村合作金融机构经办员，经办员审查存款凭条和清点现金无误后，据以填制一式三联的“整存整取定期储蓄存单”（见表4－6）。将第二联加盖业务公章和名章后作为存单交给储户，作为其到期收取本息的依据；将第一联代替现金收入传票入账，第三联作为明细账卡留存，并登记“开销户登记簿”。会计分录为：

借：现金

　贷：个人定期存款——整存整取储蓄——××存款人户

表4-6　　**××农村信用社整存整取定期储蓄存单**

年　　月　　日　　　　No：××××××××

黑农信机证509号　190mm×100mm

户名：　　　　账号：

开户金额：（大写）

农村信用社盖章：

储种	起息日	存期	年利率%	到期日	转存方式	到期利息	利息税

支取日	支取金额	利息	利息税	本息合计	支取柜员

授权人：　　　　复核员：　　　　柜员：

2. 支取的核算。

（1）到期或过期支取。储户持到期存单或过期存单到农村合作金融机构办理支取本息时，经办员审核无误后，按规定计算利息，在存单及卡片账上填写利息金额，并在开销户登记簿中注销并记入销户日期。经复核无误后，根据本息合计付款。以存单代现金付出传票，会计分录为：

借：个人定期存款——整存整取储蓄——××存款人户

　　应付利息——×年期整存整取储蓄存款利息

　贷：现金

【例4-2】　某农村合作金融机构收到甲储户交来当日到期整存整取定期储蓄存单一张，金额10 000元，存期一年，年利率为2.25%，要求支取本息，利息已计提。编制会计分录。

经审查无误，作如下处理：

借：个人定期存款——整存整取储蓄——甲	10 000	
应付利息——一年期整存整取储蓄存款利息	225	
贷：现金		10 225

（2）提前支取的核算。储户急需用款，可以凭有效身份证件办理整存整取储蓄存款提前支取，并将身份证件名称、号码及客户签收等要素在存单上填写齐全；如为他人代理，同时还要填写代理人姓名、代理人证件名称及号码。经办员审核无误后，按提前支取的规定计付利息，其他过程与到期支取相同。

如为部分提前支取，经办员对未提前支取部分，应更换为新存单（存期、利率不变)，在新存单上注明原存入日期、利率、到期日和“由××号存单部分转存”字样。其他处理过程参照到期支取和开户存入手续办理。

（二）零存整取定期储蓄存款业务的核算

1. 存入的核算。

（1）开户的核算。储户首次存入零存整取定期储蓄存款时，应填制储蓄凭条，注明零存整取定期储蓄存款，连同有效身份证件和现金一并交给农村合作金融机构，经办员审查存款凭条和清点现金无误后，据以开立零存整取定期储蓄存款明细账卡和存折，将存折加盖业务公章和名章后交给储户，并登记“开销户登记簿”；将储蓄凭条代替现金收入传票入账。会计分录为：

借：现金

贷：个人定期存款——零存整取储蓄——××存款人户

（2）续存的核算。储户按月续存时，经办员应核对续存金额是否符合规定，其余处理手续和核算方法与开户时相同，不再重述。

2. 支取的核算。

（1）到期支取。储户到期持存折来农村合作金融机构办理支取本息时，经办员抽出明细账卡核对无误后，按规定计算应付利息，在卡片账上填写利息金额，并在“开销户登记簿”中注销并记入销户日期。经复核无误后，根据本息合计付款。以储蓄凭条代现金付出传票入账。会计分录为：

借：个人定期存款——零存整取储蓄——××存款人户

应付利息——×年期零存整取储蓄存款利息

贷：现金

（2）提前支取。储户提前支取零存整取定期储蓄存款时，应提交有效身份证件，经办员审查无误后，办理提前支取手续，在存折和分户账上加盖“提前支取”戳记，按提前支取的规定计算利息，其余手续与到期支取相同。零存整取定期储蓄存款只能全部提前支取，不能部分提前支取。

（三）存本取息定期储蓄存款业务的核算

1. 开户的核算。储户首次存入存本取息定期储蓄存款时，应填制储蓄凭条，注明存本取息定期储蓄存款，填写存期及支取利息的期次，连同有效身份证件和现金一并交给农村合作金融机构，经办员审查存款凭条和清点现金无误后，据以开立存本取息定期储蓄存款明细账卡和存折，将存折加盖业务公章和名章后交给储户，并登记“开销户登记簿”；将储蓄凭条代替现金收入传票入账。会计分录为：

借：现金

贷：个人定期存款——存本取息储蓄——××存款人户

2. 取息的核算。储户按约定的取息期支取利息时，应填写储蓄凭条，注明存本取息储蓄，连同存折一并送交农村合作金融机构。经办人员抽出明细账卡，核对无误后，据以登记存折和明细账卡，并支付现金。将储蓄凭条代替现金付出传票入账。会计分录为：

借：应付利息——×年期存本取息储蓄存款利息

贷：现金

3. 到期支取本息的核算。存款到期，储户支取最后一次利息的手续同前。同时在账卡上加盖“结清”戳记。会计分录为：

借：个人定期存款——存本取息储蓄——××存款人户

应付利息——×年期存本取息储蓄存款利息

贷：现金

（四）整存零取定期储蓄存款业务的核算

1. 开户的核算。储户首次存入整存零取定期储蓄存款时，应填制储蓄凭条，注明整存零取定期储蓄存款，填写存期及支取本金的期次，将储蓄凭条、有效身份证件和现金一并交给农村合作金融机构，经办员审查存款凭条和清点现金无误后，据以开立整存零取定期储蓄存款明细账卡和存折，将存折加盖业务公章和名章后交给储户，并登记“开销户登记簿”，将储蓄凭条代替现金收入传票入账。会计分录为：

借：现金

贷：个人定期存款——整存零取储蓄——××存款人户

2. 分期支取的核算。储户按约定分期分次支取本金时，应填写储蓄凭条，注明整存零取储蓄，连同存折一并送交农村合作金融机构。经办人员抽出明细账卡，核对无误后，据以登记存折和明细账卡，并支付现金。将储蓄凭条代替现金付出传票入账。会计分录为：

借：个人定期存款——整存零取储蓄——××存款人户

贷：现金

3. 结清的核算。储户于存单期满最后一次取款时，除按分次取款手续处理外，还应计付利息，并在原存折上加盖“结清”戳记作为取款凭条附件。

第四节 存款利息核算

一、存款利息的计算公式

农村合作金融机构在业务经营中吸收单位和个人的存款，必须付给存款单位和个人一定的报酬，即存款利息。利息作为转让货币资金使用权的报酬，其数额是由转让货币资金的数量、时量和报酬标准（利率）共同决定的。本金、存期和利率称为计算利息的“三要素”。在计息时，应注意存期与利率在时间概念上要一致。即用月利率时，存期要按月为单位；用年利率时，存期要按年为单位；用日利率时，存期要按天为单位。存期与利率不一致时，要通过换算，使之一致。

$$利息 = 本金 \times 存期 \times 利率$$

在计算利息时，将转让货币资金的数量、时量综合在一起，称为“计息积数”。积数是根据每日账面余额求得的，即日积数，计息公式为

$$利息 = 累计计息积数 \times 日利率$$

二、存款利息计算的基本规定

1. 在我国，存贷款利率是由国家授权中国人民银行统一规定的，各金融机构不得自行变更，也不得随意减免利息，但可在国家允许的范围内实行浮动利率或优惠利率。利率的调整由国家统一进行。

2. 利息金额算至分位，分以下四舍五入。存入本金计息起点为元，元以下的角分不计息。

3. 存款利息一般均采用转账方式结计，于结息日的次日为客户转账支付到本金账户中。

三、存款利息的计算与核算

（一）单位存款利息的计算与核算

1. 单位活期存款利息的计算与核算。

（1）利息的计算。

$$应付利息 = 积数 \times 月利率/30 = 积数 \times 日利率$$

农村合作金融机构对各种存款均应在规定的结息日结计利息。按结息日或销户日挂牌公告的利率计息，在计息期内遇利率调整则分段计息（在2005年9月21日前不分段）。按季结息，每季末月的20日为结息日，次日付息。计息期为上季末月21日起至本季末月20日止，即结息时应把结息日当天计算在内，下季度的利息从结息日的次日开始算起。计息形式有两种，即计息余额表计息和明细账页上计息。

①计息余额表计息（加法计算法）。该方法适用于存款余额变动频繁的存款账户。采用该方法计算利息，农村合作金融机构会计部门每日营业终了，将各计息分户账的最后余额逐户抄列在计息余额表中，如当天的余额未发生变化或遇节假日，应照抄上日余额。如遇更正错账，应及时在计息余额表的“应加积数”或“应减积数”栏内进行调整。结息日，逐户将全季的累计积数乘以日利率，即得出各户应计利息数。

【例4－3】 某农村合作金融机构2010年6月20日对所有开户单位的基本存款账户的存款利用余额表计息。其中甲单位的计息余额表如表4－7所示，要求结计第二季度存款利息。

表4－7 **××农村信用社计息余额表**

2010年6月

科目名称：活期存款　　　　科目代号：　　　　利率：1.5‰

	甲单位 （位数）	（位数）	（位数）	（位数）	复核 盖章
上月底止累计应计息积数	10 333 841				
日期 ⋮ 10天小计 11	2 963 800				

续表

⋮ 20 天小计 21 ⋮	6 584 000				
本月合计（本月计息积数）	6 584 000				
应加积数	35 000				
应减积数					
本期累计应计息积数	16 952 841				
结息时计算利息数	847.64				
备注					

$$利息 = 积数 \times 日利率$$
$$= 16\ 952\ 841 \times (1.5‰ \div 30)$$
$$= 847.64（元）$$

②明细账页上计息（乘法计算法）。该方法适用于存款余额变动不多的存款户。在活期存款明细账采用乙种账格式时，由于账页上设有“日数”和“积数”两栏，因此在登记明细账结出余额后，可以直接计算出积数，填入“积数”栏。日数的计算是从上一次记账日期起算至本次记账日期的前一日止，即“算头不算尾”，再以上一次存款余额乘以日数，计算出计息积数。结息日将各明细账户的积数分别相加，计算出本季度累计积数。再将本季度累计积数乘以日利率，即可得出应付利息数。

【例 4－4】　某农村合作金融机构对乙单位活期存款采取在账页上计息。该单位分户账如表4－8所示，要求结计第一季度存款利息。

表 4－8　　**活期存款分户账**

账号：

户名：乙单位　　　　利率：0.36%

2010 年		摘要	借方	贷方	借或贷	余额	日数	积数
月	日							
3	1	承前页			贷	834 800	70	1 020 000
3	1	转收		86 000	贷	920 800	7	6 445 600
3	8	转收		2 800	贷	923 600	2	1 847 200
3	10	转付	1 500		贷	922 100	5	4 610 500
3	15	现付	5 800		贷	916 300	3	2 748 900
3	18	现收		2 600	贷	918 900	2	1 837 800
3	20	转付	35 000		贷	883 900	1	883 900
3	21	结息		193.94	贷	884 093.94	90	19 393 900

$$应付利息 = 19\ 393\ 900 \times 0.36\% \div 360 = 193.94（元）$$

（2）利息的核算。单位活期存款在结息日结息时，经办农村合作金融机构应逐户填制“活期存款利息清单”一式三联，第一联作借方记账凭证，第二联作贷方记账凭证，第三联加盖业务用公章交存款人。于结息日的次日将本次结计出的利息直接转入存款人账户。会计分录为：

借：利息支出——××存款利息支出户

　贷：单位活期存款——××单位存款户

2. 单位定期存款利息的计算与核算。

（1）利息的计算。单位定期存款利息按存入日中国人民银行颁布的利率计算，实行利随本清计息办法，其存期按对年、对月、对日计算（实付利息日数算至到期日前一天），不论大月、小月、平月、闰月，每月均按30天计算，全年按360天计算，不足一个月的零头天数按实存天数计算（算头不算尾）。公式为

$$利息=本金\times存期\times利率$$

①到期支取。按开户日所定的利率计付利息。

②逾期支取。逾期部分按支取日人民银行挂牌公告的活期存款利率计付利息。

③提前支取。按支取日挂牌公告的活期存款利率计息。

④部分提前支取。提前支取部分，按支取日人民银行挂牌公告活期存款利率计息；未提前支取部分，按原证实书开立日所定存款利率和原定存期计付利息。定期存款利率在原定存期内人民银行如有调整变动，均按开户日所定利率计付利息，不分段计息。

（2）利息的核算。为遵循权责发生制原则，农村合作金融机构对存期较长的如一年期以上的定期存款，应按季（有条件的如业务量较少的营业机构可按月）预提应付利息，记入当期成本。预提时应按定期存款利率分期限档次分别计算。其计算公式为

$$预提定期存款利息=定期存款季平均余额\times各档次月平均利率\times3$$

农村合作金融机构设置“应付利息”科目进行核算。“应付利息”为负债类科目，用来核算农村合作金融机构吸收的款项及各项借款当期应付未付的利息。计提应付利息时，记入贷方；实际支付利息时，记入借方；期末余额在贷方，表示已经预提尚待支付的利息。该科目应按存款种类进行明细分类核算。其会计分录为：

借：利息支出——××存款利息支出户

　贷：应付利息——应付××存款利息户

【例4－5】 2010年7月20日，某农村合作金融机构收到甲商厦交来过期15天的存单一张，金额96 000元，存期半年，年利率为1.98%，活期存款年利率为0.36%。要求将支取的本息转入活期存款户，审核无误，予以入账。

$$96\,000\times1.98\%\div2=950.40\text{（元）}$$

$$(96\,000+950)\times0.36\%\div360\times15=14.54\text{（元）}$$

$$950.40+14.54=964.94\text{（元）}$$

借：单位定期存款	96 000
利息支出	964.94
贷：单位活期存款	96 964.94

3. 单位通知存款利息的计算与核算。通知存款存入时由存款人选择一天或七天通知存款，农村合作金融机构按支取日挂牌公告的相应利率和实际存期计算利息，利随本清。

实际存期不足通知期限的按活期存款利率计算利息。最短通知期限为两天或八天。未提前通知而支取的以及已办理通知手续而提前支取或逾期支取的，支取部分按活期存款利率计算利息。

（二）储蓄存款利息的计算与核算

1. 活期储蓄存款利息的计算与核算。

（1）利息的计算。活期储蓄存款在利息的计算公式、计息的形式和计算方法上与单位活期存款相同。现实业务中，由计算机自动累加存款计息积数，结息或清户时将存款的累计未计息积数乘以结息日挂牌公告的活期储蓄利率，结出储户的利息。

活期储蓄存款，如遇利率调整，不分段计息，均以结息日挂牌公告的活期储蓄存款利率计付利息，每季末月的 20 日为结息日，结算利息一次，并入本金起息，元以下的尾数不计利息，未到结息日清户者，按清户日挂牌公告的活期储蓄利率算至清户前一日止。

（2）利息的核算。活期储蓄存款结息时，经办农村合作金融机构应填制“储蓄存款利息凭证”（见表 4－5），正联作记账凭证，回单加盖“业务用公章”交储户。会计分录为：

借：利息支出——××存款利息支出户

　　贷：个人活期存款——××存款人户

（3）利息税的相关规定。

①征收时间。1999 年 11 月 1 日起，根据国家规定对储蓄存款利息征收个人所得税，税率为 20%，公式为应付利息税＝应税利息×20%；2007 年 8 月 15 日，利息税税率下调为 5%；2008 年 10 月 9 日起暂时免征利息税。

②征收办法。向个人征收的利息所得税采取由农村合作金融机构向储户结付利息时代扣代交的办法。并根据计算结果分别编制转账借方传票和转账贷方传票入账。

③征收范围。包括本外币活期储蓄存款，整存整取、零存整取、整存零取、存本取息定期储蓄存款，定活两便、通知储蓄存款，银行卡储蓄存款，以及国家规定的其他应纳利息储蓄存款。

④免征范围。包括各类国库券、住房公积金、各类社会保险基金、教育储蓄专项存款以及国家规定免交利息税的其他专项储蓄存款。

⑤利息税的核算。农村合作金融机构设置“应缴代扣利息税”科目进行核算。“应缴代扣利息税”属负债类科目，用来核算农村合作金融机构应交纳的各种税费。发生应交纳的税费时，记入贷方；交纳税费时，记入借方；期末余额在贷方，表示应交未交的税费。

【例 4－6】 某农村合作金融机构 2005 年 12 月 20 日储户甲、乙、丙活期储蓄存款的积数分别为 5 800 000 元、8 500 000 元和 4 500 000 元，年利率为 0.72%，利息税税率为 20%，编制会计分录。

（1）提取应付储户活期储蓄利息，予以转账，会计分录为：

借：利息支出	376	
贷：个人活期存款——甲		116
——乙		170
——丙		90

（2）为税务部门代扣利息税，作分录如下：

借：个人活期存款——甲	23.20	
——乙	34.00	
——丙	18.00	
贷：应缴代扣利息税		75.20

2. 定期储蓄存款利息的计算与核算。

（1）整存整取定期储蓄存款利息的计算。

①到期支取。整存整取定期储蓄存款在原定存期内不论利率调高调低，均按存单开户日挂牌公告的相应定期储蓄存款利率计付利息，不分段计算。

②过期支取。整存整取定期储蓄存款过期支取，其原定存期部分，按到期支取计息方法计息，其超过原定存期的部分，除约定自动转存外，按支取日挂牌公告的活期储蓄利率计付利息。

③提前支取。未到期的整存整取定期储蓄存款，全部提前支取，按支取日挂牌公告的活期储蓄存款利率计付利息；部分提前支取的，部分按支取日挂牌公告的活期储蓄存款利率计付利息，其未提前支取部分，仍按原存单所定利率计付利息。

（2）零存整取定期储蓄存款利息的计算。

①到期支取。零存整取定期储蓄存款利息计算通常采用月积数计息法和固定基数计息法。

月积数计息法。这种方法是根据存款账每月余额计算出月积数，而后将月积数累计乘以月利率，即为应付利息。计算公式为

$$应计利息 =（首次余额 + 末次余额）\times 存款次数 \div 2 \times 月利率$$

【例 4－7】 甲储户 2010 年 1 月 1 日来农村合作金融机构存入一年期零存整取定期储蓄存款，每月存入 1 000 元，中途无漏存。开户日年利率为 2.25%，甲储户于 2011 年 1 月 1 日来农村合作金融机构支取，计算利息。

利息计算应为

$$应计利息 =（1\,000 + 12\,000）\times 12 \div 2 \times 2.25\% \div 12 = 146.25（元）$$

固定基数计息法。这种方法是按规定存期和利率先计算每元本金到期应付利息。存期根据等差级数求平均值的方法计算，公式为存期 =（首月 + 末月）/2。例如，一年档次的平均存期为 6.5 个月。再以此作为基数乘以存入金额的合计数，求出应付利息。计算公式为

$$应计利息 = 每元利息基数 \times 最后余额$$

每元利息基数＝［1元×（1＋存期月数）］÷2×月利率×最后余额

【例4－8】 同上例【例4－7】，采用固定基数计息法计算应计利息。

甲储户来农村合作金融机构支取时的应计利息为

应计利息＝［1×（1＋12）］÷2×2.25%÷12×12 000＝146.25（元）

②过期支取。过期部分的利息按支取日挂牌公告的活期利率计付利息。自到期日起每满一个月按存款余额的活期利率计算。计算公式为

过期利息＝本金×过期月数×活期月利率

③提前支取。按支取日挂牌公告的活期储蓄存款利率计息。计算公式为

应付利息＝本金×（实存月数＋1）÷2×利率

（3）存本取息定期储蓄存款利息的计算。

①到期支取。存本取息的利息计算应先按规定利率计算出应付利息总数，然后再根据取息次数计算出平均每次支取的利息数。计算公式为

本次支取利息数＝（本金×存期×利率）÷支取利息的次数

②提前支取。如果储户需要提前支取本金，则按定期储蓄存款提前支取的规定计算存期内利息，并扣回多支付的利息。计算公式为

应扣利息＝已付利息－（本金×实际存期×活期利率）

③过期支取。过期支取计算公式为

过期利息＝本金×过期天数×活期存款日利率

（4）整存零取定期储蓄存款利息的计算。

①到期支取。整存零取储蓄存款是一次存入，余额逐渐减少，而不是固定本金。因此，其利息计算可比照零存整取储蓄存款采用月积数计息法。而计息的有关规定与整存整取相同。计算公式为

应付利息＝（全部本金＋每期支取本金）÷2×存期月数×月利率

【例4－9】 乙储户2010年3月5日来农村合作金融机构存入一年期整存零取定期储蓄存款本金24 000元，每月支取2 000元，年利率1.71%。乙储户于2011年3月5日到期支取，计算应付利息。

到期应付利息计算为

应计利息＝（24 000＋2 000）÷2×12×1.71%÷12＝222.30（元）

②过期支取。过期利息＝最后一次本金×过期天数×活期日利率

③提前支取。储户提前支取，其利息按已支付各次本金的实际存期及未支取本金实际存期的活期利率计算。

农村合作金融机构对于存期较长的如一年以上的定期储蓄存款，也要按季预提应付利息，其计算公式和核算方法与单位定期存款相同。

3. 定活两便储蓄存款利息的计算。定活两便储蓄存款是一种不确定存款期限的储蓄存款种类，存期不足三个月的，按支取日挂牌公告的活期储蓄利率计付利息；存期三个月（含）以上不满半年的，利息按支取日整存整取定期储蓄存款三个月利率打六折计算；存期半年（含）以上不满一年的按支取日整存整取定期储蓄存款半年期利率打六折

计算；存期在一年（含）以上的，无论存期多长，整个存期一律按支取日整存整取定期储蓄存款一年期利率打六折计算，上述各档次均不分段计息。

4. 个人通知存款利息的计算。实际存期不足通知期限的，按活期存款利率计息；未提前通知而支取的，支取部分按活期存款利率计息；已办理通知手续而提前支取或逾期支取的，支取部分按活期存款利率计息；支取金额不足或约定金额不足或超过部分按活期存款利率计息。

5. 教育储蓄利息的计算。教育储蓄实行利率优惠，有“证明”的教育储蓄存款一年期、三年期教育储蓄按开户日同期同档次整存整取定期储蓄存款利率计息；六年期按开户日五年期整存整取定期储蓄存款利率计息。没有“证明”的教育储蓄存款一年期、三年期教育储蓄按开户日同期同档次零存整取定期储蓄存款利率计息；六年期按开户日五年期零存整取定期储蓄存款利率计息。中途如遇利率调整，以开户日利率为准。

复习思考题

1. 单位活期存款账户有哪些种类？
2. 活期存款怎样结计利息？有哪两种计息形式？
3. 什么是单位定期存款？单位定期存款的利息是如何结计的？
4. 试述单位活期存款存取款业务的核算手续。
5. 我国的储蓄政策和原则是如何规定的？
6. 个人储蓄存款有哪些主要种类？
7. 如何计算活期储蓄存款的利息？其核算手续如何？

第五章　其他负债业务核算

本章概要

负债是指过去的交易、事项形成的现时义务，履行该义务预期会导致经济利益流出企业。负债一般是按负债的偿还期长短进行分类的，分为流动负债和非流动负债等。

本章主要介绍应付职工薪酬、应交税费、应付利息、应付股利、其他应付款等其他流动负债的核算，以及长期借款、应付债券、长期应付款等非流动负债的核算。

要点提示

职工在职期间和离职后提供给职工的全部货币性薪酬和非货币性福利，应设置“应付职工薪酬”科目核算和反映。

农村合作金融机构按照《税法》规定计算应交纳的各种税费，应设置“应交税费”科目核算和反映。

农村合作金融机构应设置“长期借款”科目，核算和反映各项长期借款，按借款单位和借款种类，分别以“本金”、“利息调整”等进行明细核算。资产负债表日，应按摊余成本和实际利率计算确定长期借款的利息费用。

农村合作金融机构应设置“应付债券”科目，核算和反映为筹集长期资金而发行债券的本金和利息，“应付债券”科目按“面值”、“利息调整”、“应计利息”等进行明细核算。

农村合作金融机构应设置“长期应付款”科目，核算和反映除长期借款和应付债券以外的其他各种长期应付款，如应付融资租入固定资产的租赁费等。

本章架构图

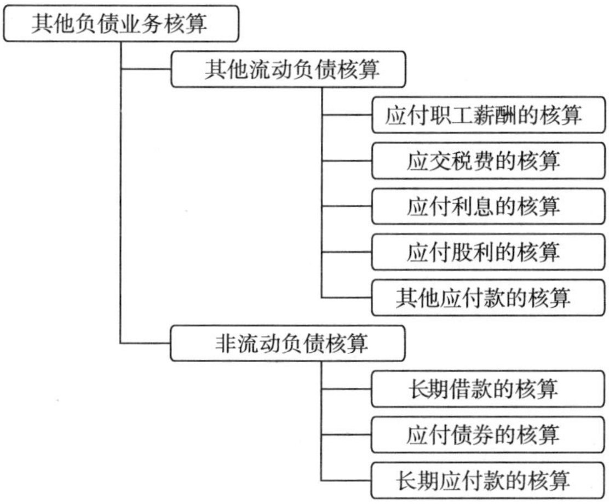

第一节 其他流动负债核算

流动负债是指将于一年（含一年）或超过一年的一个营业周期内偿还的债务，除上一章阐述的各项存款、应解汇款、汇出汇款、向中央银行借款、同业存放款项、系统内存放款项、同业拆入资金、系统内拆入资金外，农村合作金融机构的流动负债还包括应付职工薪酬、应交税费、应付利息、应付股利、其他应付款等其他流动负债。

一、应付职工薪酬的核算

应付职工薪酬是指农村合作金融机构为获得职工提供的服务而给予各种形式的报酬以及其他相关支出，包括职工在职期间和离职后提供给职工的全部货币性薪酬和非货币性福利。农村合作金融机构提供给职工配偶、子女或其他被赡养人的福利等也属于职工薪酬。具体包括：（1）职工工资、奖金、津贴和补贴；（2）职工福利费；（3）医疗保险费、养老保险费、失业保险费、工伤保险费和生育保险费等社会保险费；（4）住房公积金；（5）工会经费和职工教育经费；（6）非货币性福利；（7）因解除与职工的劳动关系给予的补偿；（8）其他与获得职工提供的服务相关的支出。

农村合作金融机构应设立“应付职工薪酬”科目进行职工薪酬的核算，同时本科目应当按照“工资”、“职工福利”、“社会保险费”、“住房公积金”、“工会经费”、“职工教育经费”、“解除职工劳动关系补偿”等应付职工薪酬项目进行明细核算。本科目属负债类，余额在贷方，反映本机构应付未付的职工薪酬。本科目在资产负债表中归属“应付职工薪酬”项目。

发生职工薪酬时，借记“业务及管理费”科目，贷记“应付职工薪酬”科目。发放职工薪酬，按应付职工薪酬总额，借记“应付职工薪酬”科目，贷记有关科目。

【例5－1】 某农村合作金融机构2010年11月发生工资总额84 000元，该农村合作金融机构职工住房公积金由农村合作金融机构负担50%，职工个人负担50%，农村合作金融机构按照职工工资总额的10%为职工交纳住房公积金，职工个人负担部分由农村合作金融机构代扣代缴。

（1）核算工资时：

借：业务及管理费	84 000	
贷：应付职工薪酬——工资		84 000

（2）核算住房公积金时：

本期农村合作金融机构应计提住房公积金＝84 000×10%＝8 400（元），应由职工个人支付的8 400元由农村合作金融机构代扣代缴。

借：应付职工薪酬——工资	8 400	
业务及管理费	8 400	
贷：其他应付款——应交住房公积金		16 800

（3）本期支付工资时：

实际应向职工支付84 000－8 400＝75 600（元）

借：应付职工薪酬工资　　75 600

　贷：存放中央银行款项　　75 600

（4）本期交纳住房公积金时：

借：其他应付款——应交住房公积金　　16 800

　贷：存放中央银行款项　　16 800

【例5－2】 某农村合作金融机构的工会经费以工资总额为基数，其计提比例为2%。职工教育经费以工资总额为基数，其计提比例为1.5%。该农村合作金融机构2010年的工资总额为100 000元。相关会计处理如下：

（1）提取工会经费时：

借：业务及管理费　　2 000

　贷：应付职工薪酬——工会经费　　（100 000×2%）　2 000

（2）提取职工教育经费时：

借：业务及管理费　　1 500

　贷：应付职工薪酬——职工教育经费　　（100 000×1.5%）1 500

【例5－3】 某农村合作金融机构因和一些管理人员解除劳动关系而给予补偿费用6万元，则相关的账务处理为：

借：业务及管理费　　60 000

　贷：应付职工薪酬——解除职工劳动关系补偿　　60 000

二、应交税费的核算

农村合作金融机构在一定时期内取得的营业收入、实现的利润，要按照规定向国家交纳各种税金、教育费附加等，按照权责发生制原则的要求，这些应交的税费，应当提前计入有关科目。这些应交的税款在尚未交纳之前暂时留在农村合作金融机构，形成农村合作金融机构的一项负债。

农村合作金融机构应设置“应交税费”科目，用于核算和反映农村合作金融机构按照《税法》规定计算应交纳的各种税费，包括应交营业税、城市维护建设税、教育费附加、所得税等。代扣代交的个人所得税等，也在本科目核算。本科目可按应交的税费项目进行明细核算。“应交税费”科目属负债类，期末贷方余额，反映企业尚未交纳的税费。“应交税费”科目在资产负债表中归属“应交税费”项目。

（一）应交营业税、城市维护建设税、教育费附加的核算

营业税是以纳税人从事经营活动的营业额（销售额）为课税对象的税种。城市维护建设税是国家为加强城市维护建设，扩大和稳定城市维护建设的资金来源而开征的税种，该税以纳税人实际缴纳的消费税、增值税、营业税税额为纳税依据，并按规定税率计算征收，税率为市区7%，县、镇5%，市区、县、镇以外1%。教育费附加是国家为了发展地方教育事业而随同“三税”同时征收的一种附加费，严格来说不属于税收的范畴，但由于同城市维护建设税类似，因此，也可以视同税款进行核算。教育费附加征收

对象、计费依据、计算方法和征收管理与城市维护建设税相同。

农村合作金融机构按规定计算应交的营业税、城市维护建设税、教育费附加等，应借记“营业税金及附加”科目，贷记“应交税费”科目。

【例5-4】 某农村合作金融机构按《税法》规定计算本期应交纳营业税3 000元，应交城市维护建设税100元，应交教育费附加200元。应编制会计分录如下：

借：营业税金及附加　　3 300

　贷：应交税费——应交营业税　　3 000

　　　　　　——应交城市维护建设税　　100

　　　　　　——应交教育费附加　　200

（二）出售不动产应交营业税的核算

出售不动产计算应交的营业税，借记“固定资产清理”科目，贷记“应交税费”科目。

【例5-5】 某农村合作金融机构出售一栋办公楼，原价16 000 000元，已提折旧11 000 000元，出售所得收入9 000 000元，支付清理费50 000元，该办公楼已清理完毕，营业税税率5%，其会计处理如下：

（1）销售建筑物，结转净值和已提折旧时：

借：固定资产清理　　5 000 000

　　累计折旧　　11 000 000

　贷：固定资产　　16 000 000

（2）收到出售办公楼款项时：

借：存放中央银行款项　　9 000 000

　贷：固定资产清理　　9 000 000

（3）发生固定资产清理费用时：

借：固定资产清理　　50 000

　贷：银行存款　　50 000

（4）按销售额计算营业税时：

$$应交营业税 = 9\ 000\ 000 \times 5\% = 450\ 000（元）$$

借：固定资产清理　　450 000

　贷：应交税费——应交营业税　　450 000

（5）结转销售不动产的净收益：

借：固定资产清理　　3 500 000

　贷：营业外收入——清理固定资产净收益　　3 500 000

（三）应交房产税、土地使用税和车船使用税的核算

房产税是以房产余值或房屋租金为计税依据征收的一种财产税。车船使用税是对行驶于公共道路上的车辆和航行于国内河流、湖泊和领海口岸的船舶，按其种类、吨位征收的一种行为税，按年计征，分期缴纳。土地使用税是以城镇土地为征税对象，按实际占用土地面积向使用土地的单位和个人征收的一种税。

农村合作金融机构按规定计算应交的房产税、车船使用税、土地使用税，借记“业务及管理费”科目，贷记“应交税费”科目。

（四）应交所得税的核算

农村合作金融机构按照税法规定计算应交的企业所得税，借记“所得税费用”科目，贷记“应交税费”科目。

农村合作金融机构按规定计算的应代扣代缴的职工个人所得税，借记“应付职工薪酬”科目，贷记“应交税费”（应交个人所得税）科目。

（五）实际交纳税费的核算

实际交纳各项税费时，借记“应交税费”科目，贷记“存放中央银行款项”或有关科目。

【例5－6】 假设农村合作金融机构实际交纳各种税金50 000元。

借：应交税费　　50 000

　贷：存放中央银行款项　　50 000

三、应付利息的核算

农村合作金融机构应设置“应付利息”科目，用于核算和反映按照合同约定应支付的利息，包括吸收的各种存款、同业往来、拆入资金及卖出回购资产等应计提的当期应付利息。本科目可按存款人或债权人进行明细核算。“应付利息”科目属负债类，余额在贷方，反映本机构应付未付利息。本科目在资产负债表中归属“应付利息”项目。

资产负债表日，应按摊余成本和实际利率计算确定的利息费用，借记“利息支出”等科目，按合同利率计算确定的应付未付利息，贷记“应付利息”科目，按其差额，借记或贷记“××存款——利息调整”等科目。

合同利率与实际利率差异较小的，也可以采用合同利率计算确定利息费用。

实际支付利息时，借记“应付利息”科目，贷记有关科目。

四、应付股利的核算

农村合作金融机构应设置“应付股利”科目，用于核算和反映其分配的现金股利或利润。本科目可按投资者进行明细核算。“应付股利”科目属负债类，余额在贷方，反映本机构应付未付的现金股利或利润。本科目在资产负债表中归属“应付股利”项目。

根据股东大会或类似机构审议批准的利润分配方案，按应支付的现金股利或利润，借记“利润分配”科目，贷记“应付股利”科目。实际支付现金股利或利润时，借记“应付股利”科目，贷记有关科目。

董事会或类似机构通过的利润分配方案中拟分配的现金股利或利润，不作账务处理，但应在附注中披露。

五、其他应付款的核算

农村合作金融机构除应付职工薪酬、应交税费、应付利息、应付股利、长期应付款等以外，还会发生一些其他各项应付和暂收的款项，应设置“其他应付款”科目进行核算和反映。“其他应付款”科目可按其他应付款的项目和对方单位（或个人）进行明细核算。本科目属负债类，余额在贷方，反映本机构应付未付的其他应付款。本科目在资产负债表中归属“其他应付款”项目。

发生各种应付、暂收款项，借记营业费用等科目，贷记“其他应付款”科目；支付各种应付、暂收款项，借记“其他应付款”科目，贷记“存放中央银行款项”或有关科目。

第二节　非流动负债核算

非流动负债是指偿还期在一年或者超过一年的一个营业周期以上的负债，农村合作金融机构的非流动负债主要包括长期借款、应付债券、长期应付款等。

一、长期借款的核算

长期借款是指农村合作金融机构借入的期限在一年（不含一年）以上的各项长期借款（向人民银行借款除外）。

农村合作金融机构应设置“长期借款”科目核算和反映各项长期借款，本科目可按借款单位和借款种类，分别“本金”、“利息调整”等进行明细核算。“长期借款”科目属负债类，余额在贷方，反映本机构尚未归还的长期借款。“长期借款”科目在资产负债表中归属“其他负债”项目。

1. 借入长期借款时，应按实际收到的金额，借记“存放中央银行款项”科目，贷记“长期借款——本金”科目。如有差额，还应借记“长期借款——利息调整”科目。

2. 资产负债表日，应按摊余成本和实际利率计算确定的长期借款的利息费用，借记“金融机构往来支出”等有关科目，按合同利率计算确定的应付未付利息，贷记“应付利息”科目，按其差额贷记“长期借款——利息调整”科目。

实际利率与合同利率差异较小的，也可采用合同利率确定利息费用。

3. 归还的长期借款本金，借记“长期借款——本金”科目，贷记“存放中央银行款项”科目。同时，存在利息调整余额的，借记或贷记有关科目，借记或贷记“长期借款——利息调整”科目。

【例 5－7】　某农村合作金融机构取得长期借款 300 000 元，期限为 3 年，年利率为 10%，按复利计算，每年计息一次，到期一次归还本息。

（1）取得借款时：

借：存放中央银行款项　　300 000

　贷：长期借款——本金　　300 000

（2）第一年末计息时：

$$第一年的利息 = 300\ 000 \times 10\% = 30\ 000（元）$$

借：金融机构往来支出　　30 000

贷：长期借款——利息调整 30 000

（3）第二年末计息时：

第二年的利息 =（300 000 + 30 000）×10% = 33 000（元）

借：金融机构往来支出 33 000

贷：长期借款——利息调整 33 000

（4）第三年末计息时：

第三年的利息 =（330 000 + 33 000）×10% = 36 300（元）

借：金融机构往来支出 36 300

贷：长期借款——利息调整 36 300

（5）到期偿还本息时：

三年累计利息 = 30 000 + 33 000 + 36 300 = 99 300（元）

应归还本利和 = 300 000 + 99 300 = 399 300（元）

借：长期借款——本金 300 000

——利息调整 99 300

贷：存放中央银行款项 399 300

二、应付债券的核算

应付债券是指农村合作金融机构为筹集可供长期使用的资金而实际发行的一种书面凭证。通常应付债券的发行期限在一年以上，从而构成了企业的一项长期负债。

农村合作金融机构应设置“应付债券”科目，用于核算和反映农村合作金融机构为筹集长期资金而发行债券的本金和利息。发行一年期及一年期以内的短期债券，在“交易性金融负债”科目核算，不在“应付债券”科目核算。农村合作金融机构发行的可转换公司债券，应将负债和权益成分进行分拆，分拆后形成的负债成分在本科目核算。“应付债券”科目可按“面值”、“利息调整”、“应计利息”等进行明细核算。“应付债券”科目属负债类，余额在贷方，反映本机构尚未偿还的长期债券摊余成本。“应付债券”科目在资产负债表中归属“应付债券”项目。

1. 发行债券，应按实际收到的金额，借记有关科目，按债券票面金额，贷记“应付债券——面值”科目，存在差额的，借记或贷记“应付债券——利息调整”科目。

2. 发行的可转换公司债券，应按实际收到的金额，借记有关科目，按该项可转换公司债券包含的负债成分的面值，贷记“应付债券”（可转换公司债券——面值）科目，按权益成分的公允价值，贷记“资本公积——其他资本公积”科目，按其差额，借记或贷记“应付债券——利息调整”科目。

3. 资产负债表日，对于分期付息、一次还本的债券，应按摊余成本和实际利率计算确定的债券利息费用，借记“利息支出”等科目，按票面利率计算确定的应付利息，贷记“应付利息”科目，按其差额，借记或贷记“应付债券——利息调整”科目。

4. 对于一次还本付息的债券，应于资产负债表日按摊余成本和实际利率计算确定的债券利息费用，借记“利息支出”等科目，按票面利率计算确定的应付利息，贷记“应付债券——应计利息”科目，按其差额，借记或贷记“应付债券——利息调整”科目。

实际利率与票面利率差异较小的，也可以采用票面利率计算确定利息费用。

5. 长期债券到期，支付债券本息，借记“应付债券——面值、应计利息”、“应付利息”等科目，贷记有关科目。同时，存在利息调整余额的，借记或贷记“应付债券——利息调整”科目，贷记或借记“利息支出”等科目。

6. 可转换公司债券持有人行使转换权利，将其持有的债券转换为股票，按可转换公司债券的余额，借记“应付债券”（可转换公司债券——面值、利息调整）科目，按其权益成分的金额，借记“资本公积——其他资本公积”科目，按股票面值和转换的股数计算的股票面值总额，贷记“实收资本（股本）”科目，按其差额，贷记“资本公积——股本溢价”科目，如用现金支付不可转换股票的部分，还应贷记有关科目。

7. 农村合作金融机构应当设置“债券备查簿”，详细登记本机构债券的票面金额、债券票面利率、还本付息期限与方式、发行总额、发行日期和编号、委托代售单位、转换股份等资料。本机构债券到期兑付，在备查簿中应予注销。

【例5-8】 假设某农村合作金融机构于2008年1月1日发行总面值为800 000元、票面利率为10%、5年期的债券，用于经营周转。债券利息在每年6月30日与12月31日支付。该债券发行时的实际利率等于票面利率10%。

本例中，由于利息是每半年支付一次，因而计算现值应以半年为复利期，年利率也相应换算为半年利率。经查资金时间价值系数表可知，期数为10，利率为5%的1元复利现值系数为0.613915，期数为10、利率为5%的1元年金现值系数为7.7217，计算如下：

（1）到期偿还面值的现值 = 800 000 × 复利现值系数 = 800 000 × 0.613915 = 491 132（元）

（2）各期利息的现值 = 40 000 × 年金现值系数 = 40 000 × 7.7217 = 308 868（元）

（3）债券的现值（发行价格） = 491 132 + 308 868 = 800 000（元）

由于债券的现值等于面值，因此按面值发行。发行时应编会计分录如下：

借：存放中央银行款项　　800 000

　贷：应付债券——面值　　800 000

（1）2008年6月30日支付利息时：

借：利息支出　　40 000

　贷：存放中央银行款项　　40 000

（2）2008年12月31日支付利息时：

借：利息支出　　40 000

　贷：存放中央银行款项　　40 000

以后各年的账务处理相同。

【例5-9】 假设【例5-8】中，债券的实际利率为8%，其他条件不变。则债券的发行价格可计算如下：

（1）到期偿还面值的现值 = 800 000 × 复利现值系数 = 800 000 × 0.67556 = 540 448（元）

（2）各期利息的现值 =40 000 × 年金现值系数 =40 000 ×8. 11090 =324 436（元）

（3）债券的发行价格 =540 448 +324 436 =864 884（元）

对于分期付息债券而言，当债券的市场利率低于票面利率时，债券的发行价格一定大于债券的面值，两者之差为债券溢价。本例债券溢价为 864 884 - 800 000 = 64 884（元）。

债券溢价发行时，应编制会计分录如下：

借：存放中央银行款项　　864 884
　贷：应付债券——面值　　800 000
　　　　　　——利息调整　　64 884

如果债券按溢价发行，则不能简单地按各期票面利息来确认利息费用，而必须将应付债券溢价按实际利率法在各期摊销，以调整各期应确认的利息费用。各期溢价摊销额等于实付利息减去利息费用。

【例 5 -10】　以【例 5 -9】资料为例，该农村合作金融机构溢价发行债券之后，采用实际利率法摊销债券溢价。根据有关资料，可编制债券溢价摊销表，详见表 5 -1。

根据溢价摊销表，第一期记录利息费用，应编制会计分录如下：

借：利息支出　　34 595
　　应付债券——利息调整　　5 405
　贷：存放中央银行款项　　40 000

以后各期的分录只是金额有所不同。

表 5 -1　　债券溢价摊销表（实际利率法）

期次（半年）	实付利息（1）	利息费用（2）	溢价摊销（3）	未摊销溢价（4）	账面价值（5）
	面值 ×5%	期初（5） ×4%	（1） -（2）	期初（4） -（3）	面值 +（4）
发行时				64 884	864 884
1	40 000	34 595	5 405	59 479	859 479
2	40 000	34 379	5 621	53 858	853 858
3	40 000	34 154	5 846	48 012	848 012
4	40 000	33 920	6 080	41 932	841 932
5	40 000	33 677	6 323	35 609	835 609
6	40 000	33 424	6 576	29 033	829 033
7	40 000	33 161	6 839	22 194	822 194
8	40 000	32 888	7 112	15 082	815 082
9	40 000	32 603	7 397	7 685	807 685
10	40 000	32 315 *	7 685 *	0	800 000

注：* 含尾差调整。

表 5 -1 显示随着溢价的摊销，债券账面价值逐期减少，在最后一期溢价摊销之后等于债券面值。同时，各期确认的利息费用也逐渐减少。

发行的债券到期时，其溢价可摊销完毕。在支付了最后一期的利息之后，偿还债券的数额就是到期债券的面值总额。借记“应付债券——面值”、“应付债券——应计利息”等科目，贷记“存放中央银行款项”等科目。

三、长期应付款的核算

长期应付款是指农村合作金融机构除长期借款和应付债券以外的其他各种长期应付款，如应付融资租入固定资产的租赁费等。农村合作金融机构应设置“长期应付款”科目，用于核算和反映其除长期借款和发行债券以外的其他各种长期应付款项。“长期应付款”科目可按长期应付款的种类和债权人进行明细核算。“长期应付款”科目属负债类，余额在贷方，反映本机构应付未付的长期应付款。“长期应付款”科目在资产负债表中归属“其他负债”项目。

1. 融资租入固定资产，按应支付的融资租赁费，借记“固定资产”（不需安装）或“在建工程”（需要安装）科目，贷记“长期应付款”科目。支付融资租赁费时，借记“长期应付款”科目，贷记有关科目。

2. 长期应付款的利息支出和有关费用，除与购建固定资产有关的，在固定资产尚未交付使用或者虽已投入使用但尚未办理竣工决算之前发生的，计入有关固定资产的购建成本外，其他利息和有关费用计入当期损益。

3. 融资租入的固定资产，在租赁期开始日，按应计入固定资产成本的金额（租赁开始日租赁资产公允价值与最低租赁付款额现值两者中较低者，加上初始直接费用），借记“在建工程”或“固定资产”科目，按最低租赁付款额，贷记“长期应付款”科目，按发生的初始直接费用，贷记有关科目，按其差额，借记“未确认融资费用”科目。

4. 购入有关资产超过正常信用条件延期支付价款、实质上具有融资性质的，应按购买价款的现值，借记“固定资产”、“在建工程”等科目，按应支付的金额，贷记“长期应付款”科目，按其差额，借记“未确认融资费用”科目。

采用实际利率法分期摊销未确认融资费用，借记“业务及管理费”、“在建工程”等科目，贷记“未确认融资费用”科目。

这里特别要说明的是“未确认融资费用”科目是专门用于核算和反映农村合作金融机构应当分期计入利息费用的未确认融资费用。“未确认融资费用”科目可按债权人和长期应付款项目进行明细核算。“未确认融资费用”科目属负债类，余额在借方，反映本机构未确认融资费用的摊余价值。“未确认融资费用”科目在资产负债表中归属“其他负债”项目。

复习思考题

1. 应付职工薪酬包括哪些内容？如何核算？
2. 农村合作金融机构的非流动负债包括哪些内容？
3. 农村合作金融机构的应交税费应当如何进行会计核算？
4. 农村合作金融机构发行的长期债券如何进行会计核算？
5. 长期应付款科目核算哪些内容？

第六章　所有者权益核算

本章概要

所有者权益是指农村合作金融机构的所有者（入股社员）对农村合作金融机构净资产的所有权。所有者权益亦称产权、资本。所有者权益来源于所有者投入的资本、直接计入所有者权益的利得和损失、留存收益、一般风险准备等。直接计入所有者权益的利得和损失，是指不应计入当期损益、会导致所有者权益发生增减变动的、与所有者投入资本或向所有者分配利润无关的利得或损失。从会计角度来讲，所有者权益是农村合作金融机构资产总额减去负债总额后的净值，是农村合作金融机构资产扣除负债后由入股社员享有的剩余权益。所有者权益可分为实收资本（股本）、资本公积和留存收益三类。

要点提示

农村合作金融机构收到投资者投入的资本，其注册资本的部分贷记“实收资本（或股本）”科目，超过注册资本的部分，贷记“资本公积”科目。

资本公积属于准资本，归全体股东享有，可以转增资本。资本公积一般包括：资本溢价（或股本溢价）和直接计入所有者权益的利得和损失。

库存股只能引起股东权益的增减，而不能为企业创造收益或带来损失，在资产负债表中归属“资本公积”科目。

留存收益则来源于经营活动形成的资本增值，主要包括盈余公积和未分配利润两类。农村合作金融机构的盈余公积包括法定盈余公积和任意盈余公积，主要用于弥补亏损、发放现金股利或利润、转增资本等。

农村合作金融机构应从税后净利润中提取一般风险准备。利润分配完毕，应将“利润分配”科目下的其他明细科目余额转入“利润分配”科目下的“未分配利润”科目。

本章架构图

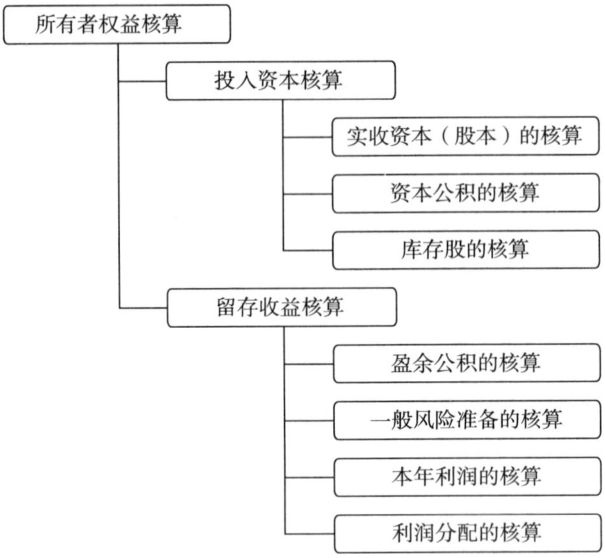

第一节　投入资本核算

农村合作金融机构要从事经营活动，就要具备一定的物质条件，要有营业场所、办公设备等。这就要求在开业之前，必须拥有足够的资金，为经营准备必要的条件。农村合作金融机构作为经营货币资金的特殊企业，其资金来源明显不同于一般的企业，负债占资金来源的比例较高。这就决定了农村合作金融机构在经营中为了保护客户的利益，必须保持足够的资本金。农村合作金融机构资本金的多少标志着农村合作金融机构资金实力是否雄厚，也反映农村合作金融机构承担风险能力的大小。筹集足够的资本金，还可以在资产遭受损失、以收益抵补不足时，用资本金进行弥补，从而保护存款人的利益。可见，资本金是农村合作金融机构最原始的资金来源，是农村合作金融机构设立和经营的前提，也是农村合作金融机构抵御风险、稳健经营的重要条件。

《中华人民共和国企业法人登记管理条例》也明确规定，投资者设立企业必须具备符合国家规定并与其生产经营和服务规模相适应的资金数额，即投资者投入的资本金必须达到最低规定数额。

注册资本也称法定资本，是登记注册时经工商主管部门批准的资本数额。实收资本是指实际收到的投资者投入的资本总额。我国目前实行的是注册资本金制度，要求企业的实收资本与其注册资本相一致。因此，实收资本是农村合作金融机构在工商行政管理部门登记的，由投资者以实现盈利和社会效益为目的，用以进行经营活动，承担有限民事责任而投入的资金。

知识链接

《中华人民共和国中国人民银行法》、《农村信用合作社管理规定》、《农村信用合作社县级联合社管理规定》、《关于规范向农村合作金融机构入股的若干意见》、《合作金融机构行政许可事项实施办法》、《农村中小金融机构行政许可事项实施办法》等相关法规中关于农村合作金融机构注册资本的有关规定。

一、实收资本（股本）的核算

农村合作金融机构为核算和反映其实际收到投资人投入的资本，应设置“实收资本”科目进行核算，该科目为贷方余额，表示农村合作金融机构资本金的实有数额。农村合作金融机构实行股份制后也可设置“股本”科目对股东投入的资本金进行核算。“实收资本（股本）”科目可按投资者进行明细核算，本科目属所有者权益类，余额在贷方，反映本机构实收资本或股本总额。本科目在资产负债表中归属“实收资本（股本）”项目。收到投资者出资超过其在注册资本或股本中所占份额的部分，作为资本溢价或股本溢价，在“资本公积”科目核算。

（一）接受投资者投入的资本

农村合作金融机构接受投资者投入资本时，按实际收到的款项借记“存放中央银行款项”或有关科目，按其在注册资本或股本中所占份额贷记“实收资本”或“股本”科目，按其差额贷记“资本公积——资本溢价或股本溢价”科目。

【例6－1】　某农村合作金融机构收到投资者投资100万元。该公司应作会计处理如下：

借：存放中央银行款项	1 000 000	
贷：实收资本（股本）		1 000 000

（二）分配股票股利增加的资本

股东大会批准的利润分配方案中分配的股利，应在办理增资手续后借记“利润分配”科目，贷记“实收资本（股本）”科目。经股东大会决议，用资本公积转增资本，借记“资本公积”科目，贷记“实收资本（股本）”科目。

（三）可转换公司债券转换为股票

农村合作金融机构可转换公司债券持有人行使转换权利，将其持有的债券转换为股票，按可转换公司债券的余额，借记“应付债券——可转换公司债券——面值”科目，借记或贷记“应付债券——可转换公司债券——利息调整”科目；按其权益成分的金额，借记“资本公积——其他资本公积”科目；按股票面值和转换的股数计算的股票面值总额，贷记“实收资本（股本）”科目；按其差额，贷记“资本公积——股本溢价”科目。如用现金支付不可转换股票的部分，还应贷记“存放中央银行款项”等科目。

（四）债务转为资本

农村合作金融机构将重组债务转为资本的，按重组债务的账面余额，借记有关科目，按债权人因放弃债权而享有本机构股份的面值总额贷记“实收资本（股本）”科目，按股份的公允价值总额与相应的实收资本或股本之间的差额贷记或借记“资本公积——

资本溢价或股本溢价”科目，按其差额贷记“营业外收入——债务重组利得”科目。

（五）股份支付

农村合作金融机构以权益结算的股份支付换取职工或其他方提供服务的，应在行权日，根据实际行权情况确定的金额，借记“资本公积——其他资本公积”科目，按应计入实收资本或股本的金额贷记“实收资本（股本）”科目。

（六）减少注册资本

农村合作金融机构按法定程序报经批准减少注册资本时，借记“实收资本（股本）”科目，贷记“现金”或有关科目。

二、资本公积的核算

资本公积是指由投资者或其他人（单位）投入，所有权归属于投资者，但不构成实收资本或股本的那部分资本或者资产。资本公积从形成来源看，是投资者投入的资本金额中超过注册资本或股本中所占份额的部分。包括资本（股本）溢价、直接计入所有者权益的利得和损失等。资本公积是所有者权益的组成部分，但又有别于实收资本或股本，属于准资本或附属资本，归全体股东享有。资本公积可以转增资本，即按各个股东在实收资本中所占的投资比例，分别转增各个股东的投资金额。

资本公积的内容一般包括：资本溢价（股本溢价）和直接计入所有者权益的利得和损失。资本溢价（股本溢价）是指企业投资者出资超过其注册资本或股本中所占份额的部分。形成资本溢价的原因主要有溢价发行股票、投资者超额缴入资本等。直接计入所有者权益的利得和损失是指不应计入当期损益、会导致所有者权益发生增减变动的，与所有者投入资本或向所有者分配利润无关的利得或者损失。

农村合作金融机构为核算和反映其收到投资者出资额超出其注册资本或股本中所占份额的部分以及资本公积的增减变动情况，应设置“资本公积”科目。直接计入所有者权益的利得和损失，也通过“资本公积”科目核算。“资本公积”科目应当分别“资本溢价（股本溢价）”、“其他资本公积”进行明细核算。“资本公积”科目属所有者权益类，余额在贷方，反映本机构的资本公积。“资本公积”科目在资产负债表中归属“资本公积”项目。

（一）因投资产生的资本公积

接受投资者投入资本，因资本溢价产生的资本公积，借记有关科目，贷记“实收资本（股本）”、“资本公积——资本溢价”科目。资本（股本）溢价是投资者缴付企业的出资额大于该所有者在企业注册资本中所占份额的数额。

【例6－2】 假设某农村合作金融机构由甲、乙、丙三位股东各投资500 000元人民币设立，设立时实收资本为1 500 000元。经过几年的经营，该农村合作金融机构的留存收益为900 000元，现有投资者丁要投资入股。经协商，丁出资800 000元，享有与甲、乙、丙三位股东同等的权利。该农村合作金融机构收到投资者丁出资时会计处理如下：

借：存放中央银行款项　　800 000

贷：实收资本（股本） 500 000

资本公积——资本（股本）溢价 300 000

按规定资本公积可用于转增资本。但不是所有的资本公积项目都可以转为资本，资本公积中的有关准备项目不能直接用于转增资本。

经股东大会或类似机构决议，用资本公积转增资本时，借记“资本公积——资本（股本）溢价”科目，贷记“实收资本（股本）”科目。

【例6-3】 某农村合作金融机构经批准将资本公积300 000元转增资本。其会计处理如下：

借：资本公积——资本（股本）溢价 300 000

贷：实收资本（股本） 300 000

（二）被投资单位所有者权益变动产生的资本公积

长期股权投资采用权益法核算，在持股比例不变的情况下，被投资单位除净损益以外所有者权益的其他变动，按持股比例计算应享有的份额，借记或贷记“长期股权投资——其他权益变动”科目，贷记或借记“资本公积——其他资本公积”科目。

【例6-4】 某农村合作金融机构持有甲公司40%的股份，采用权益法对长期股权投资进行核算。2009年甲公司资本公积增加500 000元，该农村合作金融机构享有的份额为200 000元。该农村合作金融机构有关会计处理如下：

借：长期股权投资——其他权益变动 200 000

贷：资本公积——其他资本公积 200 000

处置采用权益法核算的长期股权投资，还应结转原计入资本公积的相关金额，借记或贷记“资本公积——其他资本公积”科目，贷记或借记“投资收益”科目。

（三）股份支付产生的资本公积

以权益结算的股份支付换取职工或其他方提供服务的，应按照确定的金额，借记“业务及管理费”科目，贷记“资本公积”科目。

在行权日，应按实际行权的权益工具数量计算确定的金额，借记“资本公积——其他资本公积”科目，按计入实收资本的金额，贷记“实收资本（股本）”科目，按其差额，贷记“资本公积——资本（股本）溢价”科目。

（四）持有至到期投资与可供出售金融资产重分类产生的资本公积

将持有至到期投资重分类为可供出售金融资产，或将可供出售金融资产重分类为持有至到期投资的，按照“持有至到期投资”、“可供出售金融资产”等科目的相关规定进行处理，相应调整资本公积。

将可供出售金融资产重分类为采用成本或摊余成本计量的金融资产的，对原计入资本公积的相关金额，还应分别不同情况进行处理：有固定到期日的，应在该项金融资产的剩余期限内，在资产负债表日，按采用实际利率法计算确定的摊销金额，借记或贷记“资本公积——其他资本公积”科目，贷记或借记“投资收益”科目，没有固定到期日的，应在处置该项金融资产时，借记或贷记“资本公积——其他资本公积”科目，贷记或借记“投资收益”科目。

可供出售金融资产的后续计量，按照“可供出售金融资产”科目的相关规定进行处理，相应调整资本公积。

三、库存股的核算

库存股亦称库藏股，是指由公司购回而没有注销，并由该公司持有的已发行股份。库存股在回购后并不注销，而由公司自己持有，在适当的时机再向市场出售或用于对员工的激励。简单地说，就是公司将已经发行出去的股票，从市场中买回，存放于公司，而尚未再出售或是注销。库存股的特性和未发行的股票类似，没有投票权或是分配股利的权利，而公司解散时也不能变现。

（一）库存股的积极作用

1. 有利于公司管理者有效地调整资本结构，实现负债与权益股本之间的平衡，降低融资成本。允许公司购回股份后不将其注销而以库存股形式存在，可以提高公司管理其资产的能力。当负债融资成本低于股本融资成本时，则通过购回股份减少股本在整个资产中所占的比例而适当增加负债，可提高净资产收益率。当公司的资本负债比例接近或超过公司的合理比例时，公司以相对较快的速度出售库存股，可降低资产负债率，从而能承担更多的负债；尤其当预期未来市场利率水平将上升时，在短期内快速增加负债比例可降低融资成本。因而，如果公司能在管理负债与权益股本之间取得妥善的平衡，公司便能在整个业务周期中降低其平均资金成本。

2. 为公司在融资方面提供更大的灵活性。库存股也可以视做是一种融资工具，如允许公司库存一部分股票，无疑对公司在融资时提供了一种新的选择。相对于配股和增发新股而言，出售库存股可能会以较低的成本获得更多的资金，因为，在通常情况下配股和增发新股的价格会低于市价并且要向承销商及其他中介机构提供一大笔费用，而在市场情况允许的情况下，公司分批小量地以十足的市价出售库存股时，可一举两得。

3. 为公司提供一个可为长线股东提高投资回报率的机会。库存股的价值与公司持有的其他资产一样会有升有跌。当公司股票价值被市场严重低估时，或当公司认为投资于本身股份的回报会高于投资于其他商业项目时，公司以市价买入股票并在日后有利的时机以较高的价格将股份再出售，可提高公司的盈利水平，从而提高公司的长线投资价值。

4. 有利于员工及管理层持股计划的实施。在国外，库存股是公司向员工及管理层发放股份时或实行股票期权时最重要的股票来源，而缺乏股份来源是目前国内上市公司推行员工持股或管理层持股计划过程中遇到的最大障碍之一，如果我国允许库存股存在，则该问题迎刃而解。

5. 有利于公司股票价格的稳定。在证券交易市场受到非经济因素影响时，为避免公司因其财务或债务以外因素对公司的信用及股票权益产生的重大影响，公司通过适当地买回自己的股票可以稳定股价。当然，如果不是非经济因素而是由于公司业绩下滑或市场自然反应时，不应以增加库存股的方式来调节股价。

此外，库存股还可以维持股票的流通性，起到防止公司被恶意并购的作用。

（二）库存股的负面影响

1. 增加市场操纵的风险。

2. 增加了内幕交易的可能性。

3. 可能会虚假地增加股票价值，从而支持公司的其他活动。

4. 回避优先购买权。

可见，库存股份并非“灵丹妙药”，当允许公司存在库存股时，必须健全相关制度，避免库存股制度被滥用。

（三）库存股的会计处理

库存股会计处理的基本原则：涉及库存股的业务，只能引起股东权益的增减，而不能为企业创造收益或带来损失。为了核算农村合作金融机构收购、转让或注销的本机构股份金额，应设置“库存股”科目。本科目属所有者权益类，余额在借方，反映本机构持有尚未转让或注销的本机构股份金额。本科目在资产负债表中归属“资本公积”项目。

1. 为减少注册资本而收购本社股份的，应按实际支付的金额，借记“库存股”科目，贷记“存放中央银行款项”或有关科目。

【例6-5】 2010年3月，某农村合作金融机构因业务量缩减，通过收购本社发行在外的股份的方式减少注册资本500 000元。实际支付金额为600 000元。账务处理为：

借：库存股	600 000	
贷：存放中央银行款项		600 000

2. 为奖励本社职工而收购本公司股份的，应按实际支付的金额，借记“库存股”科目，贷记“存放中央银行款项”等科目，同时作备查登记。

将收购的股份奖励给本公司职工属于以权益结算的股份支付，如有实际收到的金额，借记“存放中央银行款项”科目，按根据职工获取奖励股份的实际情况确定的金额，借记“资本公积——其他资本公积”科目，按奖励库存股的账面余额，贷记“库存股”科目，按其差额，贷记或借记“资本公积——股本溢价”科目。

【例6-6】 2010年4月6日，某农村合作金融机构为奖励本企业职工，对外收购本社发行的股份金额为800 000元，实际支付金额为1 000 000元。其会计处理为：

回购股份时：

借：库存股	1 000 000	
贷：存放中央银行款项		1 000 000

当月20日，将回购的股份全部奖励给本社职工，并收到职工交来的现金300 000元。其账务处理为：

借：现金	300 000	
资本公积——其他资本公积	800 000	
贷：库存股		1 000 000
资本公积——股本溢价		100 000

3. 转让库存股，应按实际收到的金额，借记“存放中央银行款项”或有关科目，

按转让库存股的账面余额，贷记“库存股”科目，按其差额，贷记“资本公积——股本溢价”科目；为借方差额的，借记“资本公积——股本溢价”科目，股本溢价不足冲减的，应借记“盈余公积”、“利润分配——未分配利润”科目。

4. 注销库存股，应按股票面值和注销股数计算的股票面值总额，借记“实收资本（股本）”科目，按注销库存股的账面余额，贷记“库存股”科目，按其差额，借记“资本公积——股本溢价”科目，股本溢价不足冲减的，应借记“盈余公积”、“利润分配——未分配利润”科目。

【例6-7】 2010年5月，某农村合作金融机构将所持库存股转让，实际收到的金额为500 000元，所转让的库存股账面余额为400 000元。账务处理为：

借：存放中央银行款项	500 000	
贷：库存股		400 000
资本公积——股本溢价		100 000

如果实际收到的转让金额为350 000元，“资本公积——股本溢价”科目为贷方余额30 000元。则其账务处理如下：

借：存放中央银行款项	350 000	
资本公积——股本溢价	30 000	
盈余公积	20 000	
贷：库存股		400 000

第二节　留存收益核算

留存收益是指农村合作金融机构从历年实现的利润中提取或形成的留存于企业的内部积累。留存收益来源于农村合作金融机构在经营活动中所实现的净利润。它与实收资本和资本公积的区别在于，实收资本和资本公积主要来源于资本投入或其他非经营性因素，而留存收益则来源于经营活动形成的资本增值。留存收益主要包括盈余公积和未分配利润两类。

一、盈余公积的核算

农村合作金融机构的盈余公积主要包括法定盈余公积和任意盈余公积。农村合作金融机构提取的盈余公积主要用于弥补亏损、发放现金股利或利润、转增资本等。

农村合作金融机构为核算和反映其按照规定从净利润中提取的盈余公积应设置“盈余公积”科目。“盈余公积”科目应当分别“法定盈余公积”、“任意盈余公积”进行明细核算。本科目属所有者权益类，余额在贷方，反映本机构盈余公积。本科目在资产负债表中归属“盈余公积”项目。

（一）提取法定盈余公积

农村合作金融机构按规定提取法定盈余公积，应当按照提取法定盈余公积的金额，借记“利润分配——提取法定盈余公积”科目，贷记“盈余公积——法定盈余公积”

科目。

（二）提取任意盈余公积

经社员大会或类似机构决议提取任意盈余公积时，应当按照提取任意盈余公积的金额，借记“利润分配——提取任意盈余公积”科目，贷记“盈余公积——任意盈余公积”科目。

（三）盈余公积弥补亏损

经社员大会或类似机构决议，可以用盈余公积弥补亏损。用盈余公积弥补亏损时，按照确定的弥补亏损的数额，借记“盈余公积”科目，贷记“利润分配”科目。

【例 6-8】 某农村合作金融机构以前年度累计未弥补亏损 350 000 元，已超过了规定的以税前利润弥补亏损的期间。经股东大会批准，以法定盈余公积全额弥补亏损（假设该社有足够的盈余公积）。其会计处理如下：

借：盈余公积　　350 000

　贷：利润分配——盈余公积补亏　　350 000

（四）用盈余公积转增资本的核算

经社员大会或类似机构决议，农村合作金融机构将盈余公积转增资本时，应当按照转增资本前的实收资本结构比例，将盈余公积转增资本的数额记入“实收资本（或本）”科目下各投资者明细账，相应地增加各投资者的资本数额。

【例 6-9】 某农村合作金融机构经社员大会批准，将法定盈余公积 250 000 元用于转增资本。其会计处理如下：

借：盈余公积　　250 000

　贷：实收资本（股本）　　250 000

二、一般风险准备的核算

农村合作金融机构应设置“一般风险准备”科目，用于核算和反映其从税后净利润中提取的一般风险准备。本科目属所有者权益类，余额在贷方，反映本机构一般风险准备。本科目在资产负债表中归属“一般风险准备”科目。

按规定提取一般风险准备时，借记“利润分配——提取一般风险准备”科目，贷记“一般风险准备”科目。用一般准备弥补亏损时，借记“一般风险准备”科目，贷记“利润分配——一般风险准备补亏”科目。

三、本年利润的核算

农村合作金融机构应设置“本年利润”科目，用于核算和反映其当期实现的净利润（或发生的净亏损）。

期末结转利润时，应将各损益类科目的金额转入“本年利润”科目，结平各损益类科目。结转后“本年利润”科目的贷方余额为当期实现的净利润；借方余额为当期实现的净亏损。

年度终了，应将本年收入和支出相抵后结出的本年实现的净利润，转入利润分配科目。借记“本年利润”科目，贷记“利润分配——未分配利润”科目。如为净亏损做相反的会计分录。结转后“本年利润”科目应无余额。

四、利润分配的核算

农村合作金融机构应设置“利润分配”科目，用于核算和反映其按规定分配的利润或应弥补的亏损和历年分配或弥补后的未分配的利润。“利润分配”科目贷方余额反映未分配利润，借方余额反映未弥补亏损。“利润分配”科目应当分别“提取法定盈余公积”、“提取任意盈余公积”、“应付现金股利或利润”、“盈余公积补亏”和“未分配利润”等进行明细核算。“利润分配”科目属所有者权益类，余额在贷方，反映本机构的未分配利润（或未弥补亏损）。“利润分配”科目在资产负债表中归属“未分配利润”科目。

1. 年度终了，应将本期实现的净利润转入“利润分配”科目，借记“本年利润”科目，贷记“利润分配——未分配利润”科目；如为净亏损，作相反会计分录。

农村合作金融机构如果在当年发生亏损，应当将本年发生的亏损自“本年利润”科目转入“利润分配——未分配利润”科目，借记“利润分配——未分配利润”科目，贷记“本年利润”科目。这样，农村合作金融机构以前年度的未分配利润将减少，结转后“利润分配——未分配利润”科目如果出现借方余额，即为未弥补亏损的数额。对于该未弥补亏损，可以用以后年度实现的税前利润弥补，但弥补期限不得超过5年。当农村合作金融机构用实现的利润弥补以前年度亏损时，需将当年实现的利润自“本年利润”科目的借方转入“利润分配——未分配利润”科目的贷方，“利润分配——未分配利润”科目的贷方发生额与“利润分配——未分配利润”科目的借方余额自然抵补。所以，以当年实现的净利润弥补以前年度结转的未弥补亏损时，实际上并不需要进行专门的账务处理。

【例6-10】 某农村合作金融机构在2003年发生亏损230 000元。年度终了，农村合作金融机构结转本年发生的亏损时，有关账务处理如下：

借：利润分配——未分配利润　　230 000

　　贷：本年利润　　230 000

假定2004年至2008年，该农村合作金融机构每年均实现利润40 000元。按照现行制度规定，企业在发生亏损以后的5年内可以以税前利润弥补亏损。假设不考虑其他因素，该农村合作金融机构在2004年至2008年均可用税前利润弥补亏损。有关账务处理如下：

借：本年利润　　40 000

　　贷：利润分配——未分配利润　　40 000

假设该农村合作金融机构2009年至2010年每年实现利润总额20 000元，则应以税后利润弥补亏损。如果适用的税率为25%，则每年用于弥补亏损的数额为：

$$20\ 000 \times (1-25\%) = 15\ 000\text{（元）}$$

在弥补亏损前应作如下会计分录：

借：所得税费用　　25 000
　贷：应交税费——应交所得税　　25 000

2009 年至 2010 年每年用税后利润弥补亏损时：

借：本年利润　　15 000
　贷：利润分配——未分配利润　　15 000

2. 按照规定用盈余公积、一般风险准备或其他资金弥补亏损时，借记“盈余公积”、“一般风险准备”等科目，贷记“利润分配——盈余公积补亏、一般风险准备补亏”等科目。

3. 按规定提取盈余公积、一般风险准备、社员红利时，借记“利润分配——提取法定盈余公积、提取任意盈余公积、提取一般风险准备、应付利润”等科目，贷记“盈余公积——法定盈余公积”、“盈余公积——任意盈余公积”、“一般风险准备”、“应付股利”等科目。

4. 利润分配完毕，应将“利润分配”科目下的其他明细科目余额转入“利润分配”科目下的“未分配利润”科目。借记“利润分配——盈余公积补亏、一般风险准备补亏”科目，贷记“利润分配——未分配利润”科目；或借记“利润分配——未分配利润”科目，贷记“利润分配——提取法定盈余公积、提取任意盈余公积、提取一般风险准备、应付利润”等科目。

复习思考题

1. 农村合作金融机构从事经营活动的资金来源有哪些？
2. 资本公积包括哪些内容？是如何产生的？
3. 留存收益包括哪些内容？与实收资本和资本公积的区别是什么？
4. 农村合作金融机构可用于弥补亏损的项目有哪些？

第七章　损益核算

本章概要

损益是农村合作金融机构在经营各项负债、资产以及中间业务中所产生的各项财务收入和财务支出以及经营成果，具体包括收入、费用和利润。农村合作金融机构对于损益各项目必须及时准确地核算，全面真实地反映，合理控制成本费用，以提高经济效益，扩大经营成果。农村合作金融机构的收入，主要是让渡资产使用权的收入，包括利息净收入、手续费及佣金净收入、投资收益、公允价值变动收益、汇兑损益和其他业务收入等。费用主要包括利息支出、金融机构往来支出、手续费及佣金支出、业务及管理费、其他业务支出、营业税金及附加、资产减值损失等。利润是农村合作金融机构在一定期间业务经营活动的最终结果，包括营业利润、利润总额和净利润。本章主要介绍农村合作金融机构收入和费用核算的基本要求，重点介绍利润的构成以及各项收入、费用、利润的核算方法。

要点提示

农村合作金融机构收入的确认条件：第一，与交易相关的经济利益能够流入农村合作金融机构；第二，收入的金额能够可靠地计量。收入的确认应当遵循权责发生制原则和配比原则。

农村合作金融机构费用的确认应当遵循划分收益性支出与资本性支出原则、权责发生制原则和配比原则。

农村合作金融机构实现的利润净额或亏损额一律通过“本年利润”科目进行核算，期末将各损益科目余额转入“本年利润”科目。

本章架构图

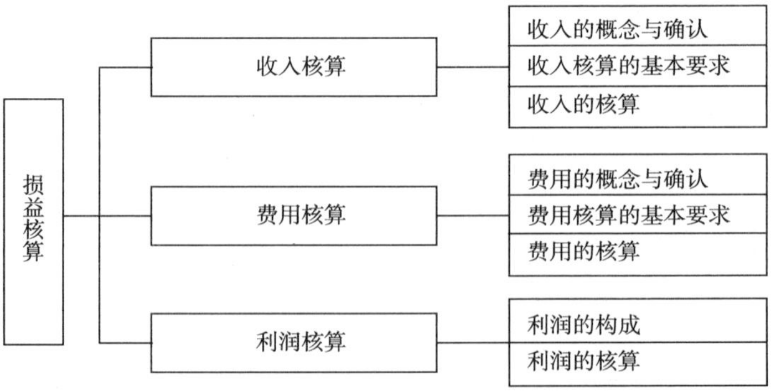

第一节 收入核算

一、收入的概念与确认

（一）收入的概念

收入是指企业在日常活动中形成的、会导致所有者权益增加的、与所有者投入资本无关的经济利益的总流入。日常活动是指农村合作金融机构为完成其经营目标而从事的所有活动，以及与之相关的其他活动。如农村合作金融机构提供的贷款服务、支付结算服务等。经济利益是指现金或最终能转化为现金的非现金资产。农村合作金融机构的收入，主要是让渡资产使用权的收入。它是指农村合作金融机构提供金融商品服务所取得的各项收入，主要包括利息净收入、手续费及佣金净收入、投资收益、公允价值变动收益、汇兑损益和其他业务收入等。

（二）收入的确认

农村合作金融机构为客户提供金融产品服务取得的收入，应当在以下两个条件均能满足时予以确认：第一，与交易相关的经济利益能够流入农村合作金融机构；第二，收入的金额能够可靠地计量。

收入的确认应当遵循以下原则：

1. 权责发生制原则。各农村合作金融机构应当严格按照制度规定的收入确认原则来确认其收入的实现，并及时将实现的收入统一纳入损益进行核算。在收入的确认过程中，要坚持严格按照权责发生制的核算原则，不能将应计收入放在账外。权责发生制原则是指按照各项收入和费用是否体现会计期间的经营成果和收益情况来确定其归属的一种会计处理制度。其核心是根据权责关系的实际影响期间确认和计量企业的收入和费用。从收入角度来看，权责发生制是以权利获得或者责任解除的会计期间和金额为标准确认和计量的，而不是以现金是否收到为标准确认和计量的。

2. 配比原则。配比原则是指企业的收入与其相关的成本、费用应当相互配比。

二、收入核算的基本要求

1. 农村合作金融机构的收入要严格按照国家有关法律、法规的规定准确计算，认真核实，正确反映，加强监督检查，以保证其损益的真实性。

2. 农村合作金融机构的收入要按照规定分别列入有关收入项目，不得截留或作其他处理。发生少收或多收时，要查找原因，并由有关经办人员提出凭据，经有关主管人员批准后，从有关收入中退还或补收入账。严格禁止向借款人及客户以佣金、劳务费、手续费等名义坐支收入或进行私分。

三、收入的核算

（一）利息收入的核算

1. 利息收入的内容。利息收入指农村合作金融机构各项贷款的实收和应收利息（不包括金融机构往来利息收入）以及贴现利息收入。利息收入在营业收入中占有很大的比重，特别是在当前金融业分业经营的情况下，利息收入是农村合作金融机构营业收入最主要的来源，是农村合作金融机构财务成果的重要内容。农村合作金融机构对利息收入的确认要全面遵循谨慎性原则，对于因借款单位经营状况不好或因其他原因而无法收取或收取的可能性较低的利息收入不再予以确认。

2. 利息收入的核算。农村合作金融机构设置“利息收入”科目进行核算。“利息收入”是损益类科目，用来核算农村合作金融机构各类贷款、贸易融资、贴现、协议透支、信用卡透支、转贷款、垫款等业务的利息收入情况。农村合作金融机构收到当期利息及计提当期应收利息时，记入贷方；期末将利息收入结转“本年利润”科目时，记入借方。期末一般无余额。“利息收入”科目应按业务类别进行明细分类核算。

（1）当期收到利息的核算：

借：单位活期存款

　贷：利息收入

（2）计提应收利息的核算：

借：应收利息——应收××单位利息户

　贷：利息收入

（3）欠息的核算：

农村合作金融机构对于发放贷款到期（含展期）90 日及以上尚未收回的，其应计利息停止计入当期利息收入，而将其列入表外账户核算。

收入：表外应收利息

（4）应收而收不回利息的核算：

农村合作金融机构对于已计提的贷款应收利息，在贷款到期 90 日后仍未收回的，或在应收利息逾期 90 日后仍未收回的，应冲减已计入损益的利息收入，并将其转入表外账户核算。

借：利息收入

　贷：应收利息——应收××单位利息户

收入：表外应收利息

（二）金融机构往来收入的核算

1. 金融机构往来收入的内容。金融机构往来收入指农村合作金融机构与其他金融机构之间的资金往来发生的利息收入。金融机构往来收入是农村合作金融机构营业收入较主要的来源。

2. 金融机构往来收入的核算。农村合作金融机构设置“金融机构往来收入”科目进行核算。“金融机构往来收入”是损益类科目，用来核算农村合作金融机构与金融机构往来而发生的利息收入，包括存放同业、拆出资金、买入返售金融资产、转贴现、垫款等实现的利息收入。农村合作金融机构收到各种往来收入时，记入贷方；期末将往来收入结转到“本年利润”科目时，记入借方。期末一般无余额。“金融机构往来收入”科目应按业务类别进行明细分类核算。

（1）计提应收利息的核算：

借：应收利息

　贷：金融机构往来收入

（2）定期计收（发生利息收入）利息的核算：

借：存放中央银行款项

　贷：金融机构往来收入

（三）手续费及佣金收入的核算

1. 手续费及佣金收入的内容。手续费及佣金收入指农村合作金融机构办理结算业务、代理融通、委托贷款、代理发行各种债券、股票、代办保险、代办中间业务等项业务获得的手续费收入。

2. 手续费及佣金收入的核算。农村合作金融机构设置“手续费及佣金收入”科目进行核算。“手续费及佣金收入”是损益类科目，用来核算农村合作金融机构确认的手续费及佣金收入，包括办理结算业务、咨询业务、担保业务、代保管等代理业务以及办理受托贷款及投资业务等取得的手续费及佣金，如结算手续费收入、佣金收入、业务代办手续费收入、基金托管收入、咨询服务收入、担保收入、受托贷款手续费收入、代保管收入、代理买卖证券、代理承销证券、代理兑付证券、代理保管证券、代理保险业务等代理业务以及其他相关服务实现的手续费及佣金收入等。农村合作金融机构收取各种手续费时，记入贷方；期末将手续费及佣金收入结转“本年利润”科目时，记入借方。期末一般无余额。“手续费及佣金收入”科目应按手续费及佣金收入的种类进行明细分类核算。

借：单位活期存款（或现金）

　贷：手续费及佣金收入

（四）其他业务收入的核算

1. 其他业务收入的内容。其他业务收入是指农村合作金融机构除存款、贷款、投资和代理业务以及金融机构往来以外的其他业务收入。

2. 其他业务收入的核算。农村合作金融机构设置“其他业务收入”科目进行核算。“其他业务收入”是损益类科目，用来核算农村合作金融机构确认的除以上业务收入以外的其他经营活动实现的收入。农村合作金融机构取得各项其他业务收入时，记入贷方，期末将其他业务收入结转“本年利润”科目时，记入借方。期末一般无余额。“其他业务收入”科目应按其他收入的种类进行明细分类核算。

借：现金（或有关科目）

　贷：其他业务收入

（五）汇兑损益的核算

1. 汇兑损益的内容。汇兑损益是指农村合作金融机构进行外汇买卖和外币兑换等业务时，由于汇率变动而产生的汇兑损益。

农村合作金融机构设置“汇兑损益”科目进行核算。“汇兑损益”是损益类科目，用来核算农村合作金融机构发生的外币交易因汇率变动而产生的汇兑损益。农村合作金融机构产生汇兑损失时，记入借方；产生汇兑收益时，记入贷方，期末将汇兑损益结转至“本年利润”科目。期末一般无余额。“汇兑损益”科目应按外汇买卖币种设置明细账。

外汇买卖和外币兑换是通过“外汇买卖”科目核算的。期末当“外汇买卖”为借方余额时，表明是汇兑损失；当“外汇买卖”为贷方余额时，表明是汇兑收益。

2. 汇兑损益的核算。

（1）汇兑损失的核算：

借：汇兑损益

　贷：外汇买卖

（2）汇兑收益的核算：

借：外汇买卖

　贷：汇兑损益

（六）公允价值变动损益的核算

1. 公允价值变动损益的内容。公允价值变动损益是指农村合作金融机构交易性金融资产等公允价值变动而形成的应计入当期损益的利得或损失。

2. 公允价值变动损益的核算。农村合作金融机构设置“公允价值变动损益”科目进行核算。“公允价值变动损益”是损益类科目，用来核算农村合作金融机构交易性金融资产、指定为以公允价值计量且其变动计入当期损益的金融资产或金融负债因公允价值变动形成的应计入当期损益的利得或损失。

（1）交易性金融资产的公允价值变动。资产负债表日，若交易性金融资产的公允价值高于其账面余额，会计分录为：

借：交易性金融资产——公允价值变动

　贷：公允价值变动损益

若交易性金融资产的公允价值低于其账面余额，则作相反的会计分录。

出售交易性金融资产时，以实际收到的金额入账，会计分录为：

借：存放中央银行款项

　贷：交易性金融资产——成本（公允价值变动）

　　　投资收益

同时，按照“交易性金融资产——公允价值变动”科目的余额，借记或贷记“公允价值变动损益”科目，贷记或借记“投资收益”科目。

（2）交易性金融负债的公允价值变动。资产负债表日，若交易性金融负债的公允价值高于其账面余额，会计分录为：

借：公允价值变动损益

　贷：交易性金融负债

若交易性金融负债的公允价值低于其账面余额，则作相反的会计分录。

出售交易性金融负债时，以实际收到的金额入账，会计分录为：

借：交易性金融负债（账面余额）

贷：存放中央银行款项

　　投资收益

同时，按照“交易性金融负债——公允价值变动”科目的余额，借记或贷记“公允价值变动损益”科目，贷记或借记“投资收益”科目。

期末将公允价值变动损益结转至“本年利润”账户。期末一般无余额。“公允价值变动损益”账户应按交易性金融资产、交易性金融负债、投资性房地产等进行明细分类核算。

（七）投资收益的核算

1. 投资收益的内容。投资收益是指农村合作金融机构在规定的范围内向外进行投资，按照合同或协议的规定分得的股利、利润和利息，以及处置投资时所取得的收益。

2. 投资收益的核算。农村合作金融机构设置“投资收益”科目进行核算。“投资收益”是损益类科目，用来核算农村合作金融机构确认的投资收益或投资损失。农村合作金融机构取得投资收益或将投资净损失结转“本年利润”科目时，记入贷方；发生投资损失或将投资净收益结转“本年利润”科目时，记入借方。期末一般无余额。“投资收益”科目应按投资项目进行明细分类核算。

借：存放中央银行款项

　贷：交易性金融资产——成本（公允价值变动）

　　投资收益

第二节　费用核算

一、费用的概念与确认

（一）费用的概念

费用是指企业在日常活动中发生的、会导致所有者权益减少的、与向所有者分配利润无关的经济利益的总流出。

（二）费用确认的原则

农村合作金融机构发生费用的目的是为了取得收入，则费用的确认就与收入的确认相联系，应当遵循以下三项原则。

1. 划分收益性支出与资本性支出原则。应按照划分收益性支出与资本性支出的原则，当某项支出的效益涉及本会计年度，应作为收益性支出，在一个会计期间内确认为费用；当某项支出的效益涉及几个会计年度，则应予以资本化。这一原则为费用的确认给定了一个时间上的总体界限。正确区分收益性支出和资本性支出，保证了正确地计量资产的价值和正确地计算各期的营业成本和期间费用。

2. 权责发生制原则。权责发生制原则规定了具体在什么时点上确认费用。凡是当期已经发生或应当负担的费用，不论款项是否支付，都应作为当期的费用；凡是不属于当期的费用，即使款项已在当期支付，也不应当作为当期的费用。

3. 配比原则。按照配比原则，为产生当期收入所发生的费用，应当确认为该期的费用。当业务发生后，已发生的业务成本应当在确认有关收入的期间予以确认。如果收入要在未来期间实现，相应的费用就应递延分配于未来的实际收益期间。

二、费用核算的基本要求

1. 要严格按照规定如实反映费用支出，不准随意摊提成本费用，不准擅自提高开支标准，不准扩大开支范围，不准挥霍国家资财，不准截留收入，正确计算本期损益，保证农村合作金融机构经营成本的真实性。

2. 划清本期费用和下期费用的界限，不得任意预提和摊销费用，不得提前或延后列支成本。

3. 划清成本支出与营业外支出的界限，不属于成本开支的范围，不得列入成本，应在成本开支的费用，也不得列入营业外支出。

4. 成本核算要以月、年为成本计算期，同一计算期内的成本与收入核算的起讫日期、计算范围和口径必须一致。

5. 加强基础工作，保证成本资料真实可靠。在进行成本核算时，必须严格执行会计制度，确保成本核算资料的完整、真实、准确，如实反映经营过程中的各项支出。有关成本核算的原始凭证、账册、成本汇总表、统计资料，必须按规定格式和内容真实记载、填写和汇总，不得弄虚作假。

三、费用的核算

（一）利息支出的核算

1. 利息支出的内容。利息支出是指农村合作金融机构以负债形式筹集的各类资金（不包括金融机构往来支出），按国家规定的适用利率分档次提取的应付利息和国家政策允许列支的其他利息支出。利息支出在农村合作金融机构营业成本中占有极大的比重。

（1）计提应付利息的范围：一年（含一年）以上的定期存款和储蓄存款，按照国家规定的适用利率分档次计提应付利息。

（2）计提应付利息的时间和方法：各项存款于每季（月）末，用平均余额按适用利率提取当季（月）的应付利息。

2. 利息支出的核算。农村合作金融机构设置“利息支出”账户进行核算。“利息支出”是损益类账户，用来核算农村合作金融机构发生的利息支出，包括吸收的各种存款（单位存款、个人存款、银行卡存款等）产生的利息支出。农村合作金融机构预提应付利息和直接支付当期利息时，记入借方；期末将利息支出结转“本年利润”账户时，记入贷方。期末一般无余额。“利息支出”账户应按支出项目进行明细分类核算。

（1）发生利息支出的处理（实际支付）：

借：利息支出

　贷：现金（或单位活期存款）

（2）预提定期存款应付利息时的处理：

借：利息支出
　贷：应付利息

（3）实际支付已预提的应付利息的处理：

借：应付利息
　贷：现金（或单位活期存款）

（二）金融机构往来支出的核算

1. 金融机构往来支出的内容。金融机构往来支出是指农村合作金融机构与其他金融机构之间资金往来发生的利息支出。其中如有当年应支付而未支付的利息，应逐笔计算应付利息，计入当年损益。金融机构往来支出的多少，直接影响损益的变动，而且还可以从中分析了解农村合作金融机构拆借、占用资金等所占负债的比例是否合理，有无存在偏高的情况等，必须加强对金融机构往来支出的核算和管理。

2. 金融机构往来支出的核算。农村合作金融机构设置“金融机构往来支出”科目进行核算。“金融机构往来支出”是损益类科目，用来核算农村合作金融机构与其他金融机构往来发生的利息支出，包括借款、同业存放、拆入资金、卖出回购金融资产、转贴现等产生的利息支出。农村合作金融机构发生各种往来支出时，记入借方；期末将往来支出结转“本年利润”科目时，记入贷方。期末一般无余额。“金融机构往来支出”科目应按支出项目进行明细分类核算。

（1）定期支付利息的核算：

借：金融机构往来支出
　贷：存放中央银行款项

（2）计提应付利息的核算：

借：金融机构往来支出
　贷：应付利息

（3）发生还款付息时：

借：应付利息
　贷：存放中央银行款项

（三）手续费及佣金支出的核算

1. 手续费及佣金支出的内容。手续费及佣金支出是指农村合作金融机构办理金融业务过程中发生的手续费及佣金支出。包括代办储蓄手续费支出、代办收贷手续费支出、代办其他业务手续费支出及结算手续费支出等。

2. 手续费及佣金支出的核算。农村合作金融机构设置“手续费及佣金支出”科目进行核算。“手续费及佣金支出”是损益类科目，用来核算农村合作金融机构发生的与其经营活动相关的各项手续费、佣金等支出。农村合作金融机构支付各种手续费及佣金支出时，记入借方；期末结转“本年利润”科目时，记入贷方。期末一般无余额。“手续费及佣金支出”科目应按手续费及佣金支出的种类进行明细分类核算。手续费及佣金支出按有关规定和付费标准如实列支，不得预提。

借：手续费及佣金支出

贷：现金（或相关科目）

（四）业务及管理费

1. 业务及管理费的内容。农村合作金融机构的业务及管理费包括：业务宣传费、广告、印刷费、业务招待费、电子设备运转费、钞币运送费、安全保卫费、保险费、邮电费、诉讼费、公证费、咨询费、审计费、监管费、技术转让费、研究开发费、外事费、公杂费、差旅费、水电费、会议费、绿化费、理（董）事会费、会费、税费、交通工具耗用费、开办费、管理费、物业费、职工工资、职工福利费、职工教育经费、工会经费、劳动保护费、基本养老保险金、基本医疗保险金、工伤保险金、生育保险金、失业保险金、补充养老保险金、补充医疗保险金、股份支付、辞退福利、非货币性福利、住房公积金、取暖及降温费、租赁费、修理费、低值易耗品摊销、长期待摊费用摊销、无形资产摊销、固定资产折旧费、其他费用等。

2. 业务及管理费的核算。农村合作金融机构设置“业务及管理费”科目进行核算。“业务及管理费”是损益类科目，用来核算农村合作金融机构在业务经营和管理过程中所发生的各项费用。发生业务及管理费时，记入借方；月末将业务及管理费结转至“本年利润”科目时，记入贷方。期末一般无余额。其会计分录为：

借：业务及管理费

贷：应付职工薪酬（或“现金”、“应交税费”、“累计折旧”、“其他应付款”）

（五）其他业务支出

1. 其他业务支出的内容。其他业务支出是指农村合作金融机构在办理金融业务过程中发生的不属于以上四项的其他成本支出。

2. 其他业务支出的核算。农村合作金融机构设置“其他业务支出”科目进行核算。“其他业务支出”是损益类科目，用来核算农村合作金融机构除以上业务支出以外的其他经营活动发生的支出。营业范围以外的各项支出，通过“营业外支出”科目核算，不计入本科目。发生其他业务支出时，记入借方；月末将其他业务支出结转“本年利润”科目时，记入贷方。期末一般无余额。“其他业务支出”应按支出类别进行明细分类核算。

借：其他业务支出

贷：现金（或相关科目）

（六）营业税金及附加的核算

1. 营业税金及附加的内容。营业税金及附加是指农村合作金融机构交纳的营业税、城市维护建设税和教育费附加等。

（1）营业税是指对规定的提供商品或劳务的全部收入征收的税款。

$$应交营业税 = 计税营业收入额 \times 营业税税率$$

（2）城市维护建设税是指国家为了搞好城市维护和建设征收的税款，城市维护建设税应以应纳营业税税额为纳税依据。

$$应交城市维护建设税 = 应交营业税税额 \times 城市维护建设税税率$$

（3）教育费附加是国家为了加快教育事业的发展，扩大中小学教育经费的来源而向单位和个人征收的附加费用。教育费附加以农村合作金融机构实际交纳的营业税为计征依据。

应交教育费附加 = 应交营业税税额 × 教育费附加率

2. 营业税金及附加的核算。农村合作金融机构设置“营业税金及附加”科目进行核算，“营业税金及附加”是损益类科目，用来核算农村合作金融机构经营活动发生的营业税、消费税、城市维护建设税、资源税和教育费附加等相关税费。房产税、车船使用税、土地使用税、印花税在“业务及管理费”科目核算，但与投资性房地产相关的房产税、土地使用税在本科目核算。发生营业税金及附加时，记入借方；期末将其结转“本年利润”科目时记入贷方。期末一般无余额。

（1）发生时的会计处理：

借：营业税金及附加

　贷：应交税费

（2）缴纳税款时的会计处理：

借：应交税费

　贷：存放中央银行款项（或其他科目）

（七）资产减值损失的核算

1. 资产减值损失的内容。资产减值损失是指农村合作金融机构计提各项资产减值准备所形成的损失。

2. 资产减值损失的核算。农村合作金融机构设置“资产减值损失”科目进行核算。“资产减值损失”是损益类科目，用来核算农村合作金融机构计提各项资产减值准备所形成的损失。农村合作金融机构根据资产减值等准则确定资产发生减值的，按应减计的金额，记入借方；农村合作金融机构计提坏账准备、贷款损失准备等后，相关资产的价值又得以恢复，应在原已计提的减值准备金额内，按恢复增加的金额，记入贷方。期末将资产减值损失结转“本年利润”科目。期末一般无余额。

（1）资产发生减值时：

借：资产减值损失

　贷：坏账准备（或“买入返售金融资产减值准备”、“贷款损失准备”、“持有至到期投资减值准备”、“可供出售金融资产减值准备”、“长期股权投资减值准备”、“抵债资产减值准备”、“投资性房地产减值准备”、“固定资产减值准备”、“无形资产减值准备”等）

（2）资产价值又得以恢复时：

借：坏账准备（或“贷款损失准备”、“持有至到期投资减值准备”等）

　贷：资产减值损失

第三节　利润核算

一、利润的构成

利润是农村合作金融机构在一定期间业务经营活动的最终结果，集中反映农村合作金融机构经营活动各方面的效益，是农村合作金融机构最终的财务成果，也是衡量农村合作金融机构经营管理水平的重要综合指标。它包括营业利润、利润总额和净利润。营业利润，是指营业收入减去营业支出后的金额。利润总额，是指营业利润加上营业外收入，减去营业外支出后的金额。净利润，是指利润总额减去所得税后的金额。

（一）营业利润

营业利润 = 营业收入 − 营业支出

营业收入包括利息净收入、手续费及佣金净收入、投资收益、公允价值变动收益、汇兑收益和其他业务收入等。

营业支出包括营业税金及附加、业务及管理费、资产减值损失、其他业务支出等。

（二）利润总额

利润总额 = 营业利润 + 营业外收入 − 营业外支出

营业外收入是指与农村合作金融机构经营无直接关系的各项收入。包括：固定资产盘盈、固定资产清理净收益、教育费附加返还款、罚没收入、出纳长款收入、证券交易差错收入、因债权人的特殊原因确实无法支付的应付款项等。

农村合作金融机构设置“营业外收入”科目进行核算。“营业外收入”是损益类科目，用来核算农村合作金融机构发生的各项营业外收入，主要包括非流动性资产处置利得、非货币性资产交换利得、债务重组利得、政府补助、盘盈利得、捐赠利得等。农村合作金融机构取得各项营业外收入时，记入贷方；期末将营业外收入结转“本年利润”科目时，记入借方。期末一般无余额。

营业外支出是指与农村合作金融机构经营业务无直接关系的各项支出。包括非流动性资产处置损失、非货币性资产交换损失、债务重组损失、公益性捐赠支出、非常损失、盘亏损失等。

农村合作金融机构设置“营业外支出”科目进行核算。“营业外支出”是损益类科目，用来核算农村合作金融机构发生的与经营业务无直接关系的各项支出。农村合作金融机构发生各项营业外支出时，记入借方；期末将营业外支出结转“本年利润”科目时，记入贷方。期末一般无余额。“营业外支出”科目应按营业外支出项目进行明细分类核算。

借：营业外支出

　贷：现金（或相关科目）

（三）净利润

净利润 = 利润总额 − 所得税

所得税费用是指农村合作金融机构确认的应从当期利润总额中扣除的所得税费用。由于利润总额与应纳税所得额之间存在着一定差异，因此，在计算所得税税额时，需要对利润总额进行调整，经调整后为应纳税所得额，再乘以所得税税率为所得税，公式为：

应纳所得税额 = 应纳税所得额 × 所得税税率

农村合作金融机构设置“所得税费用”科目进行核算。“所得税费用”是损益类科目，用来核算农村合作金融机构确认的应从当期利润总额中扣除的所得税费用。农村合作金融机构按照税法计算确定的当期应交所得税金额，记入借方；期末将所得税费用结转“本年利润”科目时，记入贷方。期末一般无余额。“所得税费用”应按“当期所得税费用”、“递延所得税费用”进行明细分类核算。

（1）计提时：

借：所得税费用

　贷：应交税费——应交所得税

（2）结转时：

借：本年利润

　贷：所得税费用

二、利润的核算

（一）利润的核算

农村合作金融机构实现的利润净额或亏损额一律通过“本年利润”科目进行核算，期末将各损益收入科目余额转入“本年利润”科目的贷方，各损益支出科目余额转入“本年利润”科目的借方，结平各损益类收支科目的余额。其会计分录如下：

借：利息收入

　　金融机构往来收入

　　手续费及佣金收入

　　汇兑损益

　　其他业务收入

　　投资收益

　　营业外收入

　贷：本年利润

借：本年利润

　贷：利息支出

　　　金融机构往来支出

　　　手续费及佣金支出

　　　营业税金及附加

　　　业务及管理费

　　　其他业务支出

　　　营业外支出

（二）利润分配的核算

1. 利润分配的内容。利润分配是指企业按照国家规定的政策和比例，对已实现的净利润在企业和投资者之间进行分配。农村合作金融机构交纳所得税后的净利润，一般按照以下顺序进行分配：

（1）弥补连续五年税前利润尚未弥补完的以前年度亏损。农村合作金融机构历年提取的法定盈余公积金和任意公积金也可以用于弥补亏损。

（2）提取法定盈余公积。提取比例一般为税后净利润的10%，但以前年度累计的法定盈余公积达到注册资本的50%以上时，可以不再提取；法定盈余公积用于弥补亏损和转增资本后的余额，不得低于注册资本的25%。

（3）提取一般风险准备。原则上一般准备余额不低于风险资产年末余额的1%。

（4）向社员分配利润。农村合作金融机构以前年度未分配的利润，可以并入本年度向社员分配。

（5）未分配利润。利润经过上述分配后，为未分配利润（或未弥补亏损）。未分配利润可留待以后年度进行分配。农村合作金融机构如发生亏损，可以按规定由以后年度利润进行弥补。

2. 利润分配的核算。农村合作金融机构设置“利润分配”科目进行核算。“利润分配”是所有者权益类科目，也是“本年利润”的抵减科目，用来核算农村合作金融机构利润的分配（或亏损的弥补）和历年分配（或弥补亏损）后的余额。发生利润分配时，记入借方；发生亏损弥补以及年终将“本年利润”科目余额转入时，记入贷方。若余额在贷方，表示未分配利润；若余额在借方，则表示未弥补亏损。“利润分配”应分别按“提取法定盈余公积”、“提取任意盈余公积”、“应付现金股利或利润”、“盈余公积补亏”和“未分配利润”等进行明细分类核算。

（1）以利润弥补亏损的核算。根据我国财务制度规定，农村合作金融机构发生年度利润亏损后，可以用下一年度的税前利润弥补，若下一年度利润不足弥补的，可以在五年内连续弥补。若五年以内还没有以税前利润将亏损弥补足额，从第六年开始，则只能以税后利润弥补亏损。

由于以前年度的亏损反映为“利润分配”科目的借方余额，而本年度内实现的利润反映为“本年利润”科目的贷方余额，年终清算后，“本年利润”科目的余额转入“利润分配”科目贷方时，即对以前年度的亏损作了弥补。因此，无论以税前利润弥补亏损，还是以税后利润弥补亏损，均不必另行编制会计分录。

（2）提取盈余公积金的核算。盈余公积金分为法定盈余公积金、任意盈余公积金和法定公益金。会计分录为：

借：利润分配——提取盈余公积

　　贷：盈余公积——法定盈余公积金

　　　　　　　　——任意盈余公积金

（3）提取一般风险准备的核算。

借：利润分配——提取一般风险准备

　　贷：一般风险准备

（4）分配给投资者利润的核算。农村合作金融机构实现的净利润，在提取了盈余公积金后，剩余的利润可作为投资者的收益，按投资的比例分配给投资者。会计分录为：

借：利润分配——应付股利

　　贷：应付股利

农村合作金融机构在分配给投资者现金股利或利润时，可以将历年结余的未分配利润，并入本年度向投资者分配。

（5）本年利润和利润分配科目的结转。由于“本年利润”科目归集了全年实现的净利润，而“利润分配”科目归集了全年已分配的利润和历年积存的未分配利润。在年终利润分配完毕后，应将“本年利润”科目余额和“利润分配”科目下“提取盈余公积”和“应付股利”等明细分类科目的余额全部转入“利润分配”科目下的“未分配利润”明细分类科目。

将“本年利润”科目余额转入“利润分配——未分配利润”科目，会计分录为：

借：本年利润

　贷：利润分配——未分配利润

将利润分配各有关明细分类科目余额转入“利润分配——未分配利润”明细分类科目，会计分录为：

借：利润分配——未分配利润

　贷：利润分配——提取盈余公积

　　　利润分配——应付股利

进行结转后，利润分配科目除“未分配利润”科目外，其他科目应无余额，“未分配利润”科目如是贷方余额为未分配利润，如是借方余额为未弥补亏损。

复习思考题

1. 试述收入的确认和计量。
2. 分述投资收益和营业外收入的定义。
3. 简述费用的内容。
4. 简述利润的含义及内容。
5. 简述利润分配的内容。

第八章　中间业务核算

本章概要

我国的中间业务可以分为两大类，金融服务类业务和表外业务。本章主要介绍金融服务类业务，包括支票、银行本票、银行汇票和商业汇票的基本规定及账务处理；汇兑、托收承付款、委托收款的基本规定及账务处理；银行卡的基本规定及账务处理方式，以及代理类中间业务、基金托管类业务和咨询顾问类业务的基本内容。

要点提示

票据业务核算包括支票、汇票和银行本票，农村合作金融机构设置“吸收存款”、“同城票据清算”、“清算资金往来”、“开出本票”、“开出汇票”、“应解汇款”和“其他应付款”等科目进行会计核算。

结算业务核算包括汇兑、委托收款和托收承付款和国内信用证，农村合作金融机构设置“吸收存款”、“同城票据清算”、“清算资金往来”、“应解汇款”等科目进行会计核算。

理财产品业务核算包括单位代理理财产品和对私理财产品的核算，农村合作金融机构设置“吸收存款”、“代理对公理财基金”和“待兑付对公理财资金”等科目进行会计核算。

本章架构图

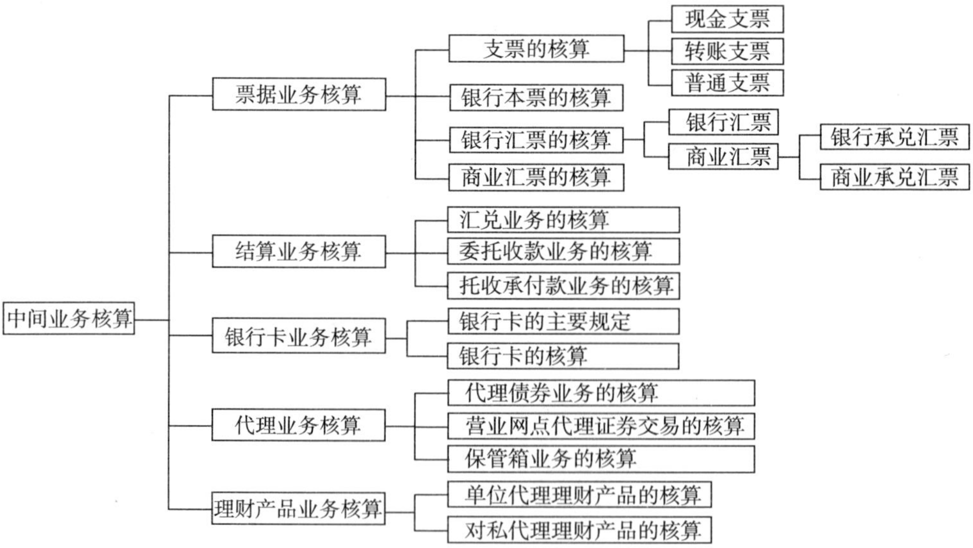

第一节　票据业务核算

商业银行中间业务广义上讲“是指不构成商业银行表内资产、表内负债，形成银行非利息收入的业务”，包括票据业务、结算业务和理财产品业务等。

支付结算类中间业务是指由农村合作金融机构为客户办理因债权债务关系引起的与货币支付、资金划拨有关的收费业务。结算业务借助的主要结算工具包括银行汇票、商业汇票、银行本票和支票。

目前，我国实行的是以票据为主体的支付结算制度。票据是在商品交换中产生和发展起来的，是代表一定权利的凭证。票据有广义和狭义之分，广义的票据泛指用于商业交往和流通的各种单据，包括各种有价证券和凭证。狭义的票据是指出票人依照票据法律规定签发的，承诺无条件支付或委托他人无条件支付确定金额的有价证券。本章涉及的票据是指狭义的票据，包括汇票、本票和支票，具体是指银行汇票、商业汇票、银行本票和支票。使用票据进行结算有利于资金清算，对促进社会主义市场经济的发展有重大意义。为了保障票据当事人的权利，维护社会经济秩序，我国制定了《中华人民共和国票据法》（以下简称《票据法》），并已于1996年1月1日正式实施。为了保障《票据法》得到切实有效地实施，中国人民银行经国务院批准制定了《票据管理实施办法》，自1997年10月1日起实行。《票据法》及其实施办法对各种票据行为、票据权利的行使、票据义务的履行等内容作了全面、系统的规定，它们是从事票据活动和办理票据结算的法律依据，是管理票据活动和处理票据纠纷的法律准绳。只有对票据的规定有一定程度的了解和掌握，才能做好结算工作。

知识链接

票据结算的基本规定参见本系列教材之《商业银行中间业务》。

一、支票的核算

（一）支票的主要规定

支票是出票人签发的、委托办理支票存款业务的银行在见票时无条件支付确定的金额给收款人或持票人的票据。支票可分为现金支票、转账支票和普通支票。现金支票只能用于支取现金；转账支票只能用于转账；普通支票可以用于支取现金，也可用于转账。在普通支票左上角划两条平行线的，为划线支票，它只能用于转账，不能支取现金。

支票的主要规定：

1. 中国人民银行于2007年6月25日建立全国支票影像交换系统，实现了支票在全国范围的互通使用，客户持任何一家银行的支票均可在境内所有地区办理支付。

2. 签发支票必须记载的事项有：表明“支票”的字样；无条件支付的委托；确定的金额；付款人名称；出票日期；出票人签章。支票的付款人为支票上记载的出票人开户银行。支票的金额、收款人名称，可以由出票人授权补记。未补记前不得背书转让和提示付款。

3. 支票见票即付，支票的提示付款期限自出票日起10天，异地使用支票款项最快可在2～3小时之内到账，一般在银行受理支票之日起3个工作日之内均可到账。为防范支付风险，异地使用支票的单笔金额上限为50万元。超过提示付款期限付款的，银行不予受理。

4. 签发支票应使用碳素墨水或墨汁填写，大小写金额、日期和收款人不得更改，其他内容如有更改，必须由出票人加盖预留银行印鉴证明。

5. 签发现金支票和用于支取现金的普通支票，必须符合国家现金管理的规定。用于支取现金的支票，仅限于收款人向付款人提示付款，不得背书转让。

6. 出票人签发空头支票、签章与预留银行印章不符的支票和支付密码错误的支票，银行应予以退票，并按票面金额处以5%不低于1 000元人民币的罚款；持票人有权要求出票人赔偿支票金额的2%的赔偿金。对屡次签发的，银行应停止其签发支票。

7. 持票人委托开户银行收款的支票，应作委托收款背书，银行应通过票据交换系统收妥后入账。

（二）支票的核算

关于现金支票的处理，已在本书第三章作了叙述，这里仅介绍转账支票的处理。

1. 持票人、出票人在同一金融机构开户的账务处理。银行接到持票人或出票人送来的支票和两联进账单（见表8－1、表8－2）时，应认真审查：支票是否是按统一规定印制的凭证，支票是否真实，提示付款期是否超过；支票填明的持票人是否在本行开户，持票人的名称是否为该持票人，与进账单上的名称是否一致；出票人账户是否有足够支付的款项；出票人的签章是否符合规定，与预留银行的签章是否相符，使用支付密码的，其密码是否正确；支票的大小写金额是否一致，与进账单的金额是否相符；支票必须记载的事项是否齐全，出票金额、日期和收款人名称是否更改，其他记载事项的更改是否由原记载人签章证明；背书转让的支票是否按规定的范围转让，其背书是否连续，签章是否符合规定，背书使用粘单的是否按规定在粘接处签章；持票人是否在支票的背面作委托收款背书。经审查无误后，支票作借方凭证，第二联进账单作贷方凭证。其会计分录如下：

借：吸收存款——活期存款——出票人户

　　贷：吸收存款——活期存款——持票人户

第一联进账单加盖转讫章作收账通知交给持票人。

表 8－1　　转账支票样式正面

××农村信用社　转账支票（黑）XVI00000000

北京印钞厂证券分厂·2005年印制

××农村信用社

转账支票存根（黑）

XVI00000000

附加信息＿＿＿＿＿＿＿＿

出票日期　年　月　日

收款人：

金　额：

用　途：

单位主管　　会计

本支票付款期限十天

出票日期（大写）　　年　月　日　付款行名称：

收款人：　　　　　　　　　　　　出票人账号：

人民币（大写）	亿	千	百	十	万	千	百	十	元	角	分

用途＿＿＿＿＿＿

上列款项请从

我账户内支付

出票人签章　　　　　　复核　　　　记账

背面

北京印钞厂证券分厂·2005年印制

附加信息：　　　　　　被背书人

背书人签章

年　月　日

（贴粘单处）

表 8－2　　进账单样式

××农村信用社进账单（贷方凭证）

年　月　日

付款人	全　称		收款人	全　称	
	账　号			账　号	
	开户银行			开户银行	

金额	人民币（大写）	亿	千	百	十	万	千	百	十	元	角	分

票据种类		票据张数	
票据号码			
备注：			

复核　　记账

此联是开户银行交给持（出）票人的回单

2. 持票人、出票人不在同一金融机构开户的账务处理。

（1）持票人开户行受理持票人送存支票的账务处理。

①持票人开户行的账务处理。持票人开户行接到持票人送交的支票和两联进账单时，应按照有关规定认真审查，经审查无误后，录入全国支票影像交换系统，资金一般通过同城票据交换或小额支付系统进行清算。同城一般在当日或次日、异地一般在2～3日内即可转入。待接到付款清算行反馈的付款确认回执，再办理转账。其会计分录如下：

借：清算资金往来——小额支付系统往来或同城票据清算

　贷：吸收存款——持票人户

同城手工交换情况下，在两联进账单上按票据交换场次加盖“收妥后入账”的戳记，将第一联进账单上加盖转讫章交给持票人，第二联进账单专夹保管。支票按照票据交换的规定及时提出交换。另编转账传票办理转账。其会计分录如下：

借：同城票据清算

　贷：其他应付款——持票人户

如提出的支票，超过了规定时间未退回，则可另编转账借方凭证，第二联进账单作贷方凭证办理转账。其会计分录如下：

借：其他应付款——持票人户

　贷：吸收存款——活期存款——持票人户

另外，如提出的支票，由于某种原因而退回，则另编转账凭证，其会计分录与提出时的分录相反，并将支票和进账单退持票人。

②出票人开户行的账务处理。出票人开户行接到收款清算行的付款信息，经审核无误后付款，办理转账。其会计分录为：

借：吸收存款——出票人户

　贷：清算资金往来——小额支付系统往来

同城手工交换情况下，应按照有关规定认真审查，经审查无误后，支票作借方凭证。其会计分录如下：

借：吸收存款——活期存款——出票人户

　贷：同城票据清算

如经审查，属于退票范围的，则另编转账借方凭证，专夹保管支票，待下次交换时退回。其会计分录如下：

借：其他应收款——出票人户

　贷：同城票据清算

如退票理由为空头支票，或印章与预留印鉴不符的支票，应按规定处以罚款，列为银行的营业外收入。

支票在下次交换退回时，应另编转账贷方凭证办理转账。其会计分录如下：

借：同城票据清算

　贷：其他应收款——出票人户

【例8－1】　黑龙江省农村信用联社开户的黎明公司，提交转账支票一张，金额10 000元，是在大庆农村信用联社开户的庆祝公司支付的工程款。经审核无误提交支票影像交换系统，并结算款项。

①黑龙江省农村信用联社提交支票时，不作账务处理。

②大庆农村信用联社通过小额支付系统进行清算时：

借：吸收存款——庆祝公司　10 000

　贷：清算资金往来——小额支付系统往来　10 000

③黑龙江省农村信用联社收到小额支付系统付款确认回执时：

借：清算资金往来——小额支付系统往来　10 000

　贷：吸收存款——黎明公司　10 000

（2）出票人开户行受理出票人送存支票的账务处理。出票人开户行接到出票人交来的支票和进账单，即收到以自己作为付款人的支票，录入全国支票影像交换系统，资金通过小额支付系统进行付款清算。经审核无误后，支票作借方凭证。其会计分录如下：

借：吸收存款——活期存款——出票人户

　贷：清算资金往来——小额支付系统往来或同城票据清算

第一联进账单加盖转讫章作回单交给出票人，第二联进账单加盖业务公章连同第三联进账单按照票据交换的规定及时提出交换。

收款人开户行收到交换提入的第二、第三联进账单，或收到收款信息，经审查无误后，第二联进账单加盖转讫章作贷方凭证。其会计分录如下：

借：清算资金往来——小额支付系统往来或同城票据清算

　贷：吸收存款——活期存款——收款人户

第三联进账单加盖转讫章作收账通知交给收款人。

如收款人不在本行开户或进账单上的账号、户名不符，应通过其他应付款项科目核算，然后将第二、第三联进账单通过票据交换退回出票人开户行。

二、银行本票的核算

（一）银行本票的主要规定

本票是出票人签发的，承诺自己在见票时无条件支付确定的金额给收款人或持票人的票据。根据出票人的不同，可以分为商业本票和银行本票。商业本票是由商人签发的本票，目前，在我国暂缓使用。银行本票是金融机构签发的，承诺自己在见票时无条件支付确定的金额给收款人或者持票人的票据。银行本票又分为定额本票和不定额本票两种。定额本票由人民银行发行，委托各商业银行代办签发和兑付；不定额本票由经办银行签发和兑付。

银行本票的主要规定：

1. 单位和个人在同一票据交换区域需要支付的各种款项，均可以使用银行本票。

2. 银行本票的出票人，为经中国人民银行当地分支行批准办理银行本票业务的金融机构。

3. 签发银行本票必须记载的事项有：表明“银行本票”的字样；无条件支付的承诺；确定的金额；收款人名称；出票日期；出票人签章。

4. 定额银行本票面额为1 000元、5 000元、1万元和5万元四种。

5. 定额银行本票的提示付款期限自出票日起最长不得超过两个月。逾期的本票，代理付款人不予受理。

6. 申请人使用银行本票，应向银行填写“银行本票申请书”，详细填写有关内容。申请人和收款人均为个人需要支取现金的，应在“支付金额”栏先填写“现金”字样，后填写支付金额。

7. 出票银行受理申请书，收妥款项后签发银行本票。用于转账的，在银行本票上划去“现金”字样；用于支取现金的，在银行本票上划去“转账”字样。不定额银行本票用压数机压印出票金额，签章后交给申请人。

8. 填明“现金”字样的银行本票不得背书转让。但填明“现金”字样的银行本票丧失，可以由失票人通知付款人或代理付款人挂失止付。

9. 持票人对注明“现金”字样的银行本票需要委托他人向出票行提示付款的，应在背面签章，记载“委托收款”字样、被委托人姓名和背书日期以及委托人身份证件名称、号码、发证机关。

10. 跨系统银行本票的兑付，持票人开户银行可根据中国人民银行规定的金融机构同业往来利率向出票行收取利息。

（二）银行本票的核算

1. 出票行出票的核算

银行本票的处理流程如图8－1所示。

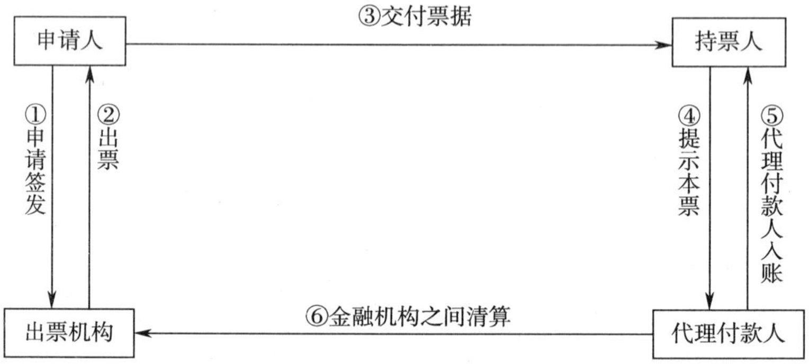

图8－1　银行本票流程图

申请人需要使用银行本票，应向金融机构填写“银行本票申请书”。申请书一式三联（见表8－3），第一联存根，第二联借方凭证，第三联贷方凭证。交现金办理本票的，第二联注销。

表 8-3 银行本票申请书

全国农村合作金融机构 2 地名 $\frac{E}{O}\frac{B}{3}$00000000

付款期限 贰 个 月

本 票

出票日期（大写） 年 月 日

收款人： 申请人：

凭票即付 人民币（大写）

转账 现金

备注：

出票行签章

出纳 复核 经办

西安西钞证券印制有限公司·2005年印制

此联出票行结清本票时作借方凭证

农村合作金融机构受理申请人提交的第二、第三联申请书时，应认真审查其填写的内容是否齐全、清晰；申请书填明“现金”字样的，申请人和收款人是否均为个人，经审查无误后，办理转账。其会计分录如下：

借：吸收存款——活期存款——申请人户（或库存现金）

　贷：开出本票

出票行在办理转账或收妥现金以后，签发银行本票。不定额本票凭证一式两联，第一联卡片，第二联本票；定额本票凭证分为存根联和正联。填写的本票经复核无误后，在不定额本票第二联或定额本票正联上加盖本票专用章并由授权的经办人签名或盖章。定额本票正联交给申请人；不定额本票第二联需用农村信用联社管理机构统一制作的压数机在“人民币大写”栏右端压印小写金额后交给申请人。第一联卡片或存根联上加盖经办、复核名章后留存，专夹保管。

2. 代理付款行付款的核算

（1）代理付款行受理非本行签发本票的核算

代理付款行接到在本行开立账户的持票人直接交来的他行签发的本票和自行填制的进账单时，应认真审查有关内容，经审查无误后，第二联进账单作贷方凭证。其会计分录如下：

借：同城票据清算

　贷：活期存款——持票人户

第一联进账单加盖转讫章作收账通知交给持票人。本票加盖转讫章，通过票据交换向出票行提出交换。

（2）代理付款行受理本行签发本票的核算

出票行受理本行签发的本票，应抽出专夹保管的本票卡片或存根，进行核对。对于注明“现金”字样和委托他人提示付款的本票，应核验收款人身份证件，并留复印件备查。经审核无误后，办理付款手续。本票作借方凭证，本票卡片或存根联作附件，办理转账。其会计分录如下：

借：开出本票

　贷：吸收存款——活期存款——持票人户或现金

3. 结清银行本票的核算。出票行收到票据交换提入的本票时，抽出专夹保管的本票卡片或存根，经核对无误后，本票作借方凭证，本票卡片或存根联作附件，办理转账。其会计分录如下：

借：开出本票

　贷：同城票据清算

申请人因本票超过提示付款期限或其他原因要求出票行退款时，应填制一式两联进账单连同本票交给出票行，并提交证明或身份证件。出票行经与原专夹保管的本票卡片或存根核对无误后即在本票上注明“未用退回”字样。其会计分录与出票时相反。

持票人超过付款期限不获付款的，在票据权利时效内请求付款时，应当向出票行说明原因，并将本票交给出票行。持票人为个人的，还应交验本人身份证件。出票行经与原专夹保管的本票卡片或存根核对无误，即在本票上注明“逾期付款”字样，办理付款手续。

【例8－2】 黑龙江省农村信用联社开户单位图腾建筑公司提交银行本票委托书，金额70 000元，审查后同意签发银行本票。5日后，本市交通银行开户单位大明公司兑付该银行本票，通过同城票据交换将本票提交本市农村信用联社。作出相关会计分录如下：

（1）黑龙江省农村信用联社签发银行本票时：

借：吸收存款——图腾建筑公司　　70 000

　贷：开出本票　　70 000

（2）哈尔滨市交通银行兑付银行本票时：

借：同城票据清算　　70 000

　贷：吸收存款——大明公司　　70 000

（3）黑龙江省农村信用联社结清银行本票时：

借：开出本票　　70 000

　贷：同城票据清算　　70 000

三、银行汇票的核算

（一）银行汇票的主要规定

汇票是出票人签发的，委托付款人在见票时或指定日期无条件支付确定的金额给收款人或者持票人的票据。汇票按出票人的不同分为银行汇票和商业汇票两种。银行汇票是出票银行签发的，由其在见票时按照实际结算金额无条件支付给收款人或者持票人的票据。商业汇票是出票人签发的，委托付款人在指定日期无条件支付确定的金额给收款人或者持票人的票据。商业汇票按承兑人的不同，分为商业承兑汇票和银行承兑汇票。商业承兑汇票是由收款人或付款人签发，经付款人承兑的票据。银行承兑汇票是由购货人签发，经购货人开户银行审查同意承兑的票据。

银行汇票的主要规定：

1. 单位和个人各种款项结算，均可使用银行汇票。

2. 银行汇票的出票和付款，限于参加联行往来的机构办理。

3. 签发银行汇票必须记载的事项有：表明“银行汇票”的字样；无条件支付的承诺；出票金额；付款人名称；收款人名称；出票日期；出票人签章。

4. 银行汇票的提示付款期限自出票日起 1 个月。超过付款期限提示付款的，代理付款人不予受理。

5. 申请人使用银行汇票，应向出票银行填写“银行汇票申请书”，详细填明有关内容并签章。申请人和收款人均为个人，需要向代理付款人支取现金的，应在申请书上填明代理付款人名称，并在汇票金额栏先填写“现金”的字样，后填写汇票金额。

6. 出票银行受理银行汇票申请书，收妥款项后签发银行汇票，并用压数机压印出票金额，将银行汇票和解讫通知一并交给申请人。签发转账银行汇票，不得填写代理付款人名称。

7. 申请人应将银行汇票和解讫通知一并交付给汇票上记明的收款人。其实际结算金额应在出票金额以内，并不得更改。

8. 填明“现金”字样的银行汇票不得背书转让。但填明“现金”字样和代理付款人的银行汇票丧失，可以由失票人通知付款人和代理付款人挂失止付。

9. 持票人向金融机构提示付款时，必须同时提交银行汇票和解讫通知，并在汇票背面签章。持票人为未在银行开立存款账户的个人，可以向选择的任何一家银行机构提示付款。提示付款时，应在汇票背面签章，提交身份证件并留下复印件备查。转账支付的，不得转入储蓄和信用卡账户。

10. 持票人对填明“现金”字样的银行汇票，需委托他人向金融机构提示付款的，应在银行汇票背面背书栏签章，记载“委托收款”字样、被委托人姓名和背书日期以及委托人身份证件名称、号码、发证机关。

11. 持票人或申请人因汇票超过付款提示期限或其他原因要求付款或退款时，须在票据权利时效内，将汇票和解讫通知同时提交出票行，并出具单位证明和个人身份证件，经审核无误后，方可办理。如缺乏解讫通知，出票行应于汇票提示付款期满 1 个月后才能办理。

12. 跨系统机构签发的转账银行汇票的付款，应通过同城票据交换将银行汇票和解讫通知提交给同城的有关机构审核支付后抵用。

（二）银行汇票的核算

银行汇票的核算程序如图 8－2 所示。

1. 银行汇票出票的核算

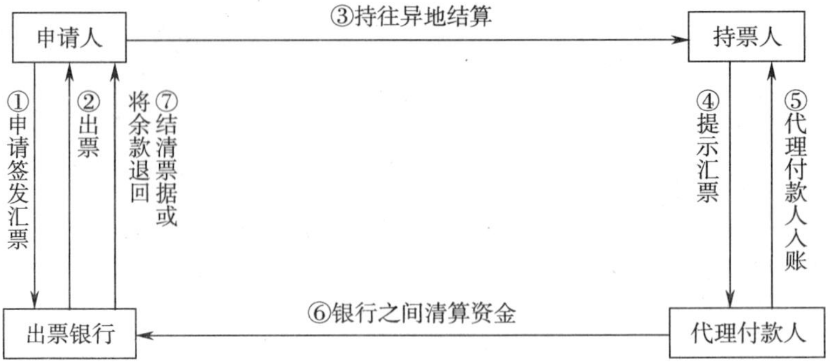

图 8－2 银行汇票流程图

申请人需要使用银行汇票，应向金融机构填写汇票申请书。申请书一式三联（见表 8－4），第一联存根，第二联借方凭证，第三联贷方凭证。交现金办理汇票的，第二联注销。

表 8－4　　汇票申请书样式

全国农村合作金融机构汇票申请书（借方凭证）　　2　　第　　号

申请日期 20　　年　　月　　日

申请人		收款人										
账号或住址		账号或住址										
用　途		代理付款行										
汇票金额	人民币（大写）	千	百	十	万	千	百	十	元	角	分	

此联汇出行作借方凭证

上列款项请从我账户内支付

申请人盖章

科目（借）________________

对方科目（贷）________________

转账日期　年　月　日

复核　　记账

8.5×17.5 公分（白纸蓝油墨）

出票行受理申请人提交的第二、第三联申请书时，应认真审查其内容是否填写齐全、清晰，其签章是否为预留银行的签章；申请书填明“现金”字样的，申请人和收款人是否均为个人，并交存现金。经审查无误后，以第二联申请书作借方凭证（现金交付的，此联注销作附件），第三联作贷方凭证。其会计分录如下：

借：吸收存款——活期存款——申请人户（或库存现金）

贷：汇出汇款——××银行汇票户

出票行在办好转账或收妥现金后，签发银行汇票。汇票凭证一式四联（见表8-5），第一联卡片，第二联汇票，第三联解讫通知，第四联多余款收账通知。

表8-5 **银行汇票样式正面**

付款期限
壹 个 月

全国农村合作金融机构
银行汇票 2

地名 $\frac{B\ A}{O\ 1}$ 00000000

出票日期（大写） 年 月 日

代理付款行： 行号：

收款人： 账号：

出票金额 人民币（大写）

实际结算金额 人民币（大写） 千 百 十 万 千 百 十 元 角 分

申请人：________ 账号：________

出票行：________ 行号：________

备 注：________ 密押：

凭票付款 多余金额

出票行签章 千 百 十 万 千 百 十 元 角 分

复核 记账

上海证券印制有限公司·2005年印制

此联代理付款行付款后作联行往账借方凭证附件

背面

被背书人 被背书人

背书人签章 背书人签章
年 月 日 年 月 日

持票人向银行
提示付款签章： 身份证件名称： 发证机关：
号码：

（贴粘单处）

按照有关规定填写，并经复核无误后，在第二联上加盖汇票专用章并由授权的经办人签名或盖章；在实际结算金额栏的小写金额上端用农村信用联社管理机构统一制作的压数机压印出票金额，然后连同第三联一并交给申请人。第一联上加盖经办、复核名章，在逐笔登记汇出汇款账并注明汇票号码后，连同第四联一并专夹保管。

在不能签发汇票的银行开户的申请人需要使用汇票，应将款项转交附近能够签发汇票的银行办理，出票行不得拒绝受理。

2. 银行汇票付款的账务处理

（1）代理付款行接到在本行开立账户的持票人直接交来的汇票、解讫通知和两联进账单时，应认真审查：

①汇票和解讫通知是否齐全，汇票号码和记载的内容是否一致。

②汇票是否是按统一规定印制的凭证，汇票是否真实，提示付款期限是否超过。

③汇票填明的持票人是否在本行开户，持票人名称是否为该持票人，与进账单上的名称是否相符。

④出票行的签章是否符合规定，加盖的汇票专用章是否与印模相符。

⑤使用密押的，密押是否正确；压数机压印的金额是否由统一制作的压数机压印，与大写的出票金额是否一致。

⑥汇票的实际结算金额大小写是否一致，是否在出票金额以内，与进账单所填金额是否一致，多余金额结计是否正确。如果是全额进账，必须在汇票和解讫通知的实际结算金额栏内填入全部金额，多余金额栏填写“—0—”。

⑦汇票必须记载的事项是否齐全，出票金额、实际结算金额、出票日期、收款人名称是否更改，其他记载事项的更改是否由原记载人签章证明。

⑧持票人是否在汇票背面“持票人向银行提示付款签章”处签章，背书转让的汇票是否按规定的范围转让，其背书是否连续，背书使用粘单的是否按规定在粘接处签章。

经审查无误后，汇票作借方凭证附件，第二联进账单作贷方凭证，办理转账，其会计分录如下：

借：清算资金往来——辖内往来或清算资金往来——小额支付系统往来

　贷：吸收存款——活期存款——持票人户

第一联进账单上加盖转讫章作收账通知交给持票人，解讫通知加盖转讫章随联行借方报单寄给出票行。

（2）代理付款行接到未在本行开立账户的持票人为个人交来汇票和解讫通知及两联进账单时，除了按上述的有关要求认真审查外，还必须认真审查持票人的身份证件，在汇票背面“持票人向银行提示付款签章”处是否有持票人的签章和注明身份证件名称、号码及发证机关，并要求提交持票人身份证件复印件留存备查。对现金汇票持票人委托他人向代理付款行提示付款的，代理付款行必须查验持票人和被委托人的身份证件，在汇票背面是否作委托收款背书，以及是否注明持票人和被委托人身份证件名称、号码及发证机关，并要求提交持票人和被委托人身份证件复印件留存备查。经审核无误后，以持票人姓名开立应解汇款账户，并在该分户账上填明汇票号码以备查考，第二联进账单作贷方凭证，办理转账。其会计分录如下：

借：清算资金往来——辖内往来或清算资金往来——小额支付系统往来

　贷：应解汇款及临时存款——持票人户

原持票人需要一次或分次办理转账支付的，应由其填制支付凭证，并向银行交验本人身份证件，经审查无误后，办理转账。其会计分录如下：

借：应解汇款及临时存款——原持票人户

　贷：吸收存款——活期存款——××户或同城票据清算或清算资金往来

原持票人需要支取现金的，代理付款行经审查汇票上填写的申请人和收款人确为个人并按规定填明“现金”字样，以及填写的代理付款行名称确为本行的，可以办理现金支付手续；未填明“现金”字样，需要支取现金的，由代理付款行按照现金管理规定审查支付，另填制一联现金借方凭证，办理转账。其会计分录如下：

借：应解汇款及临时存款——原持票人户

　贷：库存现金

3. 银行汇票结清的核算。出票行接到代理付款行寄来联行借方报单以及解讫通知时，抽出原专夹保管的汇票卡片，经核对确属本行出票，借方报单与实际结算金额相符，多余金额结计正确无误后，分别作如下处理：

（1）汇票全额付款，应在汇票卡片的实际结算金额栏填入全部金额，在多余款收账通知的多余金额栏填写“—0—”，汇票卡片作借方凭证，解讫通知和多余款收账通知作借方凭证的附件。其会计分录如下：

借：汇出汇款

　贷：清算资金往来——小额支付系统往来

同时，销记汇出汇款账。

（2）汇票有多余款的，应在汇票卡片和多余款收账通知上填写实际结算金额，汇票卡片作借方凭证，解讫通知作多余款贷方凭证。其会计分录如下：

借：汇出汇款

　贷：清算资金往来——小额支付系统往来

　　吸收存款——活期存款——申请人户

同时，销记汇出汇款账，在多余款收账通知多余金额栏填写多余金额，加盖转讫章后通知申请人。

（3）申请人未在银行开立账户，多余金额应先转入其他应付款科目，以解讫通知代其他应付款科目贷方凭证。其会计分录如下：

借：汇出汇款

　贷：清算资金往来

　　其他应付款——申请人户

同时，销记汇出汇款账，并通知申请人持申请书存根及本人身份证件来行办理领取手续。领取时以多余款收账通知代其他应付款科目借方凭证。其会计分录如下：

借：其他应付款——申请人户

　贷：库存现金

申请人由于汇票超过付款期限或其他原因要求退款时，应交回汇票和解讫通知，并提交证明或身份证件。出票行经审查核对无误，即在实际结算金额大写栏填写“未用退回”字样，汇票卡片作借方凭证，汇票作附件，解讫通知作贷方凭证（如系退付现金，即作为借方凭证的附件）办理转账，其会计分录与签发汇票时的分录相反。

持票人超过付款期限不获付款的，在票据权利时效内请求付款的，应当向出票行说明原因，并提交汇票和解讫通知。持票人为个人的，还应交验本人身份证件。出票行经与原专夹保管的汇票卡片核对无误，多余金额结计正确无误，即在汇票和解讫通知备注栏填写“逾期付款”字样，通过应解汇款科目办理付款手续。

【例8－3】 黑龙江省农村信用联社开户单位启明星建筑公司提交银行汇票委托书，金额500 000元，农村合作金融机构审查后同意签发银行汇票。10日后，天津市四方区农村信用联社开户单位永江公司向开户行提交该汇票，实际结算金额为450 000元，代理兑付该银行汇票的资金后，通过系统内电子汇划系统将汇票款项与黑龙江省农村信用联社结清资金。作出相关的会计处理。

（1）黑龙江省农村信用联社签发银行汇票时：

借：吸收存款——启明星建筑公司	500 000	
贷：汇出汇款——银行汇票户		500 000

（2）天津市四方区农村信用联社代理付款时：

借：清算资金往来——辖内往来	450 000	
贷：吸收存款——永江公司		450 000

（3）黑龙江省农村信用联社结清汇票时：

借：汇出汇款——银行汇票户	500 000	
贷：清算资金往来——辖内往来		450 000
吸收存款——启明星建筑公司		50 000

四、商业汇票的核算

（一）商业汇票的主要规定

商业汇票是出票人签发的，委托付款人在指定日期无条件支付确定的金额给收款人或持票人的票据。

商业汇票的主要规定：

1. 凡在银行开立存款账户的法人以及其他组织之间，必须具有真实的交易关系或债权债务关系，才能使用商业汇票。

2. 商业承兑汇票的出票人，为在金融机构开立存款账户的法人以及其他组织，与付款人具有真实的委托付款关系，具有支付汇票金额的可靠资金来源。

3. 银行承兑汇票的出票人必须具备三个条件：在承兑银行开立存款账户的法人以及其他组织；与承兑银行具有真实的委托付款关系；资信状况良好，具有支付汇票金额的可靠资金来源。

4. 出票人不得签发无对价的商业汇票用以骗取银行或者其他票据当事人的资金。

5. 签发商业汇票必须记载的事项有：表明“商业承兑汇票”或“银行承兑汇票”的字样；无条件支付的委托；确定的金额；付款人名称；收款人名称；出票日期；出票人签章。

6. 商业汇票的付款期限，最长不得超过6个月。定日付款的汇票自出票日起计算，并在汇票上记载具体的到期日；出票后定期付款的汇票，自出票日起按月计算，并在汇票上记载；见票后定期付款的汇票，自承兑或拒绝承兑日起按月计算，并在汇票上记载。

7. 商业汇票的提示付款期限，自汇票到期日起10日。对异地委托收款的，持票人可匡算邮程，提前5天通过开户银行委托收款。持票人超过提示付款期限提示付款的，持票人开户银行不予受理。

8. 商业承兑汇票的付款人开户行收到通过委托收款寄来的商业承兑汇票，将商业承兑汇票留存，并及时通知付款人。付款人应在当日通知银行付款。如付款人在接到通知日的次日起3日内未通知付款的，视同承诺付款。如付款人存款账户不足支付的，应填制付款人未付票款通知书，连同汇票邮寄持票人开户行转交持票人。

9. 银行承兑汇票的出票人应于汇票到期前将票款足额交存其开户行，未能交足时，承兑行除凭票无条件付款外，对出票人未支付的汇票金额按规定计收利息。

（二）商业承兑汇票的核算

商业承兑汇票是交易双方按照合同规定，由收款人或付款人出票，由银行以外的付款人承兑的票据。该汇票为一式三联（见表8－6）：第一联卡片，由承兑人留存；第二联汇票，由持票人开户行随委托收款凭证寄付款人开户行作借方凭证附件：第三联存根，由出票人存查。商业汇票的账务处理程序如图8－3所示。

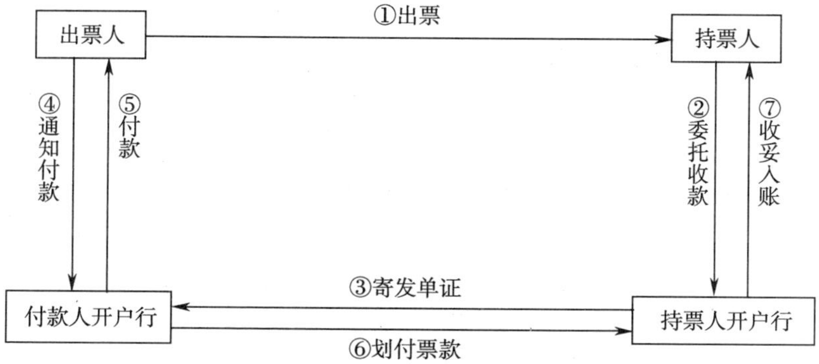

图8－3　商业汇票流程图

1. 持票人开户行受理汇票的核算。持票人凭商业承兑汇票委托开户行收款时，应填制邮划或电划委托收款凭证，并在“委托收款凭据名称”栏注明“商业承兑汇票”及其汇票号码，连同汇票一并送交开户行。

银行应认真审查：汇票是否是按统一规定印制的凭证，提示付款期限是否超过；汇票上填明的持票人是否在本行开户；出票人、承兑人的签章是否符合规定；汇票必须记载的事项是否齐全，更改是否符合规定；是否作成委托收款背书，背书是否符合规定；委托收款凭证的记载事项是否与汇票记载的事项相符。

表 8-6　　商业承兑汇票样式

商业承兑汇票 2

出票日期　　年　　月　　日　　　　$\frac{A}{O}\frac{A}{1}$00000000

（大写）

付款人		收款人	
全　称		全　称	
账　号		账　号	
开户银行		开户银行	
出票金额	人民币（大写）	亿 千 百 十 万 千 百 十 元 角 分	
汇票到期日（大写）		付款人开户行	行号
交易合同号码			地址

本汇票已经承兑，到期无条件支付票款。　　　　本汇票请予以承兑于到期日付款。

承兑人签章

承兑日期　　年　　月　　日　　　　出票人签章

上海证券印制有限公司·2005年印制

经审查无误，在委托收款凭证各联上加盖“商业承兑汇票”戳记。第一联委托收款凭证加盖业务公章作回单给持票人；第二联委托收款凭证登记“发出委托收款结算凭证登记簿”后，专夹保管；第三联加盖带有联行行号的结算专用章，连同第四、第五联（电划缺第四联）委托收款结算凭证和商业承兑汇票邮寄付款人开户行。

2. 付款人开户行收到汇票的核算。付款人开户行接到持票人开户行寄来的委托收款凭证及汇票时，应按照上述规定认真审查，付款人确在本行开户，承兑人在汇票上的签章与预留银行的签章相符，将第五联委托收款凭证交给付款人并签收。第三、第四联委托收款凭证登记“收到委托收款结算凭证登记簿”后，专夹保管，以便考核汇票款的支付或退回情况。

付款人开户行接到付款人的付款通知或在付款人接到开户行的付款通知的次日起3日内仍未接到付款人的付款通知的，应按照《支付结算办法》规定的划款日期和以下情况处理：

（1）付款人的银行账户有足够票款支付的，第三联委托收款凭证作借方凭证，汇票加盖转讫章作附件，销记“收到委托收款结算凭证登记簿”。第四联委托收款结算凭证加盖业务公章随联行报单寄持票人开户行。其会计分录如下：

借：吸收存款——活期存款——付款人户

　贷：清算资金往来——辖内往来

（2）付款人的银行账户不足支付的，银行应填制付款人未付票款通知书（一式三联，用异地结算通知书代），在委托收款凭证备注栏注明“付款人无款支付”字样。将第一联通知书和第三联委托收款凭证留存备查。将第二、第三联通知书连同第四联委托收款凭证及汇票邮寄持票人开户行转交持票人。如系电报划款的，不另拍发电报。

如银行在付款人接到通知日的次日起3日内收到付款人的拒绝付款证明的，经核对无误后，在委托收款凭证和收到委托收款凭证登记簿备注栏注明“拒绝付款”字样。然后，将拒付证明连同委托收款凭证及汇票一起邮寄持票人开户行转交持票人。

3. 持票人开户行收到划回票款或退回凭证的账务处理。持票人开户行接到付款人开户行寄来的联行报单和委托收款凭证或拍来的电报，应将留存的第二联委托收款凭证抽出核对。经核对无误后，在第二联委托收款凭证上填注转账日期作贷方凭证。其会计分录如下：

借：资金清算往来——辖内往来

　贷：吸收存款——活期存款——持票人户

转账后，将第四联委托收款凭证加盖转讫章作收账通知交给持票人，并销记“发出委托收款结算凭证登记簿”。

如持票人开户行接到付款人开户行发来的付款人未付票款通知书或付款人的拒绝付款证明和汇票以及委托收款凭证，经核对无误，应在原专夹保管的第二联委托收款凭证和发出委托收款凭证登记簿上作相应记载后，将委托收款凭证、未付票款通知书或拒绝付款证明及汇票退给持票人，并由持票人签收。

（三）银行承兑汇票的核算

银行承兑汇票是由在承兑银行开立存款账户的承兑申请人签发，由银行审查同意承兑的票据。该汇票为一式三联（见表8－7）：第一联卡片，由承兑行留存备查，到期支付票据时作借方凭证附件；第二联汇票，由收款人开户行随委托收款凭证寄付款行作借方凭证附件；第三联存根，由出票人存查。

银行承兑汇票的账务处理程序如图8－4所示。

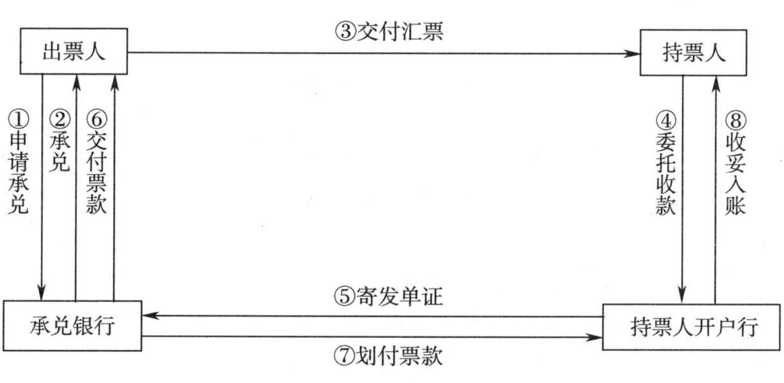

图8－4　银行汇票流程图

表 8-7　　　　银行承兑汇票样式

银行承兑汇票 2

出票日期　　年　　月　　日　　　　$\frac{C}{O}\frac{A}{1}$00000000

（大写）

全　　称　　　　　　　　　　　　收款人　全　　称
账　　号　　　　　　　　　　　　　　　　账　　号
付款全称　　　　　　　　　　　　　　　　开户银行

人民币
出票金额　（大写）　　　　　　　亿 千 百 十 万 千 百 十 元 角 分

汇票到期日　　　　　　　　　　　付款行　行号
（大写）
承兑协议编号　　　　　　　　　　　　　　地址

上海证券印制有限公司·2005年印制

此联代理付款行付款后作联行往账借方凭证附件

本汇票请你行承兑，到期无条件付款。　　　　本汇票已经承兑，到期日由本行付款。

承兑日期　　　　承兑行签章
出票人签章　　备注　　　　年　　月　　日

复核　　　　记账

1. 承兑银行办理汇票承兑的核算。出票人或持票人持银行承兑汇票向汇票上记载的付款银行申请或提示承兑时，承兑银行的信贷部门按照《支付结算办法》和有关规定审查同意后，即可与出票人签署银行承兑协议一式三联，第一联留存，第二联与第三联副本和第一、第二联汇票一并交本行会计部门。

会计部门接到汇票应审查汇票和承兑协议是否符合规定，出票人的签章是否符合规定，出票人是否在本行开立存款账户，汇票上记载的出票人名称、账号是否相符，汇票是否是按统一规定印制的凭证。审核无误后，在第一、第二联汇票上注明承兑协议编号，并在第二联汇票“承兑行签章”处加盖汇票专用章并由授权的经办人签名或盖章。由出票人申请承兑的，将第二联汇票连同一联承兑协议交给持票人，由持票人提示承兑的，将第二联汇票交给持票人，一联承兑协议交给出票人。同时，按照承兑金额的5‱向出票人收取承兑手续费，其会计分录如下：

借：吸收存款——活期存款——出票人户

贷：手续费及佣金收入——银行承兑汇票户

按承兑金额登记表外科目明细账，同时登记“银行承兑汇票登记簿”。

收入：银行承兑汇票——出票人户

承兑银行根据第一联汇票卡片填制银行承兑汇票表外科目收入凭证，登记表外科目登记簿，并将第一联汇票卡片和承兑协议副本专夹保管。对银行承兑汇票登记簿的余额要经常与保存的第一联汇票卡进行核对，以保证金额相符。

2. 持票人开户行受理汇票的核算。持票人凭汇票委托开户行向承兑银行收取票款时，应填制邮划或电划委托收款凭证，在“委托收款凭证名称”栏注明“银行承兑汇票”及其汇票号码，连同汇票一并送交开户行。

银行按照有关规定审查无误后，在委托收款凭证各联加盖“银行承兑汇票”戳记。第一联委托收款凭证加盖业务公章作回单给持票人；第二联委托收款凭证登记“发出委托收款结算凭证登记簿”后，专夹保管；第三联加盖带有联行行号的结算专用章，连同第四、第五联（电划缺第四联）委托收款结算凭证和银行承兑汇票邮寄承兑银行。

3. 承兑银行对汇票到期收取票款的核算。承兑银行应每天查看汇票的到期情况，对到期的汇票，应于到期日（法定休假日顺延）向出票人收取票款，专户存储。填制两联特种转账借方凭证，一联特种转账贷方凭证，并在“转账原因”栏注明“根据××号汇票划转票款”。其会计分录如下：

借：吸收存款——活期存款——出票人户

贷：应解汇款——出票人户

一联特种转账借方凭证加盖转讫章后作支款通知交给出票人。

如出票人账户无款或不足支付时，应转入该出票人的逾期贷款户，按规定计收利息。

账户无款支付的，应填制两联特种转账借方凭证，一联特种转账贷方凭证，在“转账原因”栏注明“××号汇票无款支付转入逾期贷款户”。其会计分录如下：

借：贷款——承兑汇票垫款（出票人户）

贷：应解汇款——出票人户

一联特种转账借方凭证加盖业务公章交给出票人。

账户不足支付的，应填制四联特种转账借方凭证，一联特种转账贷方凭证，在“转账原因”栏注明“××号汇票划转部分票款”。其会计分录如下：

借：吸收存款——活期存款——出票人户

贷款——承兑汇票垫款（出票人户）

贷：应解汇款——出票人户

两联特种转账借方凭证加盖转讫章作支款通知交给出票人。

4. 承兑银行支付汇票款项的账务处理。承兑银行接到持票人开户行寄来的委托收款凭证及汇票，抽出专夹保管的汇票卡片和承兑协议副本，应认真审查：该汇票是否为本行承兑，与汇票卡片的号码和记载事项是否相符；是否作成委托收款背书，背书是否合规；委托收款凭证的记载事项是否与汇票记载的事项相符。

经审查无误，应于汇票到期日或到期日之后的见票当日，以第三联委托收款凭证作借方凭证，办理转账。其会计分录如下：

借：应解汇款——出票人户

　贷：清算资金往来——辖内往来

在“收到托收承付（委托收款）登记簿”上注明转账日期，另填制银行承兑汇票表外科目付出凭证，登记表外科目明细账，销记表外科目登记簿。第四联委托收款凭证填注支付日期后，作联行报单的附件寄交持票人开户银行。

付出：银行承兑汇票——出票人户

5. 持票人开户行收到汇票款项的账务处理。持票人开户行接到承兑银行寄来的联行报单和委托收款凭证或拍来的电报，抽出专夹保管的第二联委托收款凭证，进行核对相符后，销记“发出委托收款结算凭证登记簿”，在第四联委托收款凭证上加盖转讫章作收账通知交给持票人，第二联委托收款凭证注明转账日期作贷方凭证。其会计分录如下：

借：清算资金往来——辖内往来

　贷：吸收存款——活期存款——持票人户

第二节　结算业务核算

结算业务核算包括汇兑、委托收款、托收承付等的核算。

一、汇兑业务的核算

（一）汇兑的主要规定

汇兑是汇款人委托银行将其款项支付给异地收款人的结算方式。汇兑按其凭证寄送方式不同，分为信汇和电汇两种。信汇是汇款人委托银行用邮寄凭证的方式通知汇入行付款的一种结算方式；电汇是汇款人委托银行用拍发电报的方式通知汇入行付款的一种结算方式。

汇兑的主要规定：

1. 汇兑是汇款人委托银行将其款项支付给异地收款人的结算方式。适用于单位和个人的各种款项结算。

2. 汇兑分为信汇、电汇两种，由汇款人选择使用。

3. 签发汇兑凭证必须记载规定的事项，缺少其中之一的，银行不予受理。

4. 汇款人和收款人均为个人，需在汇入银行支取现金的，应在信汇、电汇凭证的“汇款金额”大写栏，先填写“现金”字样，后填写汇款金额。

5. 汇款回单只能作为汇出银行受理汇款的依据，不能作为该笔汇款转入收款人账户的证明。

6. 汇兑按解付方式不同，分为直接入账和不直接入账两种。不直接入账的款项应先贷记“应解汇款”科目，然后按收款人的意见办理解付。但严禁转入储蓄和信用卡账户。

7. 对于收款人要求分次支付的汇款，应开立临时存款户，该户只付不收，付完清户，不计利息。

8. 汇入银行对于收款人拒收汇款或经过两个月无法交付的汇款，应主动办理退汇。

（二）汇兑的核算

汇兑业务涉及汇款人、汇出行、汇入行和收款人。汇入行和汇出行为同系统机构的汇兑结算流程如图8－5所示。

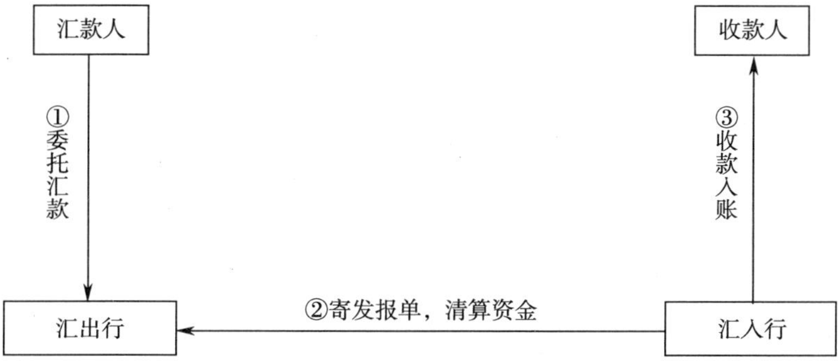

图8－5 汇兑流程图

1. 汇出行的核算。汇款人委托银行办理汇兑时，如果使用信汇，应向银行填制一式四联信汇凭证（见表8－8），第一联回单，第二联借方凭证，第三联贷方凭证，第四联收账通知或代取款收据。

签发汇兑凭证必须记载的事项为：

（1）表明“信汇”或“电汇”的字样。

（2）无条件支付的委托。

（3）确定的金额。

（4）收款人名称和账号。

（5）汇款人名称和账号。

（6）汇入地点、汇入行名称。

（7）汇出地点、汇出行名称。

（8）委托日期。

（9）汇款人签章。

汇兑凭证上欠缺上列记载事项之一的，银行不予受理。

汇款人派人到汇入行领取汇款，应在信汇凭证各联的“收款人账号或地址”栏注明“留行待取”字样。“留行待取”的汇款，需要指定单位的收款人领取汇款的，应注明收款人的单位名称；信汇凭签章支取的，应在第四联凭证上加盖预留的收款人签章。汇款人确定不得转汇的，应在汇兑凭证备注栏注明“不得转汇”字样。

表 8－8　　　　信汇凭证样式

全国农村合作金融机构**信汇凭证**（借方凭证）　　2

委托日期　　年　月　日

汇款人	全　称		收款人	全　称	
	账　号			账　号	
	汇出地点	省　市/县		汇入地点	省　市/县
汇出行名称			汇入行名称		
金额	人民币（大写）			亿 千 百 十 万 千 百 十 元 角 分	
此汇款支付给收款人。			支付密码		
汇款人签章			附加信息及用途： 复核　记账		

此联是开户银行交给持（出）票人的回单

汇出行受理信汇凭证时，应认真审查：

（1）信汇凭证必须记载的各项内容是否齐全、正确；

（2）汇款人账户内是否有足够支付的余额；

（3）汇款人的签章是否与预留银行签章相符。

对填明“现金”字样的信汇凭证，还应审查汇款人和收款人是否均为个人。经审查无误后，第一联信汇凭证加盖转讫章（或现金收讫章）退给汇款人。转账交付的，第二联信汇凭证作借方凭证。

汇款人如果使用电汇，应填制电汇凭证送交开户行。个人需要在汇入行支取现金的，应在电汇凭证的金额栏“人民币（大写）”之后紧接填写“现金”字样，并填写汇款金额。汇出行受理电汇凭证时，应认真审查无误后，再办理汇款手续。会计分录电汇与信汇相同：

借：吸收存款——活期存款——汇款人户

　贷：清算资金往来——辖内往来或同城票据清算

现金交付的，填制一联特种转账贷方凭证，第二联信汇凭证作借方凭证。其会计分录如下：

借：库存现金

　贷：应解汇款——汇款人户

借：应解汇款——汇款人户

　贷：清算资金往来——辖内往来

转账后，第三联信汇凭证加盖联行专用章，与第四联随同联行邮划贷方报单寄汇入行。

汇款人委托银行办理电汇时，应按照信汇凭证的填写要求向银行填制一式三联电汇凭证，第一联回单，第二联借方凭证，第三联发电依据。

汇出行受理电汇凭证时，比照信汇审查无误后，第一联电汇凭证加盖转讫章（式现金收讫章）退给汇款人，第二联作借方凭证，其会计分录与信汇相同。并根据第三联电汇凭证编制电划贷方报单凭以向汇入行拍发电报。电汇凭证上填明“现金”字样的，应在电报的金额前加拍“现金”字样。

2. 汇入行的核算。汇入行接到汇出行通过支付清算系统传来的有关信息，或收到汇出行寄来的邮划贷方报单和第三、第四联信汇凭证，应审查第三联信汇凭证上的联行专用章与联行报单印章是否一致，经审核无误后，按下列手续处理：

（1）直接收账的，第三联信汇凭证作贷方凭证。其会计分录如下：

借：清算资金往来——辖内往来或同城票据清算

　贷：吸收存款——活期存款——收款人户

第四联信汇凭证加盖转讫章作收账通知交给收款人。

（2）不直接收账的，第三联信汇凭证作贷方凭证。其会计分录如下：

借：清算资金往来——辖内往来

　贷：应解汇款——收款人户

登记应解汇款登记簿，在信汇凭证上编列应解汇款顺序号，第四联留存保管，另以便条通知收款人来行办理取款手续。

收款人持便条来行办理取款，“留行待取”的向收款人问明情况，抽出第四联信汇凭证，并认真审查收款人的身份证件，信汇凭证上是否注明其证件名称、号码及发证机关以及收款人是否在“收款人签章”处签章。如系信汇留交凭签章付款的，收款人签章必须同预留印章相符。然后办理付款手续。

需要支取现金的，信汇凭证上必须有汇出银行按规定填明的“现金”字样，应一次办理现金支付手续；未注明“现金”字样，需要支取现金的，由汇入银行按照现金管理规定审查支付。另填制一联现金借方凭证，第四联信汇凭证作借方凭证附件。其会计分录如下：

借：应解汇款——收款人户

　贷：库存现金

需要分次支付的，应凭第四联信汇凭证注销应解汇款登记簿中的该笔汇款，并不通过分录如数转入应解汇款及临时存款科目分户账内，银行审核收款人填制的支款凭证，其预留签章和收款人身份证件无误后，办理分次支付手续。待最后结清时，将第四联信汇凭证作借方凭证附件。

需要转汇的，应重新办理汇款手续，其收款人与汇款用途必须是原汇款的收款人和用途，并在第三联信汇凭证上加盖“转汇”戳记。第三联信汇凭证备注栏注明不得转汇的，不予办理转汇。

【例 8-4】 济南市农村信用联社开户单位胜利建筑公司申请即时电汇货款 200 万元，给河北石家庄市农村信用联社开户的大成公司，通过大额支付系统汇出货款。作出相关会计分录如下：

（1）济南市农村信用联社汇出货款时：

借：吸收存款——活期存款——胜利建筑公司　2 000 000

　贷：清算资金往来——大额支付系统　2 000 000

（2）河北石家庄市农村信用联社收到货款时：

借：清算资金往来——大额支付系统　2 000 000

　贷：吸收存款——活期存款——大成公司　2 000 000

（三）退汇的核算

1. 汇款人要求退汇的核算。

（1）汇出行承办的账务处理。汇款人要求退汇时，对收款人在汇入行开立账户的，由汇款人与收款人自行联系退汇；对收款人不在汇入行开立账户的，应由汇款人备函或本人身份证件连同原信汇、电汇回单交汇出行办理退汇。

汇出行接到退汇函件或身份证件以及回单，应填制四联“退汇通知书”，在第一联上批注“×月×日申请退汇，俟款项退回后再办理退款手续”字样，交给汇款人，第二、第三联寄交汇入行，第四联与函件和回单一起保管。

如汇款人要求用电报通知退汇时，只需填两联退汇通知书，比照信汇退汇通知书第一、第四联的手续处理，并凭退汇通知书拍发电报通知汇入行。

（2）汇入行的账务处理。汇入行接到汇出行寄来的第二、第三联退汇通知书和通知退汇的电报，如该笔汇款已转入应解汇款科目，尚未解付的，应向收款人联系索回便条，以第二联退汇通知书代借方凭证，第四联汇款凭证作附件。其会计分录如下：

借：应解汇款——收款人户

　贷：清算资金往来——辖内往来

第三联退汇通知书随同邮划贷方报单寄原汇出行。如电报通知退汇的，应另填一联特种转账借方凭证，并填制电划贷方报单，凭以拍发电报。

如该笔汇款业已解付，应在第二、第三联退汇通知书或电报上注明解付情况及日期后，将第二联退汇通知书或电报留存，以第三联退汇通知书（或拍发电报）通知汇出行。

（3）汇出行收到的处理手续。汇出行接到汇入行寄来的邮划贷方报单及第三联退汇通知书或退汇电报时，应以第三联退汇通知书或第二联电划贷方补充报单代贷方凭证（第三联电划补充报单作贷方凭证附件）办理转账。其会计分录如下：

借：清算资金往来——辖内往来

　贷：吸收存款——活期存款——原汇款人户

如汇款人未在银行开立账户，应另填制一联现金借方凭证。其会计分录如下：

借：清算资金往来——辖内往来

　贷：其他应付款——原汇款人户

借：其他应付款——原汇款人户

　贷：库存现金

在原第二联汇款凭证上注明“此款已于×月×日退汇”字样，以备查考。以留存的第四联退汇通知书注明“退汇款汇回已代进账”字样，加盖转讫章后作为收账通知交给汇款人。

如接到汇入行寄回的第三联退汇通知书或发来的电报注明汇款业已解付时，应在留存的第四联退汇通知书上批注解付情况，通知原汇款人。

2. 汇入行主动退汇的核算。

（1）汇入行的账务处理。汇款超过两个月，收款人尚未来行办理取款手续或在规定期限内汇入行已寄出通知，但因收款人住址迁移或其他原因，以致该笔汇款无人受领时，汇入行可以主动办理退汇，退汇时应填制一联特种转账借方凭证和两联特种转账贷方凭证，并在凭证上注明“退汇”字样，第四联汇款凭证作借方凭证附件。其会计分录如下：

借：应解汇款——原收款人户

　贷：清算资金往来——辖内往来

一联特种转账贷方凭证加盖联行专用章连同另一联特种转账贷方凭证随同邮划贷方报单寄回原汇出行。

（2）原汇出行的账务处理。原汇出行接到原汇入行寄来的邮划报单及所附两联特种转账贷方凭证，以加盖原汇入行联行专用章的一联特种转账贷方凭证代贷方凭证。其会计分录如下：

借：清算资金往来——辖内往来

贷：吸收存款——活期存款——原汇款人户

另一联特种转账贷方凭证加盖转讫章代收账通知交给原汇款人。

如汇款人未在银行开立账户，则通过“其他应付款”科目过渡再通知原汇款人来行办理取款手续。

二、委托收款业务的核算

（一）委托收款的概念及主要规定

委托收款是收款人委托银行向付款人收取款项的结算方式。根据委托收款结算款项的划回方式，分为邮寄和电报两种，由收款人选用。

委托收款的主要规定：

1. 单位和个人凭已承兑商业汇票、债券、存单等付款人债务证明办理款项的结算，均可以使用委托收款结算方式。

2. 委托收款在同城、异地均可以使用。

3. 签发委托收款凭证必须记载规定的事项，欠缺其中之一的，银行不予受理。

4. 以银行为付款人的，应在当日将款项主动支付给付款人。

5. 以单位为付款人的，银行应及时通知付款人并签收。付款人应于接到通知的当日书面通知银行付款。

6. 付款人未在接到通知的次日起 3 日内通知银行付款的，视同付款人同意付款，次日开业时即可将款项划给付款人。

7. 在同城范围内，收款人收取公用事业费或根据国务院的规定，可以使用同城特约委托收款。

8. 根据付款的情况不同，委托收款可以分为按期支付、无款支付和拒绝支付三种情况。

（二）委托收款的会计核算

委托收款结算涉及收款人、收款人开户行、付款人开户行和付款人。当收款人开户行和付款人开户行为同一系统银行机构时，委托收款异地核算程序如图 8 -6 所示。

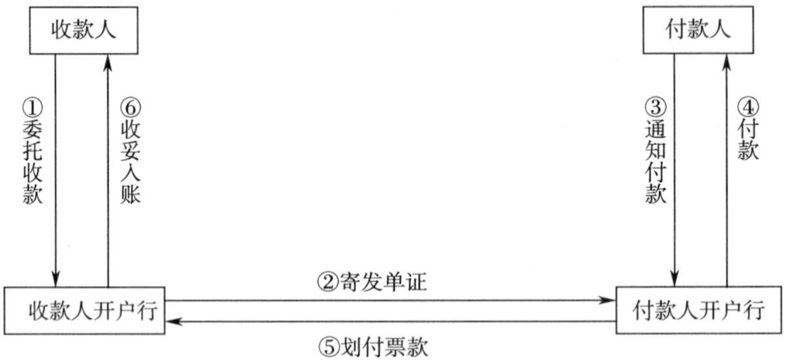

图 8 -6 委托收款流程图

1. 收款人开户行受理委托收款的处理。收款人办理委托收款时，应填制邮划或电划委托收款凭证一式五联（见表 8 -9），第一联回单，第二联贷方凭证，第三联借方凭证，第四联收账通知（电划为发电依据），第五联付款通知。签发委托收款凭证必须记载的事项为：表明“委托收款”的字样；确定的金额；付款人名称；收款人名称；委托收款凭证名称及附寄单证张数；委托日期；收款人签章。收款人在第二联委托收款凭证上签章后，将有关委托收款凭证和债务证明提交开户行。

收款人开户行收到上述凭证后，应按照规定和填写凭证的要求进行认真审查，无误后，将第一联委托收款凭证加盖业务公章，退给收款人；第二联委托收款凭证专夹保管，并登记发出委托收款凭证登记簿；第三联委托收款凭证加盖带有联行行号的结算专用章，连同第四、第五联凭证及有关债务证明，一并交付款人开户行。收款人开户行如不办理全国或省辖联行业务的，向付款人开户行直接发出委托收款凭证，均应在委托收款凭证的“备注”栏加盖“款项收妥划收 × ×（行号）转划我行（社）”戳记，以便付款人开户行向指定的转划行填发报单。

2. 付款人开户行的核算。付款人开户行接到收款人开户行寄来的第三、第四、第五联委托收款凭证及有关债务证明时，应审查是否属于本行的凭证。经审查无误后，在凭证上填注收到日期，根据第三、第四联委托收款凭证逐笔登记收到委托收款凭证登记簿后专夹保管，并分别作如下处理：

（1）付款人付款的核算。

表 8－9　　委托收款凭证样式

委托收款凭证（贷方凭证）

委托日期　　年　月　日

<table>
<tr><td colspan="2">业务类型</td><td colspan="15">委托收款（□邮划、□电划）　托收承付（□邮划、□电划）</td></tr>
<tr><td rowspan="3">付款人</td><td>全　称</td><td colspan="3"></td><td rowspan="3">收款人</td><td>全　称</td><td colspan="10"></td></tr>
<tr><td>账　号</td><td colspan="3"></td><td>账　号</td><td colspan="10"></td></tr>
<tr><td>地　址</td><td>省　市／县</td><td>开户行</td><td></td><td>地　址</td><td colspan="4">省　市／县</td><td colspan="2">开户行</td><td colspan="4"></td></tr>
<tr><td rowspan="2">金额</td><td colspan="5" rowspan="2">人民币
（大写）</td><td>亿</td><td>千</td><td>百</td><td>十</td><td>万</td><td>千</td><td>百</td><td>十</td><td>元</td><td>角</td><td>分</td></tr>
<tr><td></td><td></td><td></td><td></td><td></td><td></td><td></td><td></td><td></td><td></td><td></td></tr>
<tr><td colspan="2">款项内容</td><td colspan="2"></td><td>托收凭据名　称</td><td colspan="5"></td><td colspan="2">附寄单证张数</td><td colspan="5"></td></tr>
<tr><td colspan="2">商品发运情况</td><td colspan="3"></td><td colspan="4">合同名称号码</td><td colspan="8"></td></tr>
<tr><td colspan="4">备注：

收款人开户银行收到日期
年　月　日</td><td colspan="6">上列款项随附有关债务证明，请予办理。

收款人签章</td><td colspan="7">

复核　　记账</td></tr>
</table>

此联收款人开户银行作贷方凭证

银行接到委托收款凭证和有关债务证明时，经审查，凭证上所列付款人为单位的，应将第五联委托收款凭证加盖业务公章及时交给付款人，并由付款人签收。然后分别以下两种情况处理：

一是接到付款人的付款通知，或未接到付款人的付款通知，在付款人签收日的次日起第 4 天上午开始营业时，付款人账户足够支付全部款项的，第三联委托收款凭证作借方凭证办理转账。其会计分录如下：

借：吸收存款——活期存款——付款人户

　贷：清算资金往来或同城票据清算

转账后，银行在收到委托收款凭证登记簿上填明转账日期。属于邮寄划款的，将第四联委托收款凭证填注支付日期后，随联行邮划贷方报单寄交收款人开户行。属于电报划款的，应根据第四联委托收款凭证填制联行电划贷方报单，凭以向收款人开户行拍发电报。

二是银行在办理划款时，付款人账户不足支付全部款项的，银行在委托收款凭证和收到委托收款凭证登记簿上注明退回日期和“无款支付”字样，并填制三联付款人未付款项通知书（用异地结算通知书代），将第一联通知书和第三联委托收款凭证留存备查，将第二、第三联通知书连同第四联委托收款凭证邮寄收款人开户行。留存债务证明的，其债务证明一并邮寄收款人开户行。如系电报划款的，不另拍发电报。

（2）付款人拒绝付款的处理。付款人的开户银行，在付款人签收日的次日起 3 天内，收到付款人填制的四联拒绝付款理由书以及付款人持有的债务证明和第五联委托收款凭证，经核对无误后，在委托收款凭证和收到委托收款凭证登记簿备注栏注明“拒绝付款”字样。然后将第一联拒付理由书加盖业务公章作为回单退还付款人，将第二联拒付理由书连同第三联委托收款凭证一并留存备查，将第三、第四联拒付理由书连同付款人提交或本行留存的债务证明和第四、第五联委托收款凭证一并寄收款人开户行。如系电报划款的，不另拍发电报。

3. 收款人开户行办理委托收款划回的核算。

（1）款项划回的核算。收款人开户行接到付款人开户行寄来的联行邮划贷方报单和所附第四联委托收款凭证时，应将留存的第二联凭证抽出同第四联凭证进行核对。经审查无误后，在该两联凭证上填注转账日期，即以第二联委托收款凭证作贷方凭证办理转账。其会计分录如下：

借：清算资金往来——辖内往来或同城票据清算

　贷：吸收存款——活期存款——收款人户

转账后，将第四联委托收款凭证加盖转讫章作收账通知交给收款人，并销记发出委托收款凭证登记簿。

如系电报划回的，应填制联行电划贷方补充报单，以补充报单分别代贷方凭证和收账通知，原委托收款凭证作附件。其余手续与邮寄划回相同。

【例 8-5】 济南市农村信用联社开户单位大学城出版社提交委托收款凭证和债务证明，委托开户行向烟台市农村信用联社开户的大河公司收取债权 300 万元。3 日后，收到烟台市农村信用联社系统内电子汇划系统划回的款项。

①济南市农村信用联社受理开户单位的委托收款，发出委托收款凭证，登记“发出委托收款登记簿”，不作账务处理。

②烟台市农村信用联社付款时：

借：吸收存款——活期存款——大河公司	3 000 000	
贷：清算资金往来——辖内往来		3 000 000

③济南市农村信用联社收回款项时：

借：清算资金往来——辖内往来	3 000 000	
贷：吸收存款——活期存款——大学城出版社		3 000 000

（2）付款人无款支付的处理。收款人开户行接到第四联委托收款凭证和第二、第三联付款人未付款项通知书以及付款人开户行留存的债务证明，抽出第二联委托收款凭证，并在该联凭证“备注”栏注明“无款支付”字样，销记发出委托收款凭证登记簿。然后将第四联委托收款凭证及一联未付款项通知书以及收到的债务证明送给收款人。

收款人在未付款项通知书上签收后，收款人开户行将一联未付款项通知书连同第二联委托收款凭证一并保管备查。

（3）拒绝付款的处理。收款人开户行接到第四、第五联委托收款凭证及有关债务证明和第三、第四联拒绝付款理由书，经核对无误后，抽出第二联委托收款凭证，并在该联凭证备注栏注明“拒绝付款”字样。销记发出委托收款凭证登记簿。然后将第四、第五联委托收款凭证及有关债务证明和第四联拒付理由书一并退给付款人。收款人在第三联拒付理由书上签收后，收款人开户行将第三联拒付理由书连同第二联委托收款凭证一并保管备查。

三、托收承付款业务的核算

（一）托收承付的主要规定

托收承付是根据购销合同由收款人发货后委托银行向异地付款人收取款项，由付款人向银行承认付款的结算方式。

托收承付的主要规定：

1. 使用托收承付结算方式的单位，必须是国有企业、供销合作社以及经营管理较好，并经开户银行审查同意的城乡集体所有制工业企业。未经开户行批准使用托收的城乡集体工业企业，收款人开户行不得受理；付款人开户行对其承付的款项应按规定支付款项外，还要对该付款人按结算金额处以5%的罚款。

2. 办理托收承付结算的款项，必须是商品交易，以及因商品交易而产生的劳务供应的款项。代销、寄销、赊销商品的款项，不得办理托收承付结算。

3. 收付双方使用托收承付结算，必须重合同、守信用。收款人对同一付款人发货托收累计3次收不回货款的，收款人开户行应暂停收款人向该付款人办理托收；付款人累计3次提出无理拒付的，付款人开户行应暂停其向外办理托收。

4. 收款人办理托收，必须具有商品确已发运的证件（包括铁路、航运、公路等运输部门签发运单、运单副本和邮局包裹回执）。没有发运证件，如商品调拨、自备运输工具、军用物资、大修、就地转厂加工、使用铁路集装箱等，可凭其他有关证件办理托收。

5. 托收承付结算每笔的金额起点为1万元。新华书店系统每笔的金额起点为1 000元。其款项的划回方法，分邮寄和电汇两种，由收款人选用。

6. 签发托收承付凭证必须记载规定的事项，欠缺其中之一的，银行不予受理。收款人开户行的审查时间最长不得超过次日。

7. 付款人的承付期限分为验单付款和验货付款两种，由收付双方商量选用，并在合同中明确规定。验单付款的承付期为3天，从付款人开户行发出承付通知的次日算起（期内遇法定休假日顺延）；验货付款的承付期为10天，从运输部门向付款人发出提货通知的次日算起。

8. 根据付款的情况不同，托收承付可以分为按期承付、提前承付、多承付、逾期付款、部分付款和全部拒绝付款等多种情况。

9. 付款人在承付期满日银行营业终了时，如无足够资金支付，其不足部分按逾期付款处理。付款人开户行应根据逾期付款金额和逾期天数，按每日万分之五计算逾期付款赔偿金。赔偿金实行定期扣付，每月计算一次，于次月3日内由付款人开户行划给收款人。

（二）委托收款和托收承付的比较

委托收款和托收承付是两种非常相似的结算方式，但二者之间又有很大区别。二者之间的相同之处表现在：

1. 两者都是由收款人主动委托银行向付款人收取款项。

2. 两者的核算程序和各阶段的基本处理手续相同，全部处理过程分为四个阶段；收款人开户行受理并发出委托收款凭证；付款人开户行通知承付；付款人开户行办理划款；收款人开户行收取款项。

托收承付与委托收款都是收款人委托银行向付款人收取款项的一种结算方式。其核算程序、使用凭证的联次、登记簿设置与登记方法、资金划转与会计分录等方面都是相同的。不同之处主要有以下六个方面：

1. 适用范围不同。托收承付只适用于异地国有企业、供销合作社以及经营管理好，并经开户行审查同意的城乡集体所有制工业企业之间的商品交易以及由于商品交易而产生的劳务供应的款项结算。而委托收款不仅同城异地共用，而且可以用于非商品交易。

2. 收款依据不同。办理托收承付结算，必须有合同、有发运证件（特殊情况除外）和信用较好，才能办理。而委托收款不强调经济合同和发运证件，只要有已承兑的汇票、债券、存单等付款人的债务证明即可办理。

3. 金额起点不同。托收承付的结算金额起点规定为 1 万元，新华书店系统为 1 000 元而委托收款的结算无金额起点限制。

4. 付款期限规定不同。付款期限是付款人开户银行给付款人审查单据（或验货）和筹措资金的准备天数。托收承付分为验单和验货付款两种。而委托收款则没有此规定。

5. 银行承担的责任不同。托收承付承担着审查拒付理由和代扣款项的责任。而委托收款则不审查拒付理由，不办理分次扣款。

6. 凭证和登记簿名称不同。托收承付的登记簿名称，收款人开户行使用“发出托收承付结算凭证登记簿”，付款人开户行使用“定期代收结算凭证登记簿”。委托收款则不同，收款人开户行使用“发出委托收款结算凭证登记簿”，付款人开户行使用“收到委托收款结算凭证登记簿”。在处理时，不得相互混淆。

（三）托收承付的核算

1. 按期承付的核算。

（1）收款人开户行受理托收承付的处理。收款人办理托收时，应填制邮划或电划托收承付凭证一式五联，第一联回单，第二联贷方凭证，第三联借方凭证，第四联收账通知（电划为发电依据），第五联承付通知。签发托付承付凭证必须记载的事项为：表明“托收承付”的字样；确定的金额；付款人名称及账号；收款人名称及账号；付款人开户行名称；收款人开户行名称；托收附寄单证张数或册数；合同名称、号码；委托日期；收款人签章。收款人在第二联托收凭证上签章后，将托收凭证附发运证件或其他符合托收承付结算的有关证明和交易单证送交开户行。

收款人开户行收到上述凭证后，应按规定认真进行审查，如提供的证件需要取回的，收款人应在托收凭证上注明“发运日期”和“证件号码”。必要时，还应查验收付款人签订的购销合同，审查时间不得超过次日。经审查无误后，在第一联托收凭证上加盖业务公章后退给收款人。对收款人向银行提交发运证件需要带回保管或自寄的，银行应在各联凭证和发运证件上加盖“已验发运证件”戳记，然后将发运证件退给收款人。托收承付的凭证同前文的委托收款凭证。

根据第二联托收凭证登记发出托收结算凭证登记簿后专夹保管。在第三联上加盖带有联行行号的结算专用章，随同第四、第五联托收凭证及交易单证，一并寄交付款人开户行。收款人开户行如不办理全国或省辖联行业务，向付款人开户行直接发出托收凭证的，均应在托收凭证的“备注”栏加盖“款项收妥请划收××（行号）转划我行”戳记，以便付款人开户行向指定的转划行填发报单。

（2）付款人开户行的核算。付款人开户行接到收款人开户行寄来的第三、第四、第五联托收凭证及交易单证时，应审查付款人是否在本行开户，所附单证的张数与凭证的记载是否相符。经审查无误后，在凭证上填注收到日期和承付期，及时通知付款人。通知的方法，可以根据具体情况与付款人签订协议，采取付款人来行自取、派人送达或对距离较远的付款人邮寄等。必须邮寄的，应另加邮寄时间。然后根据第三、第四联托收凭证，逐笔登记定期代收结算凭证登记簿，将第三、第四联托收凭证专夹保管，将第五联托收凭证加盖业务公章，连同交易单证一并及时交给付款人。

付款人在承付期满日开户行营业终了前，账户有足够资金支付全部款项的，付款人开户行应在次日上午（遇法定休假日顺延）以第三联托收凭证作借方凭证，办理转账。其会计分录如下：

借：吸收存款——活期存款——付款人户

　贷：清算资金往来——辖内往来

转账后，在登记簿上填注转账日期。属于邮寄划款的，将第四联托收凭证填注支付日期后，随同联行邮划贷方报单寄交收款人开户行。属于电报划款的，应根据第四联电划托收凭证编制联行电划贷方报单，凭以向收款人开户行拍发电报。

（3）收款人开户行办理托收款划回的核算。收款人开户行接到付款人开户行寄来的联行邮划贷方报单和所附第四联托收凭证时，应将留存的第二联凭证抽出，同第四联凭证进行核对。经审查无误后，在该两联凭证上填注转账日期，即以第二联凭证作贷方凭证，办理转账。其会计分录如下：

借：清算资金往来——辖内往来

　贷：吸收存款——活期存款——收款人户

转账后，将第四联凭证加盖转讫章作收款通知交给收款人，并销记登记簿。

如系电报划回的，应译电编制电划贷方补充报单，凭以办理转账，其余手续与邮寄划回相同。

2. 逾期付款的处理。逾期付款是指付款人在承付期满日开户行营业终了前，账户无款支付的现象。此时，付款人开户行应在托收凭证和登记簿备注栏分别注明“逾期付款”字样或注销登记簿另登记“到期未收登记簿”，并填制三联“托收承付结算到期未收通知书”。将第一、第二联通知书寄收款人开户行（电划的不另拍发电报通知），第三联通知书留存。托收经办员和会计记账员，要随时掌握付款人账户余额，等到付款人账户有款可以一次或分次扣款时，另外编制特种转账凭证，原托收凭证作附件，办理转账。同时，要代收款人计收赔偿金。

赔偿金的计算应当根据逾期付款金额和逾期天数，按每天5‱计算逾期付款赔偿金。逾期付款天数从承付期满日算起。承付期满日银行营业终了时，付款人如无足够资金支付，其不足部分，应当算做逾期1天，计算1天的赔偿金。在承付期满的次日（遇法定休假日，逾期付款赔偿金的天数计算相应顺延，但在以后遇法定休假日应当照算逾期天数）银行营业终了时，仍无足够资金支付，其不足部分，应当算做逾期2天，计算2天的赔偿金，其余类推。银行审查拒绝付款期间，不能算做付款人逾期付款，但对无理拒付，导致银行审查时间增加的，应从承付期满日起计算逾期付款赔偿金。赔偿金的计算公式：

$$赔偿金金额 = 逾期付款金额 \times 逾期天数 \times 5‱$$

赔偿金实行定期扣付，每月计算一次，于次月3日内单独划给收款人。赔偿金的扣付列为企业销货收入扣款顺序的首位。

付款人开户行对不执行合同规定，三次拖欠货款的付款人，应当通知收款人开户行转通知收款人，停止对该付款人办理托收。收款人不听劝告，继续对该付款人办理托收，付款人开户行对发出通知的次日起1个月后收到的托收凭证，可以拒绝受理，注明理由，原件退回。

付款人开户行对逾期未付的托收凭证，负责进行扣款的期限为3个月（从承付期满日算起）。期满时，付款人仍无足够资金支付该笔未付清的欠款，银行应于次日通知付款人将有关交易单证（单证已作账务处理或已部分支付的，可以填制应付款项证明单）在2日内退回银行。银行将有关结算凭证连同交易单证或应付款项证明单退回收款人开户行转交收款人，并将应付的赔偿金划给收款人。对付款人逾期不退回单证的，开户行应当自发出通知的第3天起，按照该笔尚未付清欠款的金额，每天处以5‱但不低于50元的罚款，并暂停付款人向外办理结算业务，直到退回单证时止。如付款人由于正当理由，可以办理拒绝付款。

3. 拒绝付款的处理。拒绝付款是指付款人在承付期内，由于某种合法事项而向银行提出的全部或部分拒绝付款。这些合法事项主要是指：

（1）没有签订购销合同或购销合同未订明托收承付结算方式的款项。

（2）未经双方事先达成协议，收款人提前交货或因逾期交货付款人不再需要该项货物的款项。

（3）未按合同规定的到货地址发货的款项。

（4）代销、寄销、赊销商品的款项。

（5）验单付款，发现所列货物的品种、规格、数量、价格与合同规定不符，或货物已到，经查验货物与合同规定或发货清单不符的款项。

（6）验货付款，经查验货物与合同规定或发货清单不符的款项。

（7）货款已经支付或计算有错误的款项。

付款人对以上情况提出拒绝付款时，必须填写“拒绝付款理由书”并签章，注明拒绝付款理由，涉及合同的应引证合同上的有关条款。属于产品质量问题，需要提出商品检验部门的检验证明；属于商品数量问题，需要提出数量问题的证明及其有关数量的记录；属于外贸部门进口商品，应提出国家商品检验或运输等部门出具的证明。

开户行必须认真审查拒绝付款理由（军品除外），查验合同。对于付款人提出拒绝付款的手续不全、依据不足、理由不符合规定和不属于以上七种拒绝付款情况的，以及超过承付期拒付和应当部分拒付提为全部拒付的，开户行均不得受理，应实行强制扣款。

开户行同意部分或全部拒绝付款的，应在拒绝付款理由书上签注意见。部分拒绝付款的，除使用特种转账凭证办理部分付款外，应将拒绝付款理由书连用拒付证明和拒付商品清单邮寄收款人开户银行转交收款人。全部拒绝付款的，应将拒绝付款理由书连同拒付证明和有关单证邮寄收款人开户银行转交收款人。

此外，对于提前承付的，应在托收凭证和登记簿备注栏注明“提前承付”字样，其余手续与按期承付处理相同。对于多承付的，付款人应填制“多承付理由书”提交开户行，开户行审查后，在托收凭证和登记簿备注栏注明多承付的金额，以多承付理由书代凭证，原托收凭证作附件，办理转账，其余手续与按期承付处理相同。对于部分付款的，开户银行应在托收凭证上注明当天可扣收的金额，通过特种转账凭证办理部分付款，在登记簿备注栏注明已承付金额登记“到期未收登记簿”。以后有款时，再予划转，并扣收逾期付款赔偿金。俟最后扣清时，应在托收凭证上注明“扣清”字样，作传票附件，并销记登记簿。

第三节 银行卡业务核算

一、银行卡的主要规定

银行卡是指金融机构向个人和单位发行的，凭以向特约单位购物、消费和向农村合作金融机构存取现金等多种功能的信用支付工具。银行卡使用对象分为单位卡和个人卡；按信誉等级分为金卡和普通卡；按是否向发卡银行交存备用金分为贷记卡和准贷记卡。我国目前发行的信用卡有长城卡、牡丹卡、金穗卡、龙卡、万事达卡和太平洋卡等。

2008 年上海农村商业银行发行其首张信用卡——鑫卡，开启了全国省级农村合作金融机构发行信用卡的历史先河。2009 年黑龙江省农村合作金融机构面向社会公开发行了银联标准卡——鹤卡（借记卡）。重庆农村商业银行推出全国首款针对农民工专用的银行卡——江渝乡情卡。北京农村商业银行发行了凤凰卡、惠农卡、惠学卡等银行卡。除此之外，还有湖南农村合作金融机构的福祥卡、浙江省农村合作金融机构的丰收卡、天津农村合作金融机构的吉祥卡、江苏省农村合作金融机构的圆鼎卡、成都（四川）农村合作金融机构的天府卡、沧州（河北）农村合作金融机构的信通卡、烟台（山东）农村合作金融机构的信通卡、贵州农村合作金融机构的信合卡、重庆农村合作金融机构的信合一卡通（信合卡）、广东农村合作金融机构的信通卡、河南农村合作金融机构的金象卡等。

《银行卡业务管理办法》对信用卡有以下规定：

1. 银行卡按发行对象分为单位卡（商务卡）和个人卡；按是否向发卡银行交存备用金分为贷记卡、准贷记卡两类。贷记卡是指发卡银行给予持卡人一定的信用额度，持卡人可在信用额度内先消费、后还款的信用卡。准贷记卡是指持卡人须先按发卡银行要求交存一定金额的备用金，当备用金账户余额不足支付时，可在发卡银行规定的信用额度内透支的信用卡。

2. 商业银行（含邮政金融机构）未经中国人民银行批准不得发行信用卡，外资金融机构经营信用卡收单业务须报中国人民银行总行批准。

3. 单位卡账户的资金一律从其基本存款账户转入，不得交存现金，不得将销货收入的款项存入其账户。个人卡账户的资金以其持有的现金存入或以其工资性款项及属于个人的劳务报酬收入转账存入。严禁将单位的款项存入个人卡账户。

4. 发卡银行对准贷记卡及借记卡（不含储值卡）账户内的存款，按中国人民银行规定的同期同档次利率及计息办法计息。

5. 贷记卡持卡人非现金交易可享受。

（1）免息还款期待遇，免息还款期最长为60天；

（2）最低还款额待遇。

6. 贷记卡持卡人支取现金、准贷记卡透支，不享受免息还款期和最低还款额待遇，应当支付现金交易额或透支额自银行记账日起，按规定利率计算的透支利息。

7. 贷记卡透支按月记收复利，准贷记卡透支按月计收单利，透支利率为日利率万分之五，并根据人民银行的此项利率调整而调整。

8. 信用卡仅限于合法持卡人本人使用，不得出租或转借。如信用卡丧失，持卡人应立即持有关证件向发卡银行或代办银行申请挂失。

二、银行卡的核算

我国农村合作金融机构发行的信用卡一般为准信用卡，其核算过程包括发卡行发卡，持卡人取现金，持卡人购物消费。

（一）发卡行发卡的核算

发卡行受理单位或个人的信用卡申请书后，经审核符合发卡条件的，发卡行向申请人收取备用金和手续费，并登记开销户登记簿和发卡登记簿，办理转账。其会计分录如下：

借：库存现金（或吸收存款——活期存款——持卡人户）

　　贷：吸收存款——信用卡存款——持卡人户

　　　　手续费收入

然后，将信用卡交持卡人，持卡人持卡可到银行取现金或到信用卡特约商户购物消费。

(二) 持卡人取现金的核算

1. 发卡行的核算。银行接到持卡人交来的信用卡、身份证(彩照卡可免验身份证)后,应审核如下内容:信用卡是否有防伪标志;是否超过有效期限或已经止付;是否为单位卡;观察持卡人相貌与身份证上相片是否相符。审核无误,压印一式四联"取现单",在取现单上填写持卡人身份证件号码、金额及授权号码,交持卡人在取现单上签名,核实后,将现金和一联取现凭证、信用卡和身份证件交持卡人。其会计分录如下:

借:吸收存款——信用卡存款——持卡人户

　贷:库存现金

2. 代理行受理信用卡取现的账务处理。

(1) 对异地卡的核算。代理行收到持卡人交来的异地卡、身份证,要求取现时,应进行严格审核,审核无误后,支付现金。其会计分录如下:

借:清算资金往来——辖内往来

　贷:库存现金

　　手续费收入

异地发卡行收到报单或清算行发来的电子汇划凭证,复核无误后办理转账。其会计分录如下:

借:吸收存款——信用卡存款——持卡人户

　贷:清算资金往来——辖内往来

(2) 对联网的信用卡的核算。受理持卡人交来的信用卡、身份证后,审核无误,打印一式两联取现单,交持卡人签字并核对无误后,支付现金。其会计分录如下:

借:其他应收款

　贷:库存现金

发卡行收到交易信息,实时作账务处理。其会计分录如下:

借:吸收存款——信用卡存款——持卡人户

　贷:其他应付款

(三) 信用卡购物消费的核算

持卡人到信用卡特约商店刷卡购物时,特约单位打印签购单,由持卡人签字。特约商户汇总签购单,填制两联进账单交开户银行。特约商户开户银行经审核无误后,区分不同发卡行信用卡的签购单,并按各发卡行分别汇总签购单的金额,将签购单寄有关发卡行,收取持卡人应付的款项。

1. 特约商户开户行的核算。

(1) 发卡行为本行的核算。持卡人与特约商户在同一银行开户的情况下,特约商户开户行根据签购单转账。其会计分录如下:

借:吸收存款——信用卡存款——持卡人户

　贷:吸收存款——活期存款——特约商户户

(2) 发卡行为异地同系统银行的核算。持卡人与特约商户在同系统异地开户的情况下,其会计分录如下:

借：清算资金往来——辖内往来

贷：吸收存款——活期存款——特约商户户

（3）发卡行为同城跨系统行的核算。持卡人与特约商户在不同银行开户的情况下，其会计分录如下：

借：存中央银行款项

贷：吸收存款——活期存款——特约商户

2. 发卡行的核算。

（1）发卡行收到异地同系统银行发来的信用卡签购单的核算。发卡行审核报单及签购单无误，或收到清算行的电子汇划凭证后，办理转账。其会计分录如下：

借：吸收存款——信用卡存款——持卡人户

贷：清算资金往来——辖内往来

（2）发卡行从票据交换所提回信用卡签购单的核算。发卡行审核签购单无误，办理转账。其会计分录如下：

借：吸收存款——信用卡存款——持卡人户

贷：存中央银行款项

第四节　代理业务核算

代理类中间业务指农村合作金融机构接受客户委托、代为办理客户指定的经济事务、提供金融服务并收取一定费用的业务，包括代理政策性银行业务、代理中国人民银行业务、代理商业银行业务、代收代付业务、代理证券业务、代理保险业务、代理其他银行银行卡收单业务等。本节主要介绍代理债券业务的核算、营业网点代理证券交易的核算和保管箱业务的核算。

一、代理债券业务的核算

（一）代理债券业务的种类

代理债券业务，主要分为代理发行债券和代理兑付债券业务。商业银行代理发行和代理兑付的债券主要有：

（1）国家债券，包括国库券、国家重点建设债券等；

（2）金融债券，包括各家政策性银行、商业银行及非银行金融性公司发行的债券等；

（3）企业债券，包括重点企业债券、企业短期债券、企业内部债券等。

（二）代理发行债券的核算

1. 债券入库的处理。农村合作金融机构代发行的债券押运回行后，有关业务部门应根据有关债券领用单据（包括债券印制协议、厂方交货单、上级行签发的债券调拨单、出库单）填制“重要单证入库单”一式三联，加盖有关印章和经办人名章，连同债券一并交金库管库员。管库员审核入库单、清点债券无误后，加盖个人名章办理入库手续。

一联入库单留存，凭以登记“有价单证登记簿”，一联入库单退业务部门，一联入库单送会计部门。会计部门根据一联入库单填制表外科目收入凭证，入库单及有关债券领用单据核对无误后作表外凭证的附件，登记表外科目明细账：

收：有价单证——××机构××债券户

2. 代理发行债券收到款项的处理。银行代理发行债券收到款项时，根据不同的收款方式转账。会计分录如下：

借：库存现金——××机构业务现金户

或：吸收存款——××存款人户

　贷：代理发行债券款项——××债券××年度××期次××期限户

营业终了，营业机构根据债券发售清单，登记表外科目明细账：

付：有价单证——××机构××债券户

3. 向委托机构划缴债券资金的处理按规定应将债券资金划缴时，按应划缴的代理发行债券款项填制支款凭证，以支款凭证存根联或人民银行回单作贷方记账凭证，另填制借方记账凭证一联。会计分录如下：

借：代理发行债券款项——××债券××年××期次××年限户

　贷：存放中央银行款项——存××人民银行存款户

（三）代理兑付债券的核算

1. 收到代理兑付债券还本付息资金的核算。收到委托机构拨入的还本付息资金时，以人民银行的收账通知（或其他凭证）作借方记账凭证，并据以填制贷方记账凭证两联，一联作贷方记账凭证，另一联加盖“转讫章”交业务部门。会计分录如下：

借：存放中央银行款项——存××人民银行存款户

　贷：代理兑付债券资金——××拨单位××债券户

2. 代理兑付债券的处理。兑券人持实物券兑取现金或转存存款时，应填写“债券兑付清单”，连同债券一并交经办人。经办人应认真清点债券数量、核对金额，审核债券是否到期，是否属于本行兑付，有无假券和变造券。核对无误后，计算应付利息，填入兑付清单内，并加盖“现金付讫章”或“转讫章”和经办人名章，在债券正面加盖“已兑付”戳记，登记“现金收付清单”，然后按兑付清单上的本息合计金额配付现金，复点无误后，将现金交兑券人。兑券人要求转存储蓄存款的，将兑付资金按储蓄存款手续办理转账。会计分录如下：

借：代理兑付债券——××债券户

　贷：库存现金——××机构业务现金户

　或：吸收存款——××存款人户

营业终了，营业机构应根据债券兑付清单，按债券种类分本金、利息填制两联“汇总债券兑付清单”（以债券兑付清单代），兑付清单一联作汇总清单的附件，同时登记“有价单证登记簿”，填制表外科目收入凭证，另一联汇总清单作附件，登记表外科目明细账：

收：已兑付债券——债券户

3. 上缴代理已兑付债券的核算。

（1）经办行将已兑付的债券按规定上缴上级行或人民银行时，填制“已兑付债券上缴清单”一式三联，经与实物核对无误后，按规定办理债券出库手续。一联上缴清单留存，并凭以销记“有价单证登记簿”，另两联上缴清单连同已兑付债券上缴上级行或人民银行。同时填制表外科目付出凭证，一联上缴清单作表外凭证的附件，登记表外科目明细账：

付：已兑付债券——××债券户

上级行收到经办行送来的上缴的已兑付债券，清点无误后，在上缴清单上加盖“业务用公章”和经办人名章，上缴清单一联退经办行，另一联上缴清单专夹保管（作为上缴上级行的依据）。同时按规定办理入库手续。填制表外科目收入凭证，登记表外科目明细账：

收：已兑付债券——××债券户

（2）已兑付债券按规定交委托单位的，由承办行参照上述方法办理。

4. 代理兑付债券资金与代理兑付债券科目对转的核算。经办行应定期将“代理兑付债券资金”科目与“代理兑付债券”科目按规定进行对转时，经办行填制特种转账借方、贷方凭证各一联，会计分录如下：

借：代理兑付债券资金——××户

　贷：代理兑付债券——××户

5. 已兑付债券销毁的核算。

（1）销毁债券应根据上级行的销毁通知，先由金库根据未发行债券、已兑付债券的库存情况，提出销毁债券清单交业务部门，业务部门填制“重要单证销毁清单”一式四联，列明销毁债券的种类、数量、金额，加盖有关印章和经办人名章，金库凭以办理债券出库。销毁时按照重要单证销毁的有关规定组织责任部门的人员监销。

（2）销毁结束后，主管行长、审计、保卫、出纳、会计及有关业务部门的债券监销人在“重要单证销毁清单”上分别签章，一联销毁清单金库留存，凭以销记“有价单证登记簿”，一联销毁清单连同销毁报告一并送业务部门，一联销毁清单连同销毁报告交上级行业务部门备案，一联销毁清单送会计部门。会计部门填制表外科目付出凭证，“重要单证销毁清单”作表外凭证的附件，登记表外科目明细账：

付：已兑付债券——××债券户

二、营业网点代理证券交易的核算

（一）开设证券资金账户的核算

经办人员验证客户提交的开户资料及证件无误，将开户信息录入证券业务系统，为客户配制证券卡。审核“证券业务回单”内容无误，“证券账户开户申请表”、“证券业务回单”加盖业务用公章后，一联连同证券卡等资料交客户，一联连同客户提交的其他开户资料专夹保管，同时，填制表外科目付出凭证，登记表外科目明细账，并登记“重要空白凭证登记簿”。

付：重要空白凭证——在用证券卡户

（二）证券账户资金存取款的核算

经办人员收到客户填写的“证券资金转账凭证”一式两联（或存取款凭条）及证券卡，将证券卡号、转账金额、转账方向等信息录入证券业务系统，并审核“证券资金转账凭证”计算机打印内容与客户填写的内容无误后，“证券资金转账凭证”各联加盖业务用公章，一联连同证券卡退客户，一联由营业网点留存。日终，填制或打印借方、贷方记账凭证，证券业务转账明细清单作贷方记账凭证附件。客户向证券资金账户存款时，会计分录如下：

借：吸收存款——××人（机构）户

　贷：待处理结算款项——总行证券资金户

客户从证券资金账户取款时，会计分录如下：

借：待处理结算款项——总行证券资金户

　贷：吸收存款——××人（机构）户

（三）换卡的核算

客户因证券卡损坏、失磁等原因，需更换证券卡的，代理营业网点经办人员审核客户填写的“换卡申请表”及有关身份证件无误后，给予换卡处理。同时填制表外科目记账凭证，登记表外科目明细账，并登记“作废重要空白凭证登记簿”及“重要空白凭证登记簿”。会计分录如下：

收：重要空白凭证——待销毁证券卡户

　付：重要空白凭证——在用证券卡户

（四）扣划证券资金账户资金的核算

代理营业网点收到有权人出具的扣划通知（如司法部门出具的“协助扣划存款通知书”、本行信贷部门出具的扣款还贷通知书及与客户签订的有关担保合同等），审核无误后，将有关信息录入证券业务系统，填制或打印借方、贷方记账凭证据以记账，有关强制扣划文件作贷方记账凭证附件。会计分录如下：

借：待处理结算款项——总行证券资金户

　贷：其他应付款——其他应付款项——应付扣划资金

（五）营业网点收取手续费的核算

代理营业网点在办理挂失、换卡等需收取手续费的业务时，经办人员收妥款项并审核客户填写的“××业务申请表”和“×××银行业务收费凭证”（各一式三联）无误后，在证券业务系统录入有关内容，审核打印的“证券业务回单”与客户填写的内容一致，加盖业务公章后，“证券业务回单”第一联、业务申请表第二联和业务收费凭证第三联退客户，其他联次由网点留存。其中第一联、第二联业务收费凭证分别作借方、贷方记账凭证或记账凭证附件。会计分录如下：

借：库存现金——业务现金户

或××科目——××户

　贷：××业务收入——××业务收入户

应由上级行在客户资金账户中扣收手续费的，代理营业网点受理业务后，在证券业务系统录入有关内容，不作账务处理。“证券业务回单”加盖业务用公章后，一联退客户，一联留存。

（六）销户的核算

代理营业网点审核客户提交的销户资料无误后，将销户信息录入证券业务系统，打印“证券业务回单”及利息清单，审核无误后，由客户根据计息后金额填写“证券资金转账凭证”，办理从证券资金账户的取款手续。“证券业务回单”、“证券账户销户申请表”、“证券资金转账凭证”各联加盖业务用公章后，一联交客户，一联由营业网点留存。同时，对收回的证券卡作坏磁切角作废处理，登记表外科目明细账，并登记“作废重要空白凭证登记簿”。会计分录如下：

借：待处理结算款项——总行证券资金户

　贷：××存款——××人（机构）户

收：重要空白凭证——待销毁证券卡户

三、保管箱业务的核算

（一）保管箱业务基本规定

保管箱业务是指农村合作金融机构向客户出租保管箱用以保管贵重物品、重要文件、有价单证等财物并向委托人收取手续费、保管费或租金的服务性项目。

1. 金融机构开办保管箱业务，必须经总行批准，并报人民银行当地分支机构备案。各行开办保管箱业务，应根据工作时间和工作量配备足够的专门从事该项业务的工作人员，并实行双人管库制度。库房钥匙和密码必须分别设专人掌管，二人会同方可启闭大门。

2. 租用保管箱的客户可以是个人、单位或社会团体。经办行按规定向租用人收取保证金和租金，并分别开具收据。经办行向租用人提交事先密封好的保管箱钥匙两把，由租用人当面拆封、核对、收执。租用人或其被授权人每次开箱前需填写“保管箱开箱书”，同时出具本人身份证件。

3. 出租保管箱应收取租金及保证金；保管箱租期按年计算，租用人交清下期租金后，即可继续租用该保管箱。

4. 租用人退保管箱应填写“保管箱退租书”，退还钥匙，结清费用后办理退租。租用人在租期内要求换租箱位，必须同时办理退租手续和租箱手续。

5. 租用人或其被授权人办理挂失手续时应填写“保管箱印鉴、钥匙挂失申请书”，并出示本人身份证件。租用人因钥匙丢失申请凿箱的，由经办行统一安排，凿箱时租用人必须到场。因租用人逾期而凿箱的，经办行应与公证机关（县级以上）联系，办理公证凿箱手续，箱内所有财物按租箱规则有关条款处理。

（二）保管箱业务的核算

1. 租用保管箱时的核算。经办人收到申请人提交的申请书、支款凭证及有关证件审核无误后，按规定预留租用人印鉴（密码），填制“业务收费凭证”一式三联和“保管箱押金收据”一式三联，向租用人收取押金和租金。第一联押金收据与申请书一起专夹保管，以有关支款凭证等作借方记账凭证，收费凭证第一联作借方记账凭证附件；收费凭证第二联作“保管箱业务收入”科目贷方记账凭证；另填制一联贷方记账凭证作“其他应付款”科目记账凭证，押金收据作附件，第三联收费凭证和第三联押金收据退申请人。会计分录如下：

借：库存现金——××机构业务现金户

或吸收存款——××户

　贷：业务收入——出租保管箱收入户

　　　其他应付款——保管箱押金户

同时登记“保管箱租箱、退箱登记簿”。填制表外科目付出凭证，登记表外科目明细账：

付：重要空白凭证——印鉴卡在用户

2. 续租和退租的核算。

（1）续租的核算。经办人收到租用人提交的申请书及有关证件等审核无误后，取出原申请书留存联，加盖“续租”戳记，登记“保管箱租箱、退箱登记簿”，同时，填制“业务收费凭证”一式三联向租用人收取租金。其余核算手续按“租用保管箱时的处理”进行办理。

（2）退租的核算。经办人收到租用人提交的申请书、押金收据第二联及有关证件等审核无误，与原申请书留存联核对一致后，登记“保管箱租箱、退箱登记簿”。实际退还押金金额按原押金余额扣除逾期租金计算；提前退租的，租金不予退还。待租用人将保管箱物品全部取出并交还两把保管箱钥匙后，将押金退承租人，填制一联借方记账凭证，以押金收据第一联、第三联，申请书留存联等有关资料作借方记账凭证附件，另填制贷方记账凭证办理转账（如有扣收租用人逾期租金情况，则另填制业务收费凭证一式三联，第一联作借方记账凭证附件，第二联作“保管箱业务收入”科目贷方记账凭证，第三联退租用人）。会计分录如下：

借：其他应付款——保管箱押金户

　贷：业务收入——出租保管箱收入户（扣收逾期租金）

　　　库存现金——××机构业务现金户

　　　或××科目——××户

3. 更换印鉴和挂失的核算。租用人因印鉴更换、钥匙丢失申请挂失的，应填写“保管箱印鉴、钥匙挂失申请书”（以“挂失申请书”代），并出具有关证明及有效身份证件。经办人根据留存资料进行审查，同意受理后即在规定的时间内冻结开箱。挂失申请书加盖“业务用公章”后，第一联专夹保管，第二联退租用人，第三联交业务部门，并按规定收取挂失手续费。填制“业务收费凭证”一式三联，第一联作借方记账凭证或借方记账凭证的附件，第二联作贷方记账凭证，第三联交租用人收执。会计分录如下：

借：库存现金——××机构业务现金户或××科目——××户

　贷：业务收入——出租保管箱收入户

4. 凿箱和换锁的核算。

（1）挂失凿箱或换锁的核算。挂失期满，需要办理凿箱或换锁的租用人，凭挂失申请书办理凿箱或换锁手续，并交纳专用锁成本和换锁费用。经办行填制“业务收费凭证”一式三联，第一联作借方记账凭证附件，第二联作“保管箱业务收入”科目贷方记账凭证，第三联交由租用人收执；另填制一联贷方记账凭证作“库存物资”科目记账凭证，有关凭证作借方记账凭证办理转账。会计分录如下：

借：库存现金——××机构业务现金户或××科目——××户

　贷：业务收入——出租保管箱收入户

　　库存物资——保管箱专用锁

（2）非正常凿箱的核算。非正常凿箱是租用人因故逾期而发生的凿箱、司法执行凿箱及公证凿箱等。发生非正常凿箱时，经办人凭非正常凿箱证明，填制“业务收费凭证”一式三联，第一联作借方记账凭证附件，第二联作“保管箱业务收入”科目贷方记账凭证，第三联退租用人；另填制一联贷方记账凭证作“库存物资”科目记账凭证；如经办行支用保管箱押金时，填制两联特种转账借方凭证，一联作借方记账凭证，一联交租用人作扣款通知。会计分录如下：

借：其他应付款——保管箱押金户或库存现金——××机构业务现金户

　或××科目——××户

　贷：保管箱业务收入——出租保管箱收入户

　　库存物资——保管箱专用锁

（3）收取赔偿金的核算。租用人因损坏箱体、丢失钥匙应交纳赔偿金时，经办行填制“业务收费凭证”一式三联，第一联作借方记账凭证或借方记账凭证的附件，第二联作贷方记账凭证，第三联交租用人收执。如经办行支用保管箱押金时，应填制两联特种转账借方凭证，一联作借方记账凭证，一联交租用人作扣款通知。会计分录如下：

借：其他应付款——保管箱押金户或库存现金——××机构业务现金户

　或××科目——××户

　贷：营业外收入——其他收入户

5. 收取滞纳金的核算。当超过保管期限而未办理退租或续租手续时，租用人应交纳滞纳金。收取滞纳金时，填制“业务收费凭证”一式三联，第一联作借方记账凭证或借方记账凭证的附件，第二联作贷方记账凭证，第三联交由租用人收执。会计分录如下：

借：库存现金——××机构业务现金户或××科目——××户

　贷：营业外收入——其他收入户

第五节　理财产品业务核算

理财业务是指农村合作金融机构为企业和个人客户提供的财务分析、财务规划、投资顾问、资产管理等专业化服务活动。

20 世纪 90 年代末，我国一些商业银行开始尝试向客户提供专业化的投资顾问和个人外汇理财服务，此后商业银行理财业务快速发展，理财产品日益丰富，理财资金规模日益壮大。2005 年，中国银行业监督管理委员会先后颁布《商业银行个人理财业务管理暂行办法》和《商业银行个人理财业务风险管理指引》，这是中国银行业理财业务规范发展的重要标志。理财业务按不同的划分依据有不同的分类。

知识链接

理财业务的一些基本概念参见本系列教材之《商业银行中间业务》。

一、单位代理理财产品的核算

对公代理理财产品是指面向企业客户发行的，投资于资金市场上流通的某种单一金融工具的代客理财产品，其中金融工具包括但不限于国债、金融债券、中央银行票据、银行承兑汇票、信托计划、协议存款回购等。农村合作金融机构一般使用“代理单位理财投资”、“代理单位理财基金”、“存放中央银行款项”、“系统内理财资金存放”进行核算。

（一）总行代理单位理财投资的核算

资金部门按照分行计划募集金额作代理理财投资成交后，会计部门根据交易单和确认书，填制借方、贷方凭证入账，会计分录如下：

借：代理单位理财投资

　贷：存放中央银行款项或相关科目

（二）募集期的核算

1. 发售理财产品的处理：发售行与客户签订“××银行单位理财协议”一式两联，收妥客户交易保证金后，填制借方、贷方记账凭证各一联。该“协议”第一联专夹保管，第二联加盖业务用公章后退交客户。会计分录如下：

借：吸收存款——单位活期存款或相关科目

　贷：代理对公理财基金

2. 理财产品起息日对活期利息的核算。理财产品起息日日终，金融机构电脑系统自动将客户购买日至起息日的活期存款利息按照起息日时的挂牌活期利率划入客户指定的收息账户，同时编制会计分录如下：

借：应付单位活期存款利息

　贷：吸收存款——单位活期存款或相关科目

3. 理财资金上存的核算。经办行将募集资金上划时，在“系统内理财资金存放”下设置“××机构××产品××期次”专户核算，上级行在“系统内理财资金存放”下设置“××机构××产品××期次”专户核算。理财产品起息日日终，银行系统自动将各行发售理财产品所募集资金全额上划总行。会计分录如下（系统内资金清算科目略，下同）：

借：系统内理财资金存放（发售行）

　贷：系统内理财资金存放（总行）

4. 到期兑付的核算。付款日初，银行系统自动进行损益计提（有关账务处理略）。当日系统自动进行系统内资金清算，收到总行的分配贷报单时，按协议收益率分别计算应支付给客户的收益和本行留存收入，不足部分作为其他营业支出。根据收益分配贷记报单和收益计算结果，填制借方记账凭证和贷方记账凭证，办理划转。会计分录如下：

借：系统内理财资金存放（总行）

　贷：系统内理财资金存放（发售行）

待客户办理兑付手续时，填制借方、贷方凭证进行理财产品销户及本息的实际支付。本息兑付的账务处理如下：

客户端处理的会计分录如下：

借：代理对公理财基金

　　待兑付对公理财资金

　贷：吸收存款——单位活期存款或相关科目

【例 8－6】 ××农村信用联社“人民币理财月计划 2 号”，该产品投资币种为人民币，投资期限为 1 个月，投资起点金额 5 000 元，该投资收益与 B 现金富利基金收益相关，年收益为 2.1%，客户某公司于 4 月 2 日投资 20 万元，购买“人民币理财月计划 2 号”，月底银行将收益和本金自动派发到投资者指定的活期存款账户。其会计分录如下：

4 月 2 日购买时：

借：吸收存款——××户　　200 000

　贷：代理对公理财基金　　200 000

月底支付本息时：

兑付时应付收益：200 000×1×2.1%÷12＝350（元）

借：代理对公理财基金　　200 000

　　待兑付对公理财资金　　350

　贷：吸收存款——单位活期存款或相关科目　　200 350

二、对私代理理财产品的核算

对私代理理财产品是指面向个人客户发行的，投资于资金市场上流通的某种单一金融工具的代客理财产品，其中金融工具包括但不限于国债、金融债券、中央银行票据、银行承兑汇票、信托计划、协议存款回购等。农村合作金融机构一般使用“代理个人债券理财基金”、“代理个人信托理财基金”、“存放中央银行款项”、“系统内理财资金存放”进行核算和账务处理。

（一）总行代理投资的核算

资金部门按照分行计划募集金额作代理理财投资成交后，会计部门根据交易单和确认书填制借方、贷方凭证出账，会计分录如下：

借：代理个人理财投资

　贷：存放中央银行款项或相关科目

（二）募集期的核算

1. 发售理财产品的核算。发售行与客户签订“个人代理理财产品协议”一式两联，收妥客户交易资金转入保证金账户，填制借方、贷方记账凭证各一联作账。该协议第一联专夹保管，第二联加盖业务用公章后退交客户。会计分录如下：

借：吸收存款——活期储蓄存款或相关科目

　贷：代理个人理财基金

2. 理财产品起息日对活期利息的核算。理财产品起息日日终，系统自动将客户购买日至起息日的活期存款利息按照起息日时的挂牌活期利率划入客户指定的收息账户，同时编制会计分录如下：

借：应付储蓄活期存款利息

　贷：吸收存款——活期储蓄存款或相关科目

借：吸收存款——活期储蓄存款或相关科目

　贷：代扣利息税

3. 理财资金上存的核算。理财产品起息日日终，系统自动将各行发售理财产品所募集资金全额上划总行。会计分录如下（系统内资金清算科目略）：

借：系统内理财资金存放（发售行）

　贷：系统内理财资金存放（总行）

（三）到期兑付的核算

兑付日日初，系统自动进行损益计提。当日系统自动进行系统内资金清算，对于卡内理财产品系统自动将应付客户本息划入客户指定账户；对于以权利凭证为介质的理财产品，待客户办理兑付手续时进行理财产品销户及本息的实际支付。本金兑付的会计分录如下：

1. 系统内的核算：

借：系统内理财资金存放（总行）

　贷：系统内理财资金存放（发售行）

2. 客户端的核算：

借：代理个人理财基金

　贷：吸收存款——活期储蓄存款或相关科目

3. 总行收到理财投资本金的核算：

借：存放中央银行款项或相关科目

　贷：代理个人理财投资

（四）提前终止的核算

提前终止分为全部客户提前终止与部分客户提前终止两种情况，有关处理均与到期兑付相同，只是在部分客户提前终止情况下，损益补提是在下一计提日进行，而不是终止日。

如涉及向客户收取提前终止手续费的，由系统自动扣收，并上划总行。会计分录如下：

借：待兑付对私理财资金（发售行）

贷：代理理财手续费收入（对私）（总行）

复习思考题

1. 简述同系统农村合作金融机构之间汇兑结算的流程。

2. 简述受托行、付款人开户行为异地同系统农村合作金融机构的委托收款的结算流程。

3. 简述委托收款和托收承付的异同点。

4. 简述出票行、代理付款行为异地同系统银行的银行汇票结算的流程。

5. 简述承兑银行、收款人开户银行为异地同系统银行的银行承兑汇票结算的流程。

6. 支付结算的种类有哪些？哪些适用于同城？哪些适用于异地？

第九章　金融机构往来业务核算

本章概要

本章从金融机构往来业务概述入手，介绍金融机构往来的概念、准备金存款账户的开立、金融机构往来的核算要求及科目的设置，进一步介绍了金融机构往来业务的核算。具体包括：与中国人民银行往来业务核算和与同业往来业务核算。

要点提示

金融机构往来主要包括农村合作金融机构与中央银行以及商业银行之间的往来。农村合作金融机构与中央银行之间的往来主要包括农村合作金融机构向中央银行存取款项、缴存准备金、办理再贷款、再贴现等；农村合作金融机构与商业银行之间的往来主要包括跨系统转汇、同业拆借等。农村合作金融机构根据政策与业务的需要需在中央银行开立准备金存款账户。

本章架构图

- 金融机构往来业务核算
  - 金融机构往来业务概述
    - 金融机构往来的概念
    - 准备金存款账户的开立
    - 金融机构往来的核算要求
    - 会计科目的设置
  - 中国人民银行往来业务核算
    - 向中国人民银行支取和缴存现金业务的核算
    - 向中国人民银行缴存存款业务的核算
    - 向中国人民银行借款与再贴现业务的核算
  - 同业往来业务核算
    - 存放同业业务的核算
    - 同业存放业务的核算
    - 跨系统转汇业务的核算
    - 同业拆借业务的核算

第一节 金融机构往来业务概述

一、金融机构往来的概念

金融机构往来是指不同系统的银行之间由于办理资金划拨、结算等业务而引起的资金账务往来。我国的金融机构是以中央银行为核心，商业银行为主体，其他金融机构并存的金融机构体系。在多元化金融机构体制下，金融机构之间的资金账务往来是必然的，也是必要的。这既是实现银行间资金划拨与清算的手段，又是中央银行行使职能所必需的。

如农村合作金融机构向人民银行缴存存款，向人民银行或其他商业银行借款，以及与其他金融机构间的款项划拨、资金调剂等，这些业务均通过金融机构往来进行核算。

金融机构往来主要包括农村合作金融机构与中央银行以及商业银行之间的往来。农村合作金融机构与中央银行之间的往来主要包括农村合作金融机构向中央银行存取款项、缴存准备金、办理再贷款、再贴现等；农村合作金融机构与商业银行之间的往来主要包括跨系统转汇、同业拆借等。为此，农村合作金融机构根据政策与业务的需要需在中央银行开立准备金存款账户。

二、准备金存款账户的开立

农村合作金融机构的准备金包括支付准备金和法定准备金。支付准备金也称备付金，是保证日常资金支付的备用金。法定准备金是根据农村合作金融机构吸收存款的增减变化，按照法定比例，保留在中央银行的存款准备金。其开立在央行的准备金存款账户为备付金和法定存款准备金合一的账户，除用以考核法定存款准备金外，还用于与央行存取现金、资金调拨、资金清算以及其他日常支付的款项的核算。该账户余额应大于或等于按规定的法定存款准备金比率计算所要求的金额。农村合作金融机构存款准备金账户上的收支通过“存放中央银行款项”科目核算。

三、金融机构往来的核算要求

1. 要坚持“资金分开，独立核算”的原则，严格划分农村合作金融机构与中央银行及商业银行之间的资金界限。

2. 农村合作金融机构在中央银行的存款账户要严格管理，不得透支，要求保留足够的备付金存款便于清算使用，如果备付金不足要及时调入资金，计划内借款不得超过中央银行核定的贷款额，农村合作金融机构与商业银行之间的拆借应通过双方在中央银行的存款账户办理，不得透支现金。

3. 各农村合作金融机构与商业银行之间的临时性的资金占用应及时清算。如临时资金不足，可相互融通资金，进行资金拆借，到期应及时还本付息；相互代收代付款项的汇划和票据交换差额应及时办理资金划拨手续。

4. 要体现汇路畅通的要求，核算时必须做到及时、正确、快捷，要迅速传递结算凭证，及时办理转账手续，加速社会资金周转。

四、会计科目的设置

（一）存放中央银行款项

存放中央银行款项属资产类科目，用于核算和反映农村合作金融机构在中央银行的各类存款情况。本科目按存放款项类型进行明细核算，如准备金存款（支付准备金和法定准备金）和缴存财政性存款。余额在借方，反映本机构存放在中央银行的各种款项。在资产负债表中归属“现金及存放中央银行款项”项目。

（二）向中央银行借款

向中央银行借款属负债类科目，用于核算和反映农村合作金融机构向中央银行借入的各种款项。本科目可按借款性质进行明细核算。余额在贷方，反映本机构借入尚未归还的中央银行借款。在资产负债表中归属“向中央银行借款”项目。

（三）再贴现负债

再贴现负债属负债类科目，用于核算和反映农村合作金融机构办理票据再贴现业务所融入的资金。本科目可按贴现类别和贴现机构，分别“面值”、“利息调整”进行明细核算。资产负债表日，按计算确定利息费用。余额在贷方，反映本机构办理票据再贴现业务所融入的资金。在资产负债表中归属“其他负债”项目。

（四）金融机构往来收入

金融机构往来收入属损益类科目，用于核算和反映农村合作金融机构与金融机构往来而发生的利息收入，包括存放同业、拆出资金、买入返售金融资产、转贴现、垫款等实现的利息收入。本科目可按业务类别进行明细核算。资产负债表日，对存放系统内及其他银行机构款项、拆出资金、买入票据业务进行计算，确认应收利息。

期末应将本科目余额转入“本年利润”科目，结转后本科目无余额。年度中间在资产负债表中归属“未分配利润”项目。

（五）金融机构往来支出

金融机构往来支出属损益类科目，用于核算和反映农村合作金融机构与其他金融机构往来发生的利息支出，包括借款、同业存放、拆入资金、卖出回购金融资产、转贴现等产生的利息支出。本科目可按利息支出项目进行明细核算。按期计提金融企业往来利息。

期末应将本科目余额转入“本年利润”科目，结转后本科目无余额。本科目年度中间在资产负债表中归属“未分配利润”项目。

（六）存放同业款项

存放同业款项属资产类科目，用于核算和反映农村合作金融机构存放于除中央银行和农村合作金融机构以外的境内外其他金融机构（含农信银中心）的款项。本科目可按存放款项的性质和存放的金融机构进行明细核算。余额在借方，反映本机构存放在同业的各种款项。在资产负债表中归属“存放同业款项”项目。

（七）同业存放款项

同业存放款项属负债类科目，用于核算和反映除中央银行和农村合作金融机构以外的境内外其他金融机构（含农信银中心）存放于农村合作金融机构的各种款项。本科目可按往来资金性质和机构进行明细核算。余额在贷方，反映其他金融机构存放于本机构的各种款项。本科目在资产负债表中归属“同业及其他金融机构存放款项”项目。

（八）拆放同业款项

拆放同业款项属资产类科目，用于核算和反映农村合作金融机构拆借给除农村合作金融机构以外的其他金融机构（含农信银中心）的款项。本科目可按资金拆借的往来机构进行明细核算。

本科目余额在借方，反映本机构拆放同业的各种款项。在资产负债表中归属“拆出资金”项目。系统内拆借的款项，单独设置“系统内拆出资金”科目核算，不在本科目核算。

（九）同业拆入资金

同业拆入资金属负债类科目，用于核算和反映农村合作金融机构从除农村合作金融机构以外的其他金融机构（含农信银中心）拆入资金的情况。本科目可按拆入资金的性质和机构进行明细核算。

本科目余额在贷方，反映本机构向同业拆入的资金。在资产负债表中归属“拆入资金”项目。

第二节　中国人民银行往来业务核算

与中国人民银行往来是指中国人民银行与各农村合作金融机构之间由于缴存存款、融通资金、汇划款项、领缴现金和通过中国人民银行存款账户进行资金清算等业务而引起的资金账务往来。其内容主要包括：向中国人民银行存取现金、向中国人民银行缴存存款、向中国人民银行借款、向中国人民银行贴现、通过人民银行办理款项转汇等。

一、向中国人民银行支取和缴存现金业务的核算

农村合作金融机构向中央银行支取和缴存现金必然会引起中央银行的货币发行或货币回笼。在我国，中国人民银行是全国唯一管理货币发行的机关，按照国家批准的发行计划组织货币发行与回笼，所以发行库设在中国人民银行的各级机构。农村合作金融机构只设立业务库，业务库库存现金核定有库存限额，库存现金不足限额时，向人民银行提取，人民银行从发行库出库，作为货币发行；农村合作金融机构业务库库存现金超过限额应交存人民银行，人民银行交入发行库，作为货币回笼。同时，农村合作金融机构的业务库是与整个社会的现金流量息息相关的。全社会的现金通过存户的存取向业务库存入和支取，增加或减少社会现金流通量。其过程如图 9 - 1 所示。

（一）支取现金业务的核算

农村合作金融机构向当地人民银行发行库支取现金时，应签发人民银行“现金支

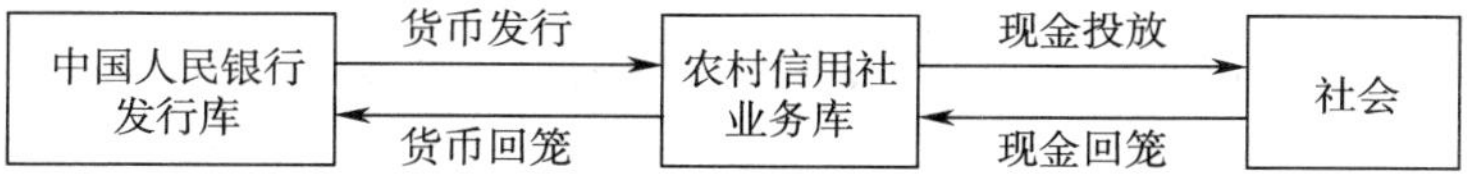

图 9－1　货币发行和货币回笼过程

票”，经出纳负责人、主管领导审批签字以及会计主管审核后，加盖预留印鉴，交提款人到人民银行发行库提取现金。在提取现金时，农村合作金融机构在人民银行的准备金存款必须有足够的余额，不允许透支。同时，必须控制在业务库核定的库存限额内。农村合作金融机构业务库经办人到人民银行提取现金，应先到人民银行的会计部门审核，然后才到发行库提取现金。

农村合作金融机构取回现金后，应立即交管库员办理现金入库手续。管库员点清总数，与凭证核对无误后，填“现金入库票”一式两联，一联留存凭以登记“库存现金登记簿”，一联交出纳人员。出纳人员根据“现金支票”存根联和入库票，登记“现金收入日记簿”。“现金支票”存根联交会计部门作贷方记账凭证，“现金入库票”作贷方凭证附件。其会计分录为：

借：现金

　贷：存放中央银行款项

（二）缴存现金业务的核算

农村合作金融机构向人民银行缴存现金时，应填制人民银行“现金缴纳单”一式三联和“现金出库票”一式两联，经出纳负责人和主管领导审查签字后，据以办理出库手续。管库员凭一联现金出库票登记“库存现金登记簿”，现金和两联“现金缴纳单”一并点、交缴款人。另一联现金出库票交给出纳部门登记“现金付出日记簿”后，交给本行的会计部门。缴款人持单押款到人民银行发行库，办理现金缴存手续。这里需要注意一个原则，业务库向人民银行发行库缴存现金时，应先交到发行库，然后才由人民银行会计部门登记农村合作金融机构在人民银行会计部门的存款准备金账户。

农村合作金融机构在现金缴存后，会计部门将“现金缴款单”回单联作借方凭证。其会计分录为：

借：存放中央银行款项

　贷：现金

二、向中国人民银行缴存存款业务的核算

（一）缴存存款的范围

缴存存款制度是人民银行行使中央银行职能，实现国家货币政策目标的重要手段之一，具体含义是指农村合作金融机构将吸收的各种存款按规定的比例缴存中央银行，成为中央银行的信贷资金来源之一。通过缴存存款，可以扩大央行的基础货币，增强对全国信贷资金的调节与控制能力。同时，央行还可以根据金融市场的需要对缴存的存款进行调整，借以控制金融机构的贷款规模，从而放松或收紧市场银根，调节货币供应量。

农村合作金融机构缴存存款的范围包括缴存财政性存款和缴存一般性存款（法定准

备金）。

财政性存款是指农村合作金融机构代办的中央预算收入、地方财政金库存款和代理发行国库款项等。

一般性存款是指除财政性存款以外的各项存款，包括企业存款、储蓄存款、部队存款、基建单位存款、机关团体存款、财政预算外存款和其他一般存款等。

（二）缴存存款的规定

1. 缴存的比例。财政性存款属于中央银行集中掌握的信贷资金，任何商业银行不能占用，必须全部划缴中国人民银行，即缴存比例为100%。一般性存款属于商业银行掌握和使用的信贷资金。但人民银行为了控制信贷规模，发挥金融宏观调控作用，对商业银行和其他金融机构规定应按存款总额的一定比例考核法定存款准备金。法定存款准备金的缴存采取自下而上的方法，其流程如图9－2所示。

图9－2 法定存款准备金的缴存顺序

2. 调整缴存存款的时间。办理缴存存款业务的农村合作金融机构每旬调整一次，于旬后5日内办理并对农村合作金融机构缴存的法定存款准备金按法人统一考核，考核的时间为每旬一次，于旬后5日内。

3. 缴存存款的计算方法。对于缴存存款的计算，应按本旬（月）末各账户余额总数与上期同类各科目旬（月）末余额总数对比，按实际增加或减少数进行调整，计算应缴存金额。缴存（调整）金额以千元为单位，千元以下四舍五入。为减少调整次数，规定余额增减达到10万元以上时再进行调整，不足10万元并入下次调整。

4. 缴存存款办法。各农村合作金融机构对应缴存或调整的缴存存款，应按旬向当地人民银行缴存。

（三）缴存存款业务的核算

1. 第一次缴存存款的核算。农村合作金融机构第一次向人民银行缴存存款时，应根据有关存款科目余额，填制"缴存存款科目余额表"，并按规定比例计算出缴存金额，然后填制"缴存（调整）财政性存款划拨凭证"和"缴存（调整）一般性存款划拨凭证"各一式四联。上述凭证填制并审核无误后，可进行会计核算：

（1）第一次缴存财政性存款的核算：

借：存放中央银行款项——缴存财政性存款

　贷：银行存款

转账后，将划拨凭证的第三、第四联签章后与"缴存存款科目余额表"一起交人民银行。

（2）第一次缴存一般性存款的核算：

借：存放中央银行款项——准备金存款

　贷：银行存款

2. 调整缴存存款及欠缴存款业务的核算。农村合作金融机构第一次缴存存款后，应按规定时间根据吸收的各类存款余额变动情况向人民银行调整存款。无论调增补缴还是调减退回，其核算手续与第一次缴存时基本相同。如果调增其会计分录与第一次缴存时相同，如果调减其会计分录与第一次缴存时相反。

如果农村合作金融机构不能足额缴存存款，对于欠缴金额，人民银行每日按规定比例扣收罚款，随同欠缴存款一并收取。对于欠缴的财政性存款，每天处以0.3‰的罚款，对于欠缴的一般性存款，每天处以0.6‰的罚款。如果不按时报送旬末一般存款余额表和按月报送月末日计表的，依据《中华人民共和国商业银行法》相关规定进行处罚。

三、向中国人民银行借款与再贴现业务的核算

中央银行是银行的银行，充当社会信用的最终贷款人。农村合作金融机构在经营过程中合理需求的资金不足时，可按规定向人民银行借款和再贴现。从人民银行的角度看，又称再贷款。人民银行通过对农村合作金融机构发放再贷款，对于信贷资金的调控、货币供应量和农村合作金融机构的业务发展，都具有重要意义。

（一）借款种类

农村合作金融机构从人民银行取得的借款，主要有以下几种：

1. 年度性贷款。它是农村合作金融机构因经济合理增长，引起的年度性信贷资金不足，而向人民银行申请的贷款。年度性贷款期限为1年或1年以上，最长不超过2年。

2. 季节性贷款。它是农村合作金融机构因贷款资金先支后收、存款季节性下降或贷款季节性上升等原因引起资金不足而向人民银行申请的贷款。季节性贷款期限一般为2个月，最长不超过4个月。

3. 日拆性贷款。它是农村合作金融机构由于汇划款项未达或清算资金不足等原因发生临时性资金短缺，而向人民银行申请的贷款。日拆性贷款一般为10天，最长不超过20天。

（二）再贷款业务的核算

1. 借入款项业务的核算。农村合作金融机构向中央银行申请再贷款时，计划部门应填制一式两份“中央银行借款申请书”，报送人民银行计划部门批准。借款申请书经人民银行计划部门签批后，农村合作金融机构会计部门填写一式五联借贷凭证，在借贷凭证上加盖预留准备金存款账户印鉴后，提交人民银行办理借款手续。

农村合作金融机构会计部门收到人民银行退回的第三联借贷凭证后，以此联代转账借方凭证，另编转账贷方凭证，办理转账。其会计分录为：

借：存放中央银行款项

　贷：向中央银行借款——××借款户

2. 资产负债表日利息的核算。在资产负债表日计提应付利息，其会计分录为：

借：金融机构往来支出——向中央银行借款利息支出

　贷：应付利息

3. 归还借款业务的核算。再贷款到期，农村合作金融机构计划部门应通知会计部门

办理归还贷款的手续，主动归还贷款。此时会计部门应填制一式四联还款凭证，并在借贷凭证第二联上加盖预留准备金存款账户印鉴后，提交人民银行办理还款手续。

待收到人民银行退回的第三联还款凭证、第四联（支款通知）和借据后，以第三联借贷凭证代转账借方凭证，另编转账贷方凭证，办理转账。其会计分录为：

借：向中央银行借款——××借款户

　　应付利息

　贷：存放中央银行款项

再贷款到期，如借款的农村合作金融机构未主动办理还款手续，而存款账户又有足够余额归还贷款时，人民银行会计部门在征得农村合作金融机构同意后也可主动填制特种转账借、贷凭证两联，收回贷款。

再贷款利息的计算与农村合作金融机构向单位贷款的计息方法基本相同。

（三）再贴现业务的核算

再贴现是农村合作金融机构因办理票据贴现占用资金，引起资金暂时不足，以已贴现尚未到期的商业汇票向人民银行申请的贷款，是中央银行按汇票金额扣除从贴现之日起到汇票到期日止的利息后，向农村合作金融机构融通资金的一种信用活动。这是中央银行调节货币供应与加强宏观控制的有力措施。

1. 申请再贴现业务的核算。农村合作金融机构持已贴现未到期的商业汇票向人民银行申请再贴现时，应填制一式五联再贴现凭证（用贴现凭证代），在第一联上签章后，连同商业汇票一起交人民银行。

待收到人民银行退回的第四联再贴现凭证（收账通知）后，据以编制转账借、贷方传票办理转账。其会计分录为：

借：存放中央银行款项

　　再贴现负债——利息调整

　贷：再贴现负债——面值

2. 资产负债表日再贴现利息的核算。资产负债表日，按计算确定利息费用，其会计分录为：

借：金融机构往来支出——贴现利息支出

　贷：再贴现负债——利息调整

3. 再贴现到期的核算。

（1）再贴现汇票到期，未发生退票时，其会计分录为：

借：再贴现负债——面值

　贷：贴现资产——面值

（2）再贴现汇票到期，发生退票时，其会计分录为：

借：再贴现负债——面值

　贷：贴现资产——面值

并按实际支付金额：

借：垫款——××贴现户

贷：存放中央银行款项

第三节 同业往来业务核算

农村合作金融机构与同业往来，是指农村合作金融机构与各个不同系统的商业银行之间的往来。同业往来业务主要包括存放同业、同业存放、跨系统转汇及同业拆借等。

一、存放同业业务的核算

存放同业是农村合作金融机构存放于除中央银行和农村合作金融机构以外的境内外其他金融机构（含农信银中心）的款项。

（一）存放同业增加的核算

借：存放同业款项

贷：存放中央银行款项

（二）存放同业减少的核算

存放同业减少的核算与增加时的会计分录相反。

（三）按季结息，收到利息的核算

借：存放同业款项

贷：金融机构往来收入——存放同业款项利息收入

二、同业存放业务的核算

同业存放是中央银行和农村合作金融机构以外的境内外其他金融机构（含农信银中心）存放于农村合作金融机构的各种款项。

（一）同业存入款项增加的核算

借：存放中央银行款项

贷：同业存放款项

（二）同业存入款项减少的核算

同业存入款项减少的核算与增加时的会计分录相反。

（三）资产负债表日计提应付利息的核算

借：金融机构往来支出

贷：应付利息

（四）实际支付存入款项的核算

借：应付利息

同业存放款项

贷：存放中央银行款项

三、跨系统转汇业务的核算

跨系统转汇是指由于客户办理异地结算业务而引起的农村合作金融机构跨系统与商

业银行之间相互汇划款项的业务。跨系统转汇至少要涉及两家银行系统，参与的行处至少有三个，同时央行必须介入两个银行系统的横向清算。

目前在我国，异地跨系统银行之间还未建立直接的往来关系，在异地结算业务中，如果收付款双方不在同一系统的商业银行开户，其资金划转只能通过异地跨系统银行转汇。转汇的目的是把异地跨系统银行间的往来转化为同城跨系统银行的往来及异地同系统银行的往来（联行往来）。同城不同银行系统之间的汇划往来与清算为横向往来，简称为“横”；异地同系统银行的汇划与清算为纵向往来，简称为“直”。往来转汇后，对同城跨系统银行的往来通过同城票据交换或直接处理，对异地同系统银行的往来则按联行往来处理。

异地跨系统转汇，根据各地商业银行机构的设置情况可以有以下几种处理方法：

（一）汇出社所在地为双设机构地区的核算

采取“先横后直”的转汇方法。这种方式适用于汇出社所在地为双设机构地区，即该地区既有汇出社，又有与汇入行相同系统的银行营业机构。当跨系统汇划款项业务发生时，汇出社将汇划款项凭证提交跨系统转汇行办理转汇，由转汇行通过本系统联行将款项划往汇入行。

例如，甲地农村合作金融机构汇往乙地建设银行的资金汇划路线如图 9－3 所示。

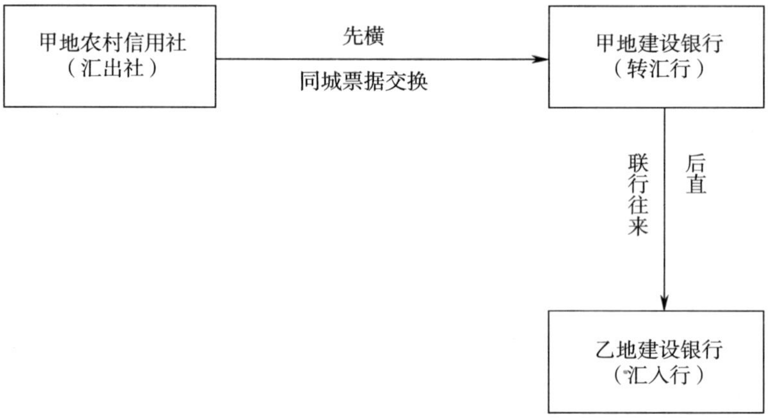

图 9－3 “先横后直”跨系统转汇流程图

1. 汇出社将客户提交的汇款凭证，通过同城票据交换提交同城跨系统转汇行办理汇款。其会计分录为：

借：活期存款——汇款人户

　　贷：清算资金往来——同城票据清算

2. 转汇行通过本系统联行将款项划往异地汇入行。其会计分录为：

借：清算资金往来——同城票据清算

　　贷：联行往账

3. 汇入行收到本系统划来的联行报单及有关结算凭证，为收款人进账。其会计分录为：

借：联行来账

　贷：活期存款——收款人户

（二）汇出社所在地为单设机构地区，且汇入行所在地为双设机构地区的核算

采取“先直后横”的转汇方法。这种方式适用于汇出社所在地为单设机构地区，即在同一地区没有汇入行系统的银行机构，而汇入行所在地为双设机构地区。当业务发生时，汇出社先将汇划款项通过本系统联行划转汇入行所在地的系统内转汇社，由转汇社转划给汇入行。例如，甲地农村合作金融机构汇往乙地建设银行的资金汇划路线如图9－4所示。

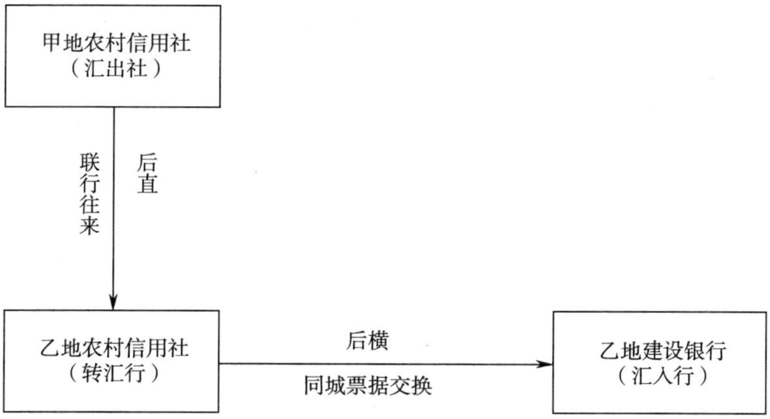

图9－4　“先直后横”跨系统转汇流程图

1. 汇出社汇出款项的核算。汇出社根据客户提交的汇款凭证填制联行报单，将款项划转异地本系统的转汇社，其会计分录为：

借：活期存款——汇款人户

　贷：联行往账

2. 转汇社的核算。转汇社收到本系统汇出社划来的联行报单及结算凭证，经审核无误后，通过同城票据交换送交汇入行。其会计分录为：

借：联行来账

　贷：清算资金往来——同城票据清算

3. 汇入行收到款项的核算。汇入行收到转汇社划转的款项，为收款人入账。其会计分录为：

借：清算资金往来——同城票据清算

贷：活期存款——收款人户

（三）汇出社、汇入行所在地均为单设机构地区的核算

采取“先直后横再直”的办法。这种方式适用于汇出社和汇入行所在地均为单设机构地区，即只有汇出社和汇入行一家银行系统，未设有其他系统的银行机构。当业务发生时，汇出社先通过本系统联行将款项划转双设机构地区的系统内农村合作金融机构（代转汇社），由其通过同城票据交换转跨系统银行（转汇行），再由跨系统银行通过本

系统联行划转汇入行。例如，甲地农村合作金融机构汇往乙地建设银行的资金汇划业务路线如图9-5所示。

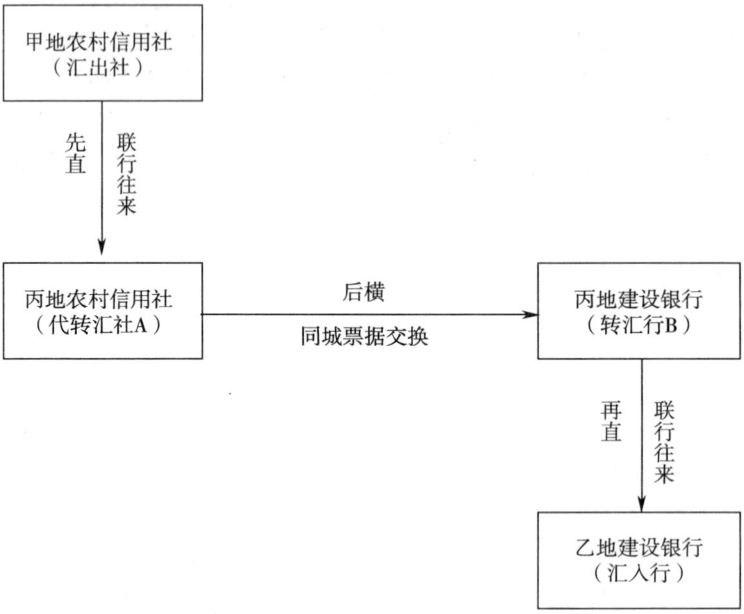

图9-5 “先直后横再直”跨系统转汇流程图

1. 甲地汇出社的核算。

借：活期存款——汇款人户

  贷：联行往账

2. 丙地代转汇社A的核算。

借：联行来账

  贷：清算资金往来——同城票据清算

3. 丙地转汇行B的核算。

借：清算资金往来——同城票据清算

  贷：联行往账

4. 乙地汇入行的核算。

借：联行来账

  贷：活期存款——收款人户

四、同业拆借业务的核算

（一）同业拆借业务的概述

同业拆借是农村合作金融机构解决临时性资金不足的一种融资方式，可向同一城市或异地的商业银行进行拆借，有利于多余资金的充分合理的运用，有利于增强行社的经营活力。同业拆借是一种短期资金融通行为，拆借的期限最长不得超过4个月，禁止利用拆入资金发放固定资产贷款或用于投资。同业拆借的主管机关是中央银行。拆借的资金都要通过各自在中央银行开立的存款账户进行核算，按照中央银行的有关规定办理，不能直接互相拆借。

拆出与拆入金融机构之间，应商定拆借金额、利率和拆借期限等，并签订协议，由双方共同履行。

同业拆借的业务过程包括两大环节，一是拆出行拆放款项，二是到期日拆入行还本付息，其大致业务流程分别如图9－6、图9－7所示。

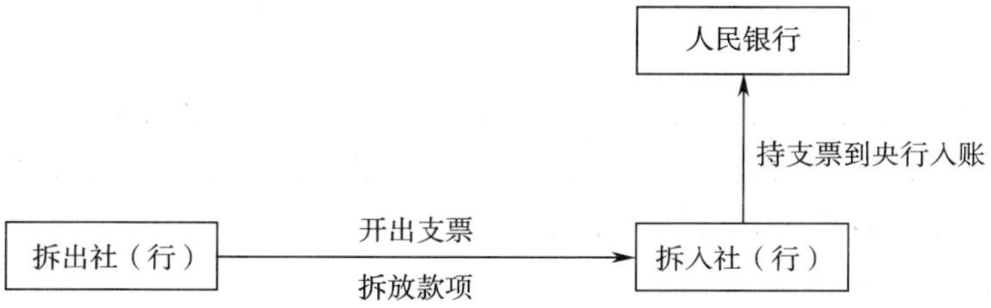

图9－6　拆出行拆放款项流程图

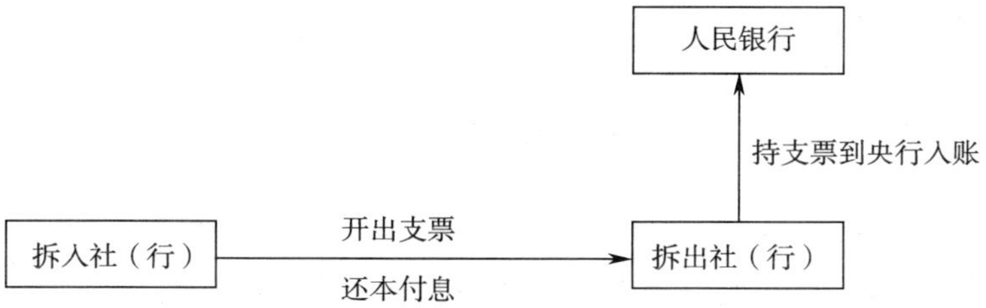

图9－7　拆入行还本付息流程图

（二）同业拆借业务的核算

1. 拆出资金业务的核算。

（1）拆出资金时的核算。拆出社以拆入行借据为依据，向人民银行填交进账单及转账支票，并编制特种转账借、贷方传票予以转账。其会计分录为：

借：拆放同业款项——××拆入行

　贷：存放中央银行款项

（2）资产负债表日利息确认的核算。资产负债表日对拆出资金业务计算确认应收利息时，其会计分录为：

借：应收利息

　贷：金融机构往来收入

（3）收回拆出款项的核算。拆出资金到期，收回拆出款项时，其会计分录为：

借：存放中央银行款项

　贷：拆放同业款项——××拆入行

　　应收利息

2. 拆入资金业务的核算。

（1）拆入资金的核算。拆入社根据进账单回单联，编制特种转账借、贷方传票各一联，进行账务处理。其会计分录为：

借：存放中央银行款项

　贷：同业拆入资金——××拆出行

（2）资产负债表日计提应付利息的核算。资产负债表日计提应付利息，其会计分录为：

借：金融机构往来支出

　贷：应付利息

（3）归还借款的核算。拆入社归还借款时，应按事先规定的利率，计算应付利息，将本息一并通过人民银行划转拆出行。拆入社应根据借款本息填制进账单和转账支票送往人民银行，并办理转账。其会计分录为：

借：同业拆入资金——××拆出行

　　金融机构往来支出（尚未计提的利息）

　　应付利息（已计提的利息）

　贷：存放中央银行款项

复习思考题

1. 什么是金融机构往来？
2. 农村合作金融机构与中国人民银行往来业务的内容有哪些？
3. 什么是再贴现业务？
4. 异地跨系统转汇处理方法有哪几种类型？
5. 什么是同业拆借业务？

第十章　会计报表的编制

本章概要

农村合作金融机构在年度终了时，在对会计核算资料整理的基础上，对全年的经营活动进行汇总，进而编制以资产负债表、利润表和现金流量表为主要内容的会计报告。本章主要介绍农村合作金融机构会计报表的组成和编报要求及资产负债表、利润表、现金流量表的基本格式及编制方法。

要点提示

会计报表是农村合作金融机构对外提供的反映农村合作金融机构某一特定日期财务状况和某一会计期间经营成果和现金流量的文件。编制财务会计报告是农村合作金融机构会计工作的一项重要内容，它对加强农村合作金融机构经营管理和国家进行宏观调控、促进经济稳定发展、合理配置社会资源等具有十分重要的作用。

农村合作金融机构的财务会计报告由会计报表、会计报表附注和财务状况说明书组成。

会计报表主要包括资产负债表、利润表、现金流量表、利润分配表等。会计报表附注是对会计报表的补充说明。财务状况说明书至少应当说明农村合作金融机构经营的基本情况、利润实现和分配情况、资金增减和周转情况及对农村合作金融机构财务状况、经营成果和现金流量有重大影响的其他事项。

本章构架图

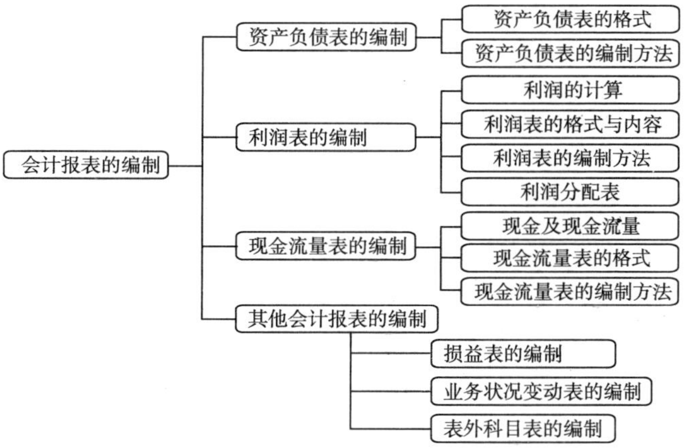

第一节 资产负债表的编制

农村合作金融机构的财务会计报告由会计报表、会计报表附注和财务状况说明书组成。

会计报表是综合反映农村合作金融机构某一特定日期的资产、负债、所有者权益状况，以及某一特定日期经营成果和现金流量情况的书面文件，主要包括资产负债表、利润表、现金流量表、利润分配表等。

资产负债表是反映农村合作金融机构在某一特定日期财务状况的报表，作为反映某一特定日期财务状况的报表，资产负债表是一张静态的报表。资产负债表是以“资产=负债+所有者权益”这一会计恒等式为依据而编制的。农村合作金融机构作为特殊企业，也必须编制资产负债表。通过资产负债表，有关部门可以了解农村合作金融机构所掌握的经济资源及构成，进而了解其资产质量的总体情况；可以了解农村合作金融机构的负债渠道及其构成，揭示其内在风险；还可以了解农村合作金融机构所有者权益的构成、农村合作金融机构未来财务状况的变化趋势等，它是企业财务会计报告的核心报表之一。

一、资产负债表的格式

农村合作金融机构的资产负债表采用账户式的左右对称结构的资产负债表，表的左边列示资产项目，右边列示负债和所有者权益项目，直观体现了“资产=负债+所有者权益”这一平衡公式，其内容均按流动性大小排列。补充资料部分要求填写代保管证券和抵押品金额。农村合作金融机构年度资产负债表的具体格式如表10-1所示。

表10-1　　全国农村合作金融机构资产负债表

编制单位：　　　　年　　月　　日　　　　单位：元

资产	行次	年初数	期末数	负债及所有者权益	行次	年初数	期末数
资产：				负债：			
现金及存放中央银行款项	1			向中央银行借款	30		
贵金属	2			联行存放款项	31		
存放联行款项	3			同业及其他金融机构存放款项	32		
存放同业款项	4			拆入资金	33		
拆出资金	5			交易性金融负债	34		
交易性金融资产	6			衍生金融负债	35		
衍生金融资产	7			卖出回购金融资产款	36		
买入返售金融资产	8			吸收存款	37		
应收款项类金融资产	9			应付职工薪酬	38		
应收利息	10			应交税费	39		
应收股利	11			应付利息	40		
其他应收款	12			应付股利	41		

续表

资产	行次	年初数	期末数	负债及所有者权益	行次	年初数	期末数
发放贷款和垫款	13			其他应付款	42		
可供出售金融资产	14			预计负债	43		
持有至到期投资	15			应付债券	44		
长期股权投资	16			递延所得税负债	45		
投资性房地产	17			其他负债	46		
固定资产	18			负债总计	47		
在建工程	19			所有者权益：	48		
固定资产清理	20			实收资本（股本）	49		
无形资产	21			其中：法人股股本	50		
长期待摊费用	22			自然人股本	51		
抵债资产	23			资本公积	52		
递延所得税资产	24			减：库存股	53		
待处理财产损溢	25			盈余公积	54		
其他资产	26			一般风险准备	55		
	27			未分配利润	56		
	28			所有者权益合计	57		
资产总计	29			负债及所有者权益总计	58		

二、资产负债表的编制方法

本表反映农村合作金融机构报告期全部资产、负债及所有者权益的情况。本表“年初数”栏内的各项目数字，应根据上年末资产负债表“期末数”栏内数字填列。

具体编制内容和方法如下：

（一）资产

1. “现金及存放中央银行款项”项目：根据1001、1002科目期末余额之和填列。

2. “贵金属”项目：根据1431与1432科目期末余额之差填列。

3. “存放联行款项”项目：根据3001、3002、3003、3004、3005、3006、3011、3012、3013、3014、3015、3016、3021、3022、3023、3024、3025、3026、3031、3041科目期末借贷双方余额轧差的借方余额填列。

4. “存放同业款项”项目：根据1031与1032科目期末余额之差及1011、1012科目期末余额之和填列。

5. “拆出资金”项目：根据1013、1014科目期末余额之和填列。

6. “交易性金融资产”项目：根据1101科目期末余额填列。

7. “衍生金融资产”项目：根据3101、3201、3202、3301科目期末借方余额填列。

8. “买入返售金融资产”项目：根据1111与1112科目期末余额之差填列。

9. “应收款项类金融资产”项目：根据1531与1231科目期末余额之差分析填列。

10. “应收利息”项目：根据1132与1231科目期末余额之差分析填列。

11. “应收股利”项目：根据1131与1231科目期末余额之差分析填列。

12. “其他应收款”项目：根据1221与1231、1532科目期末余额之差与1003科目期末余额之和分析填列。

13. “发放贷款和垫款”项目：根据1301、1302、1303、1304、1305、1306、1307、1308科目期末余额之和与1309科目期末余额之差填列。

14. “可供出售金融资产”项目：根据1503与1504科目期末余额之差填列。

15. “持有至到期投资”项目：根据1501与1502科目期末余额之差填列。

16. “长期股权投资”项目：根据1511与1512科目期末余额之差填列。

17. “投资性房地产”项目：根据1521科目与1522、1523科目期末余额之差填列。

18. “固定资产”项目：根据1601科目与1602、1603科目期末余额之差填列。

19. “在建工程”项目：根据1604与1605科目期末余额之差填列。

20. “固定资产清理”项目：根据1606科目期末余额填列。

21. “无形资产”项目：根据1701与1702、1703科目期末余额之差填列。

22. “长期待摊费用”项目：根据1801科目期末余额填列。

23. “抵债资产”项目：根据1441与1442科目期末余额之差填列。

24. “递延所得税资产”项目：根据1811科目期末余额填列。

25. “待处理财产损溢”项目：根据1901科目期末余额之差填列。

26. “其他资产”项目：根据1311与2313科目轧差后的借方余额、1321与2314科目轧差后的借方余额与3051（借方余额）期末余额之和填列。

（二）负债

30. “向中央银行借款”项目：根据2015科目期末余额填列。

31. “联行存放款项”项目：根据3001、3002、3003、3004、3005、3006、3011、3012、3013、3014、3015、3016、3021、3022、3023、3024、3025、3026、3031、3041科目期末借贷双方余额轧差的贷方余额填列。

32. “同业及其他金融机构存放款项”项目：根据2017、2018科目期末余额之和填列。

33. “拆入资金”项目：根据2019、2020科目期末余额之和填列。

34. “交易性金融负债”项目：根据2101科目期末余额填列。

35. “衍生金融负债”项目：根据3101、3201、3202、3301科目期末贷方余额填列。

36. “卖出回购金融资产款”项目：根据2111科目期末余额填列。

37. “吸收存款”项目：根据2001、2002、2003、2004、2005、2006、2011、2014科目期末余额之和填列。

38. “应付职工薪酬”项目：根据2211科目期末余额填列。

39. “应交税费”项目：根据2221科目期末余额填列。

40. “应付利息”项目：根据2231科目期末余额填列。

41. “应付股利”项目：根据2232科目期末余额填列。

42. “其他应付款”项目：根据2241科目期末余额填列。

43. “预计负债”项目：根据2801科目期末余额填列。

44. “应付债券”项目：根据2502科目期末余额填列。

45. “递延所得税负债”项目：根据2901科目期末余额填列。

46. “其他负债”项目：根据1311与2313科目轧差后的贷方余额、1321与2314科目轧差后的贷方余额、2701与2702科目轧差后的贷方余额与2007、2012、2013、2021、2022、2312、2401、2501、2711、3051（贷方余额）科目期末余额之和余额填列。

（三）所有者权益

49. “实收资本（股本）”项目：根据4001科目期末余额填列。

52. “资本公积”项目：根据4002科目期末余额填列。

53. “库存股”项目：根据4201科目期末余额填列。

54. “盈余公积”项目：根据4101科目期末余额填列。

55. “一般风险准备”项目：根据4102科目期末余额填列。

56. “未分配利润”项目：根据4104科目期末余额填列。

（四）本表核对关系

1. 资产总计（29行）=行次1+2+3+…+26
2. 负债总计（47行）=行次30+31+32+…+46
3. 所有者权益合计（57行）=行次49+52−53+54+55+56
4. 负债及所有者权益合计（58行）=行次47+57

第二节 利润表的编制

利润表是反映农村合作金融机构在一定会计期间（月份、季度、年度）内经营成果的报表。利润表是根据“收入−费用=利润”的会计等式编制的。作为反映某一会计期间财务成果的报表，它是一张动态报表。有关部门通过利润表可以了解农村合作金融机构利润（或亏损）的形成情况并据以分析盈亏增减变化的原因，进一步评价经营业绩、考核管理效能；了解农村合作金融机构依法纳税的情况；评价对农村合作金融机构投资的价值回报，判断农村合作金融机构的资本是否保全；预测农村合作金融机构未来期间的经营状况和盈利水平。

一、农村合作金融机构利润的计算

根据《金融企业会计制度》第九十七条规定：利润是指企业在一定会计期间的经营成果，包括营业利润、利润总额和净利润。

1. 营业利润，是指营业收入减去营业支出后的净额；
2. 利润总额，是指营业利润加上营业外收入减去营业外支出后的金额；
3. 所得税费用，是指商业银行应计入当期损益的所得税支出；
4. 净利润，是指利润总额减去所得税后的金额。

用公式表示：

$$营业利润 = 营业收入 - 营业支出$$

$$利润总额 = 营业利润 + 营业外收入 - 营业外支出$$

$$净利润 = 利润总额 - 所得税费用$$

二、利润表的格式与内容

利润表通过将本期的收入与相应的费用来配比核算当期的经营成果。我国农村合作金融机构的利润表采用多步式利润表的格式，它能充分揭示收支项目之间的增减关系，为使用者提供科学的数据结构。

多步式利润表的具体内容与格式，如表 10－2 所示。

表 10－2 **利润表**

编制单位： ————年度 单位：元

项　　目	行次	本年数	上年数
一、营业收入	1		
（一）利息净收入	2		
利息收入	3		
利息支出	4		
（二）手续费及佣金净收入	5		
手续费及佣金收入	6		
手续费及佣金支出	7		
（三）投资收益（损失以“－”号填列）	8		
其中：对联营企业和合营企业的投资收益	9		
（四）公允价值变动收益（损失以“－”号填列）	10		
（五）汇兑收益（损失以“－”号填列）	11		
（六）其他业务收入	12		
二、营业支出	13		
（一）营业税金及附加	14		
（二）业务及管理费	15		
（三）资产减值损失或呆账损失（转回金额以“－”号填列）	16		
（四）其他业务成本	17		
三、营业利润（亏损以“－”号填列）	18		
加：营业外收入	19		
减：营业外支出	20		
四、利润总额（亏损以“－”号填列）	21		
减：所得税费用	22		
五、净利润（亏损以“－”号填列）	23		
归属于母公司所有者的净利润	24		
少数股东权益	25		
六、每股收益：	26		
（一）基本每股收益	27		
（二）稀释每股收益	28		

三、利润表的编制方法

利润表反映农村合作金融机构在一定会计期间的经营成果情况。利润表“本年数”栏反映各项目自年初起至报告期末止的实际发生数。上年度有关项目的名称和数字应按本年度的规定进行调整，填入利润表的“上年数”栏。

具体编制内容和方法如下：

1.“营业收入”项目，反映“利息净收入”、“手续费及佣金净收入”、“投资收益”、“公允价值变动收益”、“汇兑收益”、“其他业务收入”等项目的合计金额。

（1）“利息净收入”项目，反映“利息收入”项目金额减去“利息支出”项目金额后的余额。

“利息收入”项目，反映本机构经营存贷款业务等确认的利息收入，应根据6011、6012科目期末余额之和填列。

“利息支出”项目，反映本机构经营存贷款业务等发生的利息支出，应根据6411、6412科目期末余额之和填列。

（2）“手续费及佣金净收入”项目，反映“手续费及佣金收入”项目余额减去“手续费及佣金支出”项目后的余额。

“手续费及佣金收入”项目，反映本机构确认的包括办理结算业务等在内发生的手续费、佣金收入，应根据6021科目期末余额填列。

“手续费及佣金支出”项目，反映本机构确认的包括办理结算业务等在内发生的手续费、佣金支出，应根据6421科目期末余额填列。

（3）“投资收益”项目，反映本机构以各种方式对外投资取得的收益。本项目应根据6111科目期末余额填列。

如为投资损失，本项目以“-”号填列。其中，对联营企业和合营企业的投资收益应单独列示。

（4）“公允价值变动收益”项目，反映本机构应当计入当期损益的资产或负债公允价值的变动收益。本项目应根据6101科目期末余额填列，如为净损失，本项目以“-”号填列。

（5）“汇兑收益”项目，反映本机构外币货币性项目因汇率变动形成的净收益，应根据6061科目期末余额填列。如为净损失，以“-”号填列。

（6）“其他业务收入”项目，反映本机构确认的除主营业务活动以外的其他经营活动实现的收入，包括出租固定资产、出租无形资产等或债务重组等实现的收入，应根据6051科目期末余额填列。

2.“营业支出”项目，反映“营业税金及附加”、“业务及管理费”、“资产减值损失或呆账损失”、“其他业务成本”等项目的金额合计。

（1）“营业税金及附加”项目，反映本机构经营业务应负担的消费税、营业税、城市维护建设税、资源税和教育费附加等，应根据6403科目期末余额填列。

（2）“业务及管理费”项目，反映本机构在业务经营和管理过程中所发生的电子设备运转费、安全防范费、物业管理费等费用，应根据6601科目期末余额填列。

（3）“资产减值损失或呆账损失”项目，反映本机构计提（或恢复后转回）各项资产减值准备所形成的损失，或按规定提取（或恢复后转回）的呆账准备金额，应根据6701科目期末余额填列。本项目如为恢复后转回的金额，以“-”号填列。

（4）“其他业务成本”项目，反映除“营业税金及附加”、“业务及管理费”和“资产减值损失或呆账损失”之外的其他业务成本，应根据6602科目期末余额填列。

3. “营业外收入”项目，反映本机构发生的与经营业务无直接关系的各项收入，包括非流动资产处置利得、非货币性资产交换利得、债务重组利得、政府补助、盘盈利得、捐赠利得等，应根据6301科目期末余额填列。

4. “营业外支出”项目，反映本机构发生的与经营业务无直接关系的各项支出，包括非流动资产处置损失、非货币性资产交换损失、债务重组损失、公益性捐赠支出、非常损失、盘亏损失等，应根据6711科目期末余额填列。

5. “所得税费用”项目，反映本机构确认的应从当期利润总额中扣除的所得税费用，应根据6801科目期末余额填列。

6. “净利润”项目，反映本机构实现的净利润。

“归属于母公司所有者的净利润”项目，反映本机构编制合并报表时净利润中归属于母公司所有者的部分。

“少数股东权益”项目，反映本机构编制合并会计报表时子公司净利润中属于母公司以外的其他投资者部分。

7. “基本每股收益”、“稀释每股收益”项目，反映本机构按照每股收益准则的规定计算的金额，本项目仅由普通股或潜在普通股已公开交易的企业，以及正处于公开发行普通股或潜在普通股过程中的机构填报。

8. 本表核对关系。

（1）营业收入（1行）=行次2+5+8+10+11+12

①利息净收入（2行）=行次3-4

②手续费及佣金净收入（5行）=行次6-7

（2）营业支出（13行）=行次14+15+16+17

（3）营业利润（18行）=行次1-13

（4）利润总额（21行）=行次18+19-20

（5）净利润（23行）=行次21-22

四、利润分配表

利润分配表是反映利润分配情况和年末未分配利润的结余情况的会计报表，它是利润表的附表。表中的“本年实际”栏，根据当年“本年利润”及“利润分配”科目及其所属明细科目的记录分析填列。“上年实际”栏，是根据上年度利润分配表中的“本年实际”填列。如果上年利润分配表与本年利润分配表的名称和内容不一致时，应对上年度报表的项目名称和数字按本年度的规定进行调整后填入。利润分配表的具体格式如

表 10 – 3 所示。

表 10 – 3　　**利润分配表**

编制单位：　　（　　）年　　单位：元

项 目	行 次	本年实际	上年实际
一、净利润			
加：年初未分配利润			
二、可供分配的利润			
加：盈余公积补亏			
减：提取盈余公积			
应付利润			
三、未分配利润			

第三节　现金流量表的编制

现金流量表，又叫现金流动表，是反映农村合作金融机构一定会计期间（月、季、年）现金和现金等价物流入和流出的报表，实际上是以现金为基础编制的财务状况变动表，是一张动态的报表。它既反映了农村合作金融机构在一定的会计期间现金总流量的情况，又分别反映了农村合作金融机构经营活动、投资活动和筹资活动引起的现金流量的变化。编制现金流量表的目的是为会计报表使用者提供农村合作金融机构一定会计期间内现金和现金等价物流入和流出的信息，以便于报表使用者了解和评价农村合作金融机构获取现金和现金等价物的能力，并据以预测农村合作金融机构未来获取现金的能力。

一、现金及现金流量

（一）现金

按照《企业会计准则——现金流量表》的规定，现金是广义的现金，包括现金和现金等价物。在商业银行，现金指的是库存现金以及可以随时用于支付的存款。如银行存款、存放中央银行款项等；现金等价物是指持有期限短、流动性强、易于转换为已知金额现金、价值变动风险很小的投资。对于农村合作金融机构来说现金和现金等价物一般包括现金和银行存款、存放境内同业的活期和三个月内到期的款项、存放中央银行的备付金。

（二）现金流量

现金流量，是指农村合作金融机构一定时期的现金和现金等价物的流入和流出。

1. 现金流量分类。农村合作金融机构的现金有不同的收入和不同的支出用途。为了对频繁发生的现金流入和现金流出进行合理分类，以便在此基础上对农村合作金融机构现金流量进行分析，从而充分发挥现金流量表的作用，按照《企业会计准则——现金流量表》的规定，现金流量分为经营活动现金流量、投资活动现金流量和筹资活动现金流量三大类。

（1）经营活动产生的现金流量。经营活动是指除农村合作金融机构投资活动和筹资活动以外的所有交易和事项。其所产生的现金流量包括：客户存款和同业存放款项净增加额；向中央银行借款净增加额；向其他金融机构拆入资金净增加额；收取利息、手续费及佣金的现金；客户贷款和垫款净增加额；存放中央银行和同业款项净增加额；支付利息、手续费及佣金的现金；支付的各项税费等。经营活动产生的现金流量是农村合作金融机构通过运用所拥有的资产自身创造的现金流量，主要是与企业的净利润有关的现金流量。在现金流量表中，经营活动的现金流量应当按照其经营活动特点分项列示。

（2）投资活动产生的现金流量。投资活动是指农村合作金融机构长期资产的构建和不包括现金等价物范围内的投资及其处置活动。包括收回投资所收到的现金；取得投资收益收到的现金；购建固定资产、无形资产和其他长期资产支付的现金等。投资活动产生的现金流量中不包括作为现金等价物的投资，作为现金等价物的投资属于现金自身的增减变化，如购买还有2个月到期的债券等，都属于现金内部各项目转换，不会影响现金流量净额的变动。在现金流量表中，投资活动的现金流量应当按照其投资活动的现金流入和现金流出的性质分项列示。

（3）筹资活动产生的现金流量。筹资活动是指农村合作金融机构资本及债务规模和构成发生变化的活动。包括吸收投资所收到的现金；发行债券收到的现金；偿还债务所支付的现金；分配股利、利润或偿付利息支付的现金等。在现金流量表中，筹资活动的现金流量应当按照其筹资活动的现金流入和现金流出的性质分项列示。

2. 现金净流量与现金流量总额。现金净流量是指现金流入与现金流出的差额。现金净流量可能是正数，也可能是负数。如果是正数，为净流入；如果是负数，则为净流出。现金流量总额是现金流入和现金流出的总金额。按照《企业会计准则——现金流量表》的规定，现金流量表一般应当按现金流入和现金流出总额反映，这样可以全面揭示企业现金流量的方向、规模和结构。但是代客户收取或支付的现金以及周转快、金额大、期限短的项目的现金收入和现金支出，可以用净额反映。

二、现金流量表的格式

农村合作金融机构的现金流量表分为主表和补充资料两大部分，其具体格式如表10－4所示。

表10－4　　全国农村信用合作金融机构现金流量表（参考格式）

编制单位：　　　　　————年度　　　　　单位：元

项　　目	行次	上年数	本年数
一、经营活动产生的现金流量	略		
客户存款和同业存放款项净增加额			
向中央银行借款净增加额			
向其他金融机构拆入资金净增加额			
收取利息、手续费及佣金的现金			
收到其他与经营活动有关的现金			
经营活动现金流入小计			
客户贷款和垫款净增加额			

续表

项　　　　目	行次	上年数	本年数
存放中央银行和同业款项净增加额			
支付利息、手续费及佣金的现金			
支付的各项税费			
支付的其他与经营活动有关的现金			
经营活动现金流出小计			
经营活动产生现金流量净额			
二、投资活动产生的现金流量			
收回投资收到的现金			
取得投资收益收到的现金			
收到其他与投资活动有关的现金			
投资活动现金流入小计			
购建固定资产、无形资产和其他长期资产支付的现金			
支付的其他与投资活动有关的现金			
投资活动现金流出小计			
投资活动产生的现金流量净额			
三、筹资活动产生的现金流量			
吸收投资所收到的现金			
其中：子公司吸收少数股东投资收到的现金			
发行债券收到的现金			
收到的其他与筹资活动有关的现金			
筹资活动现金流入小计			
偿还债务所支付的现金			
分配股利、利润或偿付利息支付的现金			
其中：子公司支付给少数股东的股利、利润			
支付的其他与筹资活动有关的现金			
筹资活动现金流出小计			
筹资活动产生的现金流量净额			
四、汇率变动对现金的影响			
五、现金及现金等价物净增加额			
加：期初现金及现金等价物余额			
六、期末现金及现金等价物余额			

三、现金流量表的编制方法

根据《企业会计准则——现金流量表》的规定，农村合作金融机构应在年末编制年报时编制现金流量表。现金流量表是以“现金来源 - 现金运用 = 现金净流量”这一公式为基础，依据资产负债表、利润表和有关账簿资料提供的信息，采用多步式计算出的最终现金流量。编制现金流量表的难点有两个，一是对各类活动产生的现金流量如何进行正确划分；二是在于计算基础的转变，即如何将权责发生制下的数据正确转换到收付实现制基础上，这种转换可以通过两种方法取得，于是产生了农村合作金融机构编制现金流量表的两种方法：直接法与间接法。

（一）直接法

所谓直接法就是通过现金收入和支出的主要类别反映来自农村合作金融机构经营活动的现金流量，一般是以利润表中的营业收入为起算点，调整与经营活动有关的项目的增减变动，然后计算出经营活动的现金流量。

农村合作金融机构的收入不一定全部是现金收入，这就需要将收入中的非现金收入部分调整出来，剩余部分才是经营收入产生的现金流入。比如就农村合作金融机构来说，经营活动产生的现金流量包括两大类：其一是与经营损益有关的现金流量，比如利息收入、手续费收入、其他营业收入等收到的现金，利息支出、手续费支出、营业支出、其他营业支出等付出的现金；其二是在业务活动中发生的与损益无关的现金流量，如吸收存款、收回贷款、拆入资金等流入的现金，提出存款、发放贷款、拆出资金等流出的现金。对于后者，它属于农村合作金融机构的经营范畴，其现金流量是随经营业务的发生而产生的，因此在编制现金流量表时，这部分现金流量只是根据各项业务的发生及增减变动填列即可；对于前者，由于损益项目是按权责发生制原则确认的，而现金流量表中的流量则是以收付实现制为标准的，这就需要进行调整。这种调整往往就需要编制调整分录，调整分录是以利润表项目为基础，从营业收入开始，结合资产负债表项目逐一进行分析，将表中项目调整为实际现金流量的分录。其特点是：调整分录是一定时期（年）内该类业务的汇总分录；调整分录不过入账册，视采用方法的不同过入工作底稿或T形账户中；调整分录不必编制记账凭证；调整分录借贷的对象均是会计报表（资产负债表、利润表和现金流量表）项目，而不是普通意义上的会计科目。

直接法的主要特点是对经营活动中的具体项目的现金流入量进行详细的列报，所以这种列报方式的优点就是直观，经营活动中通过各种途径取得的现金和因各种用途流出的现金在按照直接法编制的现金流量表上一目了然，便于报告的使用者了解企业在经营活动中的现金进出情况，有助于对企业的未来作出正确的估计。

（二）间接法

所谓间接法就是以本期净利润为起算点，调整不涉及现金的收入、费用、营业外收支以及有关项目的增减变动，据此计算出经营活动的现金流量。间接法的基本原理是：农村合作金融机构由于经营活动而产生的与经营损益有关的现金流量与净利润有密切的联系，其现金流入主要是营业收入现金，而现金流出主要是营业支出（包括各种营业费用）、营业税金、所得税等，这与银行净利润的形成非常类似。但是，经营活动产生的与经营损益有关的现金流量并不等于净利润，这是因为二者的计算基础不同，净利润的计算是以权责发生制为基础的，只要发生了收款的权利或付款的义务，就作为收入或费用，并以此计算利润；而经营活动产生的与经营损益有关的现金流量的计算，则是以收付实现制为基础，无论收入或费用，均要以收到或者付出现金为准。这样，二者必然出现差额，而间接法就是要根据差额形成的不同原因对其分别进行调整，将净利润调节为经营活动产生的与经营损益有关的现金流量。

在农村合作金融机构的经营活动现金流量中，除上述与经营损益有关的现金流量外，还有一部分是在其业务活动中发生的与损益无关的现金流量，只有将这一部分现金流量加减上去后，间接法才能完成将净利润调节为经营活动中产生的现金流量。这样的调整，便于报告的使用者分析理解农村合作金融机构账面利润与现金支付能力之间的差别。当然，间接法的编制结果应与按直接法编制的“经营活动产生的现金流量净额”的数字相等。

《企业会计准则——现金流量表》规定现金流量表的正表编制要求采用直接法，同时要求在附表中用间接法来反映现金的变动。

第四节 其他会计报表的编制

农村合作金融机构的其他会计报表包括：损益表、业务状况变动表和表外科目报表。

一、损益表的编制

（一）损益表的概念和作用

损益表，是反映企业一定时期经营成果的报表。它的主要作用是：

1. 损益表提供的信息，可用于反映和评价企业当期经营活动的效益。

2. 通过损益表可以反映企业经营活动的多个方面，据以考核企业管理部门的工作绩效。

3. 损益表可用于分析企业的获利能力，预测企业未来的盈利趋势。

4. 损益表可用于反映企业实现利润的分配情况，以利于企业扩大经营规模，增大期后盈利的能力。

（二）损益表的格式

损益表的格式有：

1. 单步式。这种方式将所有的收入汇列在一起，也把所有的成本、费用或支出列在一起，一步计算出净损益。

2. 多步式。这种方法通过多步计算得出企业损益：

第一步，毛利 = 销售收入 - 销售成本；

第二步，营业净收益 = 毛利 - 营业费用；

第三步，营业净收益 + 非常收益 = 纳税前收益；

第四步，纳税前收益 - 所得税 = 净收益。

3. 账户式。这一方法是将各项费用列于左方，各项收入列于右方。

4. 报告式。这一方法类似于多步式，用编制会计报表的格式排列。

农村合作金融机构使用多步式损益表，其具体内容与格式如表 10 - 5 所示。

表 10－5　　全国农村合作金融机构损益表

填报单位：　　　　年　月　日　　　　单位：元

行次	项目名称	上年同期数	本年累计数	行次	项目名称	上年同期数	本年累计数
1	**一、营业收入**			33	2. 抵债资产租赁收入		
2	**6011 利息收入**			34	3. 管理费收入		
3	1. 农户贷款利息收入			35	4. 其他		
4	2. 农村经济组织贷款利息收入			36	6061 汇兑损益		
5	3. 农村企业贷款利息收入			37	1. 代客外汇买卖损益		
6	4. 非农贷款利息收入			38	2. 自营外汇买卖损益		
7	5. 信用卡透支利息收入			39	3. 其他		
8	6. 贴现利息收入			40	**6101 公允价值变动损益**		
9	7. 贸易融资利息收入			41	1. 交易性金融资产公允价值变动损益		
10	8. 垫款利息收入			42	2. 交易性金融负债公允价值变动损益		
11	9. 已减值贷款利息收入			43	3. 衍生金融工具公允价值变动损益		
12	10. 其他利息收入			44	4. 其他		
13	**6012 金融机构往来收入**			45	**6111 投资收益**		
14	1. 存放中央银行款项利息收入			46	1. 债券利息收入		
15	2. 存放同业款项利息收入			47	2. 投资买卖差价		
16	3. 存放系统内款项利息收入			48	3. 股利		
17	4. 拆放同业款项利息收入			49	4. 其他		
18	5. 拆放系统内款项利息收入			50	**二、营业支出**		
19	6. 存出保证金利息收入			51	**6411 利息支出**		
20	7. 买入返售金融资产利息收入			52	1. 单位活期存款利息支出		
21	8. 转（再）贴现利息收入			53	2. 单位定期存款利息支出		
22	9. 其他			54	3. 个人活期存款利息支出		
23	**6021 手续费及佣金收入**			55	4. 个人定期存款利息支出		
24	1. 银行卡业务手续费收入			56	5. 财政性存款利息支出		
25	2. 结算业务手续费收入			57	6. 保证金存款利息支出		
26	3. 外汇业务手续费收入			58	7. 其他利息支出		
27	4. 代理业务手续费收入			59	**6412 金融机构往来支出**		
28	5. 担保手续费收入			60	1. 向中央银行借款利息支出		
29	6. 账户管理费收入			61	2. 系统内上存款项利息支出		
30	7. 其他			62	3. 系统内拆入款项利息支出		
31	**6051 其他业务收入**			63	4. 同业存放款项利息支出		
32	1. 投资性房地产租赁收入			64	5. 同业拆入款项利息支出		

续表

行次	项目名称	上年同期数	本年累计数	行次	项目名称	上年同期数	本年累计数
65	6. 卖出回购金融资产利息支出			97	23. 理（董）事会费		
66	7. 转（再）贴现利息支出			98	24. 会费		
67	8. 其他			99	25. 税费		
68	**6421 手续费及佣金支出**			100	26. 交通工具耗用费		
69	1. 银行卡业务手续费支出			101	27. 开办费		
70	2. 结算业务手续费支出			102	28. 管理费		
71	3. 代理业务手续费支出			103	29. 物业费		
72	4. 其他手续费支出			104	30. 职工工资		
73	5. 其他中间业务支出			105	31. 职工福利费		
74	**6601 业务及管理费**			106	32. 职工教育经费		
75	1. 业务宣传费			107	33. 工会经费		
76	2. 广告			108	34. 劳动保护费		
77	3. 印刷费			109	35. 基本养老保险金		
78	4. 业务招待费			110	36. 基本医疗保险金		
79	5. 电子设备运转费			111	37. 工伤保险金		
80	6. 钞币运送费			112	38. 生育保险金		
81	7. 安全保卫费			113	39. 失业保险金		
82	8. 保险费			114	40. 补充养老保险金		
83	9. 邮电费			115	41. 补充医疗保险金		
84	10. 诉讼费			116	42. 股份支付		
85	11. 公证费			117	43. 辞退福利		
86	12. 咨询费			118	44. 非货币性福利		
87	13. 审计费			119	45. 住房公积金		
88	14. 监管费			120	46. 取暖及降温费		
89	15. 技术转让费			121	47. 租赁费		
90	16. 研究开发费			122	48. 修理费		
91	17. 外事费			123	49. 低值易耗品摊销		
92	18. 公杂费			124	50. 长期待摊费用摊销		
93	19. 差旅费			125	51. 无形资产摊销		
94	20. 水电费			126	52. 固定资产折旧费		
95	21. 会议费			127	53. 其他费用		
96	22. 绿化费			128	**6602 其他业务支出**		

续表

行次	项目名称	上年同期数	本年累计数	行次	项目名称	上年同期数	本年累计数
129	1. 抵债资产保管费用			158	2. 抵债资产处置收入		
130	2. 投资性房地产折旧及摊销			159	3. 长款收入		
131	3. 投资性房地产维修费			160	4. 罚没款收入		
132	4. 租赁资产折旧及摊销			161	5. 政府补贴		
133	5. 租赁资产维修费			162	6. 债务重组收益		
134	6. 其他			163	7. 捐赠利得		
135	**6403 营业税金及附加**			164	8. 久悬未取款项收入		
136	1. 营业税			165	9. 其他		
137	2. 其他税金及附加			166	**减：6711 营业外支出**		
138	**6701 资产减值损失**			167	1. 抵债资产处置损失		
139	1. 存放同业坏账损失			168	2. 非常损失		
140	2. 拆出资金坏账损失			169	3. 资产盘亏及清理损失		
141	3. 应收利息坏账损失			170	4. 出纳结算赔款		
142	4. 其他应收款坏账损失			171	5. 罚没支出		
143	5. 贷款减值损失			172	6. 久悬未取款项支出		
144	6. 可供出售金融资产减值损失			173	7. 债务重组损失		
145	7. 持有至到期投资减值损失			174	8. 公益性捐赠支出		
146	8. 买入返售金融资产减值损失			175	**四、利润总额（净亏损以“-”号填列）**		
147	9. 长期股权投资减值损失			176	**减：6801 所得税费用**		
148	10. 投资性房地产减值损失			177	1. 当期所得税费用		
149	11. 固定资产减值损失			178	2. 递延所得税费用		
150	12. 在建工程减值损失			179			
151	13. 无形资产减值损失			180	**五、净利润（净亏损以“-”号填列）**		
152	14. 抵债资产减值损失			181			
153	15. 贵金属跌价损失			182	盈余社数（个）		
154	16. 其他			183	盈余金额		
155	**三、营业利润（净亏损以“-”号填列）**				亏损社数（个）		
156	**加：6301 营业外收入**				亏损金额		
157	1. 资产清理收益						

（三）损益表的编制

明确当期经营观念和总括观念。当期经营观念反映损益表中只应计入与当期经营有关的惯常收入和惯常费用。总括观念主张，除了股利分派的资本收益以外，所有影响所有者权益变动的经济业务，都要总括地反映在损益表中。针对两种观念的矛盾，报表编制者应从企业自身经营管理出发，并结合外部使用者的信息要求，寻找它们之间的最佳结合点。

损益表编制说明：

本表反映农村合作金融机构报告期内的经营成果，并据以对经营情况进行分析、评价和预测。

1. 编制要求。

（1）本表“上年同期数”栏填列上年本期损益表本年累计数，如果上年度损益表项目、科目及账户内容与本年损益表不相一致，应按本年的项目、科目及账户进行调整后，填入本表“上年同期数”栏。“本年累计数”栏，反映各项目自年初起至年底止的累计实际发生数额。

（2）填列本表时，要填列“上年同期数”。各级管理部门汇总本表时，应分别本年盈余社汇总、亏损社汇总和盈、亏合并汇总三张表上报，三张表都要填列“上年同期数”（其中“上年同期数”中的盈余社数、亏损社数栏内要填列数字）。各级管理部门汇总盈亏合并表时利润总额要轧差反映。

（3）盈余表、亏损表的填列标准以本年（期）为准，农村合作金融机构当年（期）盈余就汇入盈余汇总表，当年（期）亏损就汇入亏损汇总表。

2. 编制内容和方法。

（1）“利息收入”：根据6011利息收入科目余额填列。

（2）“金融机构往来收入”：根据6012金融机构往来收入科目余额填列。

（3）“手续费及佣金收入”：根据6021手续费及佣金收入科目余额填列。

（4）“其他业务收入”：根据6051其他业务收入科目余额填列。

（5）“汇兑损益”：根据6061汇兑损益科目余额填列。

（6）“公允价值变动损益”：根据6101公允价值变动损益科目余额填列。

（7）“投资收益”：根据6111投资收益科目余额填列。

（8）“利息支出”：根据6411利息支出科目余额填列。

（9）“金融机构往来支出”：根据6412金融机构往来支出科目余额填列。

（10）“手续费及佣金支出”：根据6421手续费及佣金支出科目余额填列。

（11）“业务及管理费”：根据6601业务及管理费科目余额填列。

（12）“其他业务支出”：根据6602其他业务支出科目余额填列。

（13）“营业税金及附加”：根据6403营业税金及附加科目余额填列。

（14）“资产减值损失”：根据6701资产减值损失科目余额填列。

（15）“营业外收入”：根据6301营业外收入科目余额填列。

（16）“营业外支出”：根据6711营业外支出科目余额填列。

（17）“所得税费用”：根据6801所得税费用科目期末余额填列。

3. 计算公式。

（1）净利润：

$$净利润 = 利润总额 - 所得税费用$$

其中，所得税费用 = 当期所得税支出 + 递延所得税支出

（2）利润总额：

利润总额 = 营业利润 + 营业外收入 − 营业外支出

（3）营业利润：

营业利润 = 营业收入 − 营业支出

其中，

营业收入 = 利息收入 + 金融机构往来收入 + 手续费及佣金收入 + 其他业务收入 + 汇兑损益 + 公允价值变动损益 + 投资收益

营业支出 = 利息支出 + 金融机构往来支出 + 手续费及佣金支出 + 业务及管理费 + 其他业务支出 + 营业税金及附加 + 资产减值损失

利润如为负数，应以“ − ”号表示。

4. 本表核对关系。

（1）行次 1 = 行次 2 + 13 + 23 + 31 + 36 + 40 + 45

（2）行次 2 = 行次 3 + … + 12

（3）行次 13 = 行次 14 + … + 22

（4）行次 23 = 行次 24 + … + 30

（5）行次 31 = 行次 32 + … + 35

（6）行次 36 = 行次 37 + 38 + 39

（7）行次 40 = 行次 41 + … + 44

（8）行次 45 = 行次 46 + … + 49

（9）行次 50 = 行次 51 + 59 + 68 + 74 + 128 + 135 + 138

（10）行次 51 = 行次 52 + … + 58

（11）行次 59 = 行次 60 + … + 67

（12）行次 68 = 行次 69 + … + 73

（13）行次 74 = 行次 75 + … + 127

（14）行次 128 = 行次 129 + … + 134

（15）行次 135 = 行次 136 + 137

（16）行次 138 = 行次 139 + … + 154

（17）行次 155 = 行次 1 − 50

（18）行次 156 = 行次 157 + … + 165

（19）行次 166 = 行次 167 + … + 174

（20）行次 175 = 行次 155 + 156 − 166

（21）行次 176 = 行次 177 + 178

（22）行次 180 = 行次 175 − 176

二、业务状况变动表的编制

（一）业务状况变动表的基本内容

业务状况变动表是综合反映一定会计期间内营运资金来源和运用及其增减变动情况

的会计报表。它是根据企业一定会计期间内各种资产、负债和所有者权益的增减变化，分析、反映企业资金的取得来源和资金的流出用途，说明财务动态的报表。它起到联结资产负债表和损益表桥梁的作用。

编制业务状况变动表，必须确定资金流转概念，即业务状况变动表中资金的含义是什么。概括地说，资金流转包括现金的流转及营运资金的流转。营运资金是指流动资产减流动负债的差额。业务状况变动表既反映影响营运资金变动的经济业务，也反映不影响营运资金变动的重大理财业务。

1. 农村合作金融机构的营运资金来源主要分为两部分。本期利润加上营运资金的费用和损失，如折旧、无形资产及长期待摊费用的摊提等；营运资金的其他来源，是指那些在营业活动以外取得的营运资金，如非流动资产的减少、长期负债及权益的增加等。农村合作金融机构以外的某些活动，如出售固定资产、收回长期投资、增加长期借款、增加股本都可构成营运资金的其他来源。

2. 农村合作金融机构营运资金的运用主要包括利润分配和营运资金的其他用途。利润分配包括应缴所得税、提取公积金和公益金以及发放股利。在西方会计中，损益表一般只核算公司的净利润，即税后利润。而我国习惯上将所得税视为利润分配的一种去向，在利润分配表中反映所得税的缴纳。因而，业务状况变动表也把缴纳所得税列为营运资金的用途。营运资金的其他用途主要指在营业活动以外所占用的营运资金，包括非流动资产的增加、长期负债的减少和股东权益的减少等，购买固定资产、偿还长期借款、增加长期投资等也都构成营运资金的其他用途。

3. 为了全面反映农村合作金融机构的业务状况，除了上述引起营运资金增减的业务外，业务状况变动表还应当反映不涉及营运资金的重要理财业务。这类业务主要有以下两个方面：①引起非流动资产与长期负债或所有者权益同时增减的业务，这种业务一方面增加（或减少）股本或长期负债，另一方面增加（或减少）非流动资产（主要是固定资产），但不涉及营运资金的变动，如发行股票换取设备，用银行贷款购入机器设备等。②长期负债与所有者权益之间的等额转换，如发行股票来偿还公司债务，一方面减少长期负债，另一方面增加股东权益，但都不涉及营运资金的变动。

（二）业务状况变动表格式

农村合作金融机构业务状况变动表的具体格式如表 10－6 所示。

表 10－6　　全国农村合作金融机构业务状况变动表

填报单位：　　　　年　月　日　　　　单位：元

科目代号	项目名称	期初余额		本期发生额		期末余额	
		借方	贷方	借方	贷方	借方	贷方
01	**一、资产类**						
1001	现金						
1002	存放中央银行款项						
1003	专项央行票据						

续表

科目代号	项目名称	期初余额		本期发生额		期末余额	
		借方	贷方	借方	贷方	借方	贷方
1004	央行专项扶持资金						
1011	存放同业款项						
1012	存放系统内款项						
1013	拆放同业款项						
1014	拆放系统内款项						
1031	存出保证金						
1032	存出保证金减值准备						
1101	交易性金融资产						
1111	买入返售金融资产						
1112	买入返售金融资产减值准备						
1131	应收股利						
1132	应收利息						
1221	其他应收款						
1231	坏账准备						
a01	**各项贷款**						
a02	**农业贷款小计**						
1301	农户贷款						
1302	农村经济组织贷款						
1303	农村企业贷款						
1304	非农贷款						
1305	信用卡透支						
1306	贴现资产						
1307	贸易融资						
1308	垫款						
1309	贷款损失准备						
1311	代理兑付证券						
1321	代理业务资产						
1431	贵金属						
1432	贵金属跌价准备						
1441	抵债资产						
1442	抵债资产减值准备						
1501	持有至到期投资						
1502	持有至到期投资减值准备						

续表

科目代号	项目名称	期初余额		本期发生额		期末余额	
		借方	贷方	借方	贷方	借方	贷方
1503	可供出售金融资产						
1504	可供出售金融资产减值准备						
1511	长期股权投资						
1512	长期股权投资减值准备						
1521	投资性房地产						
1522	投资性房地产累计折旧（摊销）						
1523	投资性房地产减值准备						
1531	应收款项类投资						
1532	未实现融资收益						
1601	固定资产						
1602	累计折旧						
1603	固定资产减值准备						
1604	在建工程						
1605	在建工程减值准备						
1606	固定资产清理						
1701	无形资产						
1702	无形资产累计摊销						
1703	无形资产减值准备						
1801	长期待摊费用						
1811	递延所得税资产						
1901	待处理财产损溢						
02	**二、负债类**						
a03	**各项存款**						
2001	单位活期存款						
2002	单位定期存款						
2003	个人活期存款						
2004	个人定期存款						
2005	银行卡存款						
2006	财政性存款						
2007	待结算财政款项						
2011	应解汇款						
2012	汇出汇款						
2013	开出本票						

续表

科目代号	项目名称	期初余额		本期发生额		期末余额	
		借方	贷方	借方	贷方	借方	贷方
2014	保证金存款						
2015	向中央银行借款						
2016	央行拨付专项票据资金						
2017	同业存放款项						
2018	系统内存放款项						
2019	同业拆入资金						
2020	系统内拆入资金						
2021	转贴现负债						
2022	再贴现负债						
2101	交易性金融负债						
2111	卖出回购金融资产款						
2211	应付职工薪酬						
2221	应交税费						
2231	应付利息						
2232	应付股利						
2241	其他应付款						
2312	代理承销证券款						
2313	代理兑付证券款						
2314	代理业务负债						
2401	递延收益						
2501	长期借款						
2502	应付债券						
2701	长期应付款						
2702	未确认融资费用						
2711	管理部门统筹资金						
2801	预计负债						
2901	递延所得税负债						
03	**三、资产负债共同类**						
3001	全国联行系统往账						
3002	全国联行系统来账						
3003	全国联行汇兑汇差						
3004	上年全国联行系统往账						
3005	上年全国联行系统来账						

续表

科目代号	项目名称	期初余额		本期发生额		期末余额	
		借方	贷方	借方	贷方	借方	贷方
3006	上年全国联行汇兑汇差						
3011	省辖联行系统往账						
3012	省辖联行系统来账						
3013	省辖联行汇兑汇差						
3014	上年省辖联行系统往账						
3015	上年省辖联行系统来账						
3016	上年省辖联行汇兑汇差						
3021	农信银系统往账						
3022	农信银系统来账						
3023	农信银系统汇兑汇差						
3024	上年农信银系统往账						
3025	上年农信银系统来账						
3026	上年农信银系统汇兑汇差						
3031	清算资金往来						
3041	社（行）内部往来						
3051	外汇营运资金						
3101	衍生工具						
3201	套期工具						
3202	被套期项目						
3301	外汇买卖						
04	**四、所有者权益**						
4001	实收资本（股本）						
4002	资本公积						
4101	盈余公积						
4102	一般风险准备						
4103	本年利润						
4104	利润分配						
4201	库存股						
05	**五、损益**						
6011	利息收入						
6012	金融机构往来收入						
6021	手续费及佣金收入						
6051	其他业务收入						

续表

科目代号	项目名称	期初余额		本期发生额		期末余额	
		借方	贷方	借方	贷方	借方	贷方
6061	汇兑损益						
6101	公允价值变动损益						
6111	投资收益						
6301	营业外收入						
6411	利息支出						
6412	金融机构往来支出						
6421	手续费及佣金支出						
6601	业务及管理费						
6602	其他业务支出						
6403	营业税金及附加						
6701	资产减值损失						
6711	营业外支出						
6801	所得税费用						
6901	以前年度损益调整						
10	合　计						

（三）业务状况变动表的编制

本表反映农村合作金融机构在报告期内的业务经营状况，根据各科目总账余额、发生额编制。

1. 编制要求

（1）各地编制本表时，必须按照统一规定的科目代号、名称编制，不得增设、删除或更改会计科目及核算内容。

（2）全部会计科目的上下年度余额应衔接一致，如有机构变动等情况，必须通过发生额或新旧科目结转表进行调整。

2. 编制内容和方法

（1）按照统一的会计科目代号、名称、顺序以及各科目总账的上期末余额、本期发生额、本期末余额，分别填入业务状况表的有关栏内。

（2）“1032 存出保证金减值准备”、“1112 买入返售金融资产减值准备”、“1309 贷款损失准备”、“1432 贵金属跌价准备”、“1442 抵债资产减值准备”、“1502 持有至到期投资减值准备”、“1504 可供出售金融资产减值准备”、“1512 长期股权投资减值准备”、“1522 投资性房地产累计折旧（摊销）”、“1523 投资性房地产减值准备”、“1602 累计折旧”、“1603 固定资产减值准备”、“1605 在建工程减值准备”、“1702 无形资产累计摊销”、“1703 无形资产减值准备”等科目余额在资产类贷方反映，加计资产类小计时，借方小计数不要减去这些科目的贷方余额，这些科目的小计数仍在贷方反映。

（3）各级管理部门汇总本表时，“1606 固定资产清理”、“1901 待处理财产损溢”、“2211 应付职工薪酬”、“2221 应交税费”、“4104 利润分配”、“4201 库存股”等科目的借、贷方余额不得轧差，应双方反映。

“2702 未确认融资费用”科目比照资产类备抵科目的处理方法填列。

3. 本表核对关系

（1）资产类（01）

=1001+1002+1003+1004+1011+1012+1013+1014+1031+1032+1101+1111+1112+1131+1132+1221+1231+a01+1309+1311+1321+1431+1432+1441+1442+1501+1502+1503+1504+1511+1512+1521+1522+1523+1531+1532+1601+1602+1603+1604+1605+1606+1701+1702+1703+1801+1811+1901

（2）各项贷款（a01）

=1301+1302+1303+1304+1305+1306+1307+1308

（3）农业贷款小计（a02）=1301+1302+1303

（4）负债类（02）

=a03+2007+2012+2013+2015+2016+2017+2018+2019+2020+2021+2022+2101+2111+2211+2221+2231+2232+2241+2312+2313+2314+2401+2501+2502+2701+2702+2711+2801+2901

（5）各项存款（a03）

=2001+2002+2003+2004+2005+2006+2011+2014

（6）资产负债共同类（03）

=3001+3002+3003+3004+3005+3006+3011+3012+3013+3014+3015+3016+3021+3022+3023+3024+3025+3026+3031+3041+3051+3101+3201+3202+3301

（7）所有权益类（04）

=4001+4002+4101+4102+4103+4104+4201

（8）损益类（05）

=6011+6012+6021+6051+6061+6101+6111+6301+6411+6412+6421+6601+6602+6403+6701+6711+6801+6901

（9）合计（10）=01+02+03+04+05

三、表外科目表的编制

（一）表外科目的概念

表外科目是指不纳入资产负债表统计范围的科目，即业务已发生但不涉及资金实际收付的重要事项，一般用来记录不能或不必在表内科目反映的事务，以及一些备查事项等。主要有：

1. 重要空白凭证。

2. 未发行有价证券。
3. 抵押有价物品。
4. 逾期贷款应收未收利息。
5. 已核销贷款呆账。
6. 低值易耗品等。

对这些事项均要采取单式借贷记账法记账，就是每一笔业务发生只用一个会计科目进行单方面登记的方法，当业务发生，增加时记入借方，减少时记入贷方，余额在借方，表示期末结存数额，表外科目应设立登记簿记载。

表外科目的严格管理是金融企业会计风险控制的一个要点，例如，银行网点的储蓄卡，通常会用“重要空白凭证”表外科目，从领入到使用有专门的单据和凭证核算，并设登记簿、明细账、总账进行记载，进行一致性检查的时候，会核对账上的结存数量和实际库存的数量，再核对开户及换卡情况，从而防范卡片非正常使用的风险。

对于一些或有资产，按会计准则不能确认为资产，如使用表外科目对其进行记录，则可以提供更多的会计信息，通过使用表外科目，可以最大限度地扩大会计核算的范围，利于风险控制。

（二）表外科目表的格式和编制

农村合作金融机构表外科目表的具体格式如表 10－7 所示。

表 10－7　　全国农村合作金融机构表外科目表

填报单位：　　　　年　月　日　　　　单位：元

科目代号	项目名称	期初余额		本期发生额		期末余额	
		借方	贷方	借方	贷方	借方	贷方
101	银团贷款						
102	社团贷款						
103	承兑汇票						
104	贷款承诺						
105	开出信用证						
106	开出保函款项						
110	待转国库存款利息						
111	应收信用证出口款项						
112	应收外汇托收款项						
113	代收外汇托收款项						
114	国外开来信用证凭证						
115	代售有价单证						
116	代客理财						
120	重要空白凭证						
121	有价单证						

续表

科目代号	项目名称	期初余额		本期发生额		期末余额	
		借方	贷方	借方	贷方	借方	贷方
122	未发行有价证券						
123	已兑付有价证券						
124	代保管有价值品						
125	抵押物品价值						
126	质押物品价值						
130	表外应收利息						
131	已核销资产						
132	已置换资产						
133	待处理已置换资产损失						
140	低值易耗品						
20	合　计						

表外科目的编制（20）

=101+102+103+104+105+106+110+111+112+113+114+115+116+120
+121+122+123+124+125+126+130+131+132+133+140

复习思考题

1. 掌握资产负债表的编制。
2. 农村合作金融机构的利润表如何编制？
3. 编制现金流量表有几种方法？
4. 掌握损益表的编制。
5. 表外科目表有哪些项目？
6. 什么是业务状况变动表？

第十一章　支付清算系统业务核算

本章概要

本章从支付清算系统业务概述开始，介绍了我国目前的支付清算系统的架构，分别介绍了中国现代化支付系统业务及其核算，资金汇划实时清算系统的业务及其核算，农信银支付清算系统业务及其核算，同城票据交换及清算业务的核算以及全国支票影像交换系统。

要点提示

支付清算系统以中国现代化支付系统为核心，以商业银行内部实时清算系统为基础，由同城票据交换系统、支票影像系统、银行卡支付系统、农信银支付清算系统以及外币清算系统共同组成。

现代化支付系统主要由大额实时支付系统（HVPS）和小额批量支付系统（BEPS）两个业务应用系统组成。

农信银支付清算系统是根据全国农村合作金融机构（全国农村信用社、农村信用联社、农村合作银行、农村商业银行）支付结算业务需求，应用现代计算机网络和信息技术开发的集资金清算和信息服务为一体的支付清算平台。

本章架构图

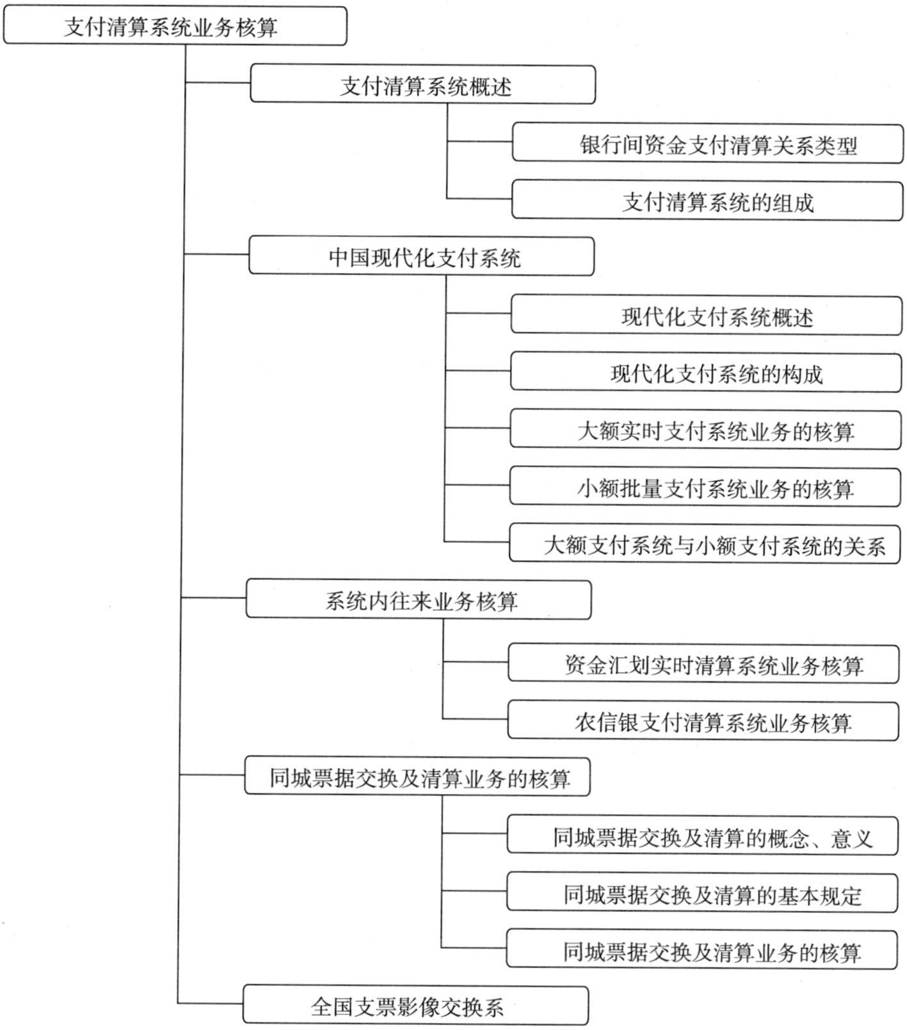

第一节　支付清算系统概述

企业以及个人之间通过银行进行的资金往来称为支付结算，银行之间把支付业务往来所产生的资金进行结清划拨称做资金清算，二者紧密联系，相辅相成。资金清算是支付结算业务的延伸。而资金清算业务离不开信息系统的支持，支付清算系统是支撑各种支付工具应用、实现资金清算并完成资金最终划拨的通道。

一、银行间资金支付清算关系类型

支付结算是商业银行所办理的一项重要的中间业务，它是在收、付款人存款的基础上，通过双方的开户银行，将资金从付款人账户划转到收款人账户的过程。在办理资金划转的过程中，由于收、付款人开户行的不同，使得有债权债务的银行间关系类型有以下几种：

1. 收、付款人在同一行处开户；
2. 收、付款人在同一票据交换区域的同一银行系统开户（同城间的联行关系）；
3. 收、付款人在同一票据交换区域的不同银行系统开户（同城跨系统关系）；
4. 收、付款人在异地的同一银行系统开户（异地联行关系）；
5. 收、付款人在异地不同银行系统开户（异地跨系统关系）。

上述债权债务的银行间关系类型形成了目前的资金清算系统。

二、支付清算系统的组成

银行业金融机构行内、行外的往来业务都离不开资金清算系统。目前，我国已初步建成以中国现代化支付系统为核心，以商业银行内部资金汇划实时清算系统为基础，同城票据交换系统、支票影像系统、银行卡支付系统、农信银支付清算系统以及外币清算系统共同组成的支付清算网络。

1. 中国现代化支付系统。中国现代化支付系统（CNAPS）是中国人民银行按照我国支付清算需要，并利用现代计算机技术和通信网络自主开发建设的，能够高效、安全处理各银行办理的异地、同城各种支付业务及其资金清算和货币市场交易的资金清算的应用系统。现代化支付系统主要由大额实时支付系统和小额批量支付系统两个业务应用系统组成。

它是各银行和货币市场的公共支付清算平台，是人民银行发挥其金融服务职能的重要的核心支持系统。

2. 商业银行内部资金汇划实时清算系统。随着计算机网络在商业银行中的应用，全国各大商业银行都利用自己的技术优势，建立起完善的集异地结算、资金对账、资金清算和资金调拨职能为一体的行内实时清算系统，逐步取代了传统的以实物凭证传递为特征的联行往来结算系统。

3. 票据支付系统。票据支付系统是中国人民银行建设并运营的同城票据清算系统（含同城票据交换所）、全国支票影像交换系统的统称。

我国现代化支付系统建成后，传统的同城票据交换系统仍有一定的市场空间。两个系统在现阶段还各自表现出不同的优势，因而将分别拥有不同的客户群体，也将在一定时期内相互依存，互为补充，共同构成资金支付清算系统不可或缺的组成部分。

4. 银行卡支付系统。银行卡支付系统由银行卡跨行支付系统及发卡银行行内银行卡支付系统组成。经过近几年的发展，我国已形成以中国银联银行卡跨行支付系统为主干，连接各发卡银行行内银行卡支付系统的银行卡支付网络架构，是银行卡支付体系的重要基础设施，实现了银行卡的联网通用，促进了银行卡的广泛应用。

银行卡跨行支付系统专门处理银行卡跨行交易信息转接和交易清算业务，由中国银联建设和运营，具有借记卡和信用卡、密码方式和签名方式共享资源等特点。

2004 年 10 月，中国银联建成新一代银行卡跨行支付系统，为境内外人民币银行卡跨行业务的集中、高效处理提供了技术保障。

2004 年 11 月 4 日，银行卡跨行支付系统成功接入中国人民银行大额实时支付系统，实现了银行卡跨行支付的即时清算，提高了银行卡跨行支付效率和控制资金清算风险的能力。

5. 农信银支付清算系统。农信银支付清算系统是根据全国农村信用社、农村信用联社、农村合作银行、农村商业银行（统称农村合作金融机构）支付结算业务需求，应用现代计算机网络和信息技术开发的集资金清算和信息服务为一体的支付清算平台。农信银支付清算系统是联结全国农村合作金融机构机构网点的桥梁和纽带，是现代化支付系统的有益补充，是农村地区支付服务的重要基础设施。农信银支付清算系统于 2006 年 10 月 16 日正式上线试运行。

6. 外币支付系统。境内外币支付系统是为我国境内银行业机构和外币清算机构提供外币支付服务的实时全额支付系统，它是我国第一个支持多币种运营的外币系统。该系统于 2008 年 7 月 25 日建成。

在该系统建成前，境内相关交易主要通过境外代理银行、境内代理银行、国家外汇局的同城外币清算系统进行，结算时间较长，而且外资资金存放分散、结算效力较低、结算风险较大、结算成本较高，不能满足我国境内商品及劳务服务交易对安全、高效的外币支付服务的需求，同时通过境外代理银行进行外币支付交易的外币清算风险隐患较大。

此系统的建成方便了境内参与机构的外汇的划转，有效降低了外币清算与结算成本，提高了结算效率，实现了境内商业银行跨行的外币支付业务尽快完成结算，同时降低了外币清算风险。

第二节 中国现代化支付系统

一、现代化支付系统概述

中国现代化支付系统是中国人民银行依据我国支付清算需要，并利用现代计算机技术和通信网络自主开发建设的，能够高效、安全处理各银行办理的异地、同城各种支付业务及其资金清算和货币市场交易的资金清算的应用系统，主要由大额实时支付系统和小额批量支付系统两个业务应用系统组成。

2005 年 6 月，中国人民银行大额支付系统在全国推广运用；小额支付系统于 2006 年底已完成全国推广，标志着我国现代化支付系统基本建成。现代化支付系统的基本建成运行，实现了我国跨行资金清算的零在途，完成了我国异地跨行支付清算从手工联行到电子联行，再到现代化支付系统的跨越式发展。

二、现代化支付系统的构成

中国现代化支付系统是中国人民银行在全国电子联行系统（EIS）基础上建立的一

套更为先进、更适应社会经济发展需要的跨行支付清算系统。由大额实时支付系统和小额批量支付系统两个业务应用系统以及清算账户管理系统和支付管理信息系统两个辅助支持系统组成，建有两级处理中心，即由国家处理中心（NPC）和全国省会城市及深圳、上海城市处理中心（CCPC）组成。现代化支付系统的构成如图 11 -1 所示。

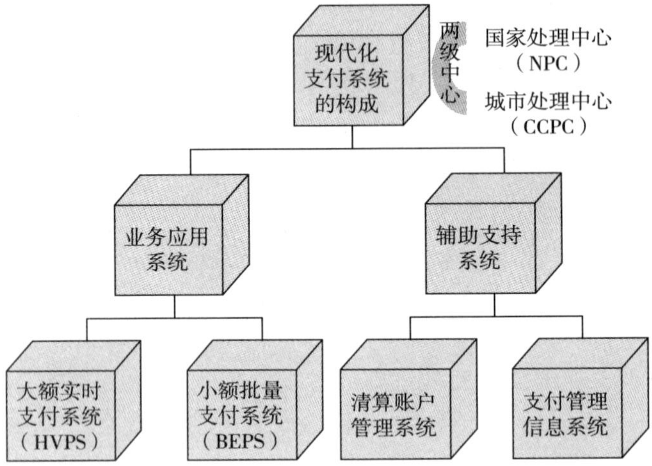

图 11 -1 现代化支付系统的构成图

国家处理中心是负责支付系统的运行和管理，接收、转发各城市处理中心的支付命令，并对集中开设的清算账户进行资金清算和处理的机构。城市处理中心是主要负责支付指令的转发和接收，对 CCPC 范围内的小额业务进行清分轧差的机构。国家处理中心设在中国人民银行总行，城市处理中心设在各中心城市人民银行分支机构。

国家处理中心分别与各城市处理中心连接，其通信网络采用专用网络，以地面通信为主，卫星通信备份。它是各银行和货币市场的公共支付清算平台，是人民银行发挥其金融服务职能重要的核心支付系统。现代化支付系统体系结构如图 11 -2 所示。

（一）业务应用系统

1. 大额实时支付系统。大额实时支付系统是中国人民银行现代化支付系统的接入系统，是以电子方式实时处理同城和异地的，每笔金额在规定起点以上的大额贷记支付业务和紧急的小额贷记支付业务的应用系统。支付指令实行实时发送、全额清算资金。旨在为各银行和广大企事业单位以及金融市场提供快速、安全、可靠的支付清算服务。

2. 小额批量支付系统。小额批量支付系统是中国人民银行现代化支付系统的接入系统，是以电子方式批量处理跨行同城、异地纸质凭证截留的借记支付业务和每笔金额在规定起点以下的小额贷记支付业务。支付指令实行定时批量或即时发送，轧差净额清算资金。旨在为社会提供低成本、大业务量的支付清算服务，支撑各种支付业务，满足社会各种经济活动的需求。

（二）辅助支持系统

1. 清算账户管理系统（SAPS）。清算账户管理系统是支付系统的支持系统，集中存储清算账户，处理支付业务的资金清算，并对清算账户进行管理。

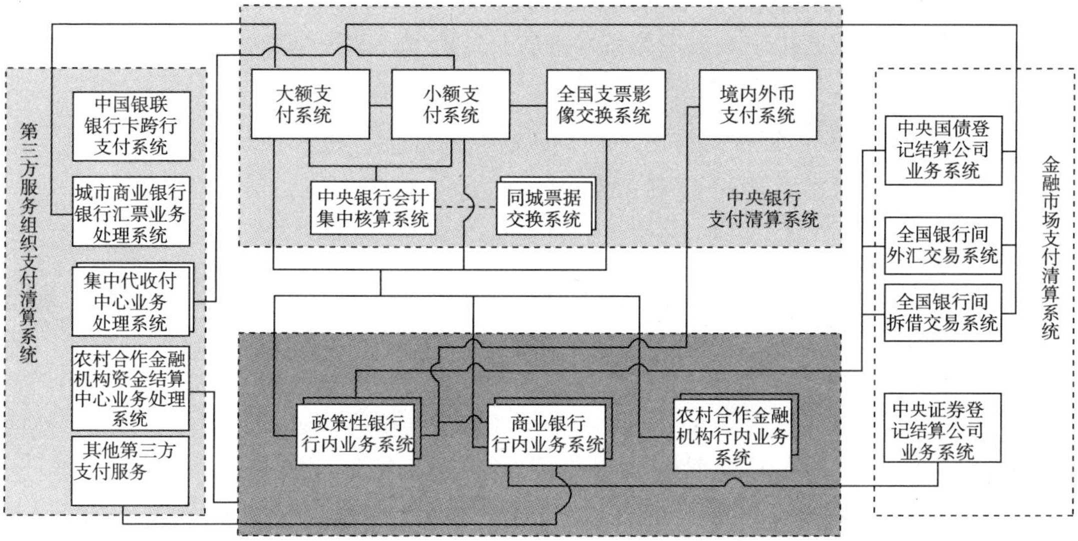

图 11－2　现代化支付系统体系结构图

2. 支付管理信息系统（PMIS）。支付管理信息系统是支付系统的支持系统，集中管理支付系统的基础数据，负责行名行号、应用软件的下载，提供支付业务的查询查复、报表统计分析和计费服务等。

（三）现代化支付系统参与者

现代化支付系统参与者分为直接参与者、间接参与者和特许参与者。

直接参与者是指直接与支付系统城市处理中心连接并在中国人民银行开设清算账户的银行机构，以及人民银行地市级（含）以上中心支行（库）。例如，各省农村信用社清算中心（简称省中心）为直接参与者。

间接参与者是指未在人民银行开设清算账户而委托直接参与者办理资金清算的银行和非银行金融机构，以及人民银行县（市）支行（库）。例如，县级农村信用合作社联合社（简称县中心）及联社营业部、农村信用合作社（简称通汇社）均为间接参与者。

特许参与者是指经人民银行批准通过现代化支付系统办理特定业务的机构，如中央国债登记结算公司。

（四）现代化支付系统参与人的角色构成

1. 发起人，支付业务的最初发起单位或个人（法人或自然人）。

2. 发起行，向支付系统提交支付业务并进行账务处理的银行和城市信用社、农村信用社。

3. 发起清算行，在国家处理中心开设账户的直接参与者，其账户用于发起人、发起行和自身发起支付业务的资金清算和账务处理。

4. 发报中心，接收并向国家处理中心发送支付指令的城市处理中心。

5. 收报中心，接收国家处理中心发来的支付指令并向接收行转发的城市处理中心。

6. 接收清算行，在国家处理中心开设账户的直接参与者，其账户用于接收行、接收人和自身接收支付业务的资金清算和账务处理。

7. 接收行，接收收报中心或清算行发来的支付指令，并进行账务处理的银行和城市农村合作金融机构、农村合作金融机构。

8. 接收人，支付业务的最后接收单位或个人。

三、大额实时支付系统业务的核算

（一）基本做法

1. 数据加密传输，是指发起行将支付业务录入计算机产生的电子支付数据信息通过机器自动加密进行传输。

2. 信息实时发送，是指支付业务处理信息由系统实时进行发送处理。

3. 业务换人复核，是指办理每笔业务必须经换人复核后发送。

4. 大额分级授权，是指办理超限额业务时必须经上级主管授权后发送。

5. 每日逐级对账，是指每日日终省清算中心先与人民银行对账，然后由市清算组与省清算中心对账。

6. 批量差额清算，是指每日日终系统对往来支付业务汇总轧差后进行批量清算处理。

（二）基本流程

支付业务信息从发起行发起后，经发起清算行、发报中心、国家处理中心、收报中心、接收清算行，最后至接收行止。

在该程序参与者中，发起行和接收行为间接参与者；发起清算行、发报中心、国家处理中心、收报中心、接收清算行为直接参与者。大额支付系统业务处理基本流程如图11－3所示。

（三）业务处理范围

1. 规定金额起点以上的跨行贷记支付业务；

2. 规定金额起点以下的紧急跨行贷记支付业务；

3. 农村信用社系统内跨同一清算社（行）的需要通过大额支付系统处理的贷记支付业务，如点对点的汇兑、委托收款、托收承付以及国债买卖、同业拆借等业务；

4. 特许参与者发起的即时转账业务；

5. 兑付城市商业银行银行汇票业务；

6. 接收中国人民银行会计营业部门、国库部门发起的贷记支付业务及内部转账业务通知。

（四）科目设置与清算账户的开立

1. 清算账户的开立。各银行以及特许参与者直接与支付系统城市处理中心连接的，由其在人民银行当地分支行开设清算账户，该清算账户物理上摆放在国家处理中心。

各省中心由其在人民银行开立清算账户，其账户信息由人民银行发送至国家处理中心。

通过省会城市处理中心集中接入支付系统的银行，其所属的地市分支行作为支付系

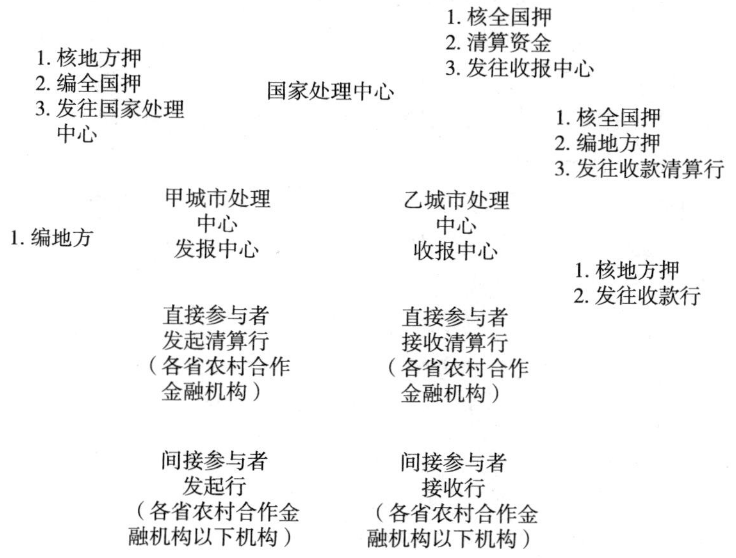

图 11－3 大额支付系统业务处理基本流程图

统的间接参与者可以在人民银行当地分支行开设专用账户，专门用于办理其现金存取业务和同城票据交换等轧差净额的清算。专用账户物理上不摆放在国家处理中心，该账户的开设、使用、撤销遵从有关规定。

农村信用社县中心、通汇社在省中心开立清算账户；县中心下属的通汇社在县联社营业部开立清算账户。

人民银行会计营业部门收到各银行的需开立清算账户的申请，经审查同意后，向国家处理中心发出清算账户开户报文。国家处理中心收到报文，确认无误，自动进行开户处理，并将回执信息分别发送申请开户的各银行和管理该清算账户的人民银行会计营业部门。

国家处理中心接受开户申请的次日起，清算账户正式生效。

2. 科目设置。

（1）存放中央银行款项。“存放中央银行款项”属资产类科目，余额在借方，反映本机构存放在中央银行的各种款项。本科目在资产负债表中归属“现金及存放中央银行款项”项目。

（2）存放系统内款项。“存放系统内款项”属资产类科目，用于核算和反映农村信用社存放系统（包括农村信用社和农村银行机构）内的一般存款和定期存款。本科目可按存放款项的性质和机构进行明细核算。余额在借方，反映本机构存放在系统内的各种款项。本科目在资产负债表中归属“存放同业款项”项目。

（3）系统内存放款项——省中心。“系统内存放款项——省中心”属负债类科目，用于核算和反映农村信用社系统（包括农村信用社和农村银行机构）内存放于农村合作金融机构的各种款项，包括各类业务资金、清算资金及其他性质的款项。本科目可按存放款项往来资金性质和机构进行明细核算。余额在贷方，反映系统内其他机构存放在本机构的各种款项。本科目在资产负债表中归属“同业及其他金融机构存放款项”项目。

（五）大额支付业务的核算

1. 大额支付发起汇出款项业务的处理。以汇兑业务汇出款项、委托收款业务款项划回及托收承付业务款项划回为例，同时以通汇社为业务起点。

（1）通汇社的业务处理。汇出社受理凭证审核无误后，交大额支付系统录入员作往账录入依据。业务发送成功，自制贷方传票作记账凭证，其会计分录为：

借：活期存款——××户或相关科目

　贷：存放系统内款项——存放县级户

（2）县清算中心的业务处理。业务发送成功，系统自动减少该通汇社在县中心的清算台账余额，日终县中心打印各通汇社记账凭证，交会计专柜进行账务处理。其会计分录为：

借：系统内存放款项——××信用社上存

　贷：存放系统内款项——存放省中心户

（3）省中心的业务处理：业务发送成功，系统自动减少该县中心在省中心的清算台账余额，日终省中心打印各县中心、通汇社记账凭证，交会计进行账务处理。其会计分录为：

借：系统内存放款项——××县信用社上存

　贷：存放中央银行款项

2. 大额支付接收汇入款项业务的处理。以汇兑业务汇入款项、委托收款业务收到划回款项及托收承付业务收到划回款项为例，同时以通汇社为业务起点。

大额支付系统来账业务是指经省中心前置机接收人民银行城市处理中心转发的来账数据，经过省中心支付系统后台、县中心到达汇入社。

（1）通汇社的业务处理。汇入社监控到来账信息时，操作员要及时接收并打印来账凭证。

操作员对接收的来账凭证逐项内容审核无误后，交会计专柜进行账务处理。其会计分录为：

借：存放系统内款项——存放县级户

　贷：活期存款——××户或相关科目

（2）县清算中心的业务处理。通汇社接收的来账业务，系统自动登记该通汇社在县中心的清算台账余额，日终，县中心打印通汇社记账凭证，交会计专柜进行账务处理。其会计分录为：

借：存放系统内款项——存放省中心户

　贷：系统内存放款项——××信用社上存

（3）省中心的业务处理。省中心支付系统后台通过前置机接收人民银行城市处理中心转发通汇社来账信息时，系统自动登记通汇社所属县中心在省中心的清算台账余额，日终，省中心支付系统后台打印各县中心记账凭证，交会计专柜进行账务处理。其会计分录为：

借：存放中央银行款项

　贷：系统内存放款项——××县信用社上存

四、小额批量支付系统业务的核算

（一）基本做法

业务实时传输，发出待转过渡，批量组包发送，接收自动挂账，回执确认发送，实时轧差处理，定时日切对账，往来差额核算，批量净额清算，24 小时运行。

“小额”主要处理同城或异地 2 万元以下的跨行交易，可支持汇兑、委托收款、代发工资、实时缴税、实时扣税、通存通兑、公用事业费收缴、支票截留等多种支付工具和支付方式，为社会提供低成本、大业务量的支付清算服务。

“批量”对业务进行组包批量发送，实时贷记、借记业务包每包限一笔业务；其他业务包每包业务不超过 2 000 笔。

（二）处理业务范围

1. 主要处理同城或异地的借记业务以及金额在规定起点以下的贷记支付业务。

同城业务是指同一城市处理中心的参与者相互间发生的支付业务。

异地业务是指不同城市处理中心的参与者相互间发生的支付业务。

2. 小额支付系统处理下列跨行支付业务：

（1）普通贷记业务，是付款社（行）向收款社（行）主动发起的付款业务（我付他收）。包括下列业务种类：汇兑、委托收款（划回）、托收承付（划回）、国库贷记汇划业务、网银贷记支付业务、中国人民银行规定的其他普通贷记支付业务。

（2）定期贷记业务，是指付款社（行）依据当事各方事先签订的协议，定期向指定收款社（行）发起的批量付款业务。包括下列业务种类：代付工资业务、代付保险金、养老金业务、中国人民银行规定的其他定期贷记支付业务。

（3）实时贷记业务，是指付款社（行）接受付款人委托发起的、将确定款项实时贷记指定收款人账户的业务。包括下列业务种类：个人储蓄通存业务、中国人民银行规定的其他实时贷记支付业务。

（4）普通借记业务，是指收款社（行）向付款社（行）主动发起的收款业务。包括下列业务种类：中国人民银行机构间的借记业务、国库借记汇划业务、中国人民银行规定的其他普通借记支付业务。

（5）定期借记业务，是指收款社（行）依据当事各方事先签订的协议，定期向指定付款社（行）发起的批量收款业务。包括下列业务种类：代收水、电、煤气等公用事业费业务，国库批量扣税业务，中国人民银行规定的其他定期借记支付业务。

（6）实时借记业务，是指收款社（行）接受收款人委托发起的、将确定款项实时借记指定付款人账户的业务。包括下列业务种类：个人储蓄通兑业务、对公通兑业务、国库实时扣税业务、中国人民银行规定的其他实时借记支付业务。

（7）通用信息业务，是指支付系统参与者间相互发起和接收的，不需要支付系统提供清算服务的信息数据，它可以传递任意格式的数据或信息。

（8）中国人民银行规定的其他支付业务，银行业金融机构行内直接参与者之间的支付业务可以通过小额支付系统办理。

（三）处理手续

小额支付系统业务基本流程如图 11－4 所示。

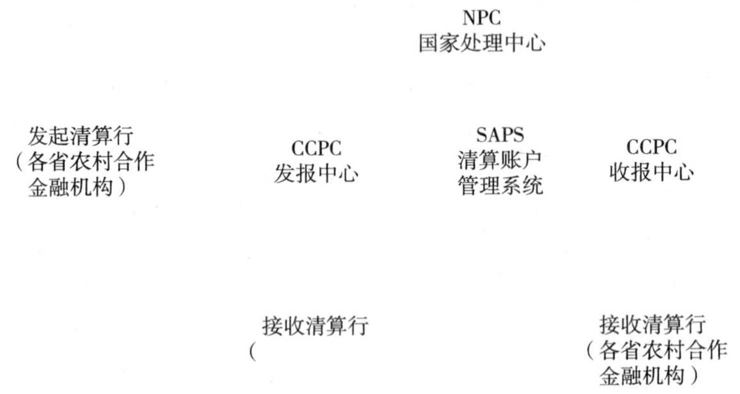

图 11－4　小额支付系统业务基本流程图

1. 发起行发起清算（与大额支付相同）。

2. 发报中心接收发起行发来的小额支付信息。对于非本城市处理中心覆盖的业务，即时发往国家处理中心。对于本城市处理中心覆盖的业务，应在规定的时点轧差后，将支付信息分发接收清算行，轧差结果即时自动发送至国家处理中心。

3. 国家处理中心收到发报中心发来的小额支付信息，在规定的时间按接收清算行进行清分，并将小额支付明细信息发送收报中心，同时以直接参与者为单位进行轧差，通过清算账户管理系统进行清算。

4. 收报中心接收国家处理中心发来的支付信息及时转发接收清算行。

5. 城市处理中心定时轧算支付信息并通过国家处理中心清算资金。

（1）轧差公式：

借记业务往账金额＋贷记业务来账金额＞贷记业务往账金额＋借记业务来账金额为应收差额。

借记业务往账金额＋贷记业务来账金额＜贷记业务往账金额＋借记业务来账金额为应付差额。

（2）国家处理中心按清算行清算轧算资金差额。

①对于农村信用社（行）清算行为应付差额进行清算的会计分录为：

借：××社（行）准备金存款

　贷：小额支付往来——人民银行××行户

对于应收差额进行清算的会计分录相反。

②国家处理中心对于人民银行清算行轧算为应付差额进行清算的会计分录为：

借：汇总平衡——人民银行××行户

　贷：小额支付往来——人民银行××行户

对于应收差额进行清算的会计分录相反。

五、大额支付系统与小额支付系统的关系

1. 小额支付系统行号与大额支付系统行号为同一行号，行号与网点号有一一对应的关系。

2. 小额支付系统与大额支付系统业务序号分别编排。

3. 大额支付系统运行时序含营业准备、日间处理、业务截止、清算窗口、日终处理，但小额支付系统仅有日间、日终处理。

4. 小额支付系统柜员权限与大额支付系统柜员权限共用一个，但在具体操作中区别不同业务种类进行权限设置。

5. 小额支付系统收费账户与大额支付系统共用一个。

6. 大额支付业务受理时间为正常工作日，节假日不营业；小额支付业务受理时间为自然日，支持7×24小时不间断运行。

7. 大额支付行内系统仅能发起贷记业务，小额支付既可以发起贷记业务，也可以发起借记业务。

8. 大额支付系统已清算业务必须于当日清算完毕，小额支付系统如因轧差净额清算报文提交不成功，可在次日重新提交后进行清算。

9. 大额支付系统往来账务均通过待转户过渡，小额支付系统则设置自动挂账机制，对接收的贷记来账及借记业务回执均由系统自动挂账完成。

10. 大额支付系统排队业务按业务发生时间先后排序，小额支付系统排队业务则按“金额优先”的原则从小到大进行排队。

第三节 系统内往来业务核算

商业银行的行内支付系统由来已久，传统上被称为联行往来，是指商业银行系统内的资金账务往来，它是同一商业银行不同行处之间办理资金调拨，货币结算，相互间代收、代付款项而引起的。

而商业银行内部实时清算系统则是利用先进的计算机网络系统，将发报行、收报行之间横向资金往来转换成纵向资金汇划，资金划拨快捷、清算及时，大大减少了在途资金，防止了行与行相互之间资金存欠。我国各商业银行自1999年起，先后以资金汇划清算系统取代了原来的联行往来制度。

一、资金汇划实时清算系统业务核算

资金汇划实时清算是指系统内各社（行）际间通过本社（行）资金清算系统进行异

地资金电子汇划；各级社（行）资金清算中心在上一级社（行）开立活期备付金存款户，由上级社（行）逐级清算往来汇差资金。

该种做法是以本社（行）系统内的资金清算中心代替邮电部门，直接传输电子汇划信息，并清算当天的汇差资金。资金清算业务按照是否在同一法人社（行）区分为系统内清算和跨社（行）清算。

（一）资金汇划实时清算系统的架构

实时清算系统主要由汇划业务经办社（行）（以下简称经办行）、清算社（行）和省社（行）及清算中心通过计算机网络组成。

汇划业务经办行由汇划业务的发生社（行）和接收社（行）组成，汇划业务的发生社（行）是发报经办行，汇划业务的接收社（行）是收报经办行，清算行在省社（行）清算中心开立备付金存款账户，办理其辖属社（行）处汇划款项清算，省社（行）清算中心是办理系统内各经办社（行）之间的资金汇划、各清算社（行）之间的资金清算等账务的核算和管理部门。

资金汇划实时清算系统如图 11－5 所示。

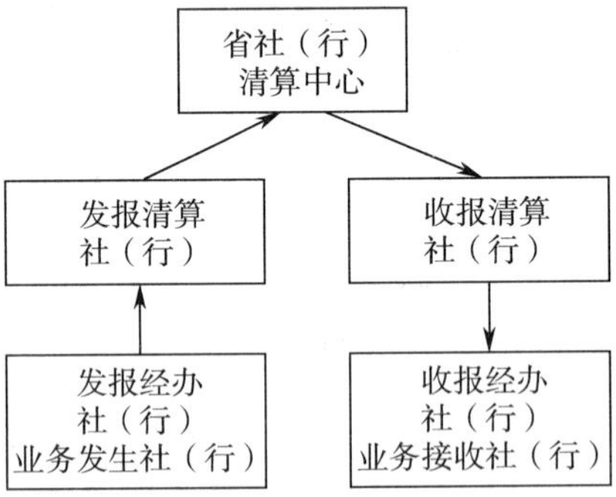

图 11－5 资金汇划实时清算系统架构图

（二）资金汇划实时清算系统的基本做法

资金汇划实时清算系统采取“实存资金、同步清算、头寸控制、集中监督”的基本做法。

1. 实存资金，是指以清算社（行）为单位在省社（行）清算中心开立备付金存款账户，用于汇划款项的资金清算。

2. 同步清算，是指发报经办社（行）通过其清算社（行）经省社（行）清算中心将款项汇至收报经办社（行），同时，省社（行）清算中心办理清算社（行）之间的资金清算。

3. 头寸控制，是指各清算社（行）在省社（行）清算中心开立的备付金存款户，保证足额存款，省社（行）清算中心对各社（行）汇划资金实行集中清算。

4. 集中监督，是指省社（行）清算中心对汇划往来数据发送、资金清算、备付金存款户资信情况进行管理和监督。

（三）电子汇划业务范围

资金汇划实时清算业务的范围包括系统内行际间的异地划收款、异地划付款业务。

异地划收款（贷记）业务包括单位、个人之间结算业务的各项资金划拨，如电子汇兑、托收承付（划回）、委托收款（划回）、系统内行处间的资金划拨等。

异地划付款（借记）业务范围限于解付银行汇票、系统内按规定扣划款项、贷款账户转移，以及按规定允许扣收的款项和特定的直接借记业务。

（四）科目的设置

1. 清算资金往来。“清算资金往来”属资产负债共同类科目，用于核算和反映农村合作金融机构参加同城清算、银联清算、大（小）额支付清算等联行系统发生的款项划拨业务。本科目可按核算对象进行明细核算。期末借方余额，反映本机构应收的款项，期末贷方余额，反映本机构应付的款项。

本科目与其他联行科目轧差后，归属在资产负债表中“存放联行款项”或“联行存放款项”项目。

2. 存放系统内款项。“存放系统内款项”属资产类科目，用于核算和反映农村信用社存放系统（包括农村信用社和农村银行机构）内的一般存款和定期存款。本科目可按存放款项的性质和机构进行明细核算。余额在借方，反映本机构存放在系统内的各种款项。本科目在资产负债表中归属“存放同业款项”项目。

3. 系统内存放款项。“系统内存放款项”属负债类科目，用于核算和反映农村信用社系统（包括农村信用社和农村银行机构）内存放于农村信用社的各种款项，包括各类业务资金、清算资金及其他性质的款项。本科目可按存放款项往来资金性质和机构进行明细核算。余额在贷方，反映系统内其他机构存放在本机构的各种款项。本科目在资产负债表中归属“同业及其他金融机构存放款项”项目。

4. 社（行）内部往来。“社（行）内部往来”属资产负债共同类科目，核算统一法人县（市）联社机构本部（以下简称机构本部）与下级分支机构之间发生的资金往来款项。本科目可按分支机构进行明细核算。本科目期末借方余额反映本机构应收的款项，期末贷方余额反映本机构应付的款项。本科目与其他联行科目轧差后，归属在资产负债表中“存放联行款项”或“联行存放款项”项目。

（五）上存与退回联行备付金存款的核算

清算社（行）在省社（行）清算中心开立备付金存款账户，这是办理资金清算的前提。各级社（行）、处之间交存和退回的联行备付金存款应通过人民银行实汇资金。各级社（行）上存和退回的用于清算电子汇划款项汇差的资金，应分别在“存放系统内款项”和“系统内存放款项”核算。

1. 上存联行备付金的核算。

（1）清算社（行）向省社（行）清算中心上存联行备付金存款，会计部门应根据资金计划部门填制的汇款书面通知填制汇款凭证，送人民银行办理汇款手续，其会计分录为：

借：清算资金往来

贷：存放中央银行款项——备付金存款户

借：存放系统内款项——存××社（行）备付金户

贷：清算资金往来

或

借：存放系统内款项——存××社（行）备付金户

贷：存放中央银行款项——备付金存款户

（2）省社（行）清算中心收到辖属清算社（行）交存的联行备付金存款时，以开户人民银行的收账通知作借方记账凭证，另填制特种转账贷方记账凭证一式两联进行会计处理。其会计分录为：

借：存放中央银行款项——备付金存款户

贷：系统内存放款项——××社（行）备付金存款户

2. 退回联行备付金的核算。清算社（行）某一时期联行备付金存款账户余额过多，需要调回资金时，应由其资金计划部门向省社（行）资金计划部门发出调回部分资金的申请，办理有关退回手续。其会计分录与上存相反。

（六）电子汇划款项业务的核算

1. 发报经办社（行）的核算。发报经办社（行）为了核算与发报清算社（行）之间的往来，设置“清算资金往来”科目进行核算，当发报经办社（行）办理汇兑等贷报业务时，其发出的是划收信息，会计分录为：

借：活期存款或××科目

贷：清算资金往来

发报经办社（行）办理银行汇票等借报业务，则会计分录方向相反。

2. 发报清算社（行）的核算。发报清算社（行）除了设置“清算资金往来”科目进行核算外，还需要设置“存放系统内款项——上存省社（行）备付金存款户”来核算自身在省社（行）备付金存款余额的变化。当收到发报经办社（行）传输来的跨清算行贷方汇划业务信息（或划收信息）时，如汇兑等，则会计分录为：

借：清算资金往来

贷：存放系统内款项——上存省社（行）备付金存款户

反之当收到发报经办省社（行）传输来的跨清算行借方汇划业务信息（或划付信息）时，如银行汇票解付信息，则会计分录方向相反。

3. 省社（行）清算中心的核算。省社（行）清算中心设置“系统内存放款项——××清算社（行）备付金存款户”科目核算各清算省社（行）在总行备付金存款项余额的变化。当收到发报清算社（行）传输来的跨清算行贷方汇划业务信息（或划收信息）时，会计分录为：

借：系统内存放款项——发报清算省社（行）备付金存款户

贷：系统内存放款项——收报清算省社（行）备付金存款户

当收到发报清算省社（行）传输来的跨清算省社（行）借方汇划业务信息（或划付信息）时，会计分录方向相反。

4. 收报清算社（行）的核算。收报清算社（行）处理汇划信息的方式有集中制和分散制两种，但只能选择其一。收报清算社（行）设置的会计科目与发报清算社（行）相同。

（1）集中制。即清算社（行）负责全辖汇划收报的集中处理。当收到省社（行）清算中心传输来的贷方汇划业务信息（或划收信息）时，即时代辖属经办社（行）记账，相关会计分录为：

借：存放系统内款项——上存省社（行）备付金户

　贷：清算资金往来

借：清算资金往来

　贷：活期存款或××科目

借方汇划业务会计分录方向相反。

（2）分散制。即收到省社（行）传来的汇划数据后均传至收报经办社（行）处理。当收到省社（行）清算中心传输来的贷方汇划业务信息（或划收信息）时，会计分录为：

借：存放系统内款项——上存省社（行）备付金存款户

　贷：清算资金往来

当收到省社（行）清算中心传输来的借方汇划业务信息（或划付信息）时，则会计分录方向相反。

5. 收报经办社（行）的核算。收报经办社（行）设置的会计科目与发报经办社（行）相同，当收到收报清算社（行）传输来的贷方汇划业务信息（或划收信息）时，会计分录为：

借：清算资金往来

　贷：活期存款或××科目

当收到收报清算行传输来的借方汇划业务信息（或划付信息）时，则会计分录方向相反。

二、农信银支付清算系统业务核算

（一）农信银支付清算系统

农信银支付清算系统是由农信银资金清算中心①根据农村合作金融机构（含农村商业银行，下同）支付结算业务特点，借鉴现代化支付系统和全国性商业银行资金清算及支付结算业务系统先进经验，应用现代计算机网络和信息技术开发的、集资金清算和信息服务为一体的支付清算平台，具有功能完备、安全可靠、运行稳定、经济实用和易于

---

① 农信银资金清算中心有限责任公司（简称农信银资金清算中心）成立于2006年5月29日，是经中国人民银行批准，由全国30家省级农村信用联社、农村合作银行、农村商业银行及深圳农村商业银行（简称农村合作金融机构）共同发起成立的全国性股份制支付清算服务企业，运用国内外先进的技术和设备，开发了适应农村金融特点的支付清算系统，主要经营范围是：办理成员机构及所属网点间实时电子汇兑、银行汇票、个人账户通存通兑等异地资金清算业务，以及经中国人民银行批准的其他支付清算业务；其主要服务对象是全国农村信用社、农村信用联社，农村合作银行，农村商业银行及其他地方性金融机构。

维护等特点。随着业务发展和系统功能不断完备，相继推出了电子汇兑、银行汇票、个人账户通存通兑、专项汇款、信息服务等各类支付清算服务和支付清算业务。该系统是联结全国农村合作金融机构的桥梁和纽带，是现代化支付系统的有益补充，填补了农村合作金融机构办理银行汇票和个人账户通存通兑等业务空白，使其在跨省、市、自治区异地支付结算业务方面，达到了全国性商业银行同等水平。农信银支付清算系统于2006年10月16日正式上线试运行以来，已经成为农村合作金融机构支付清算骨干渠道，成为我国农村地区不可或缺的重要组成部分，为支持社会主义新农村建设和服务“三农”发挥着积极作用。农信银支付清算系统架构如图11－6所示。

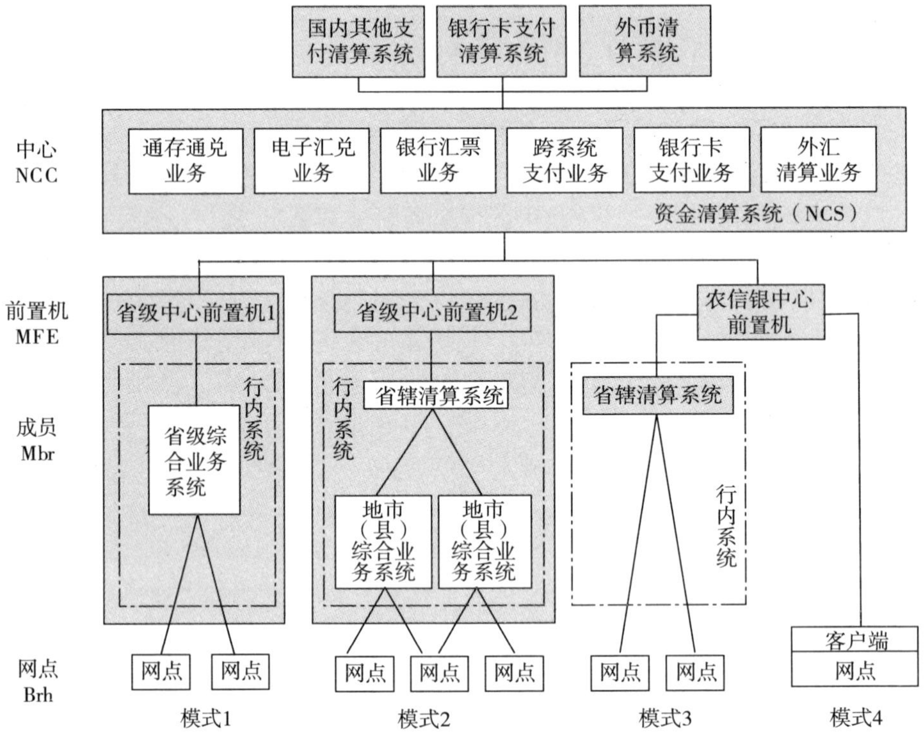

图11－6　农信银支付清算系统架构图

1. 农信银支付清算系统建设的总体原则

（1）安全性原则。针对业务处理和系统运行的风险点，从系统信息的保密性、完整性、可用性、不可抵赖性出发，设计和制定完备的风险防范措施，充分考虑系统的全面安全。

（2）先进性原则。根据当前全国农信银系统资金清算业务的迫切需求及未来业务发展的趋势，统筹规划实现的业务及相应功能。

（3）节约性原则。充分利用各级中心及基层网点的现有软硬件资源，兼顾全国各地经济条件和通信条件的差异，系统适应多种通信平台。

（4）简约统一性原则。业务系统设计在前端具备易操作、易维护等特性，操作界面简洁、明晰，达到统一的公用控制平台；统一的公用数据管理；统一的界面风格；统一的技术开发标准；统一的接口标准；统一的信息标准。

(5) 可靠性原则。保证系统具有 7×24 小时的持续可靠运行和抗故障能力，保证系统具备良好的数据备份和数据恢复能力。在大批量并发请求情况下，系统足够强壮以避免系统的崩溃，同时，保证交易数据的完整性和一致性。

2. 农信银支付结算业务种类

(1) 银行汇票业务。经中国人民银行批准，由农村合作金融机构通过农信银支付清算系统签发，在全国流通使用，并可通过农信银支付清算系统实现农村合作金融机构间互为代理兑付的票据结算业务，包括汇票签发、解付、信息查询查复、挂失及解挂、退票等，分为现金汇票和转账汇票两种，在全国各地都可以使用，适用于申请办理现金汇票及转账汇票的个人和企事业客户。其他银行业金融机构可通过同城票据交换，将其提交给同城的农信银支付清算系统通汇行（社）审核支付后抵用。

(2) 电子汇兑业务。农村合作金融机构根据汇款人的委托，依托农信银支付清算系统将其款项实时支付给收款人的结算方式，包括汇兑（普通贷记）、托收承付（划回）、委托收款（划回）等。客户可以在全国任意一家开通此项业务的农村合作金融机构营业网点办理实时现金汇款、转账、委托收款和托收承付业务。

实时电子汇兑业务适用于个人客户的现金汇款、委托收款（划回）和企事业单位客户的异地转账、委托收款（划回）、托收承付（划回），实现资金当日即时到账。

(3) 个人账户通存通兑业务，指客户通过农村合作金融机构网点办理跨省、市、自治区资金转账、现金存取和账户余额查询等业务，是农村合作金融机构客户现有银行卡、活期储蓄存折账户、其他个人结算账户业务受理范围的扩大和延伸。客户持有在农村合作金融机构开户的银行卡或活期储蓄存折，可通过农信银支付清算系统方便、快捷地在全国已开通此项业务的农村合作金融机构网点的柜台办理存取款、转账、余额查询等业务。

该业务具有覆盖面广、即时到账、手续简便等特点。农村合作金融机构网点众多，全国有近 80 000 家营业网点，且大多分布在广大农村地区和偏远山区，只要开通个人账户通存通兑业务的营业网点均可办理。存、取款业务及时入账，高效快捷。取款业务凭银行卡或存折和密码即可办理，存款业务提供卡号或账号即可办理。

特点：网点众多，就近办理；实时到账快捷高效；免带现金安全可靠。客户可以使用个人账户活期存折、银行卡办理通存通兑业务。农信银支付清算系统支持 7×24 小时办理个人账户通存通兑业务。

(4) 信息服务类业务，指农村合作金融机构（含农村商业银行）间通过农信银支付清算系统发起和接收、不需要提供资金清算服务各类信息数据，主要包括支付信息查询查复、票据信息查询查复、账户余额查询和自由格式报文等。

(5) 专项汇款业务，指农村合作金融机构与其他第三方支付清算机构、商业银行等合作开展的异地汇款业务。目前，有"快易汇"业务、"农信银—快钱"电子汇款、"农信银—支付宝"电子汇款、"农信银—通联支付"电子汇款、"农信银—银联电子支付”电子汇款等业务。

(二) 农信银支付结算业务核算

1. 银行汇票业务的核算

签发银行汇票的处理流程如图 11－7 所示，解付银行汇票业务的处理流程如图 11－8 所示。

注：1、2 发起方成员单位通过其前置系统向农信银资金清算中心发送银行汇票签发处理。

3、4 农信银资金清算中心对成员单位清算账户进行处理，返回成功信息。

图 11－7　银行汇票业务的处理流程图——签发

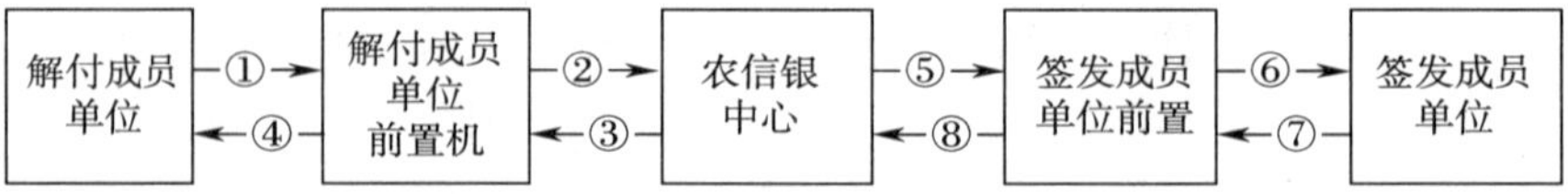

注：1、2 解付成员单位经其前置将解付申请发送至农信银资金清算中心。

3、4 返回清算确认通知报文。

5、6 发送银行汇票解付往账报文。

7、8 回执报文。

图 11－8　银行汇票业务的处理流程图——解付

(1) 出票社（行）签发银行汇票的核算

①出票社（行）签发转账汇票时的核算

借：××存款——申请人户

　贷：汇出汇款——农信银支付清算系统汇出汇款

②出票社（行）签发现金银行汇票时的核算

借：现金

　贷：应解汇款

借：应解汇款

　贷：汇出汇款——农信银支付清算系统汇出汇款

(2) 代理付款社（行）办理银行汇票解付的核算

解付代理付款社（行）办理银行汇票解付时，按以下情况进行核算：

①持票人在本社（行）开户的核算

借：××往来科目——农信银支付清算系统汇票往账（实际结算金额）

　贷：××存款——持票人户（实际结算金额）

②持票人未在本社（行）开立存款账户的，会计分录为：

借：××往来科目——农信银支付清算系统汇票往账（实际结算金额）

　贷：应解汇款——持票人户（实际结算金额）

持票人持填明“现金”字样的银行汇票需支取现金的，会计分录为：
借：应解汇款——持票人户（实际结算金额）
　贷：现金（实际结算金额）
（3）出票社（行）办理银行汇票解付的核算
出票社（行）经办人员接收解付通知，按是否全额结算分别进行结清处理。
①全额解付时，会计分录为：
借：汇出汇款——农信银支付清算系统汇出汇款（出票金额）
　贷：××往来科目——农信银支付清算系统汇票来账（出票金额）
②有多余款时，会计分录为：
借：汇出汇款——农信银支付清算系统汇出汇款（出票金额）
　贷：××往来科目——农信银支付清算系统汇票来账（实际结算金额）
　贷：××存款——申请人户（多余款金额）
（4）银行汇票退票的核算
①原申请人要求退款时的会计分录为：
借：汇出汇款——农信银支付清算系统汇出汇款（出票金额）
　贷：××存款——申请人户（出票金额）
②持票人超过提示付款期限不获付款、在票据权利时效内请求付款时的会计分录为：
银行汇票全额付款时的会计分录
借：汇出汇款——农信银支付清算系统汇出汇款（出票金额）
　贷：应解汇款——持票人户（出票金额）
银行汇票有多余款时的会计分录
借：汇出汇款——农信银支付清算系统汇出汇款（出票金额）
　贷：应解汇款——持票人户（实际结算金额）
　贷：××存款——申请人户（多余金额）
2. 电子汇兑业务的核算
（1）往账业务的核算
①汇出社（行）办理转账汇兑业务时的核算
借：××存款——汇款人户
　贷：××往来科目——农信银支付清算系统汇兑往账户
②汇出社（行）办理现金汇兑业务时的核算
借：现金
　贷：应解汇款——农信银支付清算系统账户
借：应解汇款——农信银支付清算系统账户
　贷：××往来科目——农信银支付清算系统汇兑往账
（2）来账业务的核算
汇入社（行）接收到汇兑来账后，按以下不同情况分别进行处理：

①收款人在本社（行）开立存款账户，且账号户名相符时的核算

借：××往来科目——农信银支付清算系统汇兑来账

　贷：××存款——收款人户

②收款人账号与户名不符的，会计分录为：

借：××往来科目——农信银支付清算系统汇兑来账

　贷：应解汇款

挂账后，汇入社（行）应向原汇出社（行）发出查询，如经过查复，该笔汇兑业务可以入客户存款账户，会计分录为：

借：应解汇款

　贷：××存款——收款人户

如经过查复，该笔汇兑业务应办理退汇，会计分录为：

借：应解汇款

　贷：××往来科目——农信银支付清算系统汇兑往账

③收款人未在本社（行）开立存款账户的，会计分录为：

借：××往来科目——农信银支付清算系统汇兑来账

　贷：应解汇款——××收款人户

收款人需支取现金的，应按照现金管理规定办理现金支付，会计分录为：

借：应解汇款－××收款人户

　贷：现金

（3）原汇出社（行）收到退汇业务的核算

①原汇兑业务为转账业务，会计分录为：

借：××往来科目——农信银支付清算系统汇兑来账

　贷：××存款——原汇款人账户

②原汇兑业务为现金业务，会计分录为：

借：××往来科目——农信银支付清算系统汇兑来账

　贷：应解汇款——原汇款人账户

③原汇款人支取退回款项时，会计分录为：

借：应解汇款——原汇款人账户

　贷：现金

3. 个人账户通存通兑业务的核算

（1）通存业务的核算

当柜台发生异地存折（卡）续存业务时，根据客户存款方式借记相关科目，贷记相关往来科目，并收取手续费，具体会计核算如下：

①现金存入时的核算

1）受理社（行）：

借：现金（交易金额与手续费金额合计数）

　贷：××往来科目——农信银支付清算系统通存通兑往来

贷：其他应付款——异地通存通兑手续费收入

2）开户社（行）：

借：××往来科目——农信银支付清算系统通存通兑往来

贷：××存款——收款人户

②转账存入时的核算（本转异交易）

1）以现金方式收取手续费

受理社（行）：

借：××存款——付款人户

贷：××往来科目——农信银支付清算系统通存通兑往来

借：现金

贷：其他应付款——异地通存通兑手续费收入

开户社（行）：

借：××往来科目——农信银支付清算系统通存通兑往来

贷：××存款——收款人户

2）以转账方式收取手续费

受理社（行）：

借：××存款——付款人户（交易金额与手续费金额合计数）

贷：××往来科目——农信银支付清算系统通存通兑往来

贷：其他应付款——异地通存通兑手续费收入

开户社（行）：

借：××往来科目——农信银支付清算系统通存通兑往来

贷：××存款——收款人户

（2）通兑业务的核算

当柜台发生异地取款业务时，借记相关往来科目，根据客户取款方式贷记相关科目，并收取手续费，具体会计核算如下：

①现金支取时的核算

1）以现金方式收取手续费

受理社（行）：

借：××往来科目——农信银支付清算系统通存通兑往来

贷：现金

借：现金（或××往来科目）

贷：其他应付款——异地通存通兑手续费收入

开户社（行）：

借：××存款——付款人户

贷：××往来科目——农信银支付清算系统通存通兑往来

2）以转账方式从取款账户扣收手续费

受理社（行）：

借：××往来科目——农信银支付清算系统通存通兑往来（交易金额和手续费金额合计数）

贷：现金

贷：其他应付款——异地通存通兑手续费收入

开户社（行）：

借：××存款——付款人户（交易金额和手续费金额合计数）

贷：××往来科目——农信银支付清算系统通存通兑往来

②转账支取时的核算（异转本交易）

1）以现金方式收取手续费

受理社（行）：

借：××往来科目——农信银支付清算系统通存通兑往来

贷：××存款——收款人户

借：现金（或××往来科目）

贷：其他应付款——异地通存通兑手续费收入

开户社（行）：

借：××存款——付款人户

贷：××往来科目——农信银支付清算系统通存通兑往来

2）以转账方式从取款账户扣收手续费

受理社（行）：

借：××往来科目——农信银支付清算系统通存通兑往来（交易金额和手续费金额合计数）

贷：××存款——收款人户

贷：其他应付款——异地通存通兑手续费收入

开户社（行）：

借：××存款——付款人户（交易金额和手续费金额合计数）

贷：××往来科目——农信银支付清算系统通存通兑往来

第四节　同城票据交换及清算业务核算

一、同城票据交换及清算的概念、意义

同城票据交换及清算是指对同一票据交换区域内，但不在同一银行开户的收、付款单位之间的转账结算，为加快凭证传递，加速资金周转，由其开户行按统一的时间，到规定的场所交换结算凭证进行资金清算的方式。目前同城票据交换采用票据自动清分系统进行资金清算。

票据交换主要处理实务票据不能截留的跨行支票、本票、银行汇票以及跨行代收代付的其他纸质凭证，其作用一是可以加速有关银行间的凭证传递，加速资金周转，提高

结算效率；二是可以简化各商业银行间的往来核算手续，及时清算银行间的往来占款，有利于各行处的业务经营。

二、同城票据交换及清算的基本规定

（一）组织机构

中国人民银行设立票据交换所或人民银行委托当地的某商业银行组织。

（二）参加单位

同城内的有关商业银行；交通方便的可吸收毗邻市县的有关行处参加本市的票据交换。

（三）场次和时间

进行票据交换的具体场次和时间，必须根据各地的具体情况而定。一般大中城市每天进行两次，中小城市每天进行一次。

（四）同城票据交换业务的一般做法

1. 对参加交换的行处，核定交换号码。

2. 确定交换场次和时间：一般市区行处参加两次交换，郊县行处参加第一次交换。

3. 票据交换分“提出行”、“提入行”两个系统处理。一般参加交换的行处既是“提出行”，又是“提入行”。

提出行提出交换的票据凭证，主要是：

（1）作为收款行向付款行提出的有：支票、银行汇票、本票及商业汇票等。

（2）作为付款行向收款行提出的有：进账单、贷记凭证等。

（五）票据交换的原则

参加票据交换的机构必须坚持“及时处理、差额清算；先借后贷、收妥抵用；银行不予垫款”的原则。

例如，收、付款银行之间受理支票，在提交开户行以后要等银行通过内部账务处理（或票据清算）将款项从出票人账户付出，并收入持票人账户后才能抵用。

（六）提出交换的票据种类

提出交换的票据分借方票据（代付/应收票据）和贷方票据（代收/应付票据）两种。

1. 提出的借方票据和提入的贷方票据是指付款单位在他行开户，收款单位在本行开户的票据；

2. 提出的贷方票据和提入的借方票据是指收款单位在他行开户，付款单位在本行开户的票据。

（七）同城票据交换的具体做法

1. 严格统一交换票据（凭证）格式，用打码机处理提出票据。

2. 填制“交换提出报告单”连同票据凭证提出交换。

3. 交换所清分、打印及提回交换凭证。

4. 根据提出、提回票据凭证的借、贷方总金额轧计，打制“交换差额报告单”送人民银行营业部门办理转账。

5. 提入行将票据及凭证处理入账。

票据交换流程如图 11－9 所示。

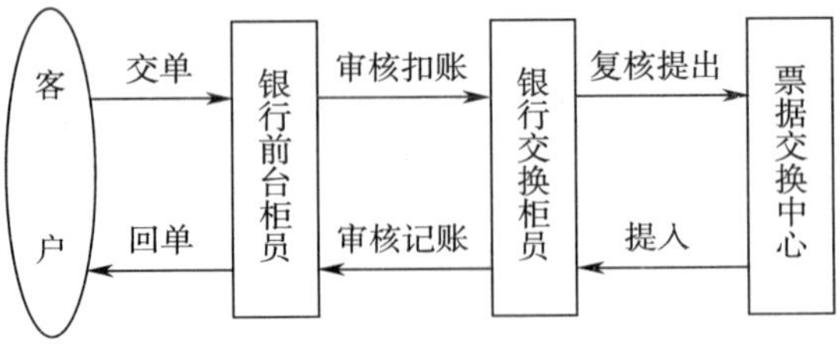

图 11－9　票据交换流程图

（八）收妥抵用票据退票规定

1. 每日只进行一场交换清算的，隔日必须退票。隔日未退票的，提出行于隔日清算完毕后（提出票据后第二天清算完毕后）入账。

2. 每日进行两场交换清算的，隔场必须退票。隔场未退票的，提出行于提出票据后第二场清算完毕后入账。

3. 超过规定的退票时间后不允许退票。

（九）同城票据交换的账务处理

理论上提出提入的票据、凭证每笔资金清算都要通过人民银行办理，即逐笔与“存放中央银行款项”对转，而实务上却是汇总轧差的一套分录，为使各行、处与人民银行账务相符一致，不能直接使用“存放中央银行款项”科目，而需通过相应的过渡科目列账，最终从过渡科目与交换差额以“存放中央银行款项”一笔进行核算。票据交换的债权债务清算如图 11－10 所示。

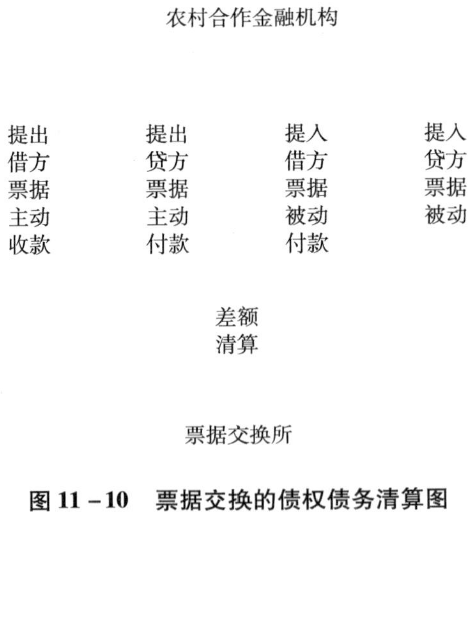

图 11－10　票据交换的债权债务清算图

三、同城票据交换及清算业务的核算

（一）会计科目的设置

可在“清算资金往来”科目下设置二级科目“同城票据清算”进行核算。“清算资金往来——同城票据清算”属于资产负债共同类科目，用以核算同城交换清算的款项。提出借方凭证和提回贷方凭证时，记入借方；提出贷方凭证和提回借方凭证时，记入贷方；其借贷方差额为应收差额或应付差额，当天资金清算后，该科目没有余额。

（二）提出行业务的核算

1. 提出代收票据（贷方凭证）的核算

借：活期存款——付款人户

　贷：清算资金往来——同城票据清算

2. 提出代付票据（借方凭证）的核算：

借：清算资金往来——同城票据清算

　贷：其他应付款——提出交换专户

3. 代付票据未退回的核算，退票时间过后，对他行未退回的代付票据为收款人进账，会计分录为：

借：其他应付款——提出交换专户

　贷：活期存款——收款人户

4. 代付票据退回的核算，对他行退回的代付票据，应将已退回的票据及其他有关凭证等退收款人，其会计分录为：

借：其他应付款——提出交换专户

　贷：清算资金往来——同城票据清算

（三）提入行业务的核算

1. 提回代收票据（贷方票据）的核算

（1）直接办理转账，会计分录为：

借：清算资金往来——同城票据清算

　贷：活期存款——收款人户

（2）如果因其他原因不能进账，应办理退票，会计分录为：

借：清算资金往来——同城票据清算

　贷：其他应付款——退票专户

2. 提回代付票据（借方票据）的核算

（1）付款单位有足够的资金支付，会计分录为：

借：活期存款——付款人户

　贷：清算资金往来——同城票据清算

（2）付款单位账户资金不足支付或因票据要素错误无法办理支付，则应办理退票，会计分录为：

借：其他应收款——退票专户

贷：清算资金往来——同城票据清算

并将待退的票据专夹保管，以便下场交换时，退交原提出行。

3. 处理参加交换的银行清算差额业务的核算。各参加票据交换的银行在票据交换结束后，根据应收金额和应付金额进行轧差计算。

应收金额 = 提出借方票据金额 + 提入贷方票据金额

应付金额 = 提出贷方票据金额 + 提入借方票据金额

如果应收金额大于应付金额，即为应收差额，反之为应付差额。每一个参加交换的银行要根据当天应收差额或应付差额进行资金清算。

各行交换员将已汇总的应收金额、应付金额及应收或应付差额与交换所打印的相应数据核对一致后，填写“同城票据清算划收（划付）专用转账凭证”一式四联。其中两联交票据交换所，另两联带回本行进行账务处理。

各行将提出、提入票据全部记入“清算资金往来——同城票据清算”科目后，其余额应与本次通过人民银行划转存款的金额一致，应收、应付的方向也一致。然后根据带回的“同城票据清算划收（划付）专用转账凭证”办理转账，结清“清算资金往来——同城票据清算”科目余额。

（1）若本次交换为应付差额，会计分录为：

借：清算资金往来——同城票据清算

贷：存放中央银行款项

（2）若本次交换为应收差额，会计分录方向相反。

【例 11 - 1】 某农村信用社第一场交换提出借方凭证金额合计为 400 000 元，提出贷方凭证合计为 100 000 元；提回借方凭证金额合计为 600 000 元，提回贷方凭证金额合计为 200 000 元，编制该社清算资金的分录。

该社应收金额合计 = 400 000 + 200 000 = 600 000（元）

该社应付金额合计 = 100 000 + 600 000 = 700 000（元）

应付差额 = 700 000 - 600 000 = 100 000（元）

借：清算资金往来——同城票据清算　　100 000

贷：存放中央银行款项　　100 000

第五节　全国支票影像交换系统

全国支票影像交换系统是指运用影像技术将实物支票转换为支票影像信息，通过计算机及网络将支票影像信息传递至出票人开户银行提示付款的业务处理系统。

2007 年 6 月 25 日，央行正式完成影像交换系统在全国的推广建设。这意味着支票在全国范围的互通使用已经实现。企事业单位和个人持任何一家银行的支票均可在境内所有地区办理支付。

全国支票影像交换系统定位于处理银行机构跨行和行内的支票影像信息交换，参与者是办理支票结算业务的银行业金融机构和票据交换所。

一、全国支票影像交换系统的工作原理

（一）基于影像技术

支票影像交换系统是基于影像技术将实物支票截留转换为支票影像信息，传递至出票人开户银行提示付款的支票清算系统。

（二）分为影像信息交换和业务回执处理两个阶段

支票影像业务的处理分为影像信息交换和业务回执处理两个阶段，即支票收款人开户银行通过影像交换系统将支票影像信息（包括支票影像及其电子清算信息）发送至出票人开户银行提示付款；出票人开户银行审核无误后将款项通过小额支付系统支付给收款人开户银行。

（三）接入模式

银行业金融机构可以采用分散接入模式或集中接入模式通过影像交换系统处理支票业务。

1. 在分散接入模式下，银行业金融机构委托票据交换所提交和接收支票影像信息。

2. 在集中接入模式下，银行业金融机构与影像交换系统联网，通过省级机构或法人机构集中提交和接收支票影像信息。

选择集中接入模式的银行业金融机构，可以采用直联或间联方式。在直联方式下，银行业金融机构行内系统通过接口直接提交和接收支票影像信息。在间联方式下，银行业金融机构通过前置机客户端提交和接收支票影像信息。

（四）传递途径

1. 区域业务的处理。在分散接入模式下，其信息自提出行提交，经票据交换所、分中心至提入行止；在集中接入模式下，其信息自提出行提交，经分中心至提入行止。

2. 全国业务的处理。在分散接入模式下，其信息自提出行提交，经票据交换所、提出行所属分中心、总中心、提入行所属分中心，至提入行止；在集中接入模式下，其信息自提出行提交，经提出行所属分中心、总中心、提入行所属分中心，至提入行止。

（五）资金清算途径

全国支票影像交换系统的资金清算通过中国人民银行覆盖全国的小额支付系统处理。

二、全国支票影像交换系统的相关规定

（一）处理原则

支票影像业务处理遵循“先付后收、收妥抵用、全额清算、银行不垫款”的原则。

（二）划分影像交换系统处理的支票业务的区域

影像交换系统处理的支票业务分为区域业务和全国业务。区域业务是指支票的提出行和提入行均属同一分中心，并由分中心负责转发的业务；全国业务是指支票的提出行和提入行分属不同分中心，并由总中心负责转发的业务。

分中心是指接收、转发同一区域内系统参与者的支票影像信息，并向总中心发送和

从总中心接收支票影像信息的系统节点；总中心是指接收、转发跨分中心支票影像信息的系统节点；提出行是指持票人开户的银行业金融机构；提入行是指出票人开户的银行业金融机构。

（三）央行关于支票影像交换系统使用的规定

1. 支票全国通用后出票人签发的支票凭证不变。

2. 支票的提示付款期限仍为 10 天。

3. 异地使用支票款项最快可在 2 至 3 小时之内到账，一般在银行受理支票之日起 3 个工作日内均可到账。

4. 为防范支付风险，异地使用支票的单笔金额上限为 50 万元。

5. 办理支票业务，银行向客户的收费暂按现行标准不变。

（四）影像交换系统对支票影像信息发出后的规定

1. 支票影像信息一经影像交换系统发出，不得更改或撤销。

2. 对发出有误的支票影像信息，提出行可以通过影像交换系统向提入行申请止付。

（五）影像交换系统支票出售的规定

1. 银行业金融机构出售支票时，应在支票票面记载付款行的银行机构代码。

2. 银行机构代码是指按照支付系统行号标准编制的机构代码。

三、全国支票影像交换系统的使用

（一）影像交换系统对支票影像信息进行付款确认

提入行可以采用印鉴核验方式或支付密码核验方式对支票影像信息进行付款确认。

1. 采用印鉴核验方式的，可使用电子验印系统，付款确认以签章为主，支票影像其他要素为辅。

2. 采用支付密码核验方式的，应与出票人签订协议约定使用支付密码作为审核支付支票金额的依据。

（二）影像交换系统对提出支票的审查

提出行受理持票人提交的通过影像交换系统处理的支票时，应审查下列事项：

1. 票面是否记载银行机构代码；

2. 支票金额是否超过规定金额上限；

3. 支票是否是按统一规定印制的凭证，支票是否真实，是否超过提示付款期限，是否为远期支票；

4. 支票填明的持票人是否在本行开户，持票人的名称是否为该持票人，持票人的名称与进账单上的名称是否一致；

5. 出票人的签章是否符合规定；

6. 大、小写金额是否一致，与进账单的金额是否相符；

7. 支票必须记载的事项是否齐全，出票金额、出票日期、收款人名称是否更改，其他记载事项的更改是否由原记载人签章证明；

8. 背书转让的支票其背书是否连续，签章是否符合规定，背书使用粘单的是否按规定加盖骑缝章；

9. 持票人是否在支票的背面作委托收款背书；

10. 未附粘单支票应采集其正面和背面影像；附粘单支票应采集其正面和记载最后一手委托收款背书粘单的影像，其他背书信息在电子清算信息中连续记录。

提出行应遵循国家会计档案管理有关规定负责保管转换为影像信息的实物支票。

（三）影像交换系统对提入支票的审查

提入行收到支票影像信息，应审查下列事项：

1. 票面记载的银行机构代码是否为本行机构代码；

2. 支票的大小写金额是否一致；

3. 支票必须记载的事项是否齐全；

4. 出票人签章与预留银行签章是否相符，与客户约定使用支付密码的，其密码是否记载正确；

5. 持票人是否在支票的背面作委托收款背书；

6. 电子清算信息与支票影像内容是否相符；

7. 出票人账号、户名是否相符；

8. 出票人账户是否有足够支付的款项。

（四）影像交换系统回执的发送

提入行应在规定时间（T + N 日）内通过小额支付系统返回支票业务回执。T 是指总中心转发全国业务或分中心转发区域业务的影像交换系统日期。N 是指支票业务回执返回最长期限，遇节假日和小额支付系统停运日顺延。由中国人民银行业务管理部门授权总中心统一设置。

（五）影像交换系统查询查复

系统参与者对有疑问或发生差错的业务应及时通过影像交换系统办理查询。查复行应在收到查询信息的当日至迟下一个法定工作日上午 10:00 予以查复。

票据交换所收到银行业金融机构提交的查询查复书后，应立即通过影像交换系统发送；收到影像交换系统发送的查询查复书后，应立即通知有关参与者提回。

（六）影像交换系统退票处理

退票，是指持票人开户银行拒绝受理支票和出票人开户银行拒绝付款的行为。持票人开户银行拒绝受理支票时，应出具拒绝受理通知书。出票人开户银行拒绝付款时，由持票人开户银行根据出票人开户银行的拒绝付款回执代为出具退票理由书。持票人开户银行应将实物支票连同拒绝受理通知书或退票理由书一并退交持票人。拒绝受理通知书和退票理由书均可作为拒绝付款的证明。

复习思考题

1. 简述现代化支付系统的构成。

2. 简述大额实时支付系统（HVPS）的基本流程。

3. 简要说明大、小额支付系统业务处理范围。
4. 大额支付系统与小额支付系统的关系是什么?
5. 联行往来的基本做法是什么?
6. 资金汇划实时清算系统的基本做法是什么?
7. 农信银支付清算系统是如何运转的?
8. 同城票据交换业务的基本做法是什么?
9. 资金支付清算系统由哪些系统组成?

附录一 全国农村合作金融机构示范会计科目使用说明

一、资产类科目

1001 现金

一、本科目用于核算和反映农村合作金融机构（包括农村信用社、农村合作银行及农村商业银行，下同）本外币库存现金、运送中现金、自动设备占款、业务周转金等情况。

增加现金时，借记本科目，贷记“存放中央银行款项”或有关科目；减少现金时做相反的会计分录。

二、农村合作金融机构应当设置“现金日记账”，根据收付款凭证，按照业务发生顺序逐笔登记。每日终了，应当计算当日的现金收入合计额、现金支出合计额和结余额，将结余额与实际库存额核对，做到账款相符。

三、本科目属资产类，余额在借方，反映本机构持有的现金。

四、本科目在资产负债表中归属“现金及存放中央银行款项”项目。

1002 存放中央银行款项

一、本科目用于核算和反映农村合作金融机构在中央银行的各类存款情况。本科目可按存放款项类型进行明细核算。

缴存存款准备金等款项时，借记本科目，贷记“现金”或有关科目；提取款项时做相反的会计分录。

二、本科目属资产类，余额在借方，反映本机构存放在中央银行的各种款项。

三、本科目在资产负债表中归属“现金及存放中央银行款项”项目。

1003 专项央行票据

一、本科目用于核算和反映中国人民银行发行的用于置换农村合作金融机构不良贷款及历年亏损挂账的专项中央银行票据。

收到专项中央银行票据时，借记本科目，贷记××贷款（或抵债资产、投资）科目和“利润分配——未分配利润”科目；兑付专项中央银行票据时，借记“央行专项扶持资金”科目，贷记本科目。

二、本科目属资产类，余额在借方，反映本机构持有的中央银行票据金额。

三、本科目在资产负债表中归属“其他应收款”项目。

1004 央行专项扶持资金

一、本科目用于核算和反映农村合作金融机构已兑付的到期专项中央银行票据款项。

收到已兑付的专项中央银行票据款项时，借记本科目，贷记“专项央行票据”科目。本科目属过渡性科目。

二、本科目属资产类，余额在借方，反映本机构收到已兑付专项中央银行票据的款项。

三、本科目与负债类中“央行拨付专项票据资金”科目轧差后无余额。

1011　存放同业款项

一、本科目用于核算和反映农村合作金融机构存放于除中央银行和农村合作金融机构以外的境内外其他金融机构（含农信银中心）的款项。本科目可按存放款项的性质和存放的金融机构进行明细核算。

增加在同业的存放款时，借记本科目，贷记“存放中央银行款项”或有关科目；减少在同业的存放款时做相反的会计分录。

二、本科目属资产类，余额在借方，反映本机构存放在同业的各种款项。

三、本科目在资产负债表中归属“存放同业款项”项目。

1012　存放系统内款项

一、本科目用于核算和反映农村合作金融机构存放系统内（包括农村信用社和农村银行机构）的一般存款和定期存款。本科目可按存放款项的性质和机构进行明细核算。

存入款项时，借记本科目，贷记“存放中央银行款项”或有关科目；支取款项时做相反的会计分录。

二、本科目属资产类，余额在借方，反映本机构存放在系统内的各种款项。

三、本科目在资产负债表中归属“存放同业款项”项目。

1013　拆放同业款项

一、本科目用于核算和反映农村合作金融机构拆借给除农村合作金融机构以外的其他金融机构（含农信银中心）资金的情况。本科目可按资金拆借的往来机构进行明细核算。

拆出款项时，借记本科目，贷记“存放中央银行款项”或有关科目；收回拆出款项时做相反的会计分录。

二、本科目属资产类，余额在借方，反映本机构拆放同业的各种款项。

三、本科目在资产负债表中归属“拆出资金”项目。

1014　拆放系统内款项

一、本科目核算和反映农村合作金融机构向系统内（包括农村信用社和农村银行机构）各机构拆出资金的情况。本科目可按资金拆出的往来机构进行明细核算。

拆出款项时，借记本科目，贷记“存放中央银行款项”或有关科目；收回拆出资金时做相反的会计分录。

二、本科目属资产类，余额在借方，反映本机构拆放给其他农村合作金融机构的各种款项。

三、本科目在资产负债表中归属“拆出资金”项目。

1031　存出保证金

一、本科目用于核算和反映农村合作金融机构因办理业务需要存出或交纳的各类保证金款项。本科目可按保证金的类别以及存放单位或交易场所进行明细核算。

存出保证金时，借记本科目，贷记“存放中央银行款项”或有关科目；减少或收回保证金时做相反的会计分录。

二、本科目属资产类，余额在借方，反映本机构存出或交纳的各种保证金余额。

三、本科目在资产负债表中归属“存放同业款项”项目。

1032　存出保证金减值准备

一、本科目核算和反映农村合作金融机构存出保证金的减值准备。本科目可按保证金的类别进行明细核算。

资产负债表日，存出保证金发生减值的，按应减计的金额，借记“资产减值损失”科目，贷记本科目。

已计提减值准备的存出保证金价值以后又得以恢复，应在原已计提的减值准备金额内，按恢复增加的金额，借记本科目，贷记“资产减值损失”科目。

二、本科目属资产的备抵科目，余额在贷方，反映本机构已计提但尚未转销的存出保证金减值准备。

三、本科目在资产负债表中归属“存放同业款项”项目。

1101 交易性金融资产

一、本科目核算和反映农村合作金融机构为交易目的所持有的债券投资、股票投资、基金投资等交易性金融资产。本科目可按交易性金融资产的类别和品种，分别“成本”、“公允价值变动”等进行明细核算。

本机构持有的直接指定为公允价值计量且变动计入当期损益的金融资产，也在本科目核算。

二、主要账务处理。

（一）取得时，按其公允价值，借记本科目（成本），按发生的交易费用，借记“投资收益”科目，按已到付息期但尚未领取的利息或已宣告但尚未发放的现金红利，借记“应收股利”、“应收利息”科目，按实际支付的金额，贷记“存放中央银行款项”或有关科目。

（二）出售时，应按实际收到的金额，借记“存放中央银行款项”或有关科目，按该金融资产的账面余额，贷记本科目，按其差额，贷记或借记“投资收益”科目。同时，将原计入该金融资产的公允价值变动转出，借记或贷记“公允价值变动损益”科目，贷记或借记“投资收益”科目。

（三）交易性金融资产持有期间被投资单位宣告发放的现金红利，或在资产负债表日按分期付息、一次还本债券投资的票面利率计算的利息，借记“应收股利”科目，贷记“投资收益”科目。

（四）资产负债表日，交易性金融资产的公允价值高于其账面余额的差额，借记本科目（公允价值变动），贷记“公允价值变动损益”科目；公允价值低于其账面余额的差额做相反的会计分录。

三、本科目属资产类，余额在借方，反映本机构持有的交易性金融资产的公允价值。

四、本科目在资产负债表中归属“交易性金融资产”项目。

1111 买入返售金融资产

一、本科目核算和反映农村合作金融机构按照返售协议约定先买入再按规定价格返售的票据、证券、贷款等金融资产所融出的资金。本科目可按买入返售金融资产的类别和融资方进行明细核算。

二、主要账务处理。

（一）买入时，按实际支付的金额，借记本科目，贷记“存放中央银行款项”或有关科目。

（二）返售日，应按实际收到的金额，借记“存放中央银行款项”或有关科目，按其账面余额，贷记本科目、“应收利息”科目，按其差额贷记“金融机构往来收入”科目。

（三）资产负债表日，按照买入返售金融资产的利息收入，借记“应收利息”科目，贷记“金融机构往来收入”科目。

三、本科目属资产类，余额在借方，反映本机构买入返售金融资产的摊余成本。

四、本科目在资产负债表中归属“买入返售金融资产”项目。

1112 买入返售金融资产减值准备

一、本科目核算和反映农村合作金融机构买入返售金融资产的减值准备。本科目可按买入返售金融资产的类别进行明细核算。

资产负债表日，买入返售金融资产发生减值的，按应减计的金额，借记“资产减值损失”科目，贷记本科目。

已计提减值准备的买入返售金融资产价值以后又得以恢复，应在原已计提的减值准备金额内，按恢复增加的金额，借记本科目，贷记“资产减值损失”科目。

二、本科目属资产的备抵科目，余额在贷方，反映本机构已计提但尚未转销的买入返售金融资产减值准备。

三、本科目在资产负债表中归属“买入返售金融资产”项目。

1131　应收股利

一、本科目核算和反映农村合作金融机构应收取的现金股利和应收取其他单位分配的利润。本科目可按被投资单位进行明细核算。

二、主要账务处理。

（一）企业取得交易性金融资产时，按支付的价款中所包含的、已宣告但尚未发放的现金股利，借记本科目，按交易性金融资产的公允价值，借记“交易性金融资产——成本”科目，按发生的交易费用，借记“投资收益”科目，按实际支付的金额，贷记“存放中央银行款项”等科目。

交易性金融资产在持有期间被投资单位宣告发放的现金股利，按应享有的份额，借记本科目，贷记“投资收益”科目。

（二）取得长期股权投资时，按支付的价款中所包含的、已宣告但尚未发放的现金股利，借记本科目，按取得的长期股权投资成本，借记“长期股权投资——成本”科目，按实际支付的金额，贷记“存放中央银行款项”等科目。

持有期间被投资单位宣告发放的现金股利或利润的，按应享有的份额，借记本科目，贷记“投资收益”（成本法）或“长期股权投资——损益调整”科目（权益法）。

被投资单位宣告发放的现金股利或利润属于其在取得本机构投资前实现净利润的分配额，借记本科目，贷记“长期股权投资——成本”等科目。

（三）取得可供出售的金融资产时，按支付的价款中所包含的、已宣告但尚未发放的现金股利，借记本科目，按可供出售金融资产的公允价值与交易费用之和，借记“可供出售金融资产——成本”科目，按实际支付的金额，贷记“存放中央银行款项”等科目。

可供出售权益工具持有期间被投资单位宣告发放的现金股利，按应享有的份额，借记本科目，贷记“投资收益”科目。

（四）实际收到现金股利或利润，借记“存放中央银行款项”等科目，贷记本科目。

三、本科目属资产类，余额在借方，反映尚未收回的现金股利或利润。

四、本科目在资产负债表中归属“应收股利”项目。

1132　应收利息

一、本科目核算和反映农村合作金融机构交易性金融资产、持有至到期投资、可供出售金融资产、发放贷款、存放中央银行款项、存放同业款项、拆出资金、买入返售金融资产等应收取的利息。本科目可按借款人或被投资单位进行明细核算。

本机构购入的一次还本付息的持有至到期投资持有期间取得的利息，在“持有至到期投资”科目核算。

二、主要账务处理。

（一）发放的贷款，应于资产负债表日按贷款的合同本金和合同利率计算确定的应收未收利息，借记本科目，按贷款的摊余成本和实际利率计算确定的利息收入，贷记“利息收入”科目，按其差额，借记或贷记“贷款——利息调整”科目。

（二）取得的交易性金融资产，按支付的价款中所包含的、已到付息期但尚未领取的利息，借记本科目，按交易性金融资产的公允价值，借记“交易性金融资产——成本”科目，按发生的交易费用，借记“投资收益”科目，按实际支付的金额，贷记“存放中央银行款项”或有关科目。

（三）取得的持有至到期投资，应按该投资的面值，借记“持有至到期投资——成本”科目，按支付的价款中所包含的、已到付息期但尚未领取的利息，借记本科目，按实际支付的金额，贷记“存放中央银行款项”或有关科目，按其差额，借记或贷记“持有至到期投资——利息调整”科目。

资产负债表日，持有至到期投资为分期付息、一次还本债券投资的，应按票面利率计算确定的应收未收利息，借记本科目，按持有至到期投资摊余成本和实际利率计算确定的利息收入，贷记“投资收益”科目，按其差额，借记或贷记“持有至到期投资——利息调整”科目。

资产负债表日，持有至到期投资为一次还本付息债券投资的，应于资产负债表日按票面利率计算确定的应收未收利息，借记“持有至到期投资——应计利息”科目，按持有至到期投资摊余成本和实际利率计算确定的利息收入，贷记“投资收益”科目，按其差额，借记或贷记“持有至到期投资——利息调整”科目。

（四）取得的可供出售债券投资，比照（三）的相关规定进行处理。

（五）发生减值的持有至到期投资、可供出售债券投资的利息收入，应比照“贷款”科目相关规定进行处理。

（六）实际收到利息时，借记“存放中央银行款项”或有关科目，贷记本科目。

三、本科目属资产类，余额在借方，反映尚未收回的利息。

四、本科目在资产负债表中归属“应收利息”项目。

1221 其他应收款

一、本科目核算和反映农村合作金融机构除存出保证金、买入返售金融资产、应收股利、应收利息、预付账款等以外的其他各种应收、暂付款项。因农村合作金融机构向其他单位或个人提供银行信用形成的垫款不在本科目核算。本科目可按款项类别和对方单位（或个人）进行明细核算。

发生其他应收、暂付款项时，借记本科目，贷记“存放中央银行款项”或有关科目；收回时做相反的会计分录。

二、本科目属资产类，余额在借方，反映尚未收回的应收、暂付款项。

三、本科目在资产负债表中归属“其他应收款”项目。

1231 坏账准备

一、本科目核算和反映农村合作金融机构应收款项的坏账准备。本科目可按应收款项的类别进行明细核算。

二、主要账务处理。

（一）资产负债表日，应收款项发生减值的，应按减计的金额，借记“资产减值损失”科目，贷记本科目。本期应计提的坏账准备大于其账面余额的，应按其差额计提；应计提的坏账准备小于其账面余额的差额做相反的会计分录。

（二）对于确定无法收回的应收款项，按管理权限报经批准后作为坏账，转销应收款项，借记本科目，贷记“其他应收款”等科目。

（三）已确认并转销的应收账款以后又收回的，应按实际收回的金额，借记“其他应收款”等科目，贷记本科目；同时借记“存放中央银行款项”科目，贷记“其他应收款”等科目。

已确认并转销的应收账款以后又收回的，也可以按照实际收回的金额，借记“存放中央银行款项”科目，贷记本科目。

三、本科目属资产的备抵科目，余额在贷方，反映本机构已计提但尚未转销的坏账准备。

1301 农户贷款

一、本科目核算和反映农村合作金融机构发放给农户的所有生产、生活及消费等贷款，包括农村个体工商户贷款，如农户小额信用贷款、农户联保贷款及助学贷款等。本科目分别“本金”、“利息调整”、“已减值”进行明细核算，各明细科目下按借款人设置明细账户。

“农户”① 是指长期（一年以上）居住在乡镇（不包括城关镇）行政管理区域内的住户，以及长期居住在城关镇所辖行政村范围内的住户和户口不在本地而在本地居住一年以上的住户，国有农场的职工和农村个体工商户。

位于乡镇（不包括城关镇）行政管理区域内和在城关镇所辖行政村范围内的国有经济的机关、团体、学校、企事业单位的集体户；有本地户口，但举家外出谋生一年以上的住户，无论是否保留承包耕地均不属于农户。农户以户为统计单位。

二、本科目属资产类，余额在借方，反映按规定发放尚未收回的农户贷款的摊余成本。

三、本科目在资产负债表中归属“发放贷款和垫款”项目。

1302 农村经济组织贷款

一、本科目核算和反映农村合作金融机构发放给注册地位于农村区域的从事农业生产、农副产品加工和运输、农业科技等各类农村经济组织的贷款。各类组织包括农民专业合作社和其他组织（包括事业单位、机关法人、社会团体以及居民委员会、村民委员会和基金会等）。本科目分别“本金”、“利息调整”、“已减值”进行明细核算，各明细科目下按借款人设置明细账户。

二、本科目属资产类，余额在借方，反映按规定发放尚未收回的农村经济组织贷款的摊余成本。

三、本科目在资产负债表中归属“发放贷款和垫款”项目。

1303 农村企业贷款

一、本科目核算和反映农村合作金融机构发放给注册地位于农村区域的企业贷款。包括农村企业农林牧渔业贷款和农村企业支农贷款。本科目分别“本金”、“利息调整”、“已减值”进行明细核算，各明细科目下按借款人设置明细账户。

二、本科目属资产类，余额在借方，反映按规定发放尚未收回的农村企业贷款的摊余成本。

三、本科目在资产负债表中归属“发放贷款和垫款”项目。

1304 非农贷款

一、本科目核算和反映农村合作金融机构向企业、各类经济组织及个人发放的上述贷款以外的其他非涉农贷款。本科目分别“本金”、“利息调整”、“已减值”进行明细核算，各明细科目下可按借款人设置明细账户。

二、本科目属资产类，余额反映在借方，反映按规定发放尚未收回的其他非农贷款的摊余成本。

三、本科目在资产负债表中归属“发放贷款和垫款”项目。

上述贷款类主要账务处理，以农户贷款为例：

（一）发放贷款时，按贷款合同本金，借记“农户贷款——本金”科目，按实际支付的金额，贷记“现金”或有关科目，有差额的，借记或贷记“农户贷款——利息调整”科目。

资产负债表日，按贷款合同本金和合同利率计算确定的应收未收利息，借记“应收利息”科目，按贷款的摊余成本和实际利率计算确定的利息收入，贷记“利息收入”科目，按其差额，借记或贷记“农户贷款——利息调整”科目。合同利率与实际利率差异较小的，也可采用合同利率计算确定利息

① 按照《中国人民银行 中国银行业监督管理委员会关于建立〈涉农贷款专项统计制度〉的通知》（银发〔2007〕246 号）规定，对农户、农业经济组织、农村企业进行了定义。

收入。

收回贷款时，按客户归还的金额，借记“现金”或有关科目，按收回的应收利息金额，贷记“应收利息”科目，按归还的贷款本金，贷记“农户贷款——本金”科目，按其差额，贷记“利息收入”科目。存在利息调整余额的，还应同时结转。

（二）资产负债表日，确定贷款发生减值的，按应减计的金额，借记“资产减值损失——贷款减值损失”科目，贷记“贷款损失准备”科目。同时，将“农户贷款——本金、利息调整”余额转入“农户贷款——已减值”科目，借记“农户贷款——已减值”科目，贷记“农户贷款——本金、利息调整”等科目。

资产负债表日，按贷款的摊余成本和实际利率计算确定的利息收入，借记“贷款损失准备”科目，贷记“利息收入”科目。同时，将按合同本金和合同利率计算确定的应收利息金额进行表外登记。

收回减值贷款时，按实际收到的金额，借记“现金”科目，按相关贷款损失准备余额，借记“贷款损失准备”科目，按相关贷款余额，贷记“农户贷款——已减值”科目，按其差额，贷记“资产减值损失——贷款减值损失”科目。

（三）对于确实无法收回的贷款，按管理权限报经批准后作为呆账予以转销，借记“贷款损失准备”科目，贷记“农户贷款——已减值”科目。按管理权限报经批准后转销表外应收未收利息，减少“表外应收利息”科目金额。

已确认并转销的贷款以后又收回的，按原转销的已减值贷款余额，借记“农户贷款——已减值”科目，贷记“贷款损失准备”科目。按实际收到的金额，借记“现金”科目，按已转销的已减值贷款余额，贷记“农户贷款——已减值”科目，按其差额，贷记“资产减值损失——贷款减值损失”科目。

1305 信用卡透支

一、本科目用于核算和反映农村合作金融机构办理信用卡业务中，持卡人消费或支取现金所形成的透支款项。本科目可按持卡人进行明细核算。

持卡人透支时，借记本科目，贷记“现金”等有关科目。持卡人归还透支款项时，借记“现金”等有关科目，贷记本科目。

二、本科目属资产类，余额在借方，反映持卡人尚未归还的透支款项。

三、本科目在资产负债表中归属“发放贷款和垫款”项目。

1306 贴现资产

一、本科目核算和反映农村合作金融机构办理商业票据贴现业务所融出的资金。本科目可按贴现类别和贴现申请人，分别“面值”和“利息调整”进行明细核算。

本机构买入的即期外币票据，也通过本科目核算。

二、主要账务处理。

（一）办理贴现时，按贴现票面金额，借记本科目（面值），按实际支付的金额，贷记“存放中央银行款项”或有关科目，按其差额，贷记本科目（利息调整）。

（二）资产负债表日，按计算确定的贴现利息收入，借记本科目（利息调整），贷记“利息收入”科目。

（三）贴现票据到期，应按实际收到的金额，借记“存放中央银行款项”或有关科目，按贴现的票面金额，贷记本科目（面值），按其差额，贷记“利息收入”科目。存在利息调整金额的，也应同时结转。

（四）办理贴现业务取得的银行承兑汇票到期遭拒付，按从贴现申请人账户扣收的票款，借记有关科目，按银行承兑汇票票面金额，贷记本科目（贴现本金），按其差额，借记“垫款”科目。

三、本科目属资产类，余额在借方，反映本机构办理贴现业务融出的资金。

四、本科目在资产负债表中归属“发放贷款和垫款”项目。

1307　贸易融资

一、本科目核算农村合作金融机构对在国内外贸易中的进口商或出口商提供的贸易融资款项。本科目可按融资方式进行明细核算。

本科目账务处理比照贷款的相关规定处理。

二、本科目属资产类，余额在借方，反映本机构贸易融资款项情况。

三、本科目在资产负债表中归属“发放贷款和垫款”项目。

1308　垫款

一、本科目核算和反映农村合作金融机构按规定因办理承兑汇票、开出保函、开出信用证以及其他业务而发生的各项垫款。本科目可按发生垫款业务的性质进行明细核算。

垫付款项时，按实际垫付的金额，借记本科目，贷记“存放中央银行款项”或有关科目；收回垫付款项时，做相反的会计分录。

二、本科目属资产类，余额在借方，反映本机构垫款资金情况。

三、本科目在资产负债表中归属“发放贷款和垫款”项目。

1309　贷款损失准备

一、本科目核算和反映农村合作金融机构贷款的减值准备。计提贷款损失准备的资产包括农户贷款、农村经济组织贷款、农村企业贷款、非农贷款、信用卡透支、贴现资产、贸易融资及垫款等。本科目可按计提贷款损失准备的资产类别进行明细核算。

二、主要账务处理。

（一）资产负债表日，贷款发生减值的，按应减计的金额，借记“资产减值损失（损益类）”科目，贷记本科目。

（二）对于确实无法收回的各项贷款，按照管理权限报经批准后转销各项贷款时，借记本科目，贷记“××贷款”等科目。

（三）已计提贷款损失准备的贷款价值以后又得以恢复，应在原计提的贷款损失准备金额内，按恢复增加的金额，借记本科目，贷记“资产减值损失（损益类）”科目。

三、本科目属资产的备抵科目，余额在贷方，反映本机构已计提但尚未转销的贷款损失准备。

四、本科目在资产负债表中归属“发放贷款和垫款”项目。

1311　代理兑付证券

一、本科目核算和反映农村合作金融机构接受委托代理兑付到期的证券。本科目可按委托单位和证券种类进行明细核算。

二、主要账务处理。

（一）委托单位尚未拨付兑付资金而由机构垫付的，在收到客户交来的证券时，应按兑付金额，借记本科目，贷记“存放中央银行款项”等科目。向委托单位交回已兑付的证券并收回垫付的资金时，借记“存放中央银行款项”或有关科目，贷记本科目。

（二）收到客户交来的无记名证券时，应按兑付金额，借记本科目，贷记“现金”或有关科目。向委托单位交回已兑付的证券时，借记“代理兑付证券款”科目，贷记本科目。

三、本科目属资产类，余额在借方，反映本机构已兑付但尚未收到委托单位兑付资金的证券金额。

四、本科目与“2313 代理兑付证券款”科目轧差后在资产负债表中归属“其他资产”或“其他负债”项目。

1321　代理业务资产

一、本科目核算和反映农村合作金融机构不承担风险的代理业务形成的资产。包括受托理财业务进行的证券投资和受托贷款等。本科目可按委托单位、资产管理类别、贷款对象，分别“成本”、“已实现未结算损益”等进行明细核算。

二、主要账务处理。

（一）收到委托人的资金，应按实际收到的金额，借记“存放中央银行款项”或有关科目，贷记“代理业务负债”科目。

（二）以代理业务资金购买证券、委托贷款等时，借记本科目（成本），贷记“存放中央银行款项”或有关科目。

将购买的证券出售，应按实际收到的金额，借记“存放中央银行款项”等有关科目，按卖出证券应结转的成本，贷记本科目（成本），按其差额，借记或贷记本科目（已实现未结算损益）。

定期或在合同到期与委托客户进行结算，按合同约定比例计算代理业务资产收益，结转已实现未结算损益，借记本科目（已实现未结算损益），贷记“代理业务负债”（委托客户的收益）、“手续费及佣金收入”（本机构的收益）等科目。

三、本科目属资产类，余额在借方，反映本机构代理业务资产的价值。

四、本科目与“2314 代理业务负债”科目轧差后在资产负债表中归属“其他资产”或“其他负债”项目。

1431　贵金属

一、本科目用于核算和反映农村合作金融机构持有的黄金、白银等贵金属情况。本科目可按贵金属的类别进行明细核算。

二、主要账务处理。

（一）为上市交易而持有的贵金属，比照“交易性金融资产”科目进行处理。

（二）本机构购买贵金属时，借记本科目，贷记“存放中央银行款项”或有关科目。

（三）出售的贵金属，应按实际收到的金额，借记“存放中央银行款项”或有关科目，贷记“其他业务收入”科目。按其账面余额，借记“其他业务支出”科目，贷记本科目。

三、本科目属资产类，余额在借方，反映本机构持有的贵金属存货的成本。

四、本科目在资产负债表中归属“贵金属”项目。

1432　贵金属跌价准备

一、本科目核算和反映农村合作金融机构持有的贵金属的跌价准备。本科目可按贵金属的类别进行明细核算。

资产负债表日，贵金属发生减值的，按应减记的金额，借记“资产减值损失”科目，贷记本科目。

已计提跌价准备的贵金属价值以后又得以恢复，应在原已计提的跌价准备金额内，按恢复增加的金额，借记本科目，贷记“资产减值损失”科目。

二、本科目属资产的备抵科目，余额在贷方，反映本机构已计提但尚未转销的贵金属跌价准备。

三、本科目在资产负债表中归属“贵金属”项目。

1441　抵债资产

一、本科目核算和反映农村合作金融机构依法取得并准备按有关规定进行处置的实物抵债资产的成本。农村合作金融机构依法取得并准备按有关规定进行处置的非实物抵债资产（不含股权投资），也通过本科目核算。本科目可按抵债资产类别及借款人进行明细核算。

二、主要账务处理。

（一）取得抵债资产时，按抵债资产的公允价值，借记本科目，按相关资产已计提的减值准备，借记“贷款损失准备”或有关科目，按抵偿资产的账面余额，贷记“××贷款”、“应收利息”等科目；按应支付的相关税费，贷记“应交税费”科目；按其差额，借记“营业外支出”科目。如为贷方差额，应贷记“资产减值损失”科目。

（二）保管期间取得的收入，借记“存放中央银行款项”或有关科目，贷记“其他业务收入”科目。保管期间发生的直接费用，借记“其他业务支出”科目，贷记“存放中央银行款项”或有关科目。

（三）处置抵债资产时，应按实际收到的金额，借记“存放中央银行款项”或有关科目，按应支付的相关税费，贷记“应交税费”科目，按其账面余额，贷记本科目，按其差额，贷记“营业外收入”或借记“营业外支出”科目。已计提抵债资产减值准备的，还应同时结转减值准备。

（四）抵债资产如转为自用，应在办妥相关手续后，按转换日抵债资产账面价值，分别抵债资产类别借记“固定资产”、“无形资产”或有关科目，贷记本科目。已计提抵债资产减值准备的，还应同时结转减值准备。

三、本科目属资产类，余额在借方，反映本机构取得的尚未处置的抵债资产的成本。

四、本科目在资产负债表中归属“抵债资产”项目。

1442 抵债资产减值准备

一、本科目核算和反映农村合作金融机构抵债资产的减值准备。本科目可按计提抵债资产减值准备的资产类别进行明细核算。

二、主要账务处理。

（一）提取减值准备时，借记“资产减值损失（损益类）”科目，贷记本科目。

（二）资产负债表日，抵债资产发生减值的，按应减计的金额，借记“资产减值损失（损益类）”科目，贷记本科目。

三、本科目属资产的备抵科目，余额在贷方，反映本机构已计提但尚未转销的抵债资产减值准备。

四、本科目在资产负债表中归属“抵债资产”项目。

1501 持有至到期投资

一、本科目用于核算和反映农村合作金融机构持有至到期投资的摊余成本。本科目可按持有至到期投资的类别和品种，分别“成本”、“利息调整”、“应计利息”等进行明细核算。

二、主要账务处理。

（一）取得的持有至到期投资，应按其面值，借记本科目（成本），按支付的价款中包含的已到付息期但尚未领取的利息，借记“应收利息”科目，按实际支付的金额，贷记“存放中央银行款项”或有关科目，按其差额，借记或贷记本科目（利息调整）。

（二）资产负债表日，持有至到期投资为分期付息、一次还本债券投资的，应按票面利率计算确定的应收未收利息，借记“应收利息”科目，按持有至到期投资摊余成本和实际利率计算确定的利息收入，贷记“投资收益”科目；按其差额，借记或贷记本科目（利息调整）。

持有至到期投资为一次性还本付息债券投资的，应按票面利率计算确定的应收未收利息，借记本科目（应计利息），按持有至到期投资摊余成本和实际利率计算确定的利息收入，贷记“投资收益”科目；按其差额，借记或贷记本科目（利息调整）。

持有至到期投资发生减值后的利息处理，比照贷款类科目的相关规定。

（三）持有至到期投资重分类为可供出售金融资产的，应在重分类日按其公允价值，借记“可供出售金融资产”科目，按其账面余额，贷记本科目（成本、利息调整、应计利息），按其差额，贷记或借记“资本公积——其他资本公积”科目。已计提减值准备的，还应同时结转减值准备。

（四）出售持有至到期投资时，应按实际收到的金额，借记“存放中央银行款项”或有关科目，按其账面余额，贷记本科目（成本、利息调整、应计利息），按其差额，借记或贷记“投资收益”科目。已计提减值准备的，还应同时结转减值准备。

三、本科目属资产类，余额在借方，反映本机构持有至到期投资的摊余成本。

四、本科目在资产负债表中归属“持有至到期投资”项目。

1502　持有至到期投资减值准备

一、本科目核算和反映农村合作金融机构持有至到期投资的减值准备。本科目可按持有至到期投资资产类别进行明细核算。

二、主要账务处理。

（一）提取减值准备时，借记“资产减值损失（损益类）”科目，贷记本科目。

（二）资产负债表日，持有至到期投资发生减值的，按应减计的金额，借记“资产减值损失（损益类）”科目，贷记本科目。

已计提减值准备的持有至到期投资价值以后又得以恢复，应在原已计提的减值准备金额内，按恢复增加的金额，借记本科目，贷记“资产减值损失”科目。

三、本科目属资产的备抵科目，余额在贷方，反映本机构已计提但尚未转销的持有至到期投资减值准备。

四、本科目在资产负债表中归属“抵债资产”项目。

1503　可供出售金融资产

一、本科目核算和反映农村合作金融机构持有的可供出售金融资产的公允价值。本科目按可供出售金融资产的类别和品种，分别“成本”、“利息调整”、“应计利息”、“公允价值变动”等进行明细核算。

二、主要账务处理。

（一）取得可供出售金融资产，应按其公允价值与交易费用之和，借记本科目（成本），按支付的价款中包含的已宣告但尚未发放的现金股利，借记“应收股利”科目，按实际支付的金额，贷记“存放中央银行款项”或有关科目。

取得的可供出售金融资产为债券投资的，应按债券的面值，借记本科目（成本），按支付的价款中包含的已到付息期但尚未领取的利息，借记“应收利息”科目，按实际支付的金额，贷记“存放中央银行款项”或有关科目，按其差额，借记或贷记本科目（利息调整）。

（二）资产负债表日，可供出售债券为分期付息、一次还本债券投资的，应按票面利率计算确定应收未收利息，借记“应收利息”科目，按可供出售债券的摊余成本和实际利率计算确定的利息收入，贷记“投资收益”科目；按其差额，借记或贷记本科目（利息调整）。

可供出售债券为一次还本付息债券投资的，应于资产负债表日按票面利率计算确定应收未收利息，借记本科目（应计利息），按可供出售债券的摊余成本和实际利率计算确定的利息收入，贷记“投资收益”科目；按其差额，借记或贷记本科目（利息调整）。

可供出售债券投资发生减值后利息的处理，比照“贷款”科目相关规定。

（三）资产负债表日，可供出售金融资产公允价值高于其账面余额的差额，借记本科目（公允价值变动），贷记“资本公积——其他资本公积”科目；公允价值低于其账面余额的差额，做相反的会计分录。

确定可供出售金融资产发生减值的，按应减记的金额，借记“资产减值损失”科目，按应从所有者权益中转出原计入资本公积的累计损失金额，贷记“资本公积——其他资本公积”科目，按其差额，贷记本科目（公允价值变动）。

对已确认减值损失的可供出售金融资产，在随后会计期间内公允价值已上升且客观上与确认原减值损失事项有关的，应按原确认的减值损失，借记本科目（公允价值变动），贷记“资产减值损失”科目。

（四）将持有至到期投资重分类为可供出售金融资产的，应在重分类日按其公允价值，借记本科目，按其账面余额，贷记“持有至到期投资”科目，按其差额，贷记或借记“资本公积——其他资本公积”科目。已计提减值准备的，还应同时结转减值准备。

（五）出售可供出售金融资产时，应按实际收到的金额，借记“存放中央银行款项”或有关科目，按其账面余额，贷记本科目（成本、公允价值变动、利息调整、应计利息），按应从所有者权益中转出的公允价值累计变动额，借记或贷记“资本公积——其他资本公积”科目，按其差额，贷记或借记“投资收益”科目。

三、本科目属资产类，余额在借方，反映可供出售金融资产的公允价值。

四、本科目在资产负债表中归属“可供出售金融资产”项目。

1504　可供出售金融资产减值准备

一、本科目核算和反映农村合作金融机构可供出售金融资产的减值准备。本科目可按可供出售金融资产类别进行明细核算。

本科目主要账务处理，参见“持有至到期投资减值准备”科目有关规定。

二、本科目属资产的备抵科目，余额在贷方，反映本机构已计提但尚未转销的可供出售金融资产减值准备。

三、本科目在资产负债表中归属“可供出售金融资产”项目。

1511　长期股权投资

一、本科目核算和反映农村合作金融机构持有的采用成本法和权益法核算的长期股权投资。本科目可按被投资单位进行明细核算。

长期股权投资采用权益法核算的，还应当分别“成本”、“损益调整”、“其他权益变动”进行明细核算。

二、主要账务处理。

（一）初始取得长期股权投资。以支付现金取得的长期股权投资，按实际支付的价款减去已宣告但尚未领取的现金股利后的差额，借记本科目（成本），按实际支付的价款中包含的已宣告但尚未领取的现金股利，借记“应收股利”科目，按实际支付的价款，贷记有关科目。投资者投入的长期股权投资，应按确定的长期股权投资成本，借记本科目（成本），贷记“实收资本（股本）”科目。

（二）成本法核算时的账务处理。应按被投资单位宣告发放的现金股利或利润中属于农村合作金融机构享有的部分，借记“应收股利”科目，贷记“投资收益”科目；属于农村合作金融机构投资前被投资单位实现净利润的分配额，应作为投资成本的收回，借记“应收股利”科目，贷记本科目（成本）。

（三）权益法核算时的账务处理。

初始投资成本的调整。长期股权投资的初始投资成本大于投资时应享有被投资单位可辨认净资产公允价值份额的，不调整已确认的初始投资成本；长期股权投资的初始投资成本小于投资时应享有被投资单位可辨认净资产公允价值份额的，应按其差额，借记本科目，贷记“营业外收入”科目。

损益调整的确认。农村合作金融机构取得股权投资后，根据被投资单位实现的净利润或经调整的净利润计算应享有的份额，借记本科目（损益调整），贷记“投资收益”科目；被投资单位发生净亏损时，做相反会计分录，但以“长期股权投资”科目的账面价值减计至零为限。还需承担的投资损失，应将其他实质上构成对被投资单位净投资的长期债权等的账面价值的减计至零为限；除按照以上步骤已确认的损失外，按照投资合同或协议约定将承担的损失，确认为预计负债。发生亏损的被投资单位以后实现净利润的，应按与上述相反的顺序进行处理。

（四）取得现金股利或利润的处理。被投资单位以后宣告发放现金股利或利润时，农村合作金融机构按持股比例计算应享有的份额，借记“应收股利”科目，按顺序贷记本科目（损益调整）、“投资收益”及本科目（成本）。收到被投资单位宣告发放的股票股利，不进行账务处理，但应在备查簿中登记。

（五）其他权益变动的确认。在持股比例不变的情况下，被投资单位除净损益以外所有者权益的其他变动，农村合作金融机构按持股比例计算应享有的份额，借记或贷记本科目（其他权益变动），贷记或借记“资本公积”科目。

（六）长期股权投资核算方法的转换。将长期股权投资自成本法转按权益法核算的，应按转换时该项长期股权投资的账面价值作为权益法核算的初始投资成本，初始投资成本小于转换时占被投资单位可辨认净资产公允价值份额的差额，借记本科目（成本），贷记“营业外收入”科目。长期股权投资自权益法转按成本法核算的，应按中止采用权益法时长期股权投资的账面价值作为成本法核算的初始投资成本。

（七）长期股权投资的处置。处置长期股权投资，按实际收到的金额，借记“存放中央银行款项”或有关科目，贷记本科目，按尚未领取的现金股利或利润，贷记“应收股利”科目，按其差额，借记或贷记“投资收益”科目。已计提减值准备的，还应同时结转减值准备。

采用权益法核算的长期股权投资，原计入资本公积中的金额，在处置时应将与所出售股权相对应的部分自资本公积转入当期损益，借记或贷记“资本公积”科目，贷记或借记“投资收益”科目。

三、本科目属资产类，余额在借方，反映本机构长期股权投资的价值。

四、本科目在资产负债表中归属“长期股权投资”项目。

1512　长期股权投资减值准备

一、本科目核算和反映农村合作金融机构长期股权投资的减值准备。本科目可按长期股权投资资产类别或被投资单位进行明细核算。

二、资产负债表日，长期股权投资发生减值的，按应减计的金额，借记“资产减值损失（损益类）”科目，贷记本科目。

处置长期股权投资时，应同时结转已计提的长期股权投资减值准备。

三、本科目属资产的备抵科目，余额在贷方，反映本机构已计提但尚未转销的长期股权投资减值准备。

四、本科目在资产负债表中归属“长期股权投资”项目。

1521　投资性房地产

一、本科目核算和反映农村合作金融机构采用成本模式计量的投资性房地产的成本和采用公允价值模式计量的投资性房地产的公允价值。本科目可按投资性房地产类别和项目进行明细核算。

采用成本模式计量的投资性房地产的累计折旧或累计摊销，可以单独设置“投资性房地产累计折旧（摊销）”科目，比照“累计折旧”等科目进行处理。

采用公允价值模式计量的投资性房地产，还应当分别“成本”和“公允价值变动”进行明细核算。

二、采用成本模式计量投资性房地产的主要账务处理。

（一）外购、自行建造的投资性房地产，按应计入投资性房地产成本的金额，借记本科目，贷记“存放中央银行款项”、“在建工程”等科目。

将自用的建筑物等转化为投资性房地产的，应按其在转化日的原价、累计折旧、减值准备等，分别转入本科目、“投资性房地产累计折旧（摊销）”、“投资性房地产减值准备”等科目。

（二）按期对投资性房地产计提折旧或进行摊销，借记“其他业务支出”科目，贷记“投资性房地产累计折旧（摊销）”科目。

（三）取得租金收入时，按实际收到的金额或应收取的金额，借记有关科目或“其他应收款”科目，贷记“其他业务收入”科目。

（四）将投资性房地产转为自用时，按其在转换日的账面余额、累计折旧（摊销）、减值准备等，分别转入“固定资产”、“累计折旧”、“固定资产减值准备”等科目。

（五）出售或转让投资性房地产时，应按实际收到的金额，借记有关科目，贷记“其他业务收入”科目。按该项投资性房地产的累计折旧或累计摊销，借记“投资性房地产累计折旧（摊销）”科目，按该项投资性房地产的账面价值，贷记本科目，按其差额，借记“其他业务支出”科目。已计提减值准备的，还应同时结转减值准备。

三、采用公允价值模式计量投资性房地产的主要账务处理。

（一）外购、自行建造的投资性房地产，按应计入投资性房地产成本的金额，借记本科目（成本），贷记“存放中央银行款项”、“在建工程”等科目。

（二）将自用的建筑物等转化为投资性房地产的，应按其在转化日的公允价值，借记本科目（成本），按已计提的累计折旧等，借记“累计折旧”等科目，按其账面余额，贷记“固定资产”等科目，按其差额，贷记“资本公积——其他资本公积”科目或借记“公允价值变动损益”科目。已计提减值准备的，还应同时结转减值准备。

（三）资产负债表日，投资性房地产的公允价值高于其账面余额的差额，借记本科目（公允价值被动），贷记“公允价值变动损益”科目；公允价值低于其账面余额的差额做相反的会计分录。

取得的租金收入，借记“存放中央银行款项”或有关科目，贷记“其他业务收入”科目。

（四）将投资性房地产转为自用时，按其在转换日的公允价值，借记“固定资产”等科目，按其账面余额，贷记本科目（成本、公允价值变动），按其差额，贷记或借记“公允价值变动损益”科目。

（五）出售或转让投资性房地产时，应按实际收到的金额，借记“存放中央银行款项”或有关科目，贷记“其他业务收入”科目。按该项投资性房地产的账面余额，借记“其他业务支出”科目，贷记本科目（成本），贷记或借记本科目（公允价值变动）；同时，按该项投资性房地产的公允价值变动，借记或贷记“公允价值变动损益”科目，贷记或借记“其他业务收入”科目。按该项投资性房地产在转换日计入资本公积的金额，借记“资本公积——其他资本公积”科目，贷记“其他业务收入”科目。

四、本科目属资产类，余额在借方，反映本机构采用成本模式计量的投资性房地产成本。采用公允价值模式计量的投资性房地产，反映投资性房地产的公允价值。

五、本科目在资产负债表中归属“投资性房地产”项目。

1522　投资性房地产累计折旧（摊销）

一、本科目核算和反映农村合作金融机构投资性房屋建筑物的累计折旧或投资性土地使用权的累计摊销额。本科目按投资性房地产的类别进行明细核算。

本科目主要账务处理，参见“投资性房地产”科目有关规定。

二、本科目属资产类，余额在贷方，反映本机构投资性房地产的累计折旧（摊销）额。

三、本科目在资产负债表中归属“投资性房地产”项目。

1523　投资性房地产减值准备

一、本科目核算和反映农村合作金融机构投资性房地产的减值准备。本科目可按投资性房地产类别进行明细核算。

二、资产负债表日，投资性房地产发生减值的，按应减计的金额，借记“资产减值损失（损益类)”科目，贷记本科目。

处置投资性房地产时，应同时结转已计提的投资性房地产减值准备。

三、本科目属资产的备抵科目，余额在贷方，反映本机构已计提但尚未转销的投资性房地产减值准备。

四、本科目在资产负债表中归属“投资性房地产”项目。

1531　应收款项类投资

一、本科目核算和反映农村合作金融机构应收款项类投资。本科目可按应收款项类投资类别和项目进行明细核算。

二、主要账务处理。

（一）取得的应收款项类投资，应按该项投资的面值，借记本科目（成本），按支付的价款中包含的已到付息期但尚未领取的利息，借记“应收利息”科目，按实际支付的金额，贷记有关科目，按其差额，借记或贷记本科目（利息调整）。

（二）资产负债表日，应收款项类投资为分期付息、一次还本债券投资的，应按票面利率计算确定的应收未收利息，借记“应收利息”科目，按应收款项类投资摊余成本和实际利率计算确定的利息收入，贷记“投资收益”科目，按其差额，借记或贷记本科目（利息调整）。

（三）应收款项类投资为一次还本付息债券投资的，应于资产负债表日按票面利率计算确定的应收未收利息，借记本科目（应计利息），按应收款项类投资摊余成本和实际利率计算确定的利息收入，贷记“投资收益”科目，按其差额，借记或贷记本科目（利息调整）。

（四）出售应收款项类投资，应按实际收到的金额，借记有关科目，按其账面余额，贷记本科目（成本、利息调整、应计利息），按其差额，贷记或借记“投资收益”科目。已计提减值准备的，还应同时结转减值准备。

三、本科目属资产类，余额在借方，反映本机构尚未收回的应收款项类投资。

四、本科目在资产负债表中归属“应收款项类金融资产”项目。

1532　未实现融资收益

一、本科目核算和反映农村合作金融机构分期计入租赁收入或利息收入的未实现融资收益。本科目可按未实现融资收益项目进行明细核算。

二、主要账务处理。出租人融资租赁产生的应收租赁款，在租赁期开始日，应按租赁开始日最低租赁收款额与初始直接费用之和，借记“其他应收款”科目，按未担保余值，借记有关科目，按融资租赁资产的公允价值（最低租赁收款额的现值和未担保余值的现值之和），贷记××资产类科目，按融资租赁资产的公允价值与账面价值的差额，借记“营业外支出”科目或贷记“营业外收入”科目，按发生的初始直接费用，贷记“存放中央银行款项”或有关科目，按其差额，贷记本科目。

采用实际利率法按期计算确定的融资收入，借记本科目，贷记相关科目。

三、本科目属资产类，余额在借方，反映本机构尚未转入当期收益的未实现融资收益。

四、本科目在资产负债表中归属“其他应收款”项目。

1601　固定资产

一、本科目核算和反映农村合作金融机构所持有的固定资产原价。本科目可按固定资产类别和项目进行明细核算。融资租入的固定资产，可在本科目设置“融资租入固定资产”明细科目。

二、主要账务处理。

（一）固定资产增加的账务处理。购入不需安装的固定资产，按实际支付的买价、包装费、运输费、缴纳的有关税金等，借记本科目，贷记有关科目。购入需要安装的固定资产或自行建造固定资产，先记入“在建工程”科目核算，达到预定可使用状态时再转入本科目。已达到预定可使用状态，但尚未办理竣工决算手续的固定资产，应当自达到预定可使用状态之日起，按照工程预算、造价或者工程实际成本等，按估计的价值，借记本科目，贷记“在建工程”科目，并相应计提折旧，待确定实际成本后再进行调整。投资者投入的固定资产，应在办理了固定资产移交手续后，按投资合同或协议约定的价值加上应支付的相关税费，借记本科目，贷记“实收资本（股本）”科目。合同或协议约定价值不公允的除外。接受捐赠固定资产时，按确定的入账价值，借记本科目，按应支付的相关税费，贷记有关科目，按其差额，贷记“营业外收入”科目。盘盈的固定资产，按确定的入账价值，借记本科目，贷记“以前年度损益调整”科目。

（二）固定资产减少的账务处理。因出售、报废或毁损、对外投资、对外捐赠等原因减少固定资产时，按该项固定资产账面价值，借记“固定资产清理”科目，按已计提的累计折旧，借记“累计折旧”科目，按已计提的减值准备，借记“固定资产减值准备”科目，按固定资产账面余额，贷记“固定资产”科目。盘亏的固定资产，按其账面价值，借记“待处理财产损溢”科目，按已计提的累计折旧，借记“累计折旧”科目，按已计提的减值准备，借记“固定资产减值准备”科目，按固定资产账面余额，贷记“固定资产”科目。

三、本科目属资产类，余额在借方，反映本机构固定资产原价。

四、本科目在资产负债表中归属“固定资产”项目。

1602 累计折旧

一、本科目核算和反映农村合作金融机构持有的固定资产的累计折旧。本科目可按固定资产的类别或项目进行明细核算。

按期计提固定资产折旧时，借记“业务及管理费费用——固定资产折旧”科目，贷记本科目。处置固定资产时应同时结转该项资产累计折旧。

二、本科目属资产类，余额在贷方，反映固定资产的累计折旧额。

三、本科目在资产负债表中归属“固定资产”项目。

1603 固定资产减值准备

一、本科目核算和反映农村合作金融机构固定资产的减值准备。本科目可按固定资产的类别或项目进行明细核算。

资产负债表日，固定资产发生减值的，应按减计的金额，借记“资产减值损失”科目，贷记本科目。处置固定资产时应同时结转减值准备。

二、本科目属资产的备抵科目，余额在贷方，反映本机构尚未转销的固定资产的减值准备。

三、本科目在资产负债表中归属“固定资产”项目。

1604 在建工程

一、本科目核算和反映农村合作金融机构基建、更新改造等各项在建工程发生的支出。本科目按在建工程项目设置明细账户。

发生工程支出、按规定预付承包单位工程价款以及工程完工补付工程款时，借记本科目，贷记“存放中央银行款项”或有关科目。工程完工交付使用时，借记“固定资产”科目，贷记本科目。

二、本科目属资产类，余额在借方，反映本机构尚未达到预定可使用状态的在建工程成本。

三、本科目在资产负债表中归属“在建工程”项目。

1605 在建工程减值准备

一、本科目核算和反映农村合作金融机构在建工程的减值准备。本科目可按在建工程的类别或项目进行明细核算。

资产负债表日，在建工程发生减值的，应按减计的金额，借记“资产减值损失”科目，贷记本科目。

二、本科目属资产的备抵科目，余额在贷方，反映本机构尚未转销的在建工程的减值准备。

三、本科目在资产负债表中归属“在建工程”项目。

1606　固定资产清理

一、本科目核算和反映农村合作金融机构因出售、报废和毁损、对外投资及债务重组等原因转出的固定资产价值以及在清理过程中发生的费用等。本科目可按被清理的固定资产项目进行明细核算。

二、主要账务处理。

（一）固定资产转入清理。因出售、报废、毁损、对外投资、非货币性资产交换、债务重组等转出的固定资产，应按该项固定资产账面价值，借记本科目，按已计提的累计折旧，借记“累计折旧”科目，按其账面原价，贷记“固定资产”科目。已计提减值准备的，还应同时结转减值准备。

（二）发生的清理费用。固定资产清理过程中发生的有关费用以及应支付的相关税费，借记本科目，贷记“存放中央银行款项”、“应交税费”或有关科目。

（三）出售收入和残料等的处理。按实际收到的出售价款以及残料变价收入等，借记“存放中央银行款项”或有关科目，贷记本科目。

（四）保险赔偿的处理。按计算或收到的应由保险公司或过失人赔偿的损失，借记“其他应收款”或有关科目，贷记本科目。

（五）固定资产清理完成后，如果是净收益，借记本科目，贷记“营业外收入”科目。如果是净损失，属于经营期间正常的处理损失，借记“营业外支出——处置非流动资产损失”科目，贷记本科目；属于经营期间自然灾害等非正常原因造成的损失，借记“营业外支出——非常损失”科目，贷记本科目。

三、本科目属资产类，余额在借方，反映本机构尚未清理完毕的固定资产清理净损失。

四、本科目在资产负债表中归属“固定资产清理”项目。

1701　无形资产

一、本科目核算和反映农村合作金融机构持有的无形资产成本，包括专利权、非专利技术、商标权、著作权、土地使用权等。本科目可按无形资产项目进行明细核算。

二、主要账务处理。

（一）外购的无形资产，按应计入无形资产成本的金额，借记本科目，贷记“存放中央银行款项”或有关科目。

自行开发的无形资产，按应予资本化的支出，借记本科目，贷记有关科目。

（二）无形资产预期不能为企业带来经济利益的，应按已计提的累计摊销，借记“无形资产累计摊销”科目，按其账面余额，贷记本科目，按其差额，借记“营业外支出”科目。已计提减值准备的，还应同时结转减值准备。

（三）处置无形资产，应按实际取得的金额，借记“存放中央银行款项”或有关科目，按已计提的累计摊销，借记“无形资产累计摊销”科目，按应支付的相关税费及其他费用，贷记“应交税费”、“存放中央银行款项”或有关科目，按其账面余额，贷记本科目，按其差额，贷记“营业外收入——处置非流动资产利得”科目或借记“营业外支出——处置非流动资产损失”科目。已计提减值准备的，还应同时结转减值准备。

三、本科目属资产类，余额在借方，反映本机构无形资产的成本。

四、本科目在资产负债表中归属“无形资产”项目。

1702　无形资产累计摊销

一、本科目核算和反映农村合作金融机构对使用寿命有限的无形资产计提的累计摊销。本科目可按无形资产项目进行明细核算。

按期（月）计提无形资产的摊销，借记“业务及管理费”科目，贷记本科目。处置无形资产时应同时结转累计摊销。

二、本科目属资产类，余额在贷方，反映无形资产的累计摊销额。

三、本科目在资产负债表中归属“无形资产”项目。

1703　无形资产减值准备

一、本科目核算和反映农村合作金融机构无形资产的减值准备。本科目可按无形资产的类别或项目进行明细核算。

资产负债表日，无形资产发生减值的，应按减计的金额，借记“资产减值损失”科目，贷记本科目。处置无形资产时应同时结转减值准备。

二、本科目属资产的备抵科目，余额在贷方，反映本机构尚未转销的无形资产的减值准备。

三、本科目在资产负债表中归属“无形资产”项目。

1801　长期待摊费用

一、本科目核算和反映农村合作金融机构已经发生但应由本期和以后各期负担的分摊期限在一年以上的各项费用。本科目可按费用项目进行明细核算。

发生长期待摊费用时，借记本科目，贷记“存放中央银行款项”或有关科目；摊销时长期待摊费用，按摊销额借记“业务及管理费”科目，贷记本科目。

二、本科目属资产类，余额在借方，反映本机构尚未摊销完的长期待摊费用。

三、本科目在资产负债表中归属“长期待摊费用”项目。

1811　递延所得税资产

一、本科目核算和反映农村合作金融机构确认的可抵扣暂时性差异产生的递延所得税资产。本科目应按可抵扣暂时性差异等项目进行明细核算。根据税法规定可用以后年度税前利润弥补的亏损及税款抵减产生的所得税资产，也在本科目核算。

二、主要账务处理。

（一）资产负债表日，按照当期产生的可抵扣暂时性差异确认递延所得税资产，借记本科目，贷记“所得税费用”科目或有关科目。

资产负债表日，因可抵扣暂时性差异产生或税率变动应确认的递延所得税资产应有余额大于其账面余额时，应按其差额确认，借记本科目，贷记“所得税费用”科目或有关科目。

资产负债表日，因可抵扣暂时性差异转回或税率变动应确认的递延所得税资产应有余额小于其账面余额时，应按其差额确认，借记“所得税费用”科目或有关科目，贷记本科目。

（二）资产负债表日，预计未来期间很可能无法获得足够的应纳税所得额用以抵扣可抵扣暂时性差异的，按原已确认的递延所得税资产中应减计的金额，借记“所得税费用”科目或有关科目，贷记本科目。

三、本科目属资产类，余额在借方，反映本机构确认的递延所得税资产。

四、本科目在资产负债表中归属“递延所得税资产”项目。

1901　待处理财产损溢

一、本科目核算和反映农村合作金融机构在财产清查中查明的各项财产的盘盈、盘亏和毁损的价值。本科目可按盘盈、盘亏的资产种类和项目进行明细核算。

物资在运输途中发生的非正常短缺与损耗，也通过本科目核算。

二、主要账务处理。

（一）盘盈各项财产时，借记有关科目，贷记本科目。

（二）盘亏和毁损各项财产时，借记本科目，贷记有关科目。

（三）盘亏和毁损各项财产，按管理权限报经批准后处理时，按残料价值，借记有关科目，按可收回的保险赔偿或过失人赔偿，借记“其他应收款”科目，按本科目余额，贷记本科目，按其借方差额（盘亏造成的损失），借记“营业外支出”等科目。

盘盈的除固定资产以外的其他资产，借记本科目，贷记“营业外收入”等科目。

三、本科目属资产类，农村合作金融机构应查明原因，在期末结账前处理完毕，处理后本科目应无余额。

四、本科目在资产负债表中归属“待处理财产损溢”项目。

二、负债类科目

2001 单位活期存款

一、本科目核算和反映农村合作金融机构吸收的企业事业单位、个体工商户以及行政机关、团体等组织机构的活期存款。本科目可按存款类别及存款单位进行明细核算。

存入的款项，按实际收到的金额，借记“存放中央银行款项”或有关科目，贷记本科目。结息日结付活期存款利息时，借记“利息支出”科目，贷记本科目。支取存款时，按实际支付的金额，借记本科目，贷记“存放中央银行款项”或有关科目。销户取款时，按本科目账面余额，借记本科目，借记“利息支出”科目；按实际支付的存款本息，贷记有关科目。

二、本科目属负债类，余额在贷方，反映本机构吸收的单位活期存款。

三、本科目在资产负债表中归属“吸收存款”项目。

2002 单位定期存款

一、本科目核算和反映农村合作金融机构吸收的企事业单位、个体工商户以及行政机关、团体等组织机构的定期存款。本科目可按存款类别及存款单位进行明细核算。

存入的款项，按实际收到的金额，借记“存放中央银行款项”或有关科目，贷记本科目。计提利息时，借记“利息支出”科目，贷记“应付利息”科目。支取本息时，按定期存款本金，借记本科目，按已计提的存款利息，借记“应付利息”科目，按上一利息计提截止日到存款支取日应享有的利息，借记“利息支出”科目，按实际支付的定期存款本息，贷记有关科目。

二、本科目属负债类，余额在贷方，反映本机构吸收的单位定期存款。

三、本科目在资产负债表中归属“吸收存款”项目。

2003 个人活期存款

一、本科目核算和反映农村合作金融机构吸收的个人活期储蓄存款。本科目可按存款类别及存款单位进行明细核算。

存入的款项，按实际收到的金额，借记“存放中央银行款项”或有关科目，贷记本科目。结息日结付利息时，借记“利息支出”科目，按应代扣代交的利息税金额，贷记“应交税费”科目，按实际支付给客户的利息，贷记本科目。支取存款时，按实际支付的金额，借记本科目，贷记“存放中央银行款项”或有关科目。销户时，借记本科目，借记“利息支出”科目，按应代扣代交的利息税金额，贷记“应交税费”科目，按实际支付的存款本息，贷记有关科目。

二、本科目属负债类，余额在贷方，反映本机构吸收的个人活期存款。

三、本科目在资产负债表中归属“吸收存款”项目。

2004 个人定期存款

一、本科目核算和反映农村合作金融机构吸收的个人定期储蓄存款。本科目可按存款类别及存款单位进行明细核算。

存入的款项，按实际收到的金额，借记“存放中央银行款项”或有关科目，贷记本科目。计提存款利息时，借记“利息支出”科目，贷记“应付利息”科目。支取时，按个人定期存款本金，借记本科目，按已计提的存款利息，借记“应付利息”科目，按上一利息计提截止日到存款支取日应享有的利息，借记“利息支出”科目，按应代扣代交的利息税金额，贷记“应交税费”科目，按实际支付的定期储蓄存款本息，贷记有关科目。

二、本科目属负债类，余额在贷方，反映本机构吸收的个人定期存款。

三、本科目在资产负债表中归属“吸收存款”项目。

2005 银行卡存款

一、本科目核算和反映农村合作金融机构办理的单位或个人银行卡业务吸收的存款。本科目可按持卡人（单位）及存款类别进行明细核算。

二、单位或个人办理银行卡业务存入的款项时，借记“存放中央银行款项”或有关科目，贷记本科目。支取款项时，借记本科目，贷记“存放中央银行款项”或有关科目。

三、本科目属负债类，余额在贷方，反映本机构办理的银行卡业务存款。

四、本科目在资产负债表中归属“吸收存款”项目。

2006 财政性存款

一、本科目核算和反映农村合作金融机构吸收的行政机关、团体和企事业单位的财政性存款。本科目可按存款类别及存款单位进行明细核算。

存入款项时，借记“存放中央银行款项”或有关科目，贷记本科目；支取款项时，借记本科目，贷记“存放中央银行款项”或有关科目。

二、本科目属负债类，余额在贷方，反映本机构吸收的财政性存款。

三、本科目在资产负债表中归属“吸收存款”项目。

2007 待结算财政款项

一、本科目核算和反映农村合作金融机构办理乡镇国库、国库经收处业务收纳、划解的预算收入和预算支出及预算外资金和自筹资金的收支。本科目按款项级次进行明细核算。

二、收纳款项时借记“存放中央银行款项”或有关科目，贷记本科目；划解款项时借记本科目，贷记“存放中央银行款项”或有关科目。

三、本科目属负债类，余额在贷方，反映本机构办理的待结算财政款项。

四、本科目在资产负债表中归属“其他负债”项目。

2011 应解汇款

一、本科目核算和反映农村合作金融机构办理结算业务过程中收到的待解付款项以及未在本机构开户的单位、个人需要办理异地汇款时临时存入的款项。本科目按收款单位或个人进行明细核算。

异地汇入待解付款项和临时存入款项时，借记“存放中央银行款项”或有关科目，贷记本科目；将汇入款项（临时存款）解付收款人时，借记本科目，贷记“存放中央银行款项”或有关科目；如收款人要求将款项退汇或转汇时，借记本科目，贷记“存放中央银行款项”或有关科目。

二、本科目属负债类，余额在贷方，反映本机构收到的应解汇款。

三、本科目在资产负债表中归属“吸收存款”项目。

2012 汇出汇款

一、本科目核算和反映农村合作金融机构接受单位或个人的委托，汇往外地的各种款项。本科目可按汇款单位或个人及汇入地点进行明细核算。

接受客户委托，签发银行汇票时，借记“活期存款”或“现金”等有关科目，贷记本科目；签发机构收到兑付机构解付汇票后划回的来账时，借记本科目，贷记有关往来科目。

二、本科目属负债类，余额在贷方，反映本机构汇出的汇出汇款。

三、本科目在资产负债表中归属“其他负债”项目。

2013 开出本票

一、本科目核算和反映农村合作金融机构签发银行本票时，向客户收取的本票资金。本科目可按客户进行明细核算。

收取本票资金时，借记有关科目，贷记本科目；清算本票资金时，借记本科目，贷记有关科目。

二、本科目属负债类，余额在贷方，反映已收取的银行本票资金。

三、本科目在资产负债表中归属“其他负债”项目。

2014 保证金存款

一、本科目核算和反映农村合作金融机构收到客户存入的各种保证金。如信用证保证金、承兑汇票保证金、保函保证金、担保保证金等。本科目可按客户进行明细核算。

收到客户存入的保证金时，借记“存放中央银行款项”或有关科目，贷记本科目；向客户归还保证金时做相反的会计分录。因客户账户资金不足，需用保证金支付相关款项时，借记本科目，贷记“存放中央银行款项”或有关科目。支付保证金存款利息时，应按计算确定的存入保证金利息费用，借记“利息支出”科目，贷记有关科目。

二、本科目属负债类，余额在贷方，反映本机构接受存入但尚未返还的保证金。

三、本科目在资产负债表中归属“吸收存款”项目。

2015 向中央银行借款

一、本科目用于核算和反映农村合作金融机构向中央银行借入的各种款项。本科目可按借款性质进行明细核算。

二、主要账务处理。

（一）借入款项时，借记“存放中央银行款项”科目，贷记本科目；归还款项时，做相反会计分录。

（二）资产负债表日计提应付利息，借记“金融机构往来支出”科目，贷记“应付利息”科目；实际支付利息时，借记“应付利息”科目，贷记“存放中央银行款项”科目。

三、本科目属负债类，余额在贷方，反映本机构借入尚未归还的中央银行借款。

四、本科目在资产负债表中归属“向中央银行借款”项目。

2016 央行拨付专项票据资金

一、本科目用于核算和反映中国人民银行实际兑付农村合作金融机构专项央行票据时的资金额度。

二、收到专项央行票据兑付款项时，借记“存放中央银行款项”科目，贷记本科目。本科目属过渡性科目。

三、本科目属负债类，余额在贷方。

四、本科目与资产类中“央行专项扶持资金”科目轧差后无余额。

2017 同业存放款项

一、本科目核算和反映除中央银行和农村合作金融机构以外的境内外其他金融机构（含农信银中心）存放于农村合作金融机构的各种款项。本科目可按往来资金性质和机构进行明细核算。

二、主要账务处理。

（一）存入款项增加时，借记“存放中央银行款项”或有关科目，贷记本科目；同业存入款项减少时做相反会计分录。

（二）资产负债表日计提应付利息，借记“金融机构往来支出”科目，贷记“应付利息”科目。实际支付利息时，借记“应付利息”科目，贷记有关科目。

三、本科目属负债类，余额在贷方，反映其他金融机构存放于本机构的各种款项。

四、本科目在资产负债表中归属“同业及其他金融机构存放款项”项目。

2018 系统内存放款项

一、本科目核算和反映农村合作金融机构系统内（包括农村信用社和农村银行机构）存放于农村合作金融机构的各种款项，包括各类业务资金、清算资金及其他性质的款项。本科目可按存放款项往来资金性质和机构进行明细核算。

收到存入款项或清算贷差时，借记“存放中央银行款项”或有关科目，贷记本科目；系统内其他机构通过本机构支取现金、支付款项、清算借差时，做相反会计分录。

二、本科目属负债类，余额在贷方，反映系统内其他机构存放在本机构的各种款项。

三、本科目在资产负债表中归属“同业及其他金融机构存放款”项目。

2019 同业拆入资金

一、本科目用于核算和反映农村合作金融机构从除农村合作金融机构以外的其他金融机构（含农信银中心）拆入资金的情况。本科目可按拆入资金的性质和机构进行明细核算。

二、主要账务处理。

（一）拆入资金时，借记有关科目，贷记本科目。

（二）资产负债表日计提应付利息，借记“金融机构往来支出”科目，贷记“应付利息”科目；实际支付利息时，借记“应付利息”科目，贷记有关科目。

（三）拆借还款日，需补提最近计提日或资产负债表日至还款日的利息，借记本科目，或金融机构往来支出，或应付利息，贷记有关科目。

三、本科目属负债类，余额在贷方，反映本机构向同业拆入的资金。

四、本科目在资产负债表中归属“拆入资金”项目。

2020 系统内拆入资金

一、本科目核算和反映农村合作金融机构从系统内（包括农村信用社和农村银行机构）拆入资金的情况。本科目可按拆入资金的性质和机构进行明细核算。

二、主要账务处理。

（一）拆入资金时，借记有关科目，贷记本科目。

（二）资产负债表日计提应付利息，借记“金融机构往来支出”科目，贷记“应付利息”科目；实际支付利息时，借记“应付利息”科目，贷记有关科目。

（三）拆借还款日，需补提最近计提日或资产负债表日至还款日的利息，借记本科目或金融机构往来支出或应付利息，贷记有关科目。

三、本科目属负债类，余额在贷方，反映本机构系统内拆入的资金。

四、本科目在资产负债表中归属“拆入资金”项目。

2021 转贴现负债

一、本科目核算和反映农村合作金融机构办理票据转贴现业务所融入的资金。本科目可按贴现类别和贴现机构，分别“面值”、“利息调整”进行明细核算。

二、主要账务处理。

（一）以贴现票据向其他银行业金融机构办理转贴现时，应按实际收到的金额，借记“存放中央银行款项”或有关科目，贷记本科目（贴现本金），按其差额，借记本科目（利息调整）。

（二）资产负债表日，按计算确定的利息费用，借记“金融机构往来支出”科目，贷记本科目

（利息调整）。

（三）转贴现票据到期未发生退票，应按票面金额，借记本科目，贷记“贴现资产”科目。

转贴现票据到期发生退票，应按票面金额，借记本科目，贷记“贴现资产”科目。同时应按实际支付其他银行金融机构的款项，借记“垫款”科目，贷记有关科目。

三、本科目属负债类，余额在贷方，反映本机构办理票据转贴现业务所融入的资金。

四、本科目在资产负债表中归属“其他负债”项目。

2022 再贴现负债

一、本科目核算和反映农村合作金融机构办理票据再贴现业务所融入的资金。本科目可按贴现类别和贴现机构，分别“面值”、“利息调整”进行明细核算。

二、以贴现票据向中央银行办理再贴现时确认的利息费用通过“金融机构往来支出”科目核算。其他账务处理参照“转贴现业务”的相关规定。

三、本科目属负债类，余额在贷方，反映本机构办理票据再贴现业务所融入的资金。

四、本科目在资产负债表中归属“其他负债”项目。

2101 交易性金融负债

一、本科目核算和反映农村合作金融机构承担的交易性金融负债的公允价值。持有的直接指定为公允价值计量且其变动计入当期损益的金融负债，也在本科目核算。本科目可按交易性金融负债类别，分别“本金”、“公允价值变动”等进行明细核算。

二、主要账务处理。

（一）交易性金融负债，按实际收到的金额，借记“存放中央银行款项”或有关科目，按发生的交易费用，借记“投资收益”科目，按交易性金融负债的公允价值，贷记本科目（本金）。

（二）资产负债表日，按交易性金融负债票面利率计算的利息，借记“投资收益”科目，贷记“应付利息”科目。

资产负债表日，交易性金融负债的公允价值高于其账面余额的差额，借记“公允价值变动损益”科目，贷记本科目（公允价值变动）；公允价值低于其账面余额的差额做相反的会计分录。

（三）处置交易性金融负债，应按该金融负债的账面余额，借记本科目，按实际支付的金额，贷记“存放中央银行款项”或有关科目，按其差额，贷记或借记“投资收益”科目。同时，按该金融负债的公允价值变动，借记或贷记“公允价值变动损益”科目，贷记或借记“投资收益”科目。

三、本科目属负债类，余额在贷方，反映本机构承担的交易性金融负债的公允价值。

四、本科目在资产负债表中归属“交易性金融负债”项目。

2111 卖出回购金融资产款

一、本科目核算和反映农村合作金融机构按照回购协议先卖出再按固定价格买入的票据、证券、贷款等金融资产所融入的资金。本科目可按卖出回购金融资产的类别和融资方进行明细核算。

二、主要账务处理。

（一）根据回购协议卖出资产时，按实际收到的金额，借记“存放中央银行款项”或有关科目，贷记本科目。

（二）资产负债表日，按照计算确定的卖出回购资产利息费用，借记“金融机构往来支出”科目，贷记“应付利息”科目。

（三）回购日，分别按其本金和应付利息账面余额，借记本科目和“应付利息”科目，按实际支付的金额，贷记“存放中央银行款项”或有关科目，按其差额借记“金融机构往来支出”科目。

三、本科目属负债类，余额在贷方，反映本机构尚未到期的卖出回购金融资产款。

四、本科目在资产负债表中归属“卖出回购金融资产款”项目。

2211 应付职工薪酬

一、本科目核算和反映农村合作金融机构按照有关规定应付职工的各种薪酬。本科目可按支付职工薪酬项目进行明细核算。

发生职工薪酬时，借记“业务及管理费”科目，贷记本科目。发放职工薪酬，按应付职工薪酬总额，借记本科目，贷记有关科目。

二、本科目属负债类，余额在贷方，反映本机构应付未付的职工薪酬。

三、本科目在资产负债表中归属“应付职工薪酬”项目。

2221 应交税费

一、本科目用于核算和反映农村合作金融机构按照税法规定计算应交纳的各种税费，包括营业税、所得税等。本机构代扣代交的个人所得税等，也在本科目核算。本科目可按应交的税费项目进行明细核算。

二、主要账务处理。

（一）按规定计算应交的营业税、城市维护建设税、教育费附加，借记“营业税金及附加”科目，贷记本科目。

（二）出售不动产计算应交的营业税，借记“固定资产清理”科目，贷记本科目。

（三）按规定计算应交的房产税、车船使用税、土地使用税，借记“业务及管理费”科目，贷记本科目。

（四）按照税法规定计算应交的所得税，借记“所得税费用”科目，贷记本科目。

（五）实际交纳各项税费时，借记本科目，贷记“存放中央银行款项”或有关科目。

三、本科目属负债类，贷方余额，反映企业尚未交纳的税费；期末如为借方余额，反映企业多交或尚未抵扣的税费。

四、本科目在资产负债表中归属“应交税费”项目。

2231 应付利息

一、本科目核算和反映农村合作金融机构按照合同约定应支付的利息，包括吸收的各种存款、同业往来、拆入资金及卖出回购资产等应计提的当期应付利息。本科目可按存款人或债权人进行明细核算。

资产负债表日，应按摊余成本和实际利率计算确定的利息费用，借记“利息支出”等科目，按合同利率计算确定的应付未付利息，贷记本科目，按其差额，借记或贷记“××存款——利息调整”等科目。

合同利率与实际利率差异较小的，也可以采用合同利率计算确定利息费用。

实际支付利息时，借记本科目，贷记有关科目。

二、本科目属负债类，余额在贷方，反映本机构应付未付利息。

三、本科目在资产负债表中归属“应付利息”项目。

2232 应付股利

一、本科目核算和反映农村合作金融机构分配的现金股利或利润。本科目可按投资者进行明细核算。

根据股东大会或类似机构审议批准的利润分配方案，按应支付的现金股利或利润，借记“利润分配”科目，贷记本科目。实际支付现金股利或利润时，借记本科目，贷记有关科目。

董事会或类似机构通过的利润分配方案中拟分配的现金股利或利润，不做账务处理，但应在附注中披露。

二、本科目属负债类，余额在贷方，反映本机构应付未付的现金股利或利润。

三、本科目在资产负债表中归属“应付股利”项目。

2241　其他应付款

一、本科目核算和反映农村合作金融机构除应付职工薪酬、应交税费、应付利息、应付股利、长期应付款等以外的其他各项应付和暂收的款项。本科目可按其他应付款的项目和对方单位（或个人）进行明细核算。

发生各种应付、暂收款项，借记营业费用等科目，贷记本科目；支付各种应付、暂收款项，借记本科目，贷记“存放中央银行款项”或有关科目。

二、本科目属负债类，余额在贷方，反映本机构应付未付的其他应付款。

三、本科目在资产负债表中归属“其他应付款”项目。

2312　代理承销证券款

一、本科目核算和反映农村合作金融机构接受客户委托，采用承购包销方式或代销方式承销证券所形成的、应付证券发行人的承销资金。本科目可按委托单位和证券种类等进行明细核算。

二、主要账务处理。

（一）承销记名证券的账务处理：

1. 通过证券交易所上网发行的，在证券上网发行日根据承销合同确认的证券发行总额，按承销价款，在备查簿中记录承销证券的情况。

2. 与证券交易所交割清算，按实际收到的金额，借记“存放中央银行款项”或有关科目，贷记本科目。

3. 承销期结束，将承销证券款项交付委托单位并收取承销手续费，按承销价款，借记本科目，按应收取的承销手续费，贷记“手续费及佣金收入”科目，按实际支付给委托单位的金额，贷记“存放中央银行款项”或有关科目。

4. 承销期结束有未售出证券、采用余额承购包销方式承销证券的，按合同规定由本机构认购，应按承销价款，借记“交易性金融资产”、“可供出售金融资产”等科目，贷记本科目。

承销期结束，应将未出售证券退还委托单位。

（二）承销的无记名证券，比照承销记名证券的相关规定进行处理。

三、本科目属负债类，余额在贷方，反映本机构承销证券应付未付给委托单位的款项。

四、本科目在资产负债表中归属“其他负债”项目。

2313　代理兑付证券款

一、本科目核算和反映农村合作金融机构接受客户委托代理兑付证券收到的兑付资金。本科目可按客户类别等进行明细核算。

二、主要账务处理。

（一）兑付记名证券，收到委托单位的兑付资金，借记“存放中央银行款项”或有关科目，贷记本科目。收到客户交来的证券，按兑付金额，借记本科目，贷记“存放中央银行款项”或有关科目。

兑付无记名证券的，还应通过“代理兑付证券”科目核算。

（二）收取代理兑付证券手续费收入，向委托单位单独收取的，按应收或已收取的手续费，借记有关科目，贷记“手续费及佣金收入”科目。

三、本科目属负债类，余额在贷方，反映本机构收到但尚未兑付的代理兑付证券款项。

四、本科目与“1311 代理兑付证券”科目轧差后在资产负债表中归属“其他资产”或“其他负债”项目。

2314　代理业务负债

一、本科目核算和反映农村合作金融机构办理不承担风险的代理业务收到的款项，包括受托投资资金、受托贷款资金等。本科目可按委托单位、资产管理类别（如定向、集合和专项资产管理业务）等进行明细核算。

二、本科目主要账务处理参见“代理业务资产”科目有关规定。

三、本科目属负债类，余额在贷方，反映本机构收到的代理业务资金。

四、本科目与“1321 代理业务资产”科目轧差后在资产负债表中归属“其他资产”或“其他负债”项目。

2401 递延收益

一、本科目核算和反映农村合作金融机构确认的应在以后期间计入当期损益的政府补助。

二、主要账务处理。

（一）收到或应收的与资产相关的政府补助，借记“存放中央银行款项”或有关科目，贷记本科目。在相关资产使用寿命内分配递延收益，借记本科目，贷记“营业外收入”科目。

（二）与收益相关的政府补助，用于补偿机构以后期间相关费用或损失的，按收到或应收的金额，借记“存放中央银行款项”、“其他应收款”等科目，贷记本科目。在发生相关费用或损失的未来期间，应按补偿的金额，借记本科目，贷记“营业外收入”科目。用于补偿机构已发生的相关费用或损失的，按收到或应收的金额，借记“存放中央银行款项”、“其他应收款”等科目，贷记“营业外收入”科目。

三、本科目属负债类，余额在贷方，反映本机构应在以后期间计入当期损益的政府补助。

四、本科目在资产负债表中归属“其他负债”项目。

2501 长期借款

一、本科目核算和反映农村合作金融机构借入的期限在一年（不含一年）以上的各项长期借款（向人民银行借款除外）。本科目可按借款单位和借款种类，分别“本金”、“利息调整”等进行明细核算。

二、主要账务处理。

（一）借入长期借款时，应按实际收到的金额，借记“存放中央银行款项”科目，贷记本科目（本金）。如有差额，还应借记本科目（利息调整）。

（二）资产负债表日，应按摊余成本和实际利率计算确定的长期借款的利息费用，借记有关科目，按合同利率计算确定的应付未付利息，贷记“应付利息”科目，按其差额贷记本科目（利息调整）。

实际利率与合同利率差异较小的，也可采用合同利率确定利息费用。

（三）归还的长期借款本金，借记本科目（本金），贷记“存放中央银行款项”科目。同时，存在利息调整余额的，借记或贷记有关科目，借记或贷记本科目（利息调整）。

三、本科目属负债类，余额在贷方，反映本机构尚未归还的长期借款。

四、本科目在资产负债表中归属“其他负债”项目。

2502 应付债券

一、本科目核算和反映农村合作金融机构为筹集（长期）资金而发行债券的本金和利息。农村合作金融机构发行的可转换公司债券，应将负债和权益成分进行分拆，分拆后形成的负债成分在本科目核算。本科目可按“面值”、“利息调整”、“应计利息”等进行明细核算。

二、主要账务处理。

（一）发行债券，应按实际收到的金额，借记有关科目，按债券票面金额，贷记应付债券（面值），存在差额的，借或贷记应付债券（利息调整）。

（二）发行的可转换公司债券，应按实际收到的金额，借记有关科目，按该项可转换公司债券包含的负债成分的面值，贷记本科目（可转换公司债券——面值），按权益成分的公允价值，贷记“资本公积——其他资本公积”科目，按其差额，借或贷记本科目（利息调整）。

（三）资产负债表日，对于分期付息、一次还本的债券，应按摊余成本和实际利率计算确定的债券利息费用，借记“利息支出”等科目，按票面利率计算确定的应付利息，贷记“应付利息”科目，按其差额，借或贷记本科目（利息调整）。

（四）对于一次还本付息的债券，应于资产负债表日按摊余成本和实际利率计算确定的债券利息费用，借记“利息支出”等科目，按票面利率计算确定的应付利息，贷记本科目（应计利息），按其差额，借或贷记本科目（利息调整）。

实际利率与票面利率差异较小的，也可以采用票面利率计算确定利息费用。

（五）长期债券到期，支付债券本息，借记本科目（面值、应计利息）、“应付利息”等科目，贷记有关科目。同时，存在利息调整余额的，借或贷记本科目（利息调整），贷或借记“利息支出”等科目。

（六）可转换公司债券持有人行使转换权利，将其持有的债券转换为股票，按可转换公司债券的余额，借记本科目（可转换公司债券——面值、利息调整），按其权益成分的金额，借记“资本公积——其他资本公积”科目，按股票面值和转换的股数计算的股票面值总额，贷记“实收资本（股本）”科目，按其差额，贷记“资本公积——股本溢价”科目，如用现金支付不可转换股票的部分，还应贷记有关科目。

（七）农村合作金融机构应当设置“债券备查簿”，详细登记本机构债券的票面金额、债券票面利率、还本付息期限与方式、发行总额、发行日期和编号、委托代售单位、转换股份等资料。本机构债券到期兑付，在备查簿中应予注销。

三、本科目属负债类，余额在贷方，反映本机构尚未偿还的长期债券摊余成本。

四、本科目在资产负债表中归属“应付债券”项目。

2701 长期应付款

一、本科目核算和反映农村合作金融机构除长期借款和发行债券以外的其他各种长期应付款项如应付融资租入固定资产的租费等。本科目可按长期应付款的种类和债权人进行明细核算。

二、主要账务处理。

（一）融资租入固定资产，按应支付的融资租赁费，借记“固定资产”（不需安装）或“在建工程”科目（需要安装），贷记本科目。支付融资租赁费时，借记本科目，贷记有关科目。

（二）长期应付款的利息支出和有关费用，除与购建固定资产有关的，在固定资产尚未交付使用或者虽已投入使用但尚未办理竣工决算之前发生的，计入有关固定资产的购建成本外，其他利息和有关费用计入当期损益。

三、本科目属负债类，余额在贷方，反映本机构应付未付的长期应付款。

四、本科目在资产负债表中归属“其他负债”项目。

2702 未确认融资费用

一、本科目核算和反映农村合作金融机构应当分期计入利息费用的未确认融资费用。本科目可按债权人和长期应付款项目进行明细核算。

二、主要账务处理。

（一）融资租入的固定资产，在租赁期开始日，按应计入固定资产成本的金额（租赁开始日租赁资产公允价值与最低租赁付款额现值两者中较低者，加上初始直接费用），借记“在建工程”或“固定资产”科目，按最低租赁付款额，贷记“长期应付款”科目，按发生的初始直接费用，贷记有关科目，按其差额，借记本科目。

（二）购入有关资产超过正常信用条件延期支付价款、实质上具有融资性质的，应按购买价款的现值，借记“固定资产”、“在建工程”等科目，按应支付的金额，贷记“长期应付款”科目，按其差额，借记本科目。

采用实际利率法分期摊销未确认融资费用，借记“业务及管理费”、“在建工程”等科目，贷记本科目。

三、本科目属负债类，余额在借方，反映本机构未确认融资费用的摊余价值。

四、本科目在资产负债表中归属“其他负债”项目。

2711 管理部门统筹资金

一、本科目核算和反映省、地（市）县级农村合作金融机构统筹的管理费、保险金和其他统筹资金等，本科目应按资金类别进行明细核算。

管理部门统筹管理费资金时，借记有关科目，贷记本科目。

分支机构上缴管理费资金时，借记“业务及管理费”科目，贷记有关科目。

二、本科目属负债类，余额在贷方，反映本机构统筹的各项资金。

三、本科目在资产负债表中归属“其他负债”项目。

2801 预计负债

一、本科目核算和反映农村合作金融机构确认的对外提供担保、未决诉讼、重组义务、亏损性合同等预计负债。本科目可按形成预计负债的交易或事项进行明细核算。

二、主要账务处理。

（一）由于对外提供担保、未决诉讼、重组义务产生的预计负债，应按确定的金额，借记“营业外支出”等科目，贷记本科目。

（二）由资产弃置义务产生的预计负债，应按确定的金额，借记“固定资产”等科目，贷记本科目，在固定资产的使用寿命内，按计算确定各期应负担的利息费用，借记“利息支出”科目，贷记本科目。

（三）实际清偿或冲减的预计负债，借记本科目，贷记有关科目。

（四）根据确凿证据需要对已确认的预计负债进行调整的，调整增加的预计负债，借记有关科目，贷记本科目。调整减少的预计负债做相反的会计分录。

三、本科目属负债类，余额在贷方，反映本机构已确认尚未支付的预计负债。

四、本科目在资产负债表中归属“预计负债”项目。

2901 递延所得税负债

一、本科目核算和反映农村合作金融机构确认的应纳税暂时性差异产生的所得税负债。本科目可按应纳税暂时性差异的项目进行明细核算。

二、主要账务处理。

（一）资产负债表日，按照当期产生的应纳税暂时性差异确认递延所得税负债，借记“所得税费用”科目或“资本公积”科目，贷记本科目。

（二）资产负债表日，因应纳税暂时性差异产生或税率变动应确认的递延所得税负债应有余额大于其账面余额时，应按其差额确认，借记“所得税费用”科目或“资本公积”科目，贷记本科目。

（三）资产负债表日，因应纳税暂时性差异转回或税率变动应确认的递延所得税负债应有余额小于其账面余额时，应按其差额确认，借记本科目，贷记“所得税费用”科目或“资本公积”科目。

三、本科目属负债类，余额在贷方，反映已确认的递延所得税负债。

四、本科目在资产负债表中归属“递延所得税负债”项目。

三、资产负债共同类科目

3001 全国联行系统往账

一、本科目核算和反映农村合作金融机构参加全国联行业务系统发出的往账划收或划付款项。本科目可按核算对象进行明细核算。

划收时贷记本科目，划付时借记本科目。

二、本科目属资产负债共同类。

三、本科目与其他联行科目轧差后，归属在资产负债表中“存放联行款项”或“联行存放款项”项目。

3002 全国联行系统来账

一、本科目核算和反映农村合作金融机构参加全国联行系统发出业务收到的来账款项。本科目可按核算对象进行明细核算。

划收的款项借记本科目，划付的款项贷记本科目。

二、本科目属资产负债共同类。

三、本科目与其他联行科目轧差后，归属在资产负债表中“存放联行款项”或“联行存放款项”项目。

3003 全国联行汇兑汇差

本科目核算和反映农村合作金融机构参加全国联行业务往来形成的应收应付汇差。

3004 上年全国联行系统往账

本科目核算和反映农村合作金融机构上年度全国联行系统往账款项。新年度开始时，应将全国联行系统往账科目余额不通过会计分录直接转入本科目。新年度开始后，本科目除用于划销上年末余额外，不得再有发生额。

3005 上年全国联行系统来账

本科目核算和反映农村合作金融机构上年度全国联行系统来账款项。新年度开始时，应将全国联行系统来账科目余额不通过会计分录直接转入本科目。新年度开始后，本科目除用于划销上年末余额外，不得再有发生额。

3006 上年全国联行汇兑汇差

本科目核算和反映农村合作金融机构参加全国联行业务往来形成的应收应付汇差。

3011 省辖联行系统往账

一、本科目核算和反映农村合作金融机构参加省辖联行业务系统发出的往账划收或划付款项。本科目可按核算对象进行明细核算。

划收时贷记本科目，划付时借记本科目。

二、本科目属资产负债共同类。

三、本科目与其他联行科目轧差后，归属在资产负债表中“存放联行款项”或“联行存放款项”项目。

3012 省辖联行系统来账

一、本科目核算和反映农村合作金融机构参加省辖联行系统发出业务收到的来账款项。本科目可按核算对象进行明细核算。

划收的款项借记本科目，划付的款项贷记本科目。

二、本科目属资产负债共同类。

三、本科目与其他联行科目轧差后，归属在资产负债表中“存放联行款项”或“联行存放款项”项目。

3013 省辖联行汇兑汇差

本科目核算和反映农村合作金融机构参加省辖联行业务往来形成的应收应付汇差。

3014 上年省辖联行系统往账

本科目核算和反映农村合作金融机构上年度省辖联行系统往账款项。新年度开始时，应将省辖联行系统往账科目余额不通过会计分录直接转入本科目。新年度开始后，本科目除用于划销上年末余额外，不得再有发生额。

3015 上年省辖联行系统来账

本科目核算和反映农村合作金融机构上年度省辖联行系统来账款项。新年度开始时，应将省辖联行系统来账科目余额不通过会计分录直接转入本科目。新年度开始后，本科目除用于划销上年末余额外，不得再有发生额。

3016 上年省辖联行汇兑汇差

本科目核算和反映农村合作金融机构参加省辖联行业务往来形成的应收应付汇差。

3021 农信银系统往账

一、本科目核算和反映农村合作金融机构参加农信银业务系统发出的往账划收或划付款项。本科目可按核算对象进行明细核算。

划收时贷记本科目，划付时借记本科目。

二、本科目属资产负债共同类。

三、本科目与其他联行科目轧差后，归属在资产负债表中“存放联行款项”或“联行存放款项”项目。

3022 农信银系统来账

一、本科目核算和反映农村合作金融机构参加农信银系统发出业务收到的来账款项。本科目可按核算对象进行明细核算。

划收的款项借记本科目，划付的款项贷记本科目。

二、本科目属资产负债共同类。

三、本科目与其他联行科目轧差后，归属在资产负债表中“存放联行款项”或“联行存放款项”项目。

3023 农信银系统汇兑汇差

本科目核算和反映农村合作金融机构参加农信银系统业务往来形成的应收应付汇差。

3024 上年农信银系统往账

本科目核算和反映农村合作金融机构上年度农信银系统往账款项。新年度开始时，应将农信银系统往账科目余额不通过会计分录直接转入本科目。新年度开始后，本科目除用于划销上年末余额外，不得再有发生额。

3025 上年农信银系统来账

本科目核算和反映农村合作金融机构上年度农信银系统来账款项。新年度开始时，应将农信银系统来账科目余额不通过会计分录直接转入本科目。新年度开始后，本科目除用于划销上年末余额外，不得再有发生额。

3026 上年农信银系统汇兑汇差

本科目核算和反映农村合作金融机构参加农信银系统业务往来形成的应收应付汇差。

3031　清算资金往来

一、本科目核算和反映农村合作金融机构参加同城清算、银联清算、大（小）额支付清算等联行系统发生的款项划拨业务。本科目可按核算对象进行明细核算。

二、本科目属资产负债共同类，期末借方余额，反映本机构应收的款项，期末贷方余额，反映本机构应付的款项。

三、本科目与其他联行科目轧差后，归属在资产负债表中“存放联行款项”或“联行存放款项”项目。

3041　社（行）内部往来

一、本科目核算农村商业银行、农村合作银行、统一法人县（市）联社机构本部（以下简称机构本部）与下级分支机构之间发生的资金往来款项。本科目可按分支机构进行明细核算。

二、本科目属资产负债共同类，期末借方余额，反映本机构应收的款项，期末贷方余额，反映本机构应付的款项。

三、本科目与其他联行科目轧差后，归属在资产负债表中“存放联行款项”或“联行存放款项”项目。

3051　外汇营运资金

一、本科目核算和反映农村合作金融机构向各分支机构核拨外汇营运资金的情况。

二、本科目属资产负债共同类科目，余额借、贷双方轧差反映。

三、本科目借、贷方余额轧差后，借方余额归属在资产负债表中“其他资产”项目，贷方余额归属在“其他负债”项目。

3101　衍生工具

一、本科目核算和反映农村合作金融机构衍生工具的公允价值及其变动形成的衍生资产或衍生负债。衍生工具作为套期工具的，在“套期工具”科目核算。本科目可按衍生工具类别进行明细核算。

二、主要账务处理。

（一）取得衍生工具，按其公允价值，借记本科目，按发生的交易费用，借记“投资收益”科目，按实际支付的金额，贷记有关科目。

（二）资产负债表日，衍生工具的公允价值高于其账面余额的差额，借记本科目，贷记“公允价值变动损益”科目；公允价值低于其账面余额的差额做相反的会计分录。

（三）终止确认的衍生工具，应当比照“交易性金融资产”、“交易性金融负债”等科目的相关规定进行处理。

三、本科目属资产负债共同类。期末借方余额，反映衍生工具形成资产的公允价值；期末贷方余额，反映衍生工具形成负债的公允价值。

四、本科目轧差后借方余额，归属在资产负债表中“衍生金融资产”项目；轧差后贷方余额，归属在资产负债表中“衍生金融负债”项目。

3201　套期工具

一、本科目核算和反映农村合作金融机构开展套期保值业务（包括公允价值套期、现金流量套期和境外经营净投资套期）套期工具公允价值变动形成的资产或负债。本科目可按套期工具类别进行明细核算。

二、主要账务处理。

（一）将已确认的衍生工具等金融资产或金融负债指定为套期工具的，应按其账面价值，借记或贷记本科目，贷记或借记“衍生工具”等科目。

（二）资产负债表日，对于有效套期，应按套期工具产生的利得，借记本科目，贷记“公允价值变动损益”、“资本公积——其他资本公积”等科目；套期工具产生损失做相反的会计分录。

（三）金融资产或金融负债不再作为套期工具核算的，应按套期工具形成的资产或负债，借记或贷记有关科目，贷记或借记本科目。

三、本科目属资产负债共同类，期末借方余额，反映套期工具形成资产的公允价值；期末贷方余额，反映套期工具形成负债的公允价值。

四、本科目轧差后借方余额，归属在资产负债表中“衍生金融资产”项目；轧差后贷方余额，归属在资产负债表中“衍生金融负债”项目。

3202　被套期项目

一、本科目核算和反映农村合作金融机构开展套期保值业务被套期项目公允价值变动形成的资产或负债。本科目可按被套期项目类别进行明细核算。

二、主要账务处理。

（一）将已确认的资产或负债指定为被套期项目，应按其账面价值，借记或贷记本科目，贷记或借记“长期借款”、“持有至到期投资”等科目。已计提减值准备的，还应同时结转减值准备。

（二）资产负债表日，对于有效套期，应按被套期项目产生的利得，借记本科目，贷记“公允价值变动损益”、“资本公积——其他资本公积”等科目；被套期项目产生损失做相反的会计分录。

（三）资产或负债不再作为被套期项目核算的，应按被套期项目形成的资产或负债，借记或贷记有关科目，贷记或借记本科目。

三、本科目属资产负债共同类，期末借方余额，反映被套期项目形成资产的公允价值；期末贷方余额，反映被套期项目形成负债的公允价值。

四、本科目轧差后借方余额，归属在资产负债表中“衍生金融资产”项目；轧差后贷方余额，归属在资产负债表中“衍生金融负债”项目。

3301　外汇买卖

一、本科目用于核算和反映农村合作金融机构发生的各种货币之间的买卖及兑换金额。

买卖及兑换业务发生时，兑入的货币，借记有关科目，贷记本科目；同时，兑出的货币，借记本科目，贷记有关科目。在金融市场上做的外汇买卖业务须逐笔核算，每一笔业务终了，按买入和卖出的汇率差计算损益。发生收益时，借记本科目，贷记“汇兑损益”科目；发生亏损时，借记“汇兑损益”科目，贷记本科目。

二、本科目属资产负债共同类，借贷方轧差后借方余额，归属在资产负债表中“衍生金融资产”项目；轧差后贷方余额，归属在资产负债表中“衍生金融负债”项目。

四、所有者权益类科目

4001　实收资本（股本）

一、本科目核算和反映农村合作金融机构实际收到投资人投入的资本。收到投资者出资超过其在注册资本或股本中所占份额的部分，作为资本溢价或股本溢价，在“资本公积”科目核算。本科目可按投资者进行明细核算。

二、主要账务处理。

（一）接受投资者投入的资本，借记“存放中央银行款项”或有关科目，贷记本科目（按其在注册资本或股本中所占份额），贷记“资本公积——资本溢价或股本溢价（按其差额）”科目。

（二）股东大会批准的利润分配方案中分配的股利，应在办理增资手续后，借记“利润分配”科目，贷记本科目。经股东大会决议，用资本公积转增资本，借记“资本公积”科目，贷记本科目。

（三）可转换公司债券持有人行使转换权利，将其持有的债券转换为股票，按可转换公司债券的余额，借记“应付债券——可转换公司债券（面值、利息调整）”科目，借记“资本公积——其他资本公积（按其权益成分的金额）”科目，贷记本科目（按股票面值和转换的股数计算的股票面值总额），贷记“资本公积——股本溢价（按其差额）”科目。如有现金支付不可转换股票，贷记有关科目。

（四）本机构将重组债务转为资本的，按重组债务的账面余额，借记有关科目，贷记本科目（按债权人因放弃债权而享有本机构股份的面值总额），贷或借记“资本公积——资本溢价或股本溢价（按股份的公允价值总额与相应的实收资本或股本之间的差额）”科目，贷记“营业外收入——债务重组利得（按其差额）”科目。

（五）以权益结算的股份支付换取职工或其他方提供服务的，应在行权日，按根据实际行权情况确定的金额，借记“资本公积——其他资本公积”科目，贷记本科目（按应计入实收资本或股本的金额）。

（六）按法定程序报经批准减少注册资本的，借记本科目，贷记现金或有关科目。

三、本科目属所有者权益类，余额在贷方，反映本机构实收资本或股本总额。

四、本科目在资产负债表中归属“实收资本（股本）”项目。

4002 资本公积

一、本科目核算和反映农村合作金融机构收到投资者出资额超出其注册资本或股本中所占份额的部分。直接计入所有者权益的利得和损失，已通过本科目核算。本科目应当分别“资本溢价（股本溢价）”、“其他资本公积”进行明细核算。

二、主要账务处理。

（一）接受投资者投入资本，因资本溢价产生的资本公积，借记有关科目，贷记“实收资本（股本）”、“资本公积——资本溢价”科目。

经股东大会或类似机构决议，用资本公积转增资本，借记本科目（资本溢价或股本溢价），贷记“实收资本（股本）”科目。

（二）长期股权投资采用权益法核算，在持股比例不变的情况下，被投资单位除净损益以外所有者权益的其他变动，按持股比例计算应享有的份额，借记或贷记“长期股权投资（其他权益变动）”科目，贷记或借记本科目（其他资本公积）。

处置采用权益法核算的长期股权投资，还应结转原计入资本公积的相关金额，借记或贷记本科目（其他资本公积），贷记或借记“投资收益”科目。

（三）以权益结算的股份支付换取职工或其他方提供服务的，应按照确定的金额，借记“业务及管理费”，贷记本科目。

在行权日，应按实际行权的权益工具数量计算确定的金额，借记本科目（其他资本公积），按计入实收资本的金额，贷记“实收资本（股本）”科目，按其差额，贷记本科目（资本溢价或股本溢价）。

（四）自用房地产转换为采用公允价值模式计量的投资性房地产，按照“投资性房地产”科目的相关规定进行处理，相应调整资本公积。

（五）将持有至到期投资重分类为可供出售金融资产，或将可供出售金融资产重分类为持有至到期投资的，按照“持有至到期投资”、“可供出售金融资产”等科目的相关规定进行处理，相应调整资本公积。

将可供出售金融资产重分类为采用成本或摊余成本计量金融资产的，对原计入资本公积的相关金额，还应分别不同情况进行处理：有固定到期日的，应在该项金融资产的剩余期限内，在资产负债表日，按采用实际利率法计算确定的摊销金额，借记或贷记本科目（其他资本公积），贷记或借记“投资收益”科目；没有固定到期日的，应在处置该项金融资产时，借记或贷记本科目（其他资本公积），贷记或借记“投资收益”科目。

可供出售金融资产的后续计量，按照“可供出售金融资产”科目的相关规定进行处理，相应调整资本公积。

三、本科目属所有者权益类，余额在贷方，反映本机构的资本公积。

四、本科目在资产负债表中归属“资本公积”项目。

4101　盈余公积

一、本科目核算和反映农村合作金融机构按照规定从净利润中提取的盈余公积。本科目应当分别“法定盈余公积”、“任意盈余公积”进行明细核算。

二、主要账务处理。

（一）按规定提取法定盈余公积，借记“利润分配——提取法定盈余公积”科目，贷记本科目（法定盈余公积）。

（二）经社员大会或类似机构决议提取任意盈余公积时，借记“利润分配——提取任意盈余公积”科目，贷记本科目（任意盈余公积）。

（三）经社员大会或类似机构决议，以盈余公积弥补亏损或转增资本，借记本科目，贷记“利润分配——盈余公积补亏”或“实收资本（股本）”科目。

三、本科目属所有者权益类，余额在贷方，反映本机构的盈余公积。

四、本科目在资产负债表中归属“盈余公积”项目。

4102　一般风险准备

一、本科目核算和反映农村合作金融机构从税后净利润中提取的一般风险准备。

按规定提取一般风险准备，借记“利润分配——提取一般风险准备”科目，贷记本科目。用一般准备弥补亏损时，借记本科目，贷记“利润分配——一般风险准备补亏”科目。

二、本科目属所有者权益类，余额在贷方，反映本机构一般风险准备。

三、本科目在资产负债表中归属“一般风险准备”项目。

4103　本年利润

一、本科目用于核算和反映农村合作金融机构当期实现的净利润（或发生的净亏损）。

二、期末结转利润时，应将各损益类科目的金额转入本科目，结平各损益类科目。结转后本科目的贷方余额为当期实现的净利润；借方余额为当期实现的净亏损。

三、年度终了，应将本年收入和支出相抵后结出的本年实现的净利润，转入利润分配科目。借记本科目，贷记“利润分配——未分配利润”科目。如为净亏损，做相反的会计分录。结转后本科目应无余额。

4104　利润分配

一、本科目核算和反映农村合作金融机构按规定分配的利润或应弥补的亏损和历年分配或弥补后的未分配的利润。本科目贷方余额反映未分配利润，借方余额反映未弥补亏损。本科目应当分别“提取法定盈余公积”、“提取任意盈余公积”、“应付现金股利或利润”、“盈余公积补亏”和“未分配利润”等进行明细核算。

二、主要账务处理。

（一）年度终了，将本期实现的净利润转入，借记“本年利润”科目，贷记本科目（未分配利润）；如为净亏损，做相反会计分录。

（二）按照规定用盈余公积、一般风险准备或其他资金弥补亏损时，借记“盈余公积”、“一般风险准备”等科目，贷记本科目（盈余公积补亏、一般风险准备补亏等）。

（三）按规定提取盈余公积、一般准备、社员红利时，借记本科目（提取法定盈余公积、提取任意盈余公积、提取一般风险准备、应付利润等），贷记“盈余公积——法定盈余公积”、“盈余公积——任意盈余公积”、“一般风险准备”、“应付股利”等科目。

（四）利润分配完毕，应将“利润分配”科目下的其他明细科目余额转入“未分配利润”科目。借记“利润分配——盈余公积补亏、一般风险准备补亏”科目，贷记“利润分配——未分配利润”科目；或借记“利润分配——未分配利润”科目，贷记“利润分配——提取法定盈余公积、提取任意盈余公积、提取一般风险准备、应付利润”科目。

三、本科目属所有者权益类，余额在贷方，反映本机构的未分配利润（或未弥补亏损）。

四、本科目在资产负债表中归属“未分配利润”项目。

4201 库存股

一、本科目核算和反映农村合作金融机构收购、转让或注销的本机构股份金额。

二、主要账务处理。

（一）为减少注册资本而收购本机构股份的，应按实际支付的金额，借记本科目，贷记“存放中央银行款项”或有关科目。

（二）为奖励本机构职工而收购本机构股份的，应按实际支付的金额，借记本科目，贷记“存放中央银行款项”或有关科目，同时做备查登记。

（三）转让库存股，应按实际支付的金额，借记“存放中央银行款项”或有关科目，按转让库存股的账面余额，贷记本科目，按其差额贷记“资本公积——股本溢价”科目；为借方差额的，借记“资本公积——股本溢价”科目，股本溢价不足冲减的，应借记“盈余公积”、“利润分配——未分配利润”科目。

（四）注销库存股，应按股票面值和注销股数计算的股票面值总额，借记“实收资本（股本）”科目，按注销库存股的账面余额，贷记本科目，按其差额，借记“资本公积——股本溢价”科目，股本溢价不足冲减的，应借记“盈余公积”、“利润分配——未分配利润”科目。

三、本科目属所有者权益类，余额在借方，反映本机构持有尚未转让或注销的本机构股份金额。

四、本科目在资产负债表中归属“资本公积”项目。

五、损益类科目

6011 利息收入

一、本科目核算和反映农村合作金融机构各类贷款、贸易融资、贴现、协议透支、信用卡透支、转贷款、垫款等业务的利息收入情况。本科目可按业务类别进行明细核算。

资产负债表日，按合同利率计算确定的应收未收利息，借记“应收利息”科目，按贷款摊余成本和实际利率计算确定利息收入，贷记本科目，按其差额，借记或贷记“××贷款——利息调整”科目。办理贴现业务收取的利息，应在资产负债表日分期确认，借记有关科目，贷记“利息收入——贴现利息收入”科目。

二、本科目属损益类，期末应将本科目余额转入“本年利润”科目，结转后本科目无余额。

三、本科目年度中间在资产负债表中归属“未分配利润”项目。

6012 金融机构往来收入

一、本科目核算和反映农村合作金融机构与金融机构往来而发生的利息收入，包括存放同业、拆出资金、买入返售金融资产、转贴现、垫款等实现的利息收入。本科目可按业务类别进行明细核算。

资产负债表日，对存放系统内及其他银行机构款项、拆出资金、买入票据业务计算确认应收利息，借记“应收利息”科目，贷记本科目。对存放中央银行款项应收取的利息，应在实际收到时，借记有关科目，贷记本科目。

二、本科目属损益类，期末应将本科目余额转入“本年利润”科目，结转后本科目无余额。

三、本科目年度中间在资产负债表中归属“未分配利润”项目。

6021　手续费及佣金收入

一、本科目核算和反映农村合作金融机构确认的手续费及佣金收入，包括办理结算业务、咨询业务、担保业务、代保管等代理业务以及办理受托贷款及投资业务等取得的手续费及佣金，如结算手续费收入、佣金收入、业务代办手续费收入、基金托管收入、咨询服务收入、担保收入、受托贷款手续费收入、代保管收入、代理买卖证券、代理承销证券、代理兑付证券、代理保管证券、代理保险业务等代理业务以及其他相关服务实现的手续费及佣金收入等。

农村合作金融机构开展中间业务收取各项手续费，应在收到时按实际收取的金额，借记有关科目，贷记本科目。

二、本科目属损益类，期末应将本科目余额转入“本年利润”科目，结转后本科目无余额。

三、本科目年度中间在资产负债表中归属“未分配利润”项目。

6051　其他业务收入

一、本科目核算和反映农村合作金融机构确认的除以上业务收入以外的其他经营活动实现的收入。本科目可按其他业务收入种类进行明细核算。

本机构确认的其他业务收入，应按实际收到的金额，借记有关科目，贷记本科目。投资性房地产处置收入的确认，参见“投资性房地产”科目有关规定。

二、本科目属损益类，期末应将本科目余额转入“本年利润”科目，结转后本科目无余额。

三、本科目年度中间在资产负债表中归属“未分配利润”项目。

6061　汇兑损益

一、本科目核算和反映农村合作金融机构发生的外币交易因汇率变动而产生的汇兑损益。

二、主要账务处理。

（一）采用统账制核算的，各外币货币性项目的外币期（月）末余额，应当按照期（月）末汇率折算为记账本位币金额。按照期（月）末汇率折算的记账本位币金额与原账面记账本位币金额之间的差额，如为汇兑收益的，借记有关科目，贷记本科目，如为汇兑损失的，借记本科目，贷记有关科目。

（二）采用分账制核算的，期（月）末将所有以外币表示的“货币兑换”科目余额按期（月）末汇率折算为记账本位币金额，折算后的记账本位币金额与“货币兑换——记账本位币”科目余额进行比较，为贷方差额的，借记“货币兑换——记账本位币”，贷记本科目，如为借方差额的，借记“汇兑损益科目”，贷记“货币兑换——记账本位币”。

三、本科目属损益类，期末应将本科目余额转入“本年利润”科目，结转后本科目无余额。

四、本科目年度中间在资产负债表中归属“未分配利润”项目。

6101　公允价值变动损益

一、本科目核算和反映农村合作金融机构交易性金融资产、指定为以公允价值计量且其变动计入当期损益的金融资产或金融负债因公允价值变动形成的应计入当期损益的利得或损失。本科目可按交易性金融资产、交易性金融负债、投资性房地产等进行明细核算。

二、主要账务处理。

（一）资产负债表日，交易性金融资产的公允价值高于其账面余额的差额，借记“交易性金融资产——公允价值变动”科目，贷记本科目；公允价值低于其账面余额的差额做相反的会计分录。

（二）出售交易性金融资产时，应按实际收到的金额，借记有关科目，按该金融资产的投资成本，贷记“交易性金融资产（成本）”科目，按该项交易性金融资产的公允价值变动，贷记或借记“交易性金融资产（公允价值变动）”科目，按其差额，贷记或借记“投资收益”相应明细科目。同时，将原计入该金融资产的公允价值变动转出，借记或贷记本科目，贷记或借记“投资收益”相应明细科目。

（三）资产负债表日，交易性金融负债的公允价值高于其账面余额的差额，借记本科目，贷记“交易性金融负债”等科目；公允价值低于其账面余额的差额做相反的会计分录。

三、本科目属损益类，期末应将本科目余额转入“本年利润”科目，结转后本科目无余额。

四、本科目年度中间在资产负债表中归属“未分配利润”项目。

6111 投资收益

一、本科目核算和反映农村合作金融机构确认的投资收益或投资损失。本科目可按投资项目进行明细核算。

持有交易性金融资产、持有至到期投资、可供出售金融资产期间取得的利息、股利收入以及处置金融资产确认投资收益或损失，比照“交易性金融资产”、“持有至到期投资”、“可供出售金融资产”科目的有关规定进行处理。长期股权投资收益的确认，比照“长期股权投资”科目的有关规定进行处理。

二、本科目属损益类，期末应将本科目余额转入“本年利润”科目，结转后本科目无余额（其中：持有交易性金融资产、持有至到期投资、可供出售金融资产期间取得的利息应在利润表中的“利息收入”中列示）。

三、本科目年度中间在资产负债表中归属“未分配利润”项目。

6301 营业外收入

一、本科目核算和反映农村合作金融机构发生的各项营业外收入，主要包括非流动性资产处置利得、非货币性资产交换利得、债务重组利得、政府补助、盘盈利得、捐赠利得等。

确认处置非流动性资产利得、非货币性资产交换利得、债务重组利得，比照“固定资产清理”、“无形资产”等科目的相关规定进行处理。确认的政府补助利得，借记“存放中央银行款项”、“递延收益”等科目，贷记本科目。

二、本科目属损益类，期末应将本科目余额转入“本年利润”科目，结转后本科目无余额。

三、本科目年度中间在资产负债表中归属“未分配利润”项目。

6411 利息支出

一、本科目核算和反映农村合作金融机构发生的利息支出，包括吸收的各种存款（单位存款、个人存款、银行卡存款等）产生的利息支出。本科目可按利息支出项目进行明细核算。

按规定计提应付利息时，按计算的应付未付利息金额，借记“利息支出”科目，贷记“应付利息”科目。实际支付各项利息时，按对该项存款已计提的利息金额，借记“应付利息”科目，未计提部分，借记“利息支出”相应科目，按实际支出的利息总额，贷记有关科目。

二、本科目属损益类，期末应将本科目余额转入“本年利润”科目，结转后本科目无余额。

三、本科目年度中间在资产负债表中归属“未分配利润”项目。

6412 金融机构往来支出

一、本科目核算和反映农村合作金融机构与其他金融机构往来发生的利息支出，包括借款、同业存放、拆入资金、卖出回购金融资产、转贴现等产生的利息支出。本科目可按利息支出项目进行明细核算。

按期计提金融企业往来利息时，借记“金融机构往来支出”科目，贷记“应付利息”等科目。实际支付利息时，借记“金融机构往来支出”、“应付利息”等科目，贷记有关科目。

二、本科目属损益类，期末应将本科目余额转入“本年利润”科目，结转后本科目无余额。

三、本科目年度中间在资产负债表中归属“未分配利润”项目。

6421 手续费及佣金支出

一、本科目核算和反映农村合作金融机构发生的与其经营活动相关的各项手续费、佣金等支出。本科目可按支出类别进行明细核算。

发生与其经营活动有关的手续费、佣金支出时，借记本科目，按实际支付的款项，贷记有关科目，按代扣代缴的个人所得税，贷记“应交税费——应交个人所得税”科目。

二、本科目属损益类，期末应将本科目余额转入“本年利润”科目，结转后本科目无余额。

三、本科目年度中间在资产负债表中归属“未分配利润”项目。

6601 业务及管理费

一、本科目核算和反映农村合作金融机构在业务经营和管理过程中所发生的各项费用。本科目可按支出类别进行明细核算。

发生各项营业费用时，借记“业务及管理费”科目，贷记现金类科目或“应付职工薪酬”、“应交税费”、“累计折旧”、“其他应付款”等科目。

二、本科目属损益类，期末应将本科目余额转入“本年利润”科目，结转后本科目无余额。

三、本科目年度中间在资产负债表中归属“未分配利润”项目。

6602 其他业务支出

一、本科目核算和反映农村合作金融机构除以上业务支出以外的其他经营活动发生的支出。营业范围以外的各项支出，通过“营业外支出”科目核算，不计入本科目。本科目可按支出类别进行明细核算。

确认投资性房地产项目发生的业务支出，比照“投资性房地产”科目相关规定进行处理。发生的其他营业支出，因按实际支出的金额，借记本科目，贷记有关科目。

二、本科目属损益类，期末应将本科目余额转入“本年利润”科目，结转后本科目无余额。

三、本科目年度中间在资产负债表中归属“未分配利润”项目。

6403 营业税金及附加

一、本科目核算和反映农村合作金融机构经营活动发生的营业税、消费税、城市维护建设税、资源税和教育费附加等相关税费。房产税、车船使用税、土地使用税、印花税在“业务及管理费”科目核算，但与投资性房地产相关的房产税、土地使用税在本科目核算。

期末，按规定计算确定与经营活动相关的税费，借记“营业税金及附加”科目，贷记“应交税费”科目。

二、本科目属损益类，期末应将本科目余额转入“本年利润”科目，结转后本科目无余额。

三、本科目年度中间在资产负债表中归属“未分配利润”项目。

6701 资产减值损失

一、本科目核算和反映农村合作金融机构计提各项资产减值准备所形成的损失。本科目可按资产减值损失的项目进行明细核算。

二、主要账务处理。

（一）应收款项、买入返售金融资产、贷款、金融资产投资、抵债资产、投资性房地产、固定资产、无形资产等资产发生减值的，应按减记的金额，借记“资产减值损失”各明细科目，贷记“坏账准备”、“买入返售金融资产减值准备”、“贷款损失准备”、“持有至到期投资减值准备”、“可供出售金融资产减值准备”、“长期股权投资减值准备”、“抵债资产减值准备”、“投资性房地产减值准备”、“固定资产减值准备”、“无形资产减值准备”等科目。

（二）已提的坏账准备、贷款损失准备、持有至到期投资减值准备等，相关资产的价值又得以恢复的，应在原已计提的减值准备金额内，按恢复增加的金额，借记“坏账准备”、“贷款损失准备”、“持有至到期投资减值准备”等科目，贷记本科目。

三、本科目属损益类，期末应将本科目余额转入“本年利润”科目，结转后本科目无余额。

四、本科目年度中间在资产负债表中归属“未分配利润”项目。

6711　营业外支出

一、本科目核算和反映农村合作金融机构发生的各项营业外支出，包括非流动性资产处置损失、非货币性资产交换损失、债务重组损失、公益性捐赠支出、非常损失、盘亏损失等。

确认处置非流动性资产处置损失、非货币性资产交换损失、债务重组损失，比照“固定资产清理”、“无形资产”等科目的相关规定进行处理。盘亏、毁损的资产发生的净损失，按管理权限报经批准后，借记本科目，贷记“待处理财产损溢”科目。

二、本科目属损益类，期末应将本科目余额转入“本年利润”科目，结转后本科目无余额。

三、本科目年度中间在资产负债表中归属“未分配利润”项目。

6801　所得税费用

一、本科目核算和反映农村合作金融机构确认的应从当期利润总额中扣除的所得税费用。本科目可按“当期所得税费用”、“递延所得税费用”进行明细核算。

二、主要账务处理。

（一）资产负债表日，按照税法规定计算确定的当期应交所得税。借记本科目（当期所得税费用），贷记“应交税费——应交所得税”科目。

（二）资产负债表日，根据递延所得税资产的应有余额大于“递延所得税资产”科目余额的差额，借记“递延所得税资产”科目，贷记本科目（递延所得税费用）、“资本公积——其他资本公积”等科目；递延所得税资产的应有余额小于递延所得税资产科目余额的差额做相反的会计分录。

应予确认的递延所得税负债，应当比照上述原则调整本科目、递延所得税负债科目及有关科目。

三、本科目属损益类，期末应将本科目余额转入“本年利润”科目，结转后本科目无余额。

四、本科目年度中间在资产负债表中归属“未分配利润”项目。

6901　以前年度损益调整

一、本科目核算和反映农村合作金融机构本年度发生的调整以前年度损益的事项以及本年度发生的主要前期差错更正涉及调整以前年度损益的事项。本机构在资产负债表日至财务报告批准报出日之间发生的需要调整报告年度损益的事项，也可以通过本科目核算。

二、主要账务处理。

（一）调整增加以前年度利润或减少以前年度亏损，借记有关科目，贷记本科目；调整减少以前年度利润或增加以前年度亏损做相反会计分录。

（二）由于以前年度损益调整增加的所得税费用，借记本科目，贷记“应交税费”等科目；由于以前年度损益调整减少的所得税费用做相反会计分录。

（三）经上述调整后，应将本科目的余额转入“利润分配——未分配利润”科目。本科目如为贷方余额，借记本科目，贷记“利润分配——未分配利润”科目；如为借方余额做相反会计分录。

三、本科目属损益类，本科目结转后应无余额。

四、本科目年度中间在资产负债表中归属“未分配利润”项目。

六、表外资产科目

101　银团贷款

本科目核算和反映农村合作金融机构按规定与其他金融机构采用同一贷款协议，向企业或其他组织共同发放的贷款。本科目可按借款人进行明细核算，余额反映在借方。签订贷款协议时，在本科目核算；贷款实际发放后转入表内相应科目内核算。

102　社团贷款

本科目核算和反映省内两家以上的农村合作金融机构按规定采用同一贷款协议，向企业或其他组织共同发放的贷款。本科目可按借款人进行明细核算，余额反映在借方。签订贷款协议时，在本科目核算；贷款实际发放后转入表内相应科目内核算。

103　承兑汇票

本科目核算和反映农村合作金融机构因承兑银行承兑汇票，对收款人承担的付款责任情况。承兑汇票时，借记本科目；支付承兑款项或承兑责任解除时，贷记本科目。本科目可按申请人逐笔进行明细核算，余额反映在借方。

104　贷款承诺

本科目核算和反映农村合作金融机构办理的承诺或授信业务，反映本机构应承担的承诺及授信责任。本科目按协议及借款人进行明细核算，余额反映在借方。

105　开出信用证

本科目核算和反映农村合作金融机构接受进口单位委托向境外代理行开出的即期、远期信用证情况。开出信用证或增加开证金额时，借记本科目；信用证付款、取消或减少开证金额时，贷记本科目。本科目按申请人逐笔进行明细核算，余额反映在借方。

106　开出保函款项

本科目核算和反映农村合作金融机构因出具保函而对外承担的责任情况。出具保函时，借记本科目；保函付款或转销时，贷记本科目。本科目按受益人逐笔进行明细核算，余额反映在借方。

110　待转国库存款利息

本科目核算和反映农村合作金融机构按规定利率和计息范围计算的国库存款利息。计算的应付利息记借方，收到人民银行划转来的国库存款利息记贷方。

111　应收信用证出口款项

本科目核算和反映农村合作金融机构受理单位交来即期、远期信用证项下单证，经本行议付后，将单据寄往开证行索汇的情况。本科目按受理人逐笔进行明细核算，余额反映在借方。

112　应收外汇托收款项

本科目用于核算和反映客户委托农村合作金融机构向境外代理行或国内银行托收的外币票据及其他外汇款项。收到托收单证时，借记本科目；划出款项、拒付或退回单证时，贷记本科目。本科目按代收托收款项逐笔进行明细核算，余额反映在借方。

113　代收外汇托收款项

本科目核算农村合作金融机构接受境外代理行或国内银行委托，向国内客户收取的票据及其他外汇款项。收到托收单证时，借记本科目；划出款项、拒付或退回单证时，贷记本科目。本科目按代收托收款项逐笔进行明细核算，余额反映在借方。

114　国外开来信用证凭信

本科目核算农村合作金融机构接到境外银行开来并委托本机构通知出口单位的即期或远期信用保

证凭信。收到凭信时，借记本科目；单位办理业务时，贷记本科目。本科目按单位进行明细核算，余额反映在借方。

115　代售有价单证

本科目核算农村合作金融机构代理销售有价单证。本科目按代售有价单证品种进行明细核算，余额反映在借方。

116　代客理财

本科目核算农村合作金融机构代为客户办理理财业务。本科目按理财品种进行明细核算，余额反映在借方。

120　重要空白凭证

本科目核算和反映农村合作金融机构重要空白凭证的购入或领入、使用、库存情况。按每本假定一元价格进行核算。本科目按凭证类别进行明细核算，余额反映在借方。

121　有价单证

本科目核算和反映农村合作金融机构持有的国库券等印有固定票面金额的有价单证。本科目按明细类别进行明细核算，以单证面额记账，余额反映在借方。

122　未发行有价证券

本科目核算各种有面额的单证，如各类代发行债券以及有面额的储蓄存单、股票等。记账金额按票面金额。本科目应按面额类别设置登记簿逐笔登记，领用时借记本科目，发出时贷记本科目，余额为未发行有价证券的库存数。

123　已兑付有价证券

本科目核算农村合作金融机构兑付或代理兑付的国库券、债券、定额本票、股票以及有面额的储蓄存单等。应按已兑付的票面金额进行核算，按兑付的有价证券类别设置登记簿。

124　代保管有价值品

本科目核算农村合作金融机构代客户保管的有价值物品。本科目应设登记簿逐笔登记，按代保管的有价证券票面金额、物品价格或估价金额进行核算。

125　抵押物品价值

本科目核算农村合作金融机构发放抵押贷款时由借款人出具的用做抵押的物品或有价单证。本科目应设登记簿逐笔详细登记，按借款单位（人）出具的有价证券票面金额，物品价格或估价金额进行核算。

126　质押物品价值

本科目核算和反映农村合作金融机构发放质押贷款时由借款人出具的用做质押的物品或有价单证。本科目应设登记簿逐笔详细登记，按借款单位（人）出具的有价证券票面金额进行核算。

130　表外应收利息

本科目用于核算和反映按规定应纳入表外科目核算的应收未收利息情况。发生时，借记本科目；收回或核销时，贷记本科目。本科目按借款人进行明细核算，余额反映在借方。

131　已核销资产

本科目核算和反映农村合作金融机构已核销的呆账、抵债资产等情况。登记时，借记本科目；按有关规定销账时，贷记本科目。本科目按已核销资产的本金和利息逐笔序时进行明细核算，余额反映在借方。

132　已置换资产

本科目核算和反映农村合作金融机构以央行票据置换的不良贷款及抵债资产的情况。本科目按已置换不良贷款、抵债资产笔数逐笔进行明细核算，余额反映在借方。

133 待处理已置换资产损失

本科目核算地方政府及有关部门出资（物）置换的农村合作金融机构不良资产（或损失）的金额。本科目按已置换资产损失进行明细核算，余额反映在借方。

140 低值易耗品

本科目核算已在成本中列支的低值易耗品的购入、报损和结存情况。本科目按低值易耗品的类别进行明细核算，购入时借记本科目，报损时贷记本科目，余额反映在借方。

附录二　全国农村合作金融机构示范会计科目表

顺序号	代号	一级科目名称	二级科目名称（仅供参考）
一、资产类			
1	1001	现金	库存现金
			尾箱现金
			自助设备占款
			在途现金
			其他
2	1002	存放中央银行款项	准备金存款
			缴存财政性存款
			特种存款
3	1003	专项央行票据	
4	1004	央行专项扶持资金	
5	1011	存放同业款项	存放境内银行同业 存放境内非银行同业
			存放境外同业
6	1012	存放系统内款项	存放省级
			存放地市级
			存放县级
7	1013	拆放同业款项	拆放境内银行同业
			拆放境内非银行同业
			拆放境外同业
8	1014	拆放系统内款项	拆放省内
			拆放省外
9	1031	存出保证金	存出人民币保证金
			存出外币保证金
10	1032	存出保证金减值准备	

续表

顺序号	代号	一级科目名称	二级科目名称（仅供参考）
11	1101	交易性金融资产	交易性债券类资产
			指定公允价值计量且其变动计入当期损益的金融资产
			其他
12	1111	买入返售金融资产	买入返售债券
			买入返售信贷资产
			买入返售票据
			其他
13	1112	买入返售金融资产减值准备	
14	1131	应收股利	交易性股权投资股利
			可供出售股权投资股利
			长期股权投资股利
15	1132	应收利息	贷款利息
			债券利息
			存放款项利息
			拆放款项利息
			其他利息
16	1221	其他应收款	暂付款项
			预付款项
			待处理清算款项
			待处理短款
			其他
17	1231	坏账准备	应收利息坏账准备
			其他应收款坏账准备
			存放同业坏账准备
18	1301	农户贷款	农户小额信用贷款
			农户联保贷款
			农户助学贷款
			农村个体工商户贷款
			农户其他贷款
19	1302	农村经济组织贷款	农民专业合作社贷款
			其他农村经济组织贷款
20	1303	农村企业贷款	农业产业化龙头企业贷款
			农村小企业贷款
			其他

续表

顺序号	代号	一级科目名称	二级科目名称（仅供参考）
21	1304	非农贷款	个人消费贷款
			经济组织贷款
			企业贷款
			其他
22	1305	信用卡透支	单位信用卡透支
			个人信用卡透支
23	1306	贴现资产	票据贴现
			转贴现
24	1307	贸易融资	进口押汇
			出口押汇
			打包贷款
			其他
25	1308	垫款	贴现垫款
			银行承兑汇票垫款
			保函业务垫款
			信用证垫款
26	1309	贷款损失准备	
27	1311	代理兑付证券	国债
			其他
28	1321	代理业务资产	委托贷款
			委托投资
			代客理财
			其他
29	1431	贵金属	贵金属实物
			自营贵金属买卖
30	1432	贵金属跌价准备	
31	1441	抵债资产	房屋及建筑物
			土地使用权
			交通运输工具
			其他
32	1442	抵债资产减值准备	

续表

顺序号	代号	一级科目名称	二级科目名称（仅供参考）
33	1501	持有至到期投资	国债
			央行债券
			政策性银行债券
			中央公共企业债券
			商业银行债券
			其他
34	1502	持有至到期投资减值准备	
35	1503	可供出售金融资产	国债
			央行债券
			政策性银行债券
			中央公共企业债券
			商业银行债券
			其他
36	1504	可供出售金融资产减值准备	
37	1511	长期股权投资	
38	1512	长期股权投资减值准备	
39	1521	投资性房地产	投资性房地产
			投资性土地使用权
40	1522	投资性房地产累计折旧（摊销）	累计折旧
			累计摊销
41	1523	投资性房地产减值准备	
42	1531	应收款项类投资	凭证式国债
			定向央票
			其他
43	1532	未实现融资收益	
44	1601	固定资产	房屋及建筑物
			机器设备及其他设备
			电子设备
			运输工具
			其他
45	1602	累计折旧	房屋及建筑物
			机器设备
			电子设备
			运输工具
			其他

续表

顺序号	代号	一级科目名称	二级科目名称（仅供参考）
46	1603	固定资产减值准备	
47	1604	在建工程	房屋建筑类
			其他
48	1605	在建工程减值准备	
49	1606	固定资产清理	房屋建筑物
			机器设备
			电子设备
			运输工具
			其他
50	1701	无形资产	专利权
			商标权
			著作权
			土地使用权
			其他
51	1702	无形资产累计摊销	专利权
			商标权
			著作权
			土地使用权
			其他
52	1703	无形资产减值准备	
53	1801	长期待摊费用	租金
			广告费
			其他
54	1811	递延所得税资产	
55	1901	待处理财产损溢	
二、负债类			
56	2001	单位活期存款	活期存款
57	2002	单位定期存款	整存整取
			协议存款
			通知存款
58	2003	个人活期存款	个人结算存款
			活期储蓄存款

续表

顺序号	代号	一级科目名称	二级科目名称（仅供参考）
59	2004	个人定期存款	整存整取
			零存整取
			存本取息
			整存零取
			定活两便
			通知存款
			教育储蓄存款
60	2005	银行卡存款	单位银行卡存款
			个人银行卡存款
61	2006	财政性存款	财政性存款
62	2007	待结算财政款项	待报解中央预算收入
			待报解地方预算收入
			待报解非税收入
			代理拨付及收缴款项
63	2011	应解汇款	应解付银行承兑汇票款
			应解付汇划款
			其他
64	2012	汇出汇款	全国汇票
			省辖汇票
			代签汇票
			全国联行汇出汇款
65	2013	开出本票	
66	2014	保证金存款	贷款保证金
			信用证保证金
			保函保证金
			银行承兑汇票保证金
			其他
67	2015	向中央银行借款	中央银行借款
			支农再贷款
68	2016	央行拨付专项票据资金	
69	2017	同业存放款项	境内银行同业存放款项
			境内非银行同业存放款项
			境外同业存放款项

续表

顺序号	代号	一级科目名称	二级科目名称（仅供参考）
70	2018	系统内存放款项	地市级上存
			县级上存
			农村合作金融机构上存
71	2019	同业拆入资金	境内银行同业拆入
			境内非银行同业拆入
			境外同业拆入
72	2020	系统内拆入资金	省内拆入
			省外拆入
73	2021	转贴现负债	面值
			利息调整
74	2022	再贴现负债	面值
			利息调整
75	2101	交易性金融负债	以公允价值计量且其变动
			计入当期损益的金融负债
			其他交易性金融负债
76	2111	卖出回购金融资产款	卖出回购债券款
			卖出回购贷款
			卖出回购票据款
			其他卖出回购金融资产款项
77	2211	应付职工薪酬	工资
			职工福利
			社会保险费
			住房公积金
			工会经费
			职工教育经费
			补充养老保险费
			补充医疗保险费
			非货币性福利
			辞退福利
			股份支付
			其他

续表

顺序号	代号	一级科目名称	二级科目名称（仅供参考）
78	2221	应交税费	应交营业税
			应交城市维护建设税
			应交教育费附加
			应交房产税
			应交土地使用税
			应交车船使用税
			应交印花税
			应交所得税
			应交代扣个人所得税
			其他
79	2231	应付利息	向央行借款应付利息
			系统内存放款项应付利息
			同业存放款项应付利息
			系统内拆入资金应付利息
			同业拆入款项应付利息
			卖出回购金融资产款应付利息
			单位定期存款应付利息
			个人定期存款应付利息
			财政性存款应付利息
			保证金存款应付利息
			应付债券利息
			其他
80	2232	应付股利	
81	2241	其他应付款	待查错账
			出纳长款
			待结算款项
			暂收款项
			其他
82	2312	代理承销证券款	国债
			其他
83	2313	代理兑付证券款	国债
			其他
84	2314	代理业务负债	委托贷款资金
			委托投资资金
			委托理财资金

续表

顺序号	代号	一级科目名称	二级科目名称（仅供参考）
85	2401	递延收益	
86	2501	长期借款	
87	2502	应付债券	发行债券面值
			发行债券利息调整
			发行债券应计利息
88	2701	长期应付款	住房周转金
			其他
89	2702	未确认融资费用	
90	2711	管理部门统筹资金	管理费统筹
			其他统筹资金
91	2801	预计负债	
92	2901	递延所得税负债	
三、资产负债共同类			
93	3001	全国联行系统往账	
94	3002	全国联行系统来账	
95	3003	全国联行汇兑汇差	
96	3004	上年全国联行系统往账	
97	3005	上年全国联行系统来账	
98	3006	上年全国联行汇兑汇差	
99	3011	省辖联行系统往账	
100	3012	省辖联行系统来账	
101	3013	省辖联行汇兑汇差	
102	3014	上年省辖联行系统往账	
103	3015	上年省辖联行系统来账	
104	3016	上年省辖联行汇兑汇差	
105	3021	农信银系统往账	
106	3022	农信银系统来账	
107	3023	农信银系统汇兑汇差	
108	3024	上年农信银系统往账	
109	3025	上年农信银系统来账	
110	3026	上年农信银系统汇兑汇差	
111	3031	清算资金往来	
112	3041	社（行）内部往来	
113	3051	外汇营运资金	

续表

顺序号	代号	一级科目名称	二级科目名称（仅供参考）
114	3101	衍生工具	利率衍生工具
			货币衍生工具
			权益衍生工具
			信用衍生工具
			其他衍生工具
115	3201	套期工具	利率套期工具
			货币套期工具
			权益套期工具
			信用套期工具
			其他套期工具
116	3202	被套期项目	利率被套期项目
			货币被套期项目
			权益被套期项目
			信用被套期项目
			其他被套期项目
117	3301	外汇买卖	自营外汇买卖
			代客外汇买卖
			自营即期结售汇
			自营远期结售汇
			系统内结售汇平盘
			市场结售汇平盘
			代客即期结售汇
			代客远期结售汇
			外汇套汇
			外币找零
			货币兑换
四、所有者权益类			
118	4001	实收资本（股本）	企业法人股
			自然人股
			其他
119	4002	资本公积	资本溢价
			公允价值变动
			其他

续表

顺序号	代号	一级科目名称	二级科目名称（仅供参考）
120	4101	盈余公积	法定盈余公积
			任意盈余公积
121	4102	一般风险准备	一般风险准备
122	4103	本年利润	本年利润
123	4104	利润分配	提取法定盈余公积
			提取一般风险准备
			提取任意盈余公积
			应付股利
			转增资本（股本）
			盈余公积补亏
			其他来源补亏
			未分配利润
124	4201	库存股	
五、损益类			
125	6011	利息收入	农户贷款利息收入
			农村经济组织贷款利息收入
			农村企业贷款利息收入
			非农贷款利息收入
			信用卡透支利息收入
			贴现利息收入
			贸易融资利息收入
			垫款利息收入
			已减值贷款利息收入
			其他利息收入
126	6012	金融机构往来收入	存放中央银行款项利息收入
			存放同业款项利息收入
			存放系统内款项利息收入
			拆放同业款项利息收入
			拆放系统内款项利息收入
			存出保证金利息收入
			买入返售金融资产利息收入
			转（再）贴现利息收入
			其他

续表

顺序号	代号	一级科目名称	二级科目名称（仅供参考）
127	6021	手续费及佣金收入	银行卡业务手续费收入
			结算业务手续费收入
			外汇业务手续费收入
			代理业务手续费收入
			担保业务手续费收入
			账户管理费收入
			其他
128	6051	其他业务收入	投资性房地产租赁收入
			抵债资产租赁收入
			管理费收入
			其他
129	6061	汇兑损益	代客外汇买卖损益
			自营外汇买卖损益
			其他
130	6101	公允价值变动损益	交易性金融资产公允价值变动损益
			交易性金融负债公允价值变动损益
			衍生金融工具公允价值变动损益
			其他
131	6111	投资收益	债券利息收入
			投资买卖差价
			股利
			其他
132	6301	营业外收入	资产清理收益
			抵债资产处置收入
			长款收入
			罚没款收入
			政府补贴
			债务重组收益
			捐赠利得
			久悬未取款项收入
			其他

续表

顺序号	代号	一级科目名称	二级科目名称（仅供参考）
133	6411	利息支出	单位活期存款利息支出
			单位定期存款利息支出
			个人活期存款利息支出
			个人定期存款利息支出
			财政性存款利息支出
			保证金存款利息支出
			其他利息支出
134	6412	金融机构往来支出	向中央银行借款利息支出
			系统内上存款项利息支出
			系统内拆入款项利息支出
			同业存放款项利息支出
			同业拆入款项利息支出
			卖出回购金融资产利息支出
			转（再）贴现利息支出
			其他
135	6421	手续费及佣金支出	银行卡业务手续费支出
			结算业务手续费支出
			代理业务手续费支出
			其他手续费支出
			其他中间业务支出
136	6601	业务及管理费	业务宣传费
			广告费
			印刷费
			业务招待费
			电子设备运转费
			钞币运送费
			安全保卫费
			保险费
			邮电费
			诉讼费
			公证费
			咨询费
			审计费
			监管费

续表

顺序号	代号	一级科目名称	二级科目名称（仅供参考）
136	6601	业务及管理费	技术转让费
			研究开发费
			外事费
			公杂费
			差旅费
			水电费
			会议费
			绿化费
			理（董）事会费
			会费
			税费
			交通工具耗用费
			开办费
			管理费
			物业费
			职工工资
			职工福利费
			职工教育经费
			工会经费
			劳动保护费
			基本养老保险金
			基本医疗保险金
			工伤保险金
			生育保险金
			失业保险金
			补充养老保险金
			补充医疗保险金
			股份支付
			辞退福利
			非货币性福利
			住房公积金
			取暖及降温费
			租赁费
			修理费

续表

顺序号	代号	一级科目名称	二级科目名称（仅供参考）
136	6601	业务及管理费	低值易耗品摊销
			长期待摊费用摊销
			无形资产摊销
			固定资产折旧费
			其他费用
137	6602	其他业务支出	抵债资产保管费用
			投资性房地产折旧及摊销
			投资性房地产维修费
			租赁资产折旧及摊销
			租赁资产维修费
			其他
138	6403	营业税金及附加	营业税
			其他税金及附加
139	6701	资产减值损失	存放同业坏账损失
			拆出资金坏账损失
			应收利息坏账损失
			其他应收款坏账损失
			贷款减值损失
			可供出售金融资产减值损失
			持有至到期投资减值损失
			买入返售金融资产减值损失
			长期股权投资减值损失
			投资性房地产减值损失
			固定资产减值损失
			在建工程减值损失
			无形资产减值损失
			抵债资产减值损失
			贵金属跌价损失
			其他
140	6711	营业外支出	抵债资产处置损失
			非常损失
			资产盘亏及清理损失
			出纳结算赔款
			罚没支出
			久悬未取款项支出
			债务重组损失
			公益性捐赠支出

续表

顺序号	代号	一级科目名称	二级科目名称（仅供参考）
141	6801	所得税费用	当期所得税费用
			递延所得税费用
142	6901	以前年度损益调整	以前年度利得
			以前年度损失
六、表外类			
143	101	银团贷款	
144	102	社团贷款	
145	103	承兑汇票	银行承兑汇票应收款
			委托承兑银行承兑汇票应收款
146	104	贷款承诺	
147	105	开出信用证	开出即期信用证
			开出远期信用证
148	106	开出保函款项	保兑保函
			保兑信用证
			提货担保
			其他
149	110	待转国库存款利息	
150	111	应收信用证出口款项	应收即期信用证出口款项
			应收远期信用证出口款项
151	112	应收外汇托收款项	
152	113	代收外汇托收款项	
153	114	国外开来信用证凭信	
154	115	代售有价单证	
155	116	代客理财	
156	120	重要空白凭证	
157	121	有价单证	
158	122	未发行有价证券	
159	123	已兑付有价证券	
160	124	代保管有价值品	
161	125	抵押物品价值	
162	126	质押物品价值	
163	130	表外应收利息	
164	131	已核销资产	
165	132	已置换资产	
166	133	待处理已置换资产损失	
167	140	低值易耗品	

主编简介

刘东辉，哈尔滨金融学院会计系主任，教授，中国注册会计师、注册资产评估师。先后讲授过“财务会计”、“电算化会计”、“高级财务会计”、“会计报表分析”等多门课程，被评为省级教学名师，是省级精品课程负责人、省级教学团队带头人、国家级精品专业负责人。主要研究领域为会计理论及实务。先后主编、主审教材20余部，其中1部为普通高等教育“十一五”国家级规划教材及普通高等教育精品教材。主持完成省级研究课题5项。在全国中文核心期刊及其他刊物公开发表论文30余篇。曾获中国金融教育发展基金会优秀教育科研成果奖、黑龙江省社会科学优秀科研成果奖、黑龙江省高等教育教学成果奖等多项奖励。